정치적 무의식

The Political
Unconscious

정치적 무의식

사회적으로 상징적인 행위로서의 서사

프레드릭 제임슨

이경덕·서강목 옮김

일러두기

1 외국인명 표기는 한글맞춤법 표기 원칙에 따랐으나 일부 인명은 관행을 따라 표기했다.
2 영어 원문에서 강조를 위해 이탤릭체로 쓰거나 대문자로 쓴 것은 고딕체로 표기했다.
3 영어 원문에서 줄표(— —)로 묶인 문장은 대부분 괄호 안에 작은 글자로 묶었으나 경우에
   따라서는 줄표를 살리기도 했다.
4 〔 〕로 표시된 것은 원문에 표기된 대로이며, 간혹 옮긴이가 뜻이 잘 통하도록 설명하기 위해
   〔 〕를 사용할 때는 '—옮긴이' 표시를 했다.
5 옮긴이 각주는 각주 번호 대신 별표(*)를 사용했다. 영어 원문과 번역본의 각주 번호는 같다.

오, 나의 아름다운 여전사(女戰士)여!

(O ma belle guerrière!)*

2, 3, 4장의 초기 버전들은
*New Literay History, Sub-Stance, Social Science Information*과 *Nineteenth Century Fiction*에서 볼 수 있다.

차례

언어를 상상한다는 것은 삶의 형식을 상상하는 것이다.

— 비트겐슈타인

총체적 개념 체계에 의해 표현된 세계는 사회가 자신에게 재현해 보이는 대로의 세계이기 때문에, 사회만이 일반화된 개념들을 제공할 수 있으며, 세계는 그 개념들에 따라 재현되게 마련이다……. 우주는 사유된 한에서 존재하는 것이며, 또 사회에 의해서만 총체적으로 사유될 수 있는 것이기에, 우주는 사회 안에 존재하며, 사회 내적 삶의 한 요소가 된다. 그리하여 사회는 그 너머에 아무것도 존재하지 않는 총체적 유(類, genus)처럼 보이게 된다. 총체성이라는 개념 자체도 사회라는 개념의 추상태에 지나지 않는다. 사회는 모든 것을 포함하는 전체이며, 그 아래 모든 등급들이 포섭되는 최상위 등급인 것이다.

— 뒤르켐

서문

    항상 역사화하라! 유일하게 절대적이며, 모든 변증법적 사유에서 '초역사적(transhistorical)' 명령이라고도 할 수 있는 이 슬로건이야말로 『정치적 무의식』의 윤리라는 사실은 별로 놀라운 것이 아닐 것이다. 그러나 전통적 변증법이 우리에게 가르쳐 주듯이 역사화하는 작업은 궁극에 가서야 한 지점에서 만날 수 있는 별개의 두 길을 걸을 수 있다. 바로 객관의 길과 주관의 길, 즉 사물들 자체의 역사적 근원을 찾는 길과 우리가 그런 사물들을 이해하기 위해 사용하는 개념들과 범주들의 보다 파악하기 힘든 역사성을 찾는 길이 그것이다. 이 책에서 주로 다루는 문화 영역에서도 우리는 그리하여 어떤 선택에 당면하게 된다. 주어진 문화적 텍스트의 '객관적' 구조의 성격(그 형식과 내용의 역사성, 그 언어적 가능성이 출현하는 역사적 계기, 그 미학의 상황에 특수한 기능 등)을 연구하는 일과 우리가 문제의 텍스트를 읽고 수용하는 데 사용하는 해석의 범주나 약호들을 부각시키고 전경화하는 일 사이에서 선택을 해야 하는 것이다. 좋건 나쁘건 이 책에서 따르기로 한 것은 이 두 번째 길이다. 따라서 『정치적 무의식』은 해석 행위의 역학을 주된 내용으로 하며, 그 조직상의 가설로서 우리가 결코 어떤 텍스트를 직접적으로 그

물자체의 생생함 속에서 대면할 수는 없다고 전제한다. 오히려 텍스트들은 항상-이미-읽혀진 상태로 우리에게 다가온다. 우리는 선행된 해석의 침전층을 통해서만 텍스트들을 이해한다. 또는 그 텍스트가 새로운 것일 경우 물려받은 해석 전통에 의해 발전되어 침전된 독서 습관 및 범주들을 통해 그것을 이해한다. 이러한 전제는 내가 다른 곳*에서 '메타코멘터리'라 부른 어떤 방법의 사용을 명령하는 것인데 그 방법에 따르면 우리 연구의 대상은 텍스트 자체라기보다 텍스트를 대면하고 전유하려는 방식으로서의 해석이다. 이 책에서 해석은 본질적으로 알레고리적인 행위로 간주된다. 그것은 주어진 텍스트를 특정의 해석적 지배 약호(master code)로 다시 쓰는 행위와 같은 것이다. 이런 해석적 지배 약호의 정체를 밝히는 일은 앞서의 약호들, 달리 말하면 오늘날 미국의 문학 및 문화 연구에 통용되는 '방법들' 내지 접근법들을 평가하는 일로 이어질 것이다. 그것들을 이해에 대한 변증법적이고 총체화하는, 진정으로 마르크스주의적인 이상과 병치함으로써 우리는 다른 해석 약호들의 구조적 한계를 드러내고, 특히 그 약호들이 자신의 연구 대상들을 구성해 내는 '국지적인' 방식들과 그 읽기가 완전하고 자기 충족적이라는 환영을 투사할 수 있게 하는 '봉쇄 전략(strategies of containment)'들을 드러낼 것이다.

　　메타코멘터리의 사후적 투영(retrospective illusion)은 그리하여 진정으로 마르크스주의적인 해석 행위가 다른 해석 방법들, 즉 윤리적, 정신분석학적, 신화 비평적, 기호학적, 구조주의적, 그리고 신학적 방법 등과 다르게 가지고 있는 생산성과 밀도를 측정할 수 있게 해 주는 이점을 가진다. 진정으로 마르크스주의적인 해석 행위는 오늘날 지식 시장의 '다원

---

* Fredric Jameson, "Metacommentary"(1971), *The Ideologies of Theory*(London & N.Y.: Verso, 2008) 참조.

주의' 속에서 이런 방법론들과 경쟁해야만 한다. 나는 이 책에서 마르크스주의 해석 체계의 우선성이 그 의미론적 풍요에 있음을 주장할 것이다. 마르크스주의가 오늘날 이러한 다른 방법들에 대한 단순한 대체물로서, 대체하고 나서는 그 다른 방법들을 의기양양하게 역사의 쓰레기통 속으로 던져 버리고 만다면, 옹호될 여지가 없다. 다른 해석 방법들은 파편화된 사회적 삶의 이런저런 국지적 법칙에, 복잡하고 다발적인 문화적 상부 구조의 이런저런 하부 체계(subsystem)에 충실히 조응한다는 사실에 그 진정성이 있다. 더 진정한 변증법적 전통의 정신 속에서, 우리는 여기에서 마르크스주의를 '초월 불가능한 지평'으로 간주한다. 그 지평은 외견상 적대적이거나 서로 통약 불가능한 비평 작업들을 포섭하고, 그것들에 그 자체 내에서는 의심할 바 없는 부문별 타당성을 부여한다. 그리하여 그것들을 무효화하는 한편 보존하기도 하는 것이다.

그러나 이 사후적 구성이 갖는 독특한 초점 때문에, 『정치적 무의식』이 시도하지 않는 것에 대해 독자들에게 경고해 둘 필요가 있다. 무엇보다 먼저 독자들은 이 책에서 레이먼드 윌리엄스(Raymond Williams)가 마르크스주의 문화 비평의 가장 화급한 책무라 옳게 제안한 바 있는, 중요하고 긴급한 정치적 문화가 무엇이어야 하는가 또는 무엇을 해야 하는가 등의 탐사적 설계를 기대해서는 안 된다. 물론 오늘날의 마르크스주의가 이런 도전에 응하는 데 느릴 수밖에 없었던 응당한 객관적이고 역사적인 이유들이 있다. 예술에서 츠다노프(Zhdanov) 식의 규제*가 있었던 안타까운 역사가 그 하나이고, 기존의 마르크스주의적 문화 패러다임을 그대로 적용하기는 어려운 전적으로 새로운 정치 경제적 '세계 체제'가 도래했다는 사실, 그리고 갖가지 모더니즘들이나 형

---

* 냉전기 소련의 문화 정책. 츠다노프(1896~1948)가 주도하여 예술을 엄격한 통제 아래 두고 서양 부르주아 예술의 영향을 차단하고자 했다.

식 및 언어의 '혁명들'에 대한 매료가 또 다른 이유들이다. 마르크스주의 해석이 우리 자신의 세계 너머에 있는 집단적 사유와 집단적 문화의 새로운 형태들을 구상할 때 예견해야만 하는 몇몇 도전들은 이 책의 잠정적 결론에서 언급될 것이다. 거기에서 독자들은 리얼리즘과 모더니즘을 동시에 넘어서는, 아직 실현되지 않은 집단적이고 탈중심화된 미래의 문화적 생산을 위해 남겨진 빈 의자를 발견할 것이다.

이 책은 정치적이고 혁명적인 미학을 제시하고 있지 않다. 또한 철학적 미학의 전통적 쟁점들, 이를테면 예술의 본성과 기능, 시어나 미적 경험의 특수성, 미적인 것에 대한 이론 등등을 다시 제기하는 일에도 관심을 두지 않는다. 그런 쟁점들을 다루지 않는다는 사실 그 자체가 그것들에 대한 암묵적인 논평 역할을 하리라 본다. 나는 본질적으로 역사주의적 관점을 유지하려 노력했다. 이 관점에 따르면 우리의 과거 읽기는 현재의 우리 경험에 결정적으로 의존하게 되며, 특히 종종 소비 사회(또는 후기 독점 자본주의, 소비 자본주의, 또는 다국적 자본주의의 '탈축적적(disaccumulative)' 계기)라 불리고, 기 드보르(Guy Debord)가 이미지 또는 스펙터클의 사회라 부른 것의 구조적 독특성에 결정적으로 의존하게 된다. 요약하면 여러 전언들과 온갖 종류의 '미적' 경험들에 푹 젖은 그러한 사회 속에서는 옛날의 철학적 미학의 쟁점들 자체가 발본적으로 역사화될 필요가 있고, 그 역사화 과정에서 알아볼 수 없을 정도로 변형될 수도 있는 것이다.

또한 문학사는 이 책의 모든 곳에 함축되어 있긴 하지만『정치적 무의식』을 오늘날 위기에 봉착한 그러한 담론 형태나 장르의 전형적인 작업으로 간주해서도 안 된다. 전통적 문학사는 재현적 서사 가운데 하나의 하위 조합으로, 그 주된 전범들이 소설의 역사 속에서 문제적이 된 만큼이나 문제적이 되어 버린 일종의 서사적 '리얼리즘'이었다. 장르 비평과 관련된 이 책의 2장에서는 내가『마르크스주의와 형식

(*Marxism and Form*)』에서 '통시적 구축물(diachronic constructs)'이라 부른 그러한 문학-역사적 서사의 위상과 가능성에 대해 이론적 문제를 제기할 것이다. 이어지는 발자크(Honoré de Balzac)와 기싱(George Gissing), 콘래드(Joseph Conrad) 읽기는 통시적 골격(부상하는 자본주의 아래에서의 부르주아 주체의 구성, 그리고 우리 시대 그 주체의 분열증적 분해)을 기획하고 있으나, 충분히 개진되지는 않았다. 오늘날 문학사의 과제는 루이 알튀세르(Louis Althusser)가 역사 기술 일반의 과제로 제시한 것과 동일하다. 즉 일정한 대상에 대해 완성된, 실물 같은 모사물(simulacrum)을 정교하게 만들어 내는 것이 아니라 그 대상의 '개념'을 '생산'하는 것이다. 사실 이것이야말로 (에리히 아우어바흐(Erich Auerbach)의 『미메시스(*Mimesis*)』와 같은) 위대한 근대의 혹은 근대적 과정의 문학사들이 그 이론에서는 아닐지라도 그 비평적 실천에서 행하고자 했던 것이다.

그렇다면 이 책의 작업이 적어도 새로운 비평 방법에 대한 개요 내지 기획으로 간주될 수 있는 것인가? 여기에서 밝혀낸 많은 것들은 방법론적 안내서 형식으로 개조될 수 있을 듯하다. 그렇더라도 그 책자는 이데올로기적 분석을 그 목적으로 삼게 될 것인데 나는 그런 이데올로기 분석이 여전히 마르크스주의 특유의 비평 '방법'에 적절한 명칭으로 남아 있다고 생각한다. 그러나 앞서 제시한 이유들로 이 책은 그러한 안내서가 아니다. 만약 그랬다면 이 책은 필연적으로 경쟁 관계에 있는 '방법들'을 훨씬 더 논쟁적 정신에서 청산해 버렸을 것이다. 그러나 『정치적 무의식』의 사후적 골격은 피할 수 없는 헤겔적 음조를 띠고 있지만, 그렇다고 해서 그러한 논쟁적 개입이 마르크스주의 문화 비평에서 최고의 우선성을 갖지 못한다는 것을 의미하는 것처럼 생각해서는 안된다. 정반대로 마르크스주의 문화 비평 역시 필연적으로 진정한 마르크스주의 철학의 실천에 대해 알튀세르가 요청했던 것, 즉 이른바 '이론 내 계급 투쟁'이 되어야만 한다.

그러나 이 책도 충분히 논쟁적이라 느낄, 마르크스주의자가 아닌 독자를 위해 사족일 수 있는 것을 덧붙이면서 서사 분석의 위대한 선구자들에게 진 빚을 밝혀 두고자 한다. 이 지면에서 내가 행하는 그들과의 이론적 대화가 단순히 '허위의식'에 대한 부정적 비판의 또 다른 표본으로 취급되어서는 안 된다. (물론 이는 분명 그런 비판이기도 하고, 결론의 장에서는 탈신비화와 이데올로기적 정체성 밝히기와 같은 비판적 태도들을 적절히 활용하는 문제에 대해 명시적으로 다루기도 할 참이다.) 노드롭 프라이(Northrop Frye)의 근본적인 공헌과 그레마스(A. J. Greimas)의 형식주의 및 기호학 전통 전체의 체계화, 일부 기독교 해석학의 유산, 그리고 무엇보다 꿈의 논리에 대한 프로이트의 필수 불가결한 탐구, '원시적인' 이야기 만들기와 야생적 사고(pensée sauvage)의 논리에 대한 레비스트로스(Claude Lévi-Strauss)의 탐구 등이 서사 분석의 영역에서 결코 무시될 수 없다는 사실이 곧 분명해질 것이다. 결점이 없는 것은 아니나 이 영역에서 여전히 기념비적인 근대의 가장 위대한 마르크스주의 철학자 게오르그 루카치(Georg Lukács)의 업적 역시 두말할 필요가 없다. 이 책은 이 동등하지 않은 다양한 작업들을 이 책의 특수한 비평적, 해석적 과제의 관점에서 조사하고 평가하고자 한다. 즉 이데올로기, 무의식과 욕망, 재현, 역사, 문화적 생산 등의 문제틀(problematic)을 서사라는 모든 것에 형식과 내용을 부여하는(all-informing) 과정과 관련하여 재구조화하고자 하는 것이다. 내 생각에 서사란 (철학적 관념론의 손쉬운 표현을 빌리면) 인간 정신의 중심적인 기능이거나 심급(instance)이다. 이런 관점은 전통적인 변증법적 약호에 의해 Darstellung이라는 번역 불가능한 명칭*에 대한 연구로 다시 공식화될 수 있는데, 이 제시야말로

---

* 제임슨은 알튀세르 등을 따라 독일어 그대로 사용한다. 여기에서는 '제시'로 번역하되, 무대 위에 '상연'한다는 뜻을 살려 '제시/거기 세움'이라고 번역하기도 했다. 27쪽 참조.

재현(representation)에 관한 오늘날의 문제들이 전혀 다른 성격의 현시 (presentation)에 관한 문제들, 혹은 본질적으로 서사적이고 수사학적인, 언어 및 글쓰기의 시간상의 운동에 관한 문제들과 생산적으로 교차하 게 되는 지점이다.

마지막 문제, 그러나 결코 사소하지 않은 문제가 있는데 독자들은 분명 해석 행위에 대한 책이, 해석의 타당성이라는 쟁점에 대해서, 또 어떤 주어진 해석에 대해서 비판하거나 용인할 때의 기준들에 대해서 는 왜 그렇게 소홀한가 의아해할 수 있을 것이다. 나는 어떠한 해석도 그 부정확함이나 생략된 것들을 단순히 나열한다고 해서, 또 답변되지 않은 것들의 목록을 제시한다고 해서 그것을 저절로 효과적으로 실격 시킬 수 있다고 생각하지 않는다. 해석이란 독립된 행위가 아니라 일군 의 해석적 가능성들이 공공연히 또는 암묵적으로 투쟁하고 있는 호머 식의 전쟁터에서 발생하는 것이다. 만약 문헌학적 정확성이라는 실증 주의적 개념이 유일한 대안이라면, 나는 오히려 약한 오독보다는 강한 오독을 추켜세우는 오늘날의 도발적인 찬사에 찬성하고 싶은 마음이 다. 중국 속담이 말하듯이 도끼 자루를 만들기 위해서는 또 다른 도끼 자루를 사용해야 하는 법이다. 우리 맥락에서는 또 다른 더 강력한 해 석만이 이미 자리 잡은 해석을 전복하고 실질적으로 반박할 수 있다는 뜻이다.

그래서 나는 이 책의 이론적 장들이 그 해석적 실천에 비추어 판단 되고 시험되도록 만드는 정도로 만족할까 한다. 그러나 바로 이 대립 명제적 상황이야말로 오늘날 모든 문화 연구의 이중 기준과 형식적 딜 레마를 보여 주고 있는 것이며 『정치적 무의식』 역시 이로부터 완전히 자유롭지 못하다. 모델과 역사 사이에서, 이론적 사유와 텍스트 분석 사이에서 우선성을 쟁취하기 위한 불편한 투쟁이 지속되고 있다. 그 투 쟁 속에서 전자는 후자를 자신의 추상적 명제들을 지지하기 위해 제시된 단순한 예들로 변형시키고자 하고, 반면 후자는 이론이란 것은 방법론적 발판에 지나지 않아서 실제 비평이라는 진지한 작업이 일단 진행되면 쉽게 분해되리라고 계속 암시하고 있다. 이론과 문학사, 이 두 경향들은 서양 학계의 사고에서 너무나 자주 엄격히 양립 불가능한 것으로 생각되어 왔기에, 결론적으로 그 둘을 넘어서는 제3의 입장이 있음을 독자들에게 환기시킬 필요가 있을 듯하다. 그 입장이란 물론 마르크스주의다. 이는 이론의 우선성을 인정하는 입장인바, 그것은 변증법의 형식에 따라, 역사(History) 자체의 우선성을 동시에 인식하는 것이기도 하다.

코네티컷 주, 킬링워스에서
프레드릭 제임슨

1장 해석에 관하여

— 사회적으로 상징적인 행위로서의 문학

이 책에서는 문학 텍스트에 대한 정치적 해석의 우선성을 논할 것이다. 이 책에서는 정치적 관점을 모종의 보완적 방법이나 오늘날 통용되는 다른 해석 방법들, 즉 정신분석학적, 신화 비평적, 문체론적, 윤리적, 구조주의적인 방법들에 대한 선택적 보조물로서가 아니라 모든 읽기와 모든 해석의 절대적 지평으로 인식한다.

이는 어떤 텍스트들은 사회적이고 역사적이며 때로는 정치적이기도 한 반향을 갖는다라는 온건하고도 누구나 받아들일 수 있는 주장보다는 분명히 훨씬 극단적인 입장이다. 물론 전통적인 문학사도 단테(Dante Alighieri) 작품에서 나타나는 플로렌스의 정치적 배경이나 밀턴(John Milton)과 교회분리파(the schismatics)*의 관계를 탐구하는 것이나 조이스(James Joyce)의 작품에 드러난 아일랜드의 역사에 대한 인유(allusion) 등에 대한 연구를 금지했던 것은 아니다. 그럼에도, 나는 그러한 정보들은 (대부분의 경우에 그러하듯 사상사에 대한 관념적인 인식에 의

---

* 영국 국교회와 대립하는 청교도파 내에서 중앙 집권적인 장로파와 달리 각 교회의 독자성을 주장했던 분파. 밀턴은 초기에는 장로파에 동조했던 것으로 알려져 있다.

해 다시 봉쇄되지 않는다 해도) 해석 자체보다는 기껏해야 해석에 대한 (없어서는 안 될) 전제 조건들을 산출할 뿐이라고 주장하고 싶다.

문화적 과거에 대한 이러한 골동 취미적(antiquarian)인 관계*는 오늘날 결과적으로 더 나을 것이 없는 변증법적 대립물을 갖는데, 과거의 선택된 텍스트들을 자체적 미학의 맥락에서, 특히 모더니스트적인 (더 적절히 말하면 포스트-모더니스트적인) 언어 개념의 맥락 안에서 다시 쓰는(rewrite) 최근 이론들의 경향이 바로 그것이다. 나는 다른 곳에서[1] '텍스트에 대한 이데올로기들'이 '읽기 중심의(readerly)', 또는 '리얼리즘적인(realistic)', '대상 지시적인(referential)' 텍스트 등으로 다양하게 불리는 허깨비 같은 비본질적인 항목들을 구성하고는, 이것과 대비하여 '쓰기 중심의(writerly)', 모더니스트적인 또는 '열린' 텍스트, 에크리튀르(écriture) 내지 텍스트의 생산성 같은 본질적인 항목을 정의하고 후자가 전자로부터 결정적인 단절을 이룬다고 보는 방식을 드러냈다. 그러나 "모든 역사는 당대의 역사이다."라는 크로체(Benedetto Croce)의 심오한 언명은 모든 역사가 우리의 당대 역사라는 것을 의미하지는 않는다. 또한 인식론적 단절의 시기가 현재적 관심사에 의하여 이리저리 바뀐다면 문제가 되기 시작한다. 그러므로 플로베르(Gustave Flaubert)에게서 온갖 '텍스트적'이고 모던한 것을 끌어내는 데 관심을 두게 되면 발자크는 계몽되지 못한 재현성을 대표하는 것이 되겠지만, 『에스/제드(S/Z)』에서의 롤랑 바르트(Roland Barthes)처럼 발자크를 필리프 솔레르스(Philip Sollers)**로, 순전한 텍스트 및 에크리튀르로 간주하여 다시쓰기

---

* 니체가 「역사의 효용과 남용」에서 기념비적, 비판적 역사 기술과 함께 제시한 역사 기술 형태. 제임슨은 현실과의 연관을 제거하고 과거를 유지·보존하는 데에만 몰두하는 이러한 경향은 '사적 취미'로 떨어질 수 있다고 경고한다. Jameson, "Marxism and Historicism" (1979), Ideologies of Theory 참조.

[1] "The Ideology of the Text," Salmagundi, No. 31~32(Fall, 1975/Winter, 1976), 204~246쪽.

로 결정한다면 발자크 자체는 무언가 다른 것으로 변해 버리게 된다.

골동품 수집벽과 현대적인 것과의 '관련' 내지 현대적인 것의 과거로의 투사 사이에서 어느 것도 선택할 수 없는 상황, 또는 이데올로기적 이중 구속*은 역사주의의 오랜 딜레마들(그리고 특히, 오래전 심지어 태곳적 시기의 문화적 과거에 속한 것이 문화적으로 다른 현재에 불후의 명작으로 남아 있는 문제2))이 우리가 무시하기로 한다고 해서 사라지지 않는다는 점을 천명해 주고 있다. 이후의 분석에서 우리의 전제는 오직 진정한 역사철학만이 사회적·문화적 과거의 특수성 및 근본적인 차이를 존중하는 한편 그 과거의 쟁점과 열정들, 형식과 구조들, 경험과 투쟁들이 오늘날의 그것들과 갖는 연대성을 드러낼 수 있다는 것이다.

그러나 진정한 역사철학은 결코 많지 않았으며, 소비 자본주의와 다국적 체제라는 오늘날의 세계에서도 여전히 유효하고 사용 가능한 것은 거의 남아 있지 않다. 이후 우리는 기독교 역사주의의 방법론적인 관심과 서양 전통에서 최초의 위대한 해석학적 체계가 가진 신학적 기원들을 여러 번 강조하게 될 것이다. 그러나 여기에서, 아우구스티누스(Augustinus)의 『신국(City of God)』(413~426)에서 만개한 모습으로 나타난 기독교 역사철학은 우리에게 더 이상 특별한 구속력을 갖지 못한다는 언급을 덧붙여야겠다. 영웅적 부르주아지의 역사철학으로 말하자면, 그 두 중요한 변형태들(프랑스 계몽주의의 이데올로기적 투쟁들에서 출현한 진보의 비전과, 중부와 동부 유럽의 다소 이질적인 역사성을 표명하면

** 1936~ . 1960년에 《텔켈》지를 창간했으며, 마침표 없는 글, 구어와 상형 문자, 음악적, 연극적 요소의 도입 등 실험적 요소가 강하다. 언어 실험으로 유명한 제임스 조이스의 『피네간의 경야』를 프랑스어로 번역하기도 했다.

* 이중 구속(double bind). 심리학 용어. 예컨대 아이가 부모로부터 상호 모순되는 두 가지 명령을 받고 갈등하는 상황을 지칭한다.

2 여기에 문학 및 문화 비평과 '생산 양식' 이론 간의 관련성이 있다. 이 문제에 대한 더 개진된 생각들 그리고 마르크스주의의 '역사주의적' 경향에 대한 보다 명확한 설명으로는 나의 "Marxism and Historicism," *New Literary History*, 11(Autumn, 1979), 41~73쪽을 보라.

서 또 일반적으로 헤르더(J. G. Herder)의 이름과 연결되는 유기체적 민중주의(organic populism) 또는 민족주의)은 분명 둘 다 사라지지는 않았지만, 각각 실증주의와 고전적 자유주의, 그리고 민족주의라는 헤게모니적 형태로 구현됐다는 점에서 적어도 불신을 사고 있다.

여기에서 나의 입장은 오직 마르크스주의만이 앞서 환기한 역사주의의 딜레마에 대하여 철학적으로 일관되고 이데올로기적으로 호소력이 있는 해결책을 제시한다는 것이다. 오직 마르크스주의만이 문화적 과거의 근본적인 신비에 대하여 적절한 설명을 제공할 수 있고, 이때 그 과거는 피를 마신 티레지아스처럼 한순간 생명과 온기를 얻어 오랫동안 잊혔던 전언을 전혀 낯선 환경 속에서 다시 한 번 말하고 전달할 수 있게 되는 것이다. 이 신비는 인간의 모험이 오직 하나일 때만 재연될 수 있다. 그리고 골동품 수집 취미나 모더니스트들의 투사를 통해서가 아니라 마르크스주의를 통해서만 우리는 원시 부족 경제의 주기적 변환, 삼위일체의 본질에 대한 열정적인 논쟁, 폴리스나 보편 제국의 상충하는 모델들, 또는 시간상 우리와 더 가까워 보이는 19세기 국민 국가의 고리타분한 의회와 언론의 쟁점들 같은, 사멸된 지 오래된 문제들이 우리에게 여전히 긴요한 사항임을 알아챌 수 있는 것이다. 이러한 문제들은 오직 하나의 단일하고도 거대한 집단적 이야기의 통일성 내에서 다시 이야기될 때에만, 아무리 위장되고 상징적인 형식을 띠어도 그 문제들이 하나의 단일한 근본적인 주제(마르크스주의로 보면, '필연'의 영역으로부터 '자유'의 영역을 쟁취해 내는 집단적 투쟁[3])의 거대한 미완

---

3 "자유의 영역은 사실상 필연성과 세속적 관심사들에 의해 규정되는 노동이 종식될 때 실제로 시작된다. 그러므로 자유의 영역은 본질상 실제적인 물질적 생산의 영역 저 너머에 있다. 야만인이 욕구를 충족시키고 생명을 유지 재생산하기 위하여 '자연'과 씨름해야 하듯이, 문명인도 모든 사회적 구성체와 모든 가능한 생산 양식 아래에서 그렇게 해야만 한다. 문명인이 발전함에 따라 욕구의 결과로서 신체적 필요의 영역도 확대된다. 그러나, 동시에 이러한 욕구들을 만족시키는 생산력 역시 증대한다. 이러한 영역에서의 자유는 맹목적인 자연의

성의 플롯 안에 있는 중요한 삽화들로 파악할 때에만, 본래의 절실함을 우리에게 회복시켜 줄 수 있다. "지금까지 존재해 온 모든 사회의 역사는 계급 투쟁의 역사이다. 자유민과 노예, 귀족과 평민, 영주와 농노, 길드의 장인과 도제, 한마디로 억압자와 피억압자는 서로에 대한 항상적인 대립 속에 있었고, 중단 없는, 때로는 감춰지고 때로는 드러나는 투쟁, 매번 사회 전반의 혁명적인 재구성이나 투쟁하는 계급들의 공통적인 멸망으로 끝맺는 그러한 투쟁을 수행했다."[4] 정치적 무의식 이론의 기능과 필요성은 이 중단 없는 서사의 흔적들을 찾아내는 데에, 이 근본적인 역사의 억압되고 묻혀진 현실을 텍스트의 표면 위로 복원하는 일에 있다.

이러한 관점에서 볼 때 작업상 편리하다는 이유로 사회적이고 정치적인 문화적 텍스트들과 그렇지 않은 텍스트를 구별하는 일은 단순한 오류 이상으로 나쁜 어떤 것, 즉 오늘날 삶의 사물화(reification) 및 사유화(privatization)의 징후이자 그것을 강화하는 일이 된다. 이러한 구별은 공적인 것과 사적인 것, 사회적인 것과 심리적인 것, 정치적인 것과 시적인 것, 역사 내지 사회와 '개인' 사이의 구조적, 경험적, 개념적 간극을 공고화한다. 자본주의 아래에서 사회적 삶을 지배하는 경향적 법칙이 되어 버린 이런 간극들은 우리를 우리의 발언 자체로부터 소외시키는 만큼이나 개별 주체로서의 우리의 실존을 불구화하고 시간과 변화

힘에 의해서 지배되는 것이 아니라 자연과의 교환을 이성적으로 규제하고, 공동 통제 아래 두되, 최소한의 에너지 소비로 그리고 인간 본성에 대하여 가장 득이 되고 그것에 합당한 조건 아래에서 그렇게 하는 사회화된 인간들, 연합된 생산자들에 의해서만 얻어질 수 있다. 그러나 그럼에도 이는 여전히 필연의 영역에 머물러 있다. 그 너머에서야 그 자체가 목적인 인간 에너지의 발전, 자유의 영역이 시작된다. 그러나 그 영역은 이 필연의 영역을 기반으로 하고서야 개화할 수 있다." Karl Marx, *Capital*(New York: International Publishers, 1977), III, 820쪽.

4 Karl Marx · Friedrich Engels, "The Communist Mainfesto," in *On Revolution*, ed. and trans. S. K. Padover(New York: McGraw-Hill, 1971), 81쪽.

1장 해석에 관하여

에 대한 우리의 사고를 마비시킨다. 역사의 편재성과 사회적인 것의 가차 없는 영향을 벗어난 자유의 영역(그것이 텍스트의 단어들에 대한 미시적인 경험의 영역이건 아니면 다양한 사적(private) 종교들의 황홀과 강렬함의 영역이건)이 애초에 존재하리라고 상상하는 것은, 개별 주체가 순전히 개인적이고 단지 심리적인 것에 불과한 구원을 꿈꾸며 도피처로 삼는 그러한 모든 맹목의 지대에 대해서 필연성의 장악력을 강화시킬 뿐이다. 이러한 속박으로부터 유일하게 효과적인 해방은 사회적이고 역사적이지 않은 것은 아무것도 없다는 것, 정말로 모든 것은 '최종 분석에서' 정치적이라는 것을 인식하는 데서부터 시작된다.

정치적 무의식에 대한 우리의 주장은 우리가 바로 이러한 최종 분석을 떠맡으면서 문화적 산물들이 사회적으로 상징적인 행위들임을 드러내는 다각적인 경로들을 탐색할 것을 제시한다. 이는 앞서 열거된 것들과 경쟁하는 하나의 해석학을 제시한다. 그러나 앞으로 보겠지만 이는 다른 해석학들의 결과를 반박함으로써가 아니라, 연구 대상을 분석하고 구성함에 있어 편협하고 국지적인 방식들에 의해서 그리고 상황적 기원들에 의해서 그 통찰력이 전략적으로 제한된 보다 전문화된 해석 약호들에 비하여 이 해석학이 지니는 궁극적인 철학적, 방법론적인 우위성을 논증함으로써 그렇게 한다.

그러나 이 책에 포함된 읽기와 분석들을 나름의 해석들로 묘사하는 것, 새로운 해석학을 구성하기 위해 그것들을 예로서 제시하는 것은 이미 논쟁적 프로그램 전체를 표명하는 일이며 따라서 이러한 슬로건들에 대하여 여러 가지 방식으로 적대적인 비평적·이론적 풍토와 어쩔 수 없이 담판을 짓게 만든다.[5] 예컨대 해석학적 작업 내지 해석 작업이

---

5 Michel Foucault의 "The Retreat and Return of the Origin," *The Order of Things*(New York: Vintage, 1973)의 9장 6절, 328~335쪽; 또한 같은 저자의 *Archeology of Knowledge*, trans. A. M. Sheridan Smith(New York: Pantheon, 1972) 가운데 특히 서문과 "관념

오늘날 프랑스의 후기 구조주의에서 기본적인 논쟁 표적들 중의 하나가 되었다는 사실은 점점 더 분명해지고 있다. 니체의 권위에 의해 강력하게 지지되고 있는 후기 구조주의는 이러한 작업들을 역사주의, 그리고 특히 변증법 및 부재(absence)와 부정적인 것(the negative)에 대한 변증법의 가치 부여(valorization), 총체적 사고의 필요성과 우위성에 대한 변증법의 주장과 동일시한다. 나는 이런 동일시에 대하여, 해석적 또는 해석학적 행위의 이상(理想)이 갖는 이데올로기적 친화성 및 함축된 의미에 대한 이러한 서술에 대하여 동의한다. 그러나 나는 그 비판들은 표적을 빗나간 것이라고 주장할 것이다.

사실, 해석에 대한 이러한 최근의 공격들 가운데 가장 극적인 것 중 하나인 질 들뢰즈(Gilles Deleuze)와 펠릭스 과타리(Félix Guattari)의 『안티 오이디푸스(The Anti-Oedipus)』가 애초에 공격 대상으로 삼은 것은 마르크스적 해석이 아니라 프로이트적인 해석이다. 프로이트적인 해석은 구체적인 일상 경험의 풍부하고 우연적이고 다각적인 현실들 전체를 가족 서사라는 봉쇄되고, 전략적으로 미리 제한된 맥락(그것이 신화로 보이든, 그리스 비극으로 보이든, '가족 로맨스'로 보이든, 또는 나아가 오이디푸스 콤플렉스의 라캉적인 구조적 형태로 보이든 간에)으로 환원하여 다

의 역사(history of ideas)"에 관한 장; Jacques Derrida의 "The Exorbitant. Question of Method," *Of Grammatology*, trans. Gayatri Spivak(Baltimore: Johns Hopkins University press, 1976), 157~164쪽; 또한 그의 "Hors livre," *La Dissémination*(Paris: Seuil, 1972), 9~67쪽; Jean Baudrillard의 "Vers une critique de l'économie politique du signe," *Pour une critique de l'économie politique du signe*(Paris: Gallimar, 1972)을 그의 *Mirror of Production*, trans. Mark Poster(St. Louis: Telos, 1975)과 함께 볼 것; Gilles Deleuze 와 Félix Guattari의 *The Anti-Oedipus*, trans. Robert Hurley, Mark Seem, and Helen R. Lane(New York: Viking, 1977), 25~28, 109~113, 305~308쪽; Jean-François Lyotard 의 *Economie libidinale*(Paris: Minuit, 1974), 특히 "Le Désir nommé Marx," 117~188 쪽; 그리고 마지막에 언급한다고 해서 그 중요성이 작다 할 수 없는, Louis Althusser, et al., *Reading Capital*, trans. Ben Brewster(London: New Left Books, 1970), 특히 "Marx's Immense Theoretical Revolution," 182~193쪽을 볼 것.

시 쓰고(rewrite) 있다는 것이다. 따라서 비난받는 것은 한 서사 노선의 자료들을 또 다른 서사적 패러다임(이는 전자의 지배 약호 또는 원-서사로 간주되며 전자의 궁극적으로 숨겨진, 또는 무의식적인 의미로 제시된다.)으로 다시 쓰면서 의미를 빈곤하게 만드는 알레고리적 해석 체계이다. 『안티 오이디푸스』의 주장이 갖는 돌파력은 분명 이 책의 정신에도 아주 부합되는 것인데, 왜냐하면 들뢰즈·과타리의 관심사는 일상생활과 개별적인 환상-경험이 가진 정치적 내용의 특수성을 다시 강조하고 또 이것이 순전히 주관적인 것으로 또 심리적인 투사의 상태로 축소된 상황(이는 여전히 정치화되어 있는 프랑스보다는 미국의 문화적·이데올로기적 삶에서 한층 두드러지게 나타난다.)을 극복하는 것이기 때문이다. 이 예에서 나의 주안점은 『안티 오이디푸스』에서 이전의 해석 체계(즉 프로이트적인 다시 쓰기, 그런데 이는 성급하게도 해석학 일반 및 해석학 자체와 동일시된다.)에 대한 거부는 전적으로 새로운 텍스트 읽기 방법에 대한 기획과 짝지어져 있다는 점이다.

무의식은 의미의 문제가 아니라 오직 사용의 문제들만을 제기한다. 욕망에 의해 제기되는 질문은 '무엇을 의미하는가'가 아니라 '어떻게 작동하는가' 하는 것이다. …… (무의식은) 아무것도 재현하지는 않으나, 생산한다. 아무것도 의미하지 않으나, 작동한다. 욕망은 '무엇을 의미하는가'라는 질문의 전반적인 붕괴와 함께 등장한다. 언어학자들과 논리학자들이 애초에 의미를 제거해 준 만큼만 언어의 문제가 제기될 수 있었다. 그리고 언어의 가장 큰 힘은 하나의 작품(work)이 모종의 효과를 생산하는 한편 모종의 용도를 가진 하나의 기계로 보일 때에만 발견된다. 맬컴 라우리(Malcolm Lowry)는 그의 작품에 대하여 이렇게 말한다. "내가 아는 한, 이역시 작동한다는 것을 믿어도 좋다." 즉 하나의 기계로서 작동하는 한 그것은 여러분이 원하는 것이면 무엇이든 될 수가 있다는 것이다. 그러나 전제 조건이 있는데, 그것은 의미란 사용 이외의 아무것도 아니며 우리가 합법적인 사용 방식들(사용을 가정된 의미와 연결하고 일종의 초월성을 재확립하는 비합법적인 사용 방식들에 대립되는)을 규정할 수 있는 내재적인 기준(immanent criteria)을 자유롭게 다룰 수 있을 때에야 비로소 그것이 확고한 원리가 된다는 것이다.[6]

그러나 우리의 현재 입장에서 볼 때, 텍스트의 내재적 분석, 즉 부분들의 분해 내지 해체 및 부분들의 기능과 역기능의 기술이라는 이상(理想)은 해석 활동에 대한 전반적인 무효화보다는 어떤 새롭고 보다 적절한, 내재적인 또는 반(反)초월적인 해석 모델의 구축에 대한 요청으로 귀결되며, 이러한 새로운 모델을 제시하는 것이 이 책에서 앞으로 해야할 과제다.[7]

1

그러나 현대의 특정 마르크스주의에도 이렇게 니체적이고 반해석적인 흐름의 등가물이 존재한다. 엄밀하게 마르크스주의적인 해석학을 구축하려는 기획은 필연적으로 이른바 구조주의적인 또는 알튀세르적인 마르크스주의의 영향력 있는 학파가 전통적인 해석 모델들에 대해

---

6 Deleuze · Guattari, *The Anti-Oedipus*, 109쪽.
7 달리 말하자면, 현 관점에서 볼 때, 들뢰즈와 과타리의 반(反)해석적 방법(그들은 이를 스키조분석(schizo-analysis)이라 부른다.)의 제시는 여전히 그 나름의 새로운 해석학으로 파악될 수 있다. 앞의 각주 5번에서 열거한 반해석적 입장들 대부분이 이러한 종류의 새로운 '방법들'을 기획할 필요를 느꼈다는 것은 놀랍고도 주목할 만한 일이다. 이런 필요로부터 지식의 고고학뿐만 아니라, 보다 최근의 '신체의 정치적 테크놀로지'(푸코), '그라마톨로지'와 해체(데리다), '상징적 교환'(보드리야르), '리비도 경제'(리오타르), 그리고 '기호 분석'(크리스테바) 등이 나오게 되었다.

제기한 강력한 반대에 직면하지 않을 수 없다.[8] 이 주제에 관한 알튀세르 자신의 입장은 인과성(causality) 내지 '효과성(effectivity)'의 세 가지 역사적 형태들에 관한 이론에서 자세히 설명되어 있다. 인과성에 대한 그의 설명은 현대 이론에서 매우 중요하기 때문에 좀 길게 인용할 가치가 있다.

정치경제학에 대한 마르크스의 근본적인 수정에 의해서 제기된 인식론적인 문제는 다음과 같이 표현될 수 있다. 일정한 부분의 현상이 그 부분의 구조에 의하여 결정된다라고 하는 방금 확인한 새로운 유형의 결정(determination)을 사유하는 것이 가능하려면 어떠한 개념에 의거해야 할 것인가? …… 다시 말해서 구조적 인과성의 개념을 정의하는 것이 어떻게 가능한가? ……

아주 도식적이지만, 고전 철학……은 '효과성'을 생각하는 두 개의 개념, 두 개의 체계만을 가지고 있었다고 말할 수 있다. 기계적 체계는 그 기원상 데카르트적인 것으로 인과성을 이행적인(transitive) 그리고 분석적인 효과성으로 환원시키기 때문에, 특별한 왜곡(데카르트의 '심리학'과 '생물학'에서처럼) 없이는 전체가 그 요소들에 미치는 효과성을 생각할 수 없게 되어 있다. 그러나 두 번째의 체계가 있는데, 이는 요소들에 대한 전체의 효과성을 다루기 위해 고안된 것으로서, 바로 라이프니츠의 표현(expression)이라는 개념이다. 이것은 헤겔의 사고 전체를 지배하는 모델

---

8 이 절에서 제기된 문제들은, 해석의 본질에 대한 진지한 논의라면 피할 수 없는 것이지만, 사용되는 용어와 '문제틀'들이 문학 비평의 영역을 크게 넘어서며 또 매우 전문적이기도 하다. 어떤 독자들에게는 불가피하게 이것들이 마르크스주의의 철학적으로 낯선 전통 내에서의 학자적 관행이라 생각될 것이므로 그런 독자들에게는 본래의 문학 비평의 다양한 흐름에 대한 논의로 돌아가는 다음 절(70쪽 이하)로 그냥 넘어갈 것을 권한다. 또한 이 절에서 우리가 역사적 일반성의 수준에서 '알튀세르주의자들'로 기술한 저자들 모두가 이러한 명칭을 받아들이지는 않을 것이라는 점을 덧붙여야 할 것이다.

이다. 그러나 이 모델에서는 원리상 문제의 전체가 내적 본질로 환원될 수 있고, 그에 대해서 전체의 요소들은 표현의 현상적 형식에 지나지 않게 되며, 본질의 내적 원리가 전체의 각 지점에 현재하고 있으므로, 각 계기마다 곧바로, 이러저러한 요소(헤겔에 있어 경제적, 정치적, 법적, 문학적, 종교적 요소 등) = 전체의 내적 본질이라는 적합한 등식을 기술하는 것이 가능해진다. 이는 전체가 요소들에 미치는 효과성을 생각하는 것을 가능하게 해 주지만, 내적 본질/외적 현상이라는 이 범주가 문제의 총체성 내에서 생겨나는 현상 어디에나 그리고 각각의 계기마다 적용 가능하다면, 이는 전체가 어떤 본질, 즉 각 요소가 '총체적 부분(pars totalis)'으로서 총체성 전체를 표현하게 되는, '정신적' 전체라는 본질을 가지고 있음을 전제하고 있는 것이다. 다시 말하면, 라이프니츠와 헤겔은 전체가 요소들 또는 부분들에 미치는 효과성을 사유하기 위한 범주는 가지고 있었지만, 이는 전체가 구조는 아니라는 절대적인 조건을 기초로 한 것이었다. ……

〔효과성의 세 번째 개념, 구조적 인과성(structural causality)의 개념은〕전적으로 '제시/거기 세움(Darstellung)'이라는 개념으로 요약될 수 있다. 이는 마르크스주의 가치 이론 전체에서 핵심적인 인식론적 개념인데 이 개념의 목적은 바로 구조가 효과들 내에 현전(presence)하는 방식을 지칭하는 것, 따라서 구조적 인과성 자체를 지칭하기 위한 것이다. …… 구조는 경제 현상의 바깥에 있으면서 출현하여 현상의 외양과 형식들과 관계들을 변화시키는 하나의 본질이 아니라 부재 원인(absent cause)으로서 현상들에 작용한다고 할 때, 이는 그것이 현상들의 바깥에 있기 때문에 부재한 것이 아니다. 구조의 '환유적 인과성(metonymic causality)' 내에서 효과들에 대한 원인의 부재는 경제 현상에 대하여 구조가 외재성을 띠기 때문이 아니다. 오히려 그것은 그 효과들 안에 구조가, 하나의 구조로서, 이루는 내재성의 형식 바로 그것이다. 이것이 함축하는 바는 그러므로 효과들은 구조의 바깥에 있지 않으며, 구조에 의해 특징을 각인받는 미리 존재하

는 대상, 요소 또는 공간도 아니라는 점이다. 그와 반대로 이것이 함축하는 것은 구조는 그 효과들 안에 내재한다는 것, 스피노자적인 의미를 따르면 효과들 내에 내재하는 원인이라는 것, 구조의 전 존재는 그 효과들로 구성 되어 있다는 것, 요컨대, 구조는 특정한 요소들의 특정한 조합에 불과한 것 으로, 효과들을 벗어나서는 아무것도 아니라는 것이다.[9]

알튀세르가 제시한 첫 번째 유형의 인과론은 기계론적 내지는 기계 적 인과론인데 원인과 결과 사이의 관계를 당구 게임에서 큐와 당구공, 당구공과 당구공 사이에 존재하는 역학 관계와 같은 것으로 이해한다. 이런 당구공 모델은 사상사 그리고 특히 과학사에서 오랫동안 친숙한 예이기도 했는데, 이제는 갈릴레이적이거나 뉴턴적인 세계관과 관련 된 것으로 현대 물리학의 불확정성 원리에 의해 시대에 뒤떨어진 것으 로 평가된다. 인과성이라는 범주 자체가 시대에 뒤떨어졌다는 오늘날 의 대체적인 합의가 공격의 대상으로 삼는 것은 대개 이 기계적 인과성 의 유형이다. 그러나 이러한 유형의 인과성이 오늘날의 문화 연구에서 항상 신용을 잃고 있는 것은 아니다. 예를 들어 그 지속적인 영향력을 기술 결정론에서 발견할 수 있는데, 맥루한주의(MacLuhanism)가 기계 적 인과론의 영향력을 반영하는 가장 흥미로운 현대적 표현으로 남아 있는 한편, 본질적으로 마르크스주의적인 연구이되 양면성을 나타내는 발터 벤야민(Walter Benjamin)의 『보들레르(*Baudelaire*)』 역시 비슷한 경향 을 보여 주는 또 다른 예로 볼 수 있다. 사실상 마르크스주의 전통은 기 계적 내지 기계론적이라 하여 종종 거부되어 온 모델들 — 가장 두드러 지는 것으로는 친숙한 (또는 악명 높은) '토대'(하부 구조)와 '상부 구조' 의 개념 — 을 포함하고 있는데 이러한 유형의 인과성을 재검토한다는

---

9 Louis Althusser, et al., *Reading Capital*, 186~189쪽.

것은 마르크스주의에 적잖이 중요한 일이기도 하다.

그러나 나는 기계적 인과의 범주가 문화 분석에서 여전히 국지적인 타당성을 견지한다고 주장하고 싶다. 왜냐하면 문화 분석에서는 당구공 식의 인과성이 우리의 타락한 특정 사회 현실의 (비공시적인 (nonsynchronous)) 법칙들 중 하나로 여전히 남아 있음을 볼 수 있기 때문이다. 실제로는 '외재적' 범주들이 우리의 사고 대상인 객관 현실을 계속 장악하고 있는데도 우리의 생각에서만 그 범주를 말소하는 것은 아무런 이득도 주지 못한다. 예컨대, 대여 도서관을 통한 삼부작 소설이 지배적이었다가 값싼 한 권짜리 형태로 대체된 19세기 후반의 출판상의 위기는 분명 외재적인 것이지만 이러한 사실과 소설 자체의 '내적 형식'의 변화 사이에는 의문의 여지 없이 인과 관계가 있어 보인다.[10] 기싱 같은 작가의 소설에서 결과적으로 나타난 형식상의 변화를 문학 연구자들이 개인적 진화나 순전히 형식적인 변화의 내적 역학으로만 설명하려 든다면, 그들은 필연적으로 당혹스러운 상황에 처할 것이다. 물질적이고 우연적인 '사건'이 형식적 '단절'로서 작품에 흔적을 남기며 기싱의 서사 범주뿐만 아니라 그의 소설들의 '감정 구조' 자체에서 나타나는 변화의 '원인이 된다'는 주장은 분명히 문제적인 주장이다. 그러나 문제는 어떤 형식적 변화를 바라보는 이런 식의 사고방식이라기보다는 객관적 사건 자체, 즉 이 세계에서 일어난 문화적 변화의 본질 그 자체다. 이 세계에서는 사용 가치와 교환 가치의 분리가 바로 이런 '문젯거리가 되는' 외재적인 종류의 불연속성들, 균열들과 원격 행위들을 발생시키는바, 이러한 것들은 궁극적으로 '내부로부터' 또는 현상학적으로는 파악될 수 없고, 징후들로 재구축되어야 하며 이 징후들의 원인은 결과들과는 또 다른 질서를 이룬다. 따라서 기계적 인과성은 그 자체의 맥락에서 평가될 수 있는 개

---

10 Frank Kermode, "Buyer's Market," *New York Review of Books*(October 31, 1974), 3쪽.

넘으로서가 아니라 우리의 특수하게 사물화된 사회적 문화적 삶의 다양한 법칙들 및 하부 체계들 중의 하나로 이해되어야 한다. 문화비평가들이 이런 기계적 인과성을 경험하는 것도 때로는 유익하다. 왜냐하면 외재적인 것이 불러일으키는 문젯거리는 그들에게 문화적 생산의 궁극적으로 물질적인 토대와 "사회적 존재에 의한 의식의 결정"을 상기시켜 주기 때문이다.[11]

그러므로 기계적 인과성 '개념'에 대한 알튀세르의 이데올로기적 분석에 이의를 제기해야 한다. 기계적 인과성이라는 이 불만족스러운 범주는 단순한 허위의식이나 오류의 형태일 뿐만 아니라 우리에게 여전히 존재하는 객관적 모순들의 징후이기도 하기 때문이다. 그의 논의에서 논쟁의 핵심이자 오늘날 문화 비평에서 더 중요한 (그리고 강한 유혹인) 것은 알튀세르가 열거한 인과성의 두 번째 형태, 즉 '표현적 인과성'이다. '총체화(totalization)'라는 반대 입장으로는 '표현적 인과성'에 대한 알튀세르의 비판에 직접적으로 응답할 수 없다. 다른 이유가 아니더라도 총체화 자체가 이 용어로 낙인 찍힌 연구 방법들 중 하나이기 때문이다. 이런 연구 방법에는 일정한 역사적 시기의 세계관이나 시대 양식에 대한 다양한 개념들(텐(Hippolyte Taine), 리글(A. Riegl), 슈펭글러(Oswald Spengler), 골드망(Lucien Goldman))에서부터, 푸코(Michel Foucault), 들뢰즈·과타리, 유리 로트만(Yurii Lotman), 또는 소비 사회에 대한 이론가들(가장 유명하게는 장 보드리야르(Jean Baudrillard))의 경우처럼 이런저런 역사적 시기의 지배적인 인식소(episteme) 내지 기호 체계를 모델화하려는 오늘날의 구조주의적, 후기 구조주의적 노력들까지 모두 포함된다. 이러한 목록들은 알튀세르의 비판이 그 주요 공격 목표

---

11 기계적 인과성의 문제는 아마도 영화 비평에서, 기술적 혁신에 대한 연구와 '내재적으로' 영화적인 언어들에 대한 연구 사이의 긴장 관계로 가장 생생하게 드러날 것이나 다른 대부분의 대중문화 영역에서도 논쟁적 주제로 부각될 것이다.

로 삼고 있는 헤겔의 저작(그러나 드러내놓고 비헤겔주의자이거나 또는 반헤겔주의자인 사상가들에게서도 종종 알튀세르의 비판이 적용될 지점을 찾을 수 있다.)뿐 아니라 훨씬 광범위한 대상을 겨냥하고 있으며, 표현적 인과성의 문제는 문화적 시대 설정(periodization) 일반의 문제와 특수하게는 역사적 '시대' 범주의 문제와 의미심장한 관련을 갖는다는 사실을 제시해 준다. 그러나 알튀세르가 거부하는 '표현적 인과성'의 보다 본격적인 마르크스주의 모델들은 이와는 다소 다른 시각에서 비난받는데 그것들은 매개(mediation) 작용을 포함한다거나 개인적 실천과 집단적 실천 양자에 관하여 여전히 다소 관념론적인 개념들을 극화한다는 이유로 비난받는다. 우리는 1장 후반부에서 이 두 가지 비판에 대해 다시 논할 것이다.

시대 설정의 문제는 분명 '역사주의'¹²라 지칭된 알튀세르의 기본적인 개념적 공격 목표에 감싸여 있다. 그리고 역사적이거나 문화적 시대 개념을 아무리 값지게 사용해도 은연중에 손쉬운 총체화를 시도한다는 인상을 주는 경향이 있는 것도 사실이다. 즉 어떤 시대를 그 안에서 현상들 각각이 그 나름의 방식으로 어떤 단일화된 내적 진리(문제되는 '시대'의 길이와 폭 전체를 특징짓는 하나의 세계관이나 하나의 시대 양식 또는 일련의 구조적 범주들)를 '표현하는' 이음새 없는 그물망으로 제시한다는

---

12 역사주의에 관한 논쟁의 이론적 내용이 무엇이건 간에, 알튀세르의 저작에서 이 용어는 또한 정치적 약호어로서 이른바 사회주의 이행의 '단계들'에 관한 다양한 마르크스주의 이론들을 지칭한다는 점이 이해되어야 한다. 이들 이론은 레닌의 제국주의 이론과 스탈린의 '사회주의'/'공산주의' 구별에서부터 역사 발전에 대한 카를 카우츠키(Karl Kautsky)와 사회민주주의적 도식들까지를 포함한다. 이런 차원에서 본다면, '역사주의'에 대한 반론은 프랑스 공산당 내 스탈린주의에 대한 알튀세르의 보다 전반적인 공격의 일부이며 아주 현실적인 실천적, 정치적, 그리고 전략적 중요성을 내포한다.(역사주의에 반대한 고전적인 구조주의적·기호학적인 주장들은 Claud Levi-Strauss, *The Savage Mind*(Chicago: University of Chicago Press, 1966)의 결론부("History and Dialectic")와 A. J. Greimas, "Structure et histoire," *Du Sens*(Paris: Seuil, 1970)에서 볼 수 있다.)

인상을 주는 것이다. 이는 피할 수 없이 환원적인 것으로 보이는데, 이 때 환원적이라는 것은 들뢰즈와 과타리가 가족으로의 환원이라는 단일화 작용을 거부하면서 프로이트를 비판한 바로 그 맥락에서의 환원에 다름 아니다. 그렇다면 알튀세르의 비판은 그 자체로는 결코 반박될 수 없다. 왜냐하면 그의 비판은, 역사적 총체성의 구축이 필연적으로 그 총체성 내의 요소들 중 하나를 고립시켜 특권화하며(일종의 사유의 습관, 특정한 형식들에 대한 선호, 특정 유형의 신념, '특징적인' 정치 구조 내지 지배 형태로), 그리하여 문제의 그 요소가 '전체'에 속한 다른 요소들 내지 특징들을 설명할 수 있는 지배 약호 내지 '내적 본질'이게끔 하는 바로 그 방식을 보여 주고 있기 때문이다. 이러한 주제나 '내적 본질'은 그렇게 해서 이제는 허용될 수 없는 해석학적 질문인 '그것은 무엇을 의미하는가?'에 대한 암시적, 명시적 대답으로 간주되는 것이다. (이런 점에서 '매개'의 실천은, 앞으로 살펴보겠지만, 겉보기로는 매우 변증법적으로 보이지만, 전체 중 한 차원이나 특징으로부터 또 다른 곳으로 이동 혹은 전환한다는 점에서 여전히 관념론적인 작용으로 이해된다. 그러면서도 이러한 작용은 부르주아적 시대 설정에서처럼 하나의 주제 내지 이념을 중심으로 전 사회 영역을 통합하는 효과를 갖기도 한다.)

문화 연구의 어떤 작업에든 필수적이지만 시원한 해결책이 없는 시대 설정 및 그 범주들의 문제(이 문제는 오늘날 분명 위기에 처해 있다.) 너머에는 역사 자체의 재현이라는 더 큰 문제가 있다. 이 문제를 표현하는 다른 말로 우선 공시적 유형(synchronic version)이 있다. 이는 한 개별 '시대'의 상태에 관한 것으로 여기에서는 모든 것이 너무도 이음새 없이 상호 관련되어 있어서 우리는 이를 통해 총체적 체계 내지 그 시대에 대한 관념론적인 '개념(concept)'과 대면하게 된다. 그다음, 통시적 유형(diachronic version)에서는 역사가 그러한 시대들이나 단계들, 또는 계기들의 연속으로 뭔가 '직선적인(linear)' 방식으로 그려진다. 나는 이 두 번째 문제가 우선적인 것이며, 개별 시대를 구성하는 작업들은 언제나 은밀히 역사적 연속체에 대한 서사들 또는 '이야기들'(서사적 재현들)을 함축하거나 투사하고 개별 시대들은 그 안에 자리하며, 그로부터 의미를 부여받는다고 믿는다.

알튀세르가 '표현적 인과성'이라 부르는 것(그리고 그가 '역사주의'라 부르는 것)의 가장 충만한 형태는 따라서 광대한 해석적 알레고리로 판명될 것이다. 그 알레고리 안에서 역사적 사건들 또는 텍스트와 예술품들은 어떤 보다 깊고, 근저에 있고, 더욱 '근본적인' 서사, 숨겨진 지배 서사에 의해 다시 씌어진다. 즉 최초에 경험적으로 주어진 일련의 자료들이 알레고리적 열쇠나 비유적 내용의 맥락에서 다시 씌어지는 것이다. 이런 종류의 알레고리적 지배 서사에는 (헤겔이나 마르크스의 것과 같은) 섭리적 (providential) 역사관, (슈펭글러의 것과 같은) 파국적 역사관, 그리고 순환적 내지 비코(Giambattista Vico)적인 역사관이 모두 포함된다. 나는 알튀세르의 "역사는 텔로스(telos) 또는 주체가 없는 과정이다."[13]라는 언급을 이러한 의미로, 즉 지배 서사와 그 서사적 종결(closure, 텔로스) 및 등장인물 (역사의 주체)이라는 한 쌍의 범주에 대한 거부로 읽는다. 이러한 역사적 알레고리들이 종종 '신학적인' 것으로 묘사되기도 하고, 우리가 곧 성서의 네 층위에 관한 교부적·중세적 체계의 놀랍도록 정교한 해석학을 검토하기도 할 것이므로, 비록 낡고 번거롭기만 한 것으로 보이더라도 지배 서사의 작동 방식이 가장 선명하게 드러나는 알레고리 체제를 통해서 지배 서사의 구조를 제시해 두는 것이 좋을 듯하다.

중세의 체계는 아마도 고대 말기의 그 실천적 기능, 즉 구약을 신약에 동화시키며 유대인의 텍스트적·문화적 유산을 이방인들이 사용할 수 있는 형태로 다시 쓰는 전략으로서의 이데올로기적 사명을 통해 가

---

13 Louis Althusser, *Réponse à John Lewis*(Paris: Maspéro, 1973), 91~98쪽.

　　　　　　　　　　　　　　　　　　1장 해석에 관하여

장 손쉽게 접근될 수 있을 것이다. 새로운 알레고리적 체계의 독창성은 그 체계가 원래 텍스트의 내용을 축자적으로 보존하려 하는 정도에 따라 판단될 수 있다. 즉 중세의 체계는 합리적인 헬레니즘이 호머 서사시의 고대 다신론적 언어 구사를 자연적 요소들의 상호 투쟁 내지 악과 선의 전쟁이라는 맥락에서 다시 써냈던 그런 식으로 구약의 내용을 상징적으로 해석하지 않는다.[14] 정반대로 중세 해석학은 구약을 사실로 간주한다. 그러나 동시에 중세 체계는 역사 자체를 신의 책으로 간주함으로써 구약을 문자 그대로의 역사적 지시 대상을 넘어서는 비유의 체계로 사용할 가능성을 확보한다. 이 책을 연구하면 창조주인 저자가 그 안에 새겨 놓은 예언적 메시지의 표지들과 흔적들을 주해할 수 있으리라는 것이다.

그러므로 그리스도의 생애, 신약 텍스트는 구약의 숨은 예언과 예고의 표지를 실현한 것으로서, 두 번째 차원 즉 본래적 의미의 알레고리적 차원을 구성하는데 바로 이 차원의 맥락에서 구약은 다시 씌어질 수 있다. 이때 알레고리는 텍스트를 다층적 의미들을 향해, 연속적인 다시 쓰기와 겹쳐 쓰기를 향해 열어 놓으며 그만큼의 차원들과 보충적 해석들로 형성된 쓰기들을 생산한다. 따라서 구약의 특정 구절을 예수의 삶과 관련하여 해석하는 것(친숙하고, 진부하기까지 한 예로는 이집트에서의 이스라엘 민족의 노예화를 예수가 십자가 죽음 이후 지옥에 내려간 것으로 다시 쓰는 것이다.[15])은 텍스트를 닫아 버리면서 우연적이고 예외적인 독해와 의미들을 억압하는 기법이 아니라 이데올로기적 투여(ideological

---

14 이 부분에서 나는 Henri de Lubac의 *Exégèse mediévale*(Paris: Aubier, 1959~1964, 4 vols.)에 크게 의존했다. 차원의 세 가지 체계와 네 가지 체계 사이의 구별에 대해서는 특히 Vol. 1, 139~169, 200~207쪽을 볼 것.

15 이러한 알레고리적 주제들의 예들을 더 알려면, Jean Daniélou, *From Shadows to Reality: Studies in the Biblical Typology of the Fathers*, trans. Wulston Hibberd(London: Burns & Oates, 1960)를 볼 것.

investment) —— 이데올로기라는 용어를 알튀세르가 의미한 바에 따라 하나의 재현 구조로, 즉 개별 주체가 사회 구조 내지 역사의 집단적 논리 같은 초개인적인 현실들에 대하여 그/그녀의 살아지는(lived) 관계를 개념화하거나 상상할 수 있게 해 주는 구조로 간주한다면 —— 를 강화해 줄 텍스트를 구성하는 메커니즘임이 드러난다.

지금의 예에서는, 움직임이 특정한 집단적 역사(이스라엘 민족의 역사, 달리 말해서 초기 기독교가 영향을 미쳤던 지중해 및 게르만의 속국민들에게는 문화적으로 낯선 역사)로부터 특정한 개인의 운명으로 나아간다. 처음 서사의 초개인적인 차원들은 두 번째의 순수하게 전기적인 서사, 즉 그리스도의 생애로 철저하게 '환원'되며, 이러한 환원은 들뢰즈와 과타리가 프로이트의 가족 삼각형이 실제 일상의 풍부함에 가한 억압적인 단순화의 속성으로 본 것과 닮은 점이 있다. 그러나 그 결과는 사뭇 다르다. 중세의 해석 체계는 이처럼 낯설고 집단적인 것을 가치 부여된 개인의 전기로 환원하는 과정에서 두 개의 또 다른 해석 층위들이 생성되도록 하는데 바로 이 층위들 속에 각 신도들은 자신을 (알튀세르의 공식을 사용하자면) '끼워 넣게' 된다. 또한 추가된 두 층위인 도덕적(moral) 해석과 비의적(秘意的, anagogical) 해석에 의해 텍스트 장치는 '리비도적 장치(libidinal apparatus)', 이데올로기적 투여의 기계 장치로 변형된다. 예컨대 세 번째 또는 도덕적 층위에서 이집트에서의 이스라엘 민족의 노예화는 신도가 되려는 사람의 죄와 세속에의 매몰('이집트의 고기가마')로 다시 씌어질 수 있으며, 그/그녀는 개인적 회개를 통하여 이러한 속박에서 벗어날 수 있다.(출애굽 사건은 이집트로부터의 해방과 그리스도의 부활로 이중으로 비유된다.) 그러나 개별 영혼의 세 번째 층위는 그 자체로서는 불충분하며 곧바로 네 번째 비의적 의미의 생성으로 이어지는데, 여기에서 텍스트는 전체 인류의 운명과 관련해서 궁극적인 다시 쓰기를 겪게 된다. 이때 이집트는 지상의 역사에서 긴 연옥과 같은 고난으로 해석되고 그리스도의 재림과 최후 심판은 그로부터의 궁극적 해방으로 나타난다. 이처럼 그리스도의 희생과 신도 개인의 드라마라는 우회로를 거쳐 역사적 또는 집단적 차원이 다시 한 번 획득되는데이 과정에서 지상의 특정한 민족의 이야기는 보편적 역사와 인류 전체의 운명으로 변형된다. 그리고 이것이야말로 중세 해석학을 구성하는네 층위들의 체계가 애초에 성취하고자 했던 기능적·이데올로기적 변형이다.

비의적	정치적 읽기(역사의 집단적 '의미')
도덕적	심리적 읽기 (개인 주체)
알레고리적	알레고리적 열쇠 혹은 해석 약호
축어적	역사적 혹은 텍스트적 지시 대상

네 층위들 내지 의미들의 체계는 알렉산드리아 시대와 중세의 수용자들보다도 사유화된(privatized) 세계에 사는 우리가 훨씬 강렬하게 겪어야만 하는 해석의 딜레마, 즉 앞서 언급했던 사적인 것과 공적인 것, 심리적인 것과 사회적인 것, 시적인 것과 정치적인 것 사이의 양립 불가능성에 대한 해결책을 제공한다는 점에서 특히 시사적이다. 기독교적 도식이 보여 주는 비의적인 것과 도덕적인 것 사이의 관계는 오늘날우리에게는 사용 가능하지 않지만 전체 도식이 보여 주는 한정된 구획(closure)*은 여전히 교훈적이며, 이는 특히 개방적인 것('자유')을 그 필연적인 이항적 대립항인 폐쇄적인 것('전체주의')과 대비하여 무조건 긍정하려 드는 오늘날 미국의 '다원주의(pluralism)' 이데올로기 풍토에서

---

* 제임슨은 closure라는 단어를 여러 의미로 쓰고 있다. 종결 및 봉쇄(containment)의 뜻이외에도 그레마스의 의미론적 사각형의 구획처럼 사유와 행위가 더 이상 나아갈 수 없는 한계점을 지적할 때도 사용한다. 맥락에 따라 다양하게 옮기되 괄호 안에 원어를 표기한다.

더욱 그러하다. 다원주의가 지식 및 학문 시장에서 방법과 해석들의 공존을 의미할 때와, 가능한 의미와 방법들의 무한성 및 그것들의 궁극적인 동등성과 상호 교체 가능성에 관한 명제로 간주되는 경우는 사뭇 다른 것이다. 실제 비평에서 주어진 텍스트를 다양한 접근 방식들로 실험해 본 사람은 우리가 결국 그 실험의 결과에 어떤 질서를 부여하고 다양한 해석들 사이에 위계를 설정해야만 만족할 수 있다는 것을 분명히 알 것이다. 사실, 나는 어떤 일정한 텍스트 상황에서는 오직 한정된 수의 해석 가능성들만이 있지 않은가 하는 생각이 든다. 아울러 오늘날 다양한 다원주의 이데올로기들이 가장 열정적으로 애착을 갖는 프로그램은 해석 결과들 사이의 관계, 그리고 특히 역사의 자리와 서사 및 텍스트 생산의 궁극적인 토대에 관한 당혹스러운 문제들로 이어질 수 있는 체계적 분절화와 총체화를 미리 차단한다는 점에서 대체로 부정적이라는 생각이 든다. 여하튼 중세의 이론가들에게는 전술한 네 층위들이 해석학의 방법론적인 상위 한계와 실질적으로 있을 수 있는 모든 해석 가능성들을 구성하는 것이었음이 분명했다.[16]

그렇다면, 표현적 인과성에 대한 알튀세르의 비판은 그 폭을 한껏 넓혀 볼 때, 이른바 헤겔적 관념론 내의 직접적인 목표물을 넘어서, 차원들을 서로 동화시키고 그것들의 궁극적인 동일성을 확정하는 해석들로부터 출현하는 암시적, 명시적 신정론(theodicy) 모두에 타격을 가하고 있는 것으로 볼 수 있다. 그러나 알튀세르의 저작은(그 이전의 많은 철학 체계들처럼) 내밀한(esoteric) 의미와 공개적인(exoteric) 의미를 가지고 있기에, 서로 구별되는 두 대중에게 동시에 말을 걸고 있음을 이

---

16 그리고 알 수 없는 이유로 유혹적인 대안으로 여겨졌던 의미의 일곱 차원 역시 실제로는 원래의 네 차원에 대한 변형에 불과한 것임이 밝혀졌다. 예를 들면, 이스라엘 민족을 교회와 해석상 동일시하는 것(교회 역사의 맥락에서 구약을 알레고리적으로 다시 쓰는 것)은, 예수의 생애 역시 이차적으로는 교회 역사의 알레고리였던 만큼, 실제로는 두 번째, 즉 알레고리적 차원을 변형한 것으로 볼 수 있다.(De Lubac, Vol. 2, 501~502쪽)

해하지 않으면 적절하게 평가될 수 없다. 우리는 나중에 이 약호화 체계로 돌아가면서 표면상 추상적인 철학적 명제가 마르크스주의 자체 내 문제들에 대한 특정한 논쟁적 입장을 내포하게 되는 것을 볼 것이다. 지금으로서는 알레고리적인 지배 약호들에 대한 좀 더 일반적인 공격이 속류 마르크스주의의 층위 이론에 대한 일정한 비판 역시 함축하고 있다고 볼 수 있다. 토대/상부 구조 개념을, 경제적인 것의 '최종 결정 심급'이라는 관련 논점과 함께 아래와 같이 도표로 그려 보면 이 층위 이론들이 앞서 기술한 알레고리적 체계와 뭔가 깊은 유사성을 가지고 있음을 알 수 있다.

상부 구조들	문화	
	이데올로기(철학, 종교 등)	
	법률 체계	
	정치적 상부 구조들과 국가	
토대 또는 하부 구조	경제적인 것, 또는 생산 양식	생산 관계(계급)
		생산력(기술, 생태, 인구)

　　이러한 정통적인 도식이 여전히 본질적으로 알레고리적인 것이라는 점은 그것이 해석으로 이어질 때마다 분명해진다. 여기에서 루카치의 리얼리즘론은 문화적 텍스트를 전체 사회에 대한 본질적으로 알레고리적인 모델로 생각하는 방식을 보여 주는 중요한 본보기가 될 수 있다. 그리하여 문학상의 '등장인물'과 같은 전체 사회의 징표들과 요소들은 다른 층위에 있는 요소들의 '전형화'로, 특히 다양한 사회적 계급들과 계급 분파들에 대한 비유 형상들(figures)로 읽힌다. 그러나 철학적 입장이나 법적 기준에 대한 정통적인 '이데올로기 분석'이나 계급 측면에서의 국가 구조의 탈신비화와 같은 다른 종류의 분석에서

도 알레고리적 독해가 일어나며, 여기에서는 계급 이해(class interest)의 개념이 상부 구조적 징후 또는 범주와 '최종적으로 결정하는' 토대의 현실 사이의 함수 또는 연결 고리를 제공한다.

그러나 중세 해석학의 네 층위에 대한 앞서의 논의가 시사하는 것은, 이것이 결코 이야기 전부가 아니라는 것, 그리고 이 도식이 본질적으로 알레고리적으로 작동하는 정도를 충분히 파악하기 위해서는 이 지배 약호 또는 알레고리의 열쇠가 확대되어 이것이 그 나름의 지배 서사가 되는 지점에 이르러야만 한다는 것이다. 그리고 이 지점은 모든 개별 생산 양식은 고유하게 마르크스적인 '역사철학'의 서사를 구성하는 생산 양식들의 전 연속체(원시 공산주의로부터 자본주의와 본래의 공산주의에 이르는)를 투사하고 함축한다는 것을 우리가 인식하게 될 때 도달된다. 그러나 이는 역설적인 발견이다. 왜냐하면 목적론적 역사의 마르크스주의적 형태를 그토록 효과적으로 반박해 온 알튀세르 학파의 작업 자체가 생산 양식의 문제틀을 마르크스주의의 중심적인 조직 범주로 회복시키고 있기 때문이다.[17]

이 책에서 제시하는 정치적 무의식의 개념은 이러한 특수한 딜레마를 대상 내에 재위치시킴으로써 돌파하려는 시도이다. 그렇다면 표현적 인과성의 절차들에 대한 최소한의 방어는 기계적 인과성에 대한 앞선 논의와 거의 같은 형태를 띠게 될 것이다. 즉 우리는 양자를 우리의 역사적 현실 내의 국지적인 법칙들로 볼 수 있다. 다시

---

17 특히 Étienne Balibar, "The Basic Concepts of Historical Materialism," *Reading Capital*, 199~308쪽; Emmanuel Terray, *Marxism and "Primitive" Societies*, trans. Mary Klopper(New York: Monthly Review, 1972); Barry Hindess·Paul Hirst, *Pre-capitalist Modes of Production*(London: Routledge & Kegan Paul, 1975)을 볼 것. 고전적 마르크스주의의 논의는 Karl Marx, *Grundrisse*, trans. Martin Nicolaus(Harmondsworth: Penguin, 1973), 471~514쪽과 Friedrich Engels, *The Origin of the Family, Private Property, and the State*(Moscow: Progress, 1968)에서 볼 수 있다. 나는 문화 연구에서 생산 양식 개념의 관련성을 앞으로 나올 『사회적 형식의 시학(The Poetics of Social Forms)』에서 논한다.

말해 표현적 인과성 또는 알레고리적 지배 서사의 측면에서 해석하는 것이 항상 유혹적이라면, 이는 이러한 지배 서사 자체가 텍스트와 그에 대한 우리의 사고에까지 각인되어 있기 때문이라는 것이다. 이러한 알레고리적 서사의 기의들(signifieds)은 문학 및 문화 텍스트들에 늘 존재하는 차원인데 그 이유는 바로 이들이 역사와 현실에 대한 우리의 집단적인 사고와 집단적인 환상의 근본적인 차원을 반영하기 때문이다. 이러한 차원에 상응하는 것은 무역사적이고 형식주의화된 독자라면 필사적으로 걷어 버리려 하는 저 국지적 인유들의 거미줄(밀턴이나 스위프트(Jonathan Swift), 스펜서(Edmund Spenser)나 호손(Nathaniel Hawthorne)의 작품들의 함축된 지시 대상들로서 오래전에 잊힌 당대의 사건이나 정치적 상황들을 우리에게 상기시키는 저 건조하고 참을 수 없이 딱딱한 주석들의 웅얼거림)만은 아니다. 만일에 현대의 독자가 이러한 텍스트들이 그들이 속한 역사적 시간의 상황과 맺고 있는 관계를 지겨워하거나 반감을 느낀다면 이는 분명 자신의 정치적 무의식에 대한 저항 및 역사라는 텍스트를 읽고 쓰는 데 대한 자신 내부의 거부(미국에서 이는 한 세대 전체의 거부로 나타난다.)를 증거하는 것이다. 발자크의 『노처녀(*Vieille Fille*)』 같은 작품은 자본주의 시대의 문학에서 이러한 정치적 알레고리에 발생한 의미심장한 변화를 보여 주는 예이다. 이 작품은 옛날식 정치적 인유의 그물망인 주석-하부 텍스트(subtext)를 서사의 기제 안에 실질적으로 동화시키고 있다. 즉 이 작품에서 사회 계급과 정치 체제들에 대한 사색은 서사 생산 전체의 야생적 사고(pensée sauvage) 자체가 되는 것이다.(보다 자세한 설명은 3장 참고.) 이곳이 '표현적 인과성'에 입각한 연구가 이끄는 지점이라 한다면, 이를 원천 봉쇄하는 것은, 우리의 문화적, 실제적 경험에서 역사라는 텍스트 및 정치적 무의식에 대한 실질적인 억압을 가져온다. 안 그래도 점증하는 사유화가 그러한 차원을 거의 귀에 들리지 않을 정도로 희미하게 만드는 때에 말이다.

표현적 인과성의 기능에 대한 이러한 분석은 "상징화를 절대적으로 거부하는" 것으로서의 라캉(Jacques Lacan)의 실재(the Real) 개념[18]과 스피노자(Baruch Spinoza)의 '부재 원인(absent cause)'에 바탕을 둔 역사에 대한 알튀세르의 반목적론적인 정식("역사는 주체도 아니고 목적도 아니다.")을 잠정적으로 수정할 것을 요구한다. 알튀세르의 정식에서 옥석을 가리지 않는 부정성은 오늘날 일단의 후기 구조주의들 및 포스트마르크스주의들의 논쟁적 주제들과 쉽게 동화될 수 있다는 점에서 오도의 소지가 있다. 이들에게 역사는 '컨텍스트' 또는 '기반', 모종의 외부적 현실 세계에 대한 지시, 다시 말해서 숱하게 비방을 받아 온 '지시 대상(referent)' 자체에 대한 지시 등을 의미하는 부정적인 것이다. 그들에게 역사는 여러 텍스트들 중 또 하나의 텍스트에 불과하고, 역사 교본 또는 종종 '직선적 역사'라 불리는 역사적 연쇄의 연대기적 제시에서 발견되는 어떤 것일 뿐이다. 부재 원인으로서의 역사에 대한 강조에서 분명히 드러나는데도 불구하고 알튀세르의 주장이 정전화된 공식처럼 인용될 때 간과되곤 하는 점은 그가 역사는 하나의 텍스트에 불과하며 '지시 대상'은 존재하지 않는다라는, 유행하는 결론을 결코 이끌어 내지 않는다는 사실이다. 그러므로 우리는 다음과 같이 수정된 정식화를 제안하고자 한다. 즉 역사는 텍스트가 아니며, 지배적이건 그렇지 않건 간에 서사도 아니지만, 부재 원인으로서, 텍스트의 형식을 통해서가 아니면 우리에게 접근 불가능하며, 역사와 실재에 대한 접근은 반드시 선행하는 텍스트화, 정치적 무의식 속에서의 서사화를 거치게 된다는 것이다.

---

18 Jacques Lacan, *Le Séminaire, Livre I: Les Ecrits techniques de Freud*(Paris: Seuil, 1975), 80쪽; 그리고 이를 뉴턴의 법칙들에 대한 다른 언급과 비교하여 보라. "Il y a des formules qu'on n'imagine pas; au moins pour un temps, elles font assemblée avec le réel."("사람들이 상상하지 못하는 법칙들이 있는바, 적어도 한동안은 그 법칙들이 실재와 접합한다.")("Radiophonie," *Scilicet*, No. 2~3(1970), 75쪽)

이러한 재정식화는 표현적 인과성과 해석에 대한 알튀세르의 강력한 반발을 전반적으로 인정하면서도 다른 한편 표현적 인과성과 해석을 위한 국지적인 장소를 마련해 둔다. 우리가 아직 고려하지 않은 것은 알튀세르의 입장이 과연 부정적이고 이차적으로 비판적인 것, 즉 헤겔적 약호가 항상 야기할 수 있는 환상들에 대한 일종의 바로잡기에 불과한 것인지 아니면 '구조적 인과성' 본연의 개념이 그 나름의 내용을 갖고 있고 앞서 개괄한 것들과 구별되는 특정한 해석적 가능성을 함축하고 있는 것인지 하는 점이다. 우리는 아마도 층위들에 대한 전통적인 마르크스주의적 구상(앞에서 제시한)을 다른 방식으로 재구조화함으로써 알튀세르의 모델이 갖는 독창성을 가장 잘 보일 수 있을 것이다.(아래의 그림을 보라.)

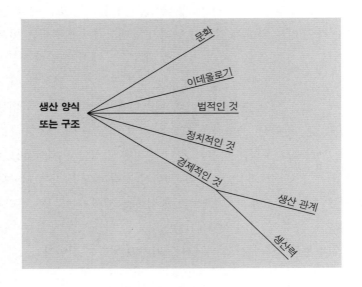

만약 이 도표가 '층위들'에 대한 알튀세르의 개념과 전통적인 마르크스주의의 개념 사이에 있는 두드러진 근본적인 차이점을 즉각적으로 부각시키고 있다면 그 목적을 달성하는 셈이다. 전통적인 마르크스

주의의 개념이 '최종 심급' 내지 생산 양식을 좁은 의미의 경제적인 것으로(말하자면, 사회 체계 내의 한 층위이되, 다른 것들을 '결정하는') 인식하거나, 또는 엄밀한 개념화가 없는 상태에서 그런 인상을 영구화하는 반면, 생산 양식에 대한 알튀세르의 구상은 이 개념을 전체로서의 구조와 동일시한다. 알튀세르에게 보다 좁은 의미에서 경제적인 것(생산력, 노동 과정, 기술적 발전, 사회 계급들 간의 기능적 상호 관계와 같은 생산 관계)은 특권적이긴 하지만 전체로서의 생산 양식과 동일한 것은 아니다. 좁은 의미의 '경제적인' 층위는 다른 모든 층위들처럼 전체로서의 생산 양식에 의해 그 특수한 기능과 효율성을 부여받는다. 그러므로 만일에 알튀세르의 마르크스주의를 구조주의로 분류하려면 여기에는 오직 하나의 구조, 즉 생산 양식 자체, 또는 전체로서의 사회 관계들의 공시적인 체계만이 존재하는 구조주의라는 본질적인 단서가 필요할 것이다. '구조'가 부재 원인이라는 것은 바로 이러한 의미에서인데, 왜냐하면 그것은 어디에서도 하나의 경험적인 요소로 나타나지 않고, 전체의 한 부분이나 층위들 가운데 하나도 아니며, 오히려 이러한 층위들 간의 관계들이 이루는 체계 전체이기 때문이다.

구조에 대한 이러한 개념은 다른 방식으로는 이해할 수 없는 알튀세르적 혁명의 특권적 위치와 영향력(본연의 철학에서부터 정치학, 인류학, 법학, 경제학, 그리고 문화 연구에 이르는 일련의 학문들에서 알튀세르의 이론은 강력하고도 도전적인 대항 흐름들을 생산해 냈다.)을 이해하게 해 주며, 또한 그 정치적 내용(번역 과정에서 쉽게 상실되고 약호화된 투쟁 방식에 의해 위장되는)을 회복할 수 있게 해 준다. 다양한 층위들의 '반(半)-자율성(semi-autonomy)'에 대한 강조(경솔한 이들은 이것을 쉽게 학자적인 까다로움으로 치부하겠지만 우리는 이제 반-자율성에 대한 이런 강조를 이 모든 차원들을 '동일한 것'으로, 또 어떤 다른 것에 대한 다양한 표현 내지 변조들로 보는 헤겔적인 표현적 인과성에 대한 공격으로 파악할 수 있게 되었다.)는 이제 프랑스 공산당의 틀 내에서 스탈린주의에 대항한 약호화된 투쟁으로 이해할 수 있다. 역설적으로 보이지만, 따라서, 여기에서 '헤겔'은 스탈린에 대한 비밀 약호이다.(루카치의 저작에서 '자연주의'가 '사회주의 리얼리즘'의 약호어인 것과 마찬가지로.) 한 예를 들자면, 스탈린의 '표현주의적 인과성'은 생산력의 우위를 강조하는 소비에트 마르크스주의의 생산주의 이데올로기에서 검출될 수 있다. 다시 말해, 만일 모든 층위들이 '표현적으로' 동일하다면, 생산력에서 하부 구조의 변화(산업화와 근대화뿐 아니라 국유화와 사유 재산 관계의 폐지)는 "전체 상부 구조를 신속하게 변화시키는 데" 충분할 것이며, 문화 혁명은 새로운 노동 과정 형태를 창출하려는 집단적 시도와 마찬가지로 불필요하다는 것이다.[19] 또 다른 중요한 예는 국가 이론에서 찾아볼 수 있다. 만일에 국가가 경제의 부수 현상이라면, 특별한 주의를 기울이지 않아도 생산성의 적절한 단계에 도달하면 사회주의 혁명의 억압적 기구는 '소멸하기' 시작할 것으로 기대할 수 있다. 국가와 그 기구들의 '반-자율성'에 대한 오늘날 마르크스주의의 강조는 알튀세르주의자들에게 힘입고 있는 것이다. 이들은 국가라는 '텍스트'를 다른 차원들을 단순히 복제하는 것으로 보는 해석들에 엄중한 회의를 표명하면서 소비에트 체제에서 관료제와 국가 기구 양자의 반-자율성에 대하여 주의를 기울이도록, 그리고 자본주의 아

---

[19] 스탈린 시대의 '표현적 인과성'의 이데올로기적 귀결들에 대한 논의로서는, Charles Bettelheim, *Class Struggles in the USSR*, Vol. II, trans. Brian Pearce(New York: Monthly Review, 1978), 500~566쪽을 보라. 베틀렝은 "(스탈린의)『변증법적 유물론과 사적 유물론(*Dialectical and Historical Materialism*)』에서, 생산의 변화는 '언제나 생산력의 변화와 발전에서 시작되며, 우선적으로 생산 도구의 변화와 발전으로 시작한다.'라는 확언"에 대해 논평하면서 이러한 정식화는 "사회적 관계와 실천의 총체를 '생산력'의 '표현'으로 만들며, 여기에서의 '사회'는 '표현적 총체성'으로 나타나는데, 이러한 총체성은 모순이 없어서, 그 안에서의 변화는 '생산의 발전'에 달려 있다. 여기에 사회적 변화 과정에서 대중들의 혁명적 투쟁이 맡는 중심적 역할은 드러나지 않는다."라고 언급하고 있다.(514, 516쪽)

래에서의 새롭고 확대된 국가 기구를 '분쇄'해야 할 장애물에 불과한 것이 아니라 계급 투쟁과 정치적 행위가 일어나는 장소로 보도록 돕고자 노력한다.[20] 이러한 실례들은, 또한 앞에서 열거한 학문 분야들 역시 문화 연구에서와 유사한 딜레마에 직면하고 있음을 보여 준다. 텍스트는 자체의 권리를 가진, 자유롭게 부유하는 대상인가, 아니면 어떤 컨텍스트나 기반을 '반영하는' 대상인가, 반영한다면 그 컨텍스트나 기반을 이데올로기적으로 단순히 복제하는 것인가, 아니면 어떤 자율적인 힘을 가지고 있어서 그러한 컨텍스트를 거부하기도 하는 것인가? 우리 모두는 우리의 학문적 전문성 안에 돌이킬 수 없을 정도로 갇혀 있는 탓에 이러한 문제들의 유사성을 보지 못한다. 그런데 이 문제들이야말로 마르크스주의가 학제적(interdisciplinary)이며 보편적인 과학이라는 주장을 재천명할 수 있는 확실한 장소가 된다. 사실상 문화 연구의 특권적 위치는 겉보기에 더 경험적인 과학들에서보다 문화 연구에서 이러한 텍스트 해석의 문제들이 더 직접적으로 가시적이며 접근이 용이하여 연구와 성찰에 있어 유리하다는 점에 기초하고 있다.

다른 한편, 학문 분과에 대한 문제는 알튀세르적 입장의 양면성을 생생하게 부각시켜 주기도 한다. 왜냐하면 알튀세르적 구조 개념은 층위 또는 심급의 반-자율성을 강조하면서(특히 '이론과 실천의 통일'에 의해 철학이 극복되고 흡수된 것으로 여기는 전통 속에서 철학 본연의 특권적인 자리를 재창출하려는 그 악명 높고 이기적인 시도에 있어) 그 적들이 보기에는 종종 부르주아적인 학문 분과의 사물화된 전문성을 방어할 새로운 방어책과 본질적으로 반(反)정치적인 알리바이를 마련하는 것으로

---

20 여기에서, '표현적 인과성'이 취하는 형태는 '국가 독점 자본주의에서 독점 기업들의 대리인(agent)으로서의 국가 개념'이다. Nicos Poulantzas, *Political Power and Social Classes*, trans. Timothy O'Hagan(London: New Left Books, 1973), 273~274쪽.

여겨졌기 때문이다.[21] 다른 한편 알튀세르는 그의 선구적인 논문 「이데올로기적 국가 기구(Ideological State Apparatuses)」에서 이 사회에서 사상(ideas)처럼 보이는 것들은 수많은 제도적 내지 관료적 하부 구조들(예컨대, 대학)이 보내는 전언들이며 철저히 탈신비화되어야 한다고 가르치기도 했다. 그러나 비판자들은 알튀세르의 이런 관점을 그에 반하여 독해함으로써 반-자율적 차원들의 체계가 프랑스 공산당에 대한 합법화이며, 그리하여 부르주아 국가 내의 여러 무기력한 제도들 가운데 또 다른 하나에 지나지 않게 만든 것으로 읽어 냈다. 알튀세르의 작업에 대한 이와 같은 대립적인 평가들(반-스탈린주의적이다 또는 스탈린주의적이다라는) 사이에서 선택을 하는 것은 경솔한 행동이 될 것이다. 이 평가들은 그 작업이 객관적으로 또 기능적으로도 양가성을 갖는 그러한 공간을 표시하기 때문이다.

우리는 이러한 양면성의 원천을 지적할 수 있는데 그것은 모든 문학적·문화적 분석의 전략적 영역인 매개(mediation) 개념으로서, 이는 층위들 또는 심급들 사이의 관계, 그리고 분석과 발견을 한 차원에서 다른 차원으로 적용할 수 있는 가능성이다. 매개란 예컨대 예술 작품의 형식적 분석과 그 사회적 토대 간에, 또는 정치적 상황의 내적 역학과 그 경제적 토대 사이에 관계를 확립하기 위해 사용되는 고전적인 변증법적 용어이다. 알튀세르가 '매개'라는 개념을 헤겔적 의미에서의 표현적 인과성과 동일시했다는 점을 시작부터 분명히 할 필요가 있다. 즉 그는 매개 과정을 다양한 차원들 간의 상징적인 동일성(identities)의 확립으로만, 각 층위가 다음 층위 속으로 겹쳐 들어가서, 그럼으로써 자체의 구성적 자율성을 잃고 상동성의 표현으로 기능하게 되는 과정으로만 파악했다.

---

21 Jacques Rancière, *La Leçon d'Althusser*(Paris: Gallimard, 1974), 2장; E. P. Thompson, *The Poverty of Theory*(London: Merlin, 1978), 374~379쪽.

이리하여 국가 권력은 기저의 경제 체계에 대한 단순한 표현으로 보이고, 사법 기구도 뭔가 다른 방식으로 그러하며, 문화 역시 근저의 정치적, 사법적, 경제적 심급들의 표현으로 여겨진다는 식이다. 이 점에서 출발하여, 매개들에 대한 분석은 사물의 외양에서는 명백하지 않지만 근저의 현실에서는 분명한 것, 즉 동일한 본질이 생산 관계의 조직화에서만큼이나 문화의 특정한 언어들에서도 작용하고 있음을 천명하는 것을 그 목적으로 삼는다. 매개에 대한 알튀세르의 이러한 공격은 중요한데, 왜냐하면 그 공격 대상들은 이제 헤겔과 루카치의 전통에만 국한되지 않고 사르트르(Jean Paul Sartre)나 그람시(Antonio Gramsci)(그에 대해서는 좀 더 신중하지만)와 같은 사상가들까지 포함하고 있기 때문이다.

그러나 매개의 개념은 전통적으로 변증법적 철학과 마르크스주의 자체가 (부르주아) 학문들의 전문화된 구획들을 타파하고 사회적 삶의 외양상 분리된 현상들을 전반적으로 연결짓는 임무를 정식화하는 방식이었다. 만일 매개의 성격을 좀 더 현대적으로 설명해야 한다면, 우리는 이 작업을 약호 전환(transcoding)의 과정으로 제시할 수 있을 것이다. 즉 매개란 일련의 용어들을 창안하거나, 특정한 약호 또는 언어를 전략적으로 선택함으로써 동일한 용어를 전적으로 구별되는 두 유형의 대상들 또는 '텍스트들', 또는 두 개의 매우 다른 현실의 구조적 층위들을 분석하고 접합하는(articulate) 데 사용할 수 있도록 하는 과정이다. 매개란 이처럼 분석가의 도구인데 분석가는 이를 통해 사회적 삶의 다양한 영역들의 파편화와 자율화, 부문화와 전문화(다시 말해서 이데올로기적인 것과 정치적인 것, 종교적인 것과 경제적인 것의 분리, 일상적 삶과 학문적 이론들의 관행 사이의 간극)를 특정한 분석을 계기로 적어도 국지적으로, 극복할 수 있다. 사회적 삶이란 그 근본적인 현실(reality)에 있어서 하나이며 분리 불가능하다는 것, 그것은 이음새 없는 그물망이며, 하나의 단일한, 개념화할 수 없는 초개인적인 과정으로서, 이 층위에서는 언어

　　　　　　　　　　　　　　　1장 해석에 관하여

적 차원과 사회적 격변 내지는 경제적 모순들이 결코 서로 분리되지 않기 때문에 굳이 이것들을 연결할 방법을 발명할 필요가 없다는 점을 이해하지 못한다면, 이러한 순간적인 재통합은 순전히 상징적인 것 내지 단순한 방법론적 허구로 남게 될 것이다. 분리, 파편화, 약호들의 급증 및 이론의 다층성은 단지 외양적 현실일 뿐이다. 즉 그것은 헤겔이 언급하곤 했듯이, 즉자적(in itself)이 아니라 우리에게 있어서(for us), 후기 자본주의에서의 우리의 일상적 삶과 실존적 경험의 기본적 논리이자 근본적인 법칙으로서 존재한다. 그러므로 다양한 '층위들' 근저에 있는 어떤 궁극적인 통일성을 요구하는 것은 매개가 보다 구체적이고 국지적으로 실천(이것이 우리의 관심사인데)되기 위한 준거와 철학적 정당화를 제공하지 못하는 한 단지 형식적이고 공허한 것이다.

이제 이러한 측면에서 구조에 대한 알튀세르적 구상에 대해 언급되어야 하는 것은 '반-자율성'이라는 개념은 층위들을 분리시키는 만큼 또한 그것들을 관계지어야만 한다는 점이다. 그렇지 않으면 층위들은 전적으로 자율적인 것이 되어, 부르주아 학문들의 사물화된 공간 속에 편입될 것이다. 그리고 우리는 몇몇 독자들이 바로 이것을 알튀세르주의의 추동력으로 여기는 것을 보아 왔다. 그러나 그런 경우 왜 알튀세르가 구조적 총체성에 의한 결정을 강조하곤 했는지를 알기가 어렵다. 알튀세르는 층위들 간의 어떤 궁극적인 구조적 상호 의존성을 강조하고자 하되, 이 상호 의존성을 하나의 층위가 다른 하나 안으로 직접 접혀 들어가는 좀 더 직접적인(immediate) 매개가 아니라 구조를 관통하는 매개라는 측면에서 파악하고 있음이 분명하다. 이는 알튀세르적인 구조적 인과성 개념의 철학적 추동력이 타격하고 있는 것은 매개 개념 자체보다는 변증법 전통이 무반성적 직접성(unreflected immediacy)이라고 부를 법한 것이며, 그럴 경우 알튀세르의 진정한 논쟁 표적은 헤겔이 공격하려는 대상과 다르지 않다. 헤겔의 전 저작이 조급한 직접성과 무반성적인 통일성 확립에 대한 하나의 긴 비판이기 때문이다. 풀어서 말하자면 알튀세르의 구조는, 모든 마르크스주의가 그러하듯 필수적으로 사회 구성체 내의 모든 요소들 사이에 존재하는 상호 관련성을 주장한다. 다만 그는 표현적 인과성이 그렇게 하고 있다고 이해한 것처럼 요소들 간의 궁극적인 동일성을 통해서가 아니라, 요소들 간의 구조적 차이(difference)와 서로 간의 거리를 인정하면서 요소들의 상호 관련성을 주장하는 것이다. 그렇다면 여기에서 차이란 상호 관련 없는 다양성의 정태적인 목록에 불과한 것이 아니라 하나의 관계적 개념으로 이해된다.

구별되는 사회적 삶의 두 영역들에서 유사한 과정을 찾아내는 표현적 인과성의 작업은 매개가 취할 수 있는 형식들 중 하나이긴 해도 분명 유일한 것은 아니다. 이 문제에 대한 알튀세르의 정식화에 대해 지적되어야 할 것은 두 개의 현상을 구별하는 것, 그것들을 구조적으로 분리하는 것, 그것들이 서로 같지 않은데, 그것도 아주 특별하고 결정적인 방식으로 같지 않다고 확증하는 것 자체도 또한 매개의 한 형식이라는 점이다. 그러므로 알튀세르의 구조적 인과성은 그것과 대립되는 '표현적 인과성'이 그러하듯이 근본적으로 매개의 실천이다. 매개가 서로 다른 두 현상들에 적용할 수 있는 전략적이며 국지적인 약호의 창안이라고 말하는 것이 두 경우에서 동일한 전언을 읽어 내야 할 의무를 뜻하는 것은 아니다. 사실 어떤 보다 전반적인 동일성의 배경에 의거하지 않고서는 사물들 사이의 차이를 열거할 수 없다. 매개는 이 최초의 동일성을 확립하는 일을 떠맡는데 그리고 나서야 비로소 그 동일성을 배경으로 국지적인 동일화 내지는 차별화가 등기될(registered) 수 있는 것이다.

이러한 해석적 가능성들은, 형식주의의 바람 잔 울타리 안에 갇히지 않으려고 하는, 그리고 위에서 다룬 기계적 인과성의 경우처럼 거칠고

순 우연적인 방식은 아니면서도 텍스트를 텍스트-바깥(hors-texte) 또는 텍스트 밖의 관계들을 향해 열어젖힐 수 있는 방식을 고안해 내려는 문학 비평 또는 문화 비평에서, 특히 매개의 실천이 왜 중요한지를 설명해 준다. 후기 자본주의에서의 사회 관계들 및 후기 자본주의의 문화적·문학적 산물들 내의 형식적 관계들과 언어 구조들을 설명하기 위해 (이 책에서 우리가 자주 하는 것처럼) 사물화, 파편화, 단자화와 같은 용어를 고안해 내는 작업은 반드시 이들 양자 사이의 동일성을 확증하고(표현적 인과성) 이를 통해 상부 구조적 현상을 하부 구조적 현실들의 반영물, 부수 현상적 투사물에 불과한 것으로 결론짓는 것은 아니다. 어떤 층위에서 이것은 분명 사실이며, 모더니즘과 사물화는 동일한 거대 과정의 부분들로서 이 과정은 후기 자본주의의 모순적인 내적 논리와 역학을 표현한다. 문학분석가로서 우리의 목표는 모더니즘이 19세기 후반기 사회적 삶의 사물화 현상의 단순한 반영이 아니라 그 사물화에 대항하는 반항이자 일상적 삶의 층위에서 점증하는 비인간화에 대한 총체적인 유토피아적 보상을 내포하는 상징적 행위임을 보여 주는 것이다. 그러나 이를 위해 우리는 우선 이 두 지대 내지 부문(문학 작품 내의 언어적 실천과 환경 세계(Umwelt) 또는 일상적 삶의 세계 내에서 겪는 아노미, 표준화, 합리화하는 탈신성화(rationalizing desacralizing)의 경험) 사이에 연속성을 확립해야만 한다. 그렇게 함으로써 후자는 일정한 상황, 딜레마, 모순, 또는 하부 텍스트(subtext)로 파악되며 문학 작품 내의 언어적 실천은 그에 대한 상징적 해결 또는 해답으로 나타나기 때문이다.

그러므로 우리는 동일성을 확립하는 매개 과정의 부분적 임무를 지나치게 강조한 나머지 매개가 구조적 대립과 모순들을 드러내고 차별화하는 능력은 없다는 관념을 거부해야 한다. 알튀세르가 그람시와 함께 '매개의 철학자의 원형'으로 비난한 사르트르의 경우를 보자. 어린아이의 경험(정신 분석의 대상)과 사회 전반의 계급 구조(마르크스주의 분석의 대상)를 가족이라는 기본적 매개로 연결시키는 그의 독특한 설명에 서조차[22] 서로 구별되는 세 현실들이 공통 분모로 환원되거나 개인 주체의 운명과 부르주아의 구획된 가족(cellular family)의 역사, 그리고 민족 자본주의의 발전상 특정한 계기에 이루어진 계급 관계들의 '종합 국면(conjuncture)' 같은 서로 다른 특수성들이 상실될 정도로 동질화되는 결과는 결코 나오지 않는다. 반대로, 이러한 매개의 힘은 우리가 문제의 부문들 또는 영역들 각각의 상대적 자율성에 대한 감각을 지닐 것을 전제로 한다. 즉 약호 전환은 동일성을 수립하는 한편 이 세 개의 '층위들'이 서로에게 어떤 절대적인 구조적 거리를 유지하게 하는 것이다.

매개에 대한 이와 같은 긴 논의를 표현적 인과성에 대한 알튀세르의 비판이 전적으로 정당화될 수 없다는 것을 의미하는 것으로 받아들여서는 안 된다. 이상의 논의가 주장하는 바는 그의 비판이 빗나간 것이고, 비판의 적절한 대상이 규정될 때 비로소 진정한 힘을 회복할 수 있으리라는 것이다. 내가 보기에 알튀세르의 비판의 진정한 표적은 매개의 실천이 아니라, 다른 어떤 것, 표면적으로는 비슷해 보이지만 실제로는 매우 다른 종류의 개념, 즉 상동성(homology)(또는 이종 동형 (isomorphism), 또는 구조적 평행(structural parallelism))이라는 구조주의적 개념(현재 다양한 문학·문화 분석에서 널리 사용되고 있는 용어)이다. 이제 알튀세르의 비난은 이 특수한 해석 기제를 재평가할 기회를 제공한다. 이는 뤼시앵 골드망에 의하여 비평 관련 대중에게 소개되었는데, 그는 『숨은 신(Hidden God)』에서 계급 상황과 세계관, 그리고 예술 형식(얀센주의(Jansenism)에 대한 연구인 이 책은 법복 귀족(noblesse de robe)을 그 사회적 기원으로, 파스칼(Blaise Pascal)의 『팡세(Pensées)』와 라신(Jean Racine)의 비

---

22 Jean-Paul Sartre, *Search for a Method*, trans. Hazel Barnes(New York: Vintage, 1968), 38쪽. "그렇다면, 귀스타브 플로베르는 역사의 특수성 내에서, 이 가족의 특수한 모순들을 통해서, 부지중에 계급 훈련을 받았던 것이다."

극들뿐만 아니라 신고전주의의 새로운 이데올로기에서 그 문화적 반향을 보고 있다.) 사이에 상동성을 설정했다. 골드망의 이 저작에서 불만스러운 것은 이 세 개의 지대 또는 부문 사이에 역사적 관계를 설정한 점이 아니라 그러한 관계를 설명하기 위해 단순하고 기계적인 모델을 구축하고 이 모델 내에서 사회적 상황, 철학적 또는 이데올로기적 입장, 그리고 언어적, 연극적 실천이라는 세 개의 서로 다른 현실들의 '구조'가 추상의 어떤 수준에서 '동일하다'고 주장한다는 점이다. 그의 이후 저작인 『소설 사회학(*Sociology of the Novel*)』은 형식으로서의 소설과 "시장 생산으로부터 탄생한 개인주의 사회의 일상적 삶"[23] 사이에 엄격한 상동성을 제시하면서 이런 성격을 더욱 두드러지게 보여 준다. 그리고 이 지점이야말로 다양한 구조적 층위들의 상대적 자율성을 존중할 필요를 환기시키는 알튀세르의 지적이 필요한 지점이다. 그리고 이와 관련하여 문학 및 문화 분석의 영역에서 다양한 층위들을 서로에 대한 지배 및 종속을 결정하는 관계들 속에 두는 위계적 모델을 형성하는 것도, 이러한 관계들이 생성되는 과정에 대한 일종의 허구를 만들어 냄으로써 가장 잘 성취될 수 있을 것으로 보인다. 러시아 형식주의자들은 주어진 하나의 복잡한 형식이 나타나는 과정을 구성해 내는 법을 보여 주는데, 어떤 일정한 특성은 낮은 또는 이전 단계의 생산 층위에서의 구조적 결여를 보상하거나 교정하기 위해 발생한 것으로 간주된다. 5장에서 전개될 콘래드의 예를 미리 들어 본다면, 사회적 사물화와 문체의 고안, 그리고 서사 또는 허구적(diegetic) 범주들이라는 세 층위들 사이에 어떤 정태적인 상동성 또는 평행 관계를 설정하는 것도 분명 가능할 것이다.

---

23 Lucien Goldmann, "Sociology of the Novel," *Telos*, No. 18(Winter, 1973~1974), 127쪽. 이러한 비판적 언급들과 함께 오늘날 프랑스에서 마르크스주의 이론과 마르크스주의 문화 이론 전반을 다시 일깨우는 데 뤼시앵 골드망이 담당한 역사적이며 실로 비길 바 없는 역할 역시 반드시 환기되어야 할 것이다.

그러나 텍스트의 이 세 개의 차원들과 사회적 하부 텍스트 사이의 상호
관계들은 생산, 투사, 보상, 억압, 전치 등의 보다 능동적인 용어들을 통
해 파악하는 것이 훨씬 더 흥미로울 것 같다. 예컨대 콘래드의 경우, 우
리는 문체상의 매너리즘이 하부 텍스트에서의 모순을 상징적으로 해결
하는 기능을 갖는 동시에 서술되는 사건의 특정 범주의 형태로 서사화
할 수 있는 구실(pretext, 형식주의자들은 이것을 '장치의 동기화(motivation
of the device)'라고 부른다.)을 능동적으로 발생시키거나 투사한다는 점을
제시할 것이다.

그러나 상동의 실천은 골드망의 저작보다 훨씬 더 복잡한 맥락에서
도 발견된다. 예컨대, 오늘날 생산에 관한 이데올로기들에서도 상동의
실천을 볼 수 있는데, 그 해석적 실천을 앞서 개괄한 형식의 발생 또는
투사적 구축(projective construction) 모델과 구별해 보는 것은 유용할 것
이다. '유물론적 언어 이론(materialist theory of language)'[24]을 만들어 내
려는 오늘날의 노력들이 갖는 가치가 어떻든 간에, 이러한 노력들 대부
분은 쓰기와 말하기에서의 언어적 '생산'과 경제적 생산(때로는 프로이
트에서의 '경제적' 지형학(topology)과 '경제학' 자체 사이의 이차적 상동성 역
시 주장된다.) 사이의 암묵적인 상동성에 기초하고 있다. 이러한 주장들
은 두 가지 서로 다른 방식에서 잘못된 것으로 생각된다. 분명, 텍스트
의 생산이라는 개념은 그것이 일정한 서사체를 하나의 객체, 또는 단
일화된 총체, 또는 정태적 구조로 생각하는 사물화된 습관을 깨뜨리는
데 도움을 주는 한 긍정적인 효과를 갖는다. 그러나 이 개념의 실질적
핵심은 사실 과정(process)으로서의 텍스트라는 개념이고 생산성이라

---

24 가장 주목할 만한 것으로는, Rosalind Coward and John Ellis, *Language and Materialism*
(London: Routledge & Kegan Paul, 1977)을 들 수 있다. 언어 생산의 탐구 쪽으로 명시적
인 선회를 보인 Ferrucio Rossi-Landi의 풍부하고도 시사적인 저작 역시 끝내는 유사한 상동성
의 한계를 보여 준다.

는 개념은 비유적인 덮개에 불과하다. 생산성 개념은 과정이라는 이념이 갖는 방법론적 시사성에는 보태는 것이 거의 없이 생산성 개념이 새로운 이데올로기에 사용 내지 오용될 가능성만 확대시킬 따름이다. 지적인 부정직이 아니고서야 텍스트의 '생산'(또는 이러한 상동성의 알튀세르적 형태로는, 새롭고 보다 과학적인 개념들의 '생산')을 공장 노동자들의 상품 생산과 동일시할 수는 없을 것이다. 글쓰고 생각하는 것은 현실적 노동과 같은 의미에서의 소외된 노동이 아니며, 지식인들이 자신들의 임무(대부분 정교하게 다듬기, 재생산, 또는 이데올로기 비판이라는 항목 아래 포함될 수 있는)를 조립 라인에서의 현실적 노동과 진정한 육체 노동에서 겪는 물질의 저항에 대한 경험과 동일시함으로써 매혹적인 것으로 만들려고 하는 것은 어리석은 일임에 분명하다.

　물질(matter)이라는 용어는 이러한 이론들에서 작동하는 두 번째 오해를 보여 주는데, 이 이론들에서 '물질적 기표(material signifier)'라는 라캉적인 개념(라캉에서 남근(the phallus))이나 대기와 공간에서의 언어의 공명 진동에 대한 몇몇 미약한 암시들이 어떤 진정한 유물론적 관점을 보여 주는 근거로서 제시된다. 그러나 마르크스주의는 기계적 유물론이 아니라 역사적 유물론(historical materialism)이다. 즉 물질의 우선성을 주장하는 만큼이나 생산 양식에 의한 궁극적 결정을 강조한다. 이런 명칭을 기어이 쓰고 싶다면, 실상 유물론의 토대를 이런저런 물질 개념 안에다 두는 것은 18세기 유물론에서부터 19세기 실증주의와 결정론(이것 자체가 마르크스적 용어나 개념이라기보다는 부르주아적인 것이다.)에 이르기까지 내내 부르주아 이데올로기의 특징이었다는 사실을 주목해야 한다. 여기에서 상동성을 주장하는 것은 적어도 그것이 가장 편안한 해결책들(언어의 생산은 상품의 생산과 '동일한' 것이다라는)을 부추기고, 언어 이론에 있어 전체로서의 생산 양식, 또는 알튀세르의 말로 하면 구조, 즉 효과들 또는 구조적 요소들(언어적 실천도 그중 하나이다.) 안에서만 가시적이 되는 궁극적 원인(ultimate cause)으로서의 구조를 거치는 힘겨운 우회로(그러나 분명 이 길만이 유일하게 생산적이다.)를 미리부터 차단해 버리는 한 분명한 오류이다.

이 책에서 차지하는 방법론적 중요성을 고려해 볼 때, A. J. 그레마스의 기호학에 대해서 예비적인 언급을 해야만 하겠다. 그의 기호학에서도 상동성은 중요한 역할을 하고 있고, 분명 몇몇 독자들에게는 앞에서 비판한 골드망의 분석들보다 그레마스의 방법이 훨씬 더 정태적이고 비역사적인 것으로 보일 것이다. 그런 의견에 반대하진 않겠지만, 다만 그레마스에게 층위들과 그들간의 상동성에 대한 구상은 방법론적인 출발점, 탐구되어야 할 일련의 범주들로 설정된 것이지 분석 결과들의 형태를 사전에 결정하는 것이 아니라는 점이 이해되어야 할 것이다. 그의 주요한 논문인 「기호학적 제한의 상호 작용(The Interaction of Semiotic Constraints)」[25]에서 서로 겹쳐지면서 상동성을 보이는 다양한 사분법(quadrants)을 살펴보자. 예컨대 성적 관계에는 결혼 관계, 정상적 관계, 비정상적 관계, 혼외 관계라는 네 개의 논리적 가능성이 있고, 통치 체계에는 명령, 금지, 비명령, 비금지라는 가능성들이 있는데 이들은 결코 구체적인 친족 관계나 어느 특수하고 역사적인 인간 공동체를 지시하는 것이 아니라, 반대로 비어 있는 끼움 자리들(slots), 그러나 그들 모두가 필연적으로 실현하게 될 논리적 가능성들을 지시한다. 그리고 이런 논리적 가능성을 배경으로 주어진 사회적 텍스트의 내용이 측정되고 분류되는 것이다. 이러한 의미에서, 그레마스의 도식에서 분절화된(articulated) 의미론적 또는 기호학적 구조들은 그가 현실 자체의 논리적 구조라고 생각한 것을 구도 짓는(map out) 것으로 보이며, 그 특정한 역사적 형식이 무엇이 되었건 현실의 근본적인 범주들로서 나타난

---

25 *Yale French Studies*, No. 41(1968); *Du Sens*, 135~155쪽.

　　　　　　　　　　　　　　　　　1장 해석에 관하여

다. 이 경우 그레마스의 방법은 움베르토 에코(Umberto Eco)가 "존재론적 구조주의(ontological structuralism)"라 부른 것에 해당될 텐데, 이러한 구조주의에서 구조는 초역사적인 것으로서 적어도 논리적 또는 수학적 사고의 범주들과 같은 존재와 영구성을 부여받는다. 따라서 그레마스에게 '층위들'이 상동적이라면, 그 이유는 이 층위들이 모두 동일한 기본적인 개념적 내지 기호학적 범주들에 의해, 즉 '의미화의 기본 구조' 또는 기호학적 사각형(때로 육각형)의 기본 범주들에 의해 교차되고 조직되기 때문이다.

이 책의 핵심 주제 중 하나는, 마르크스주의는 다른 해석 양식들 또는 체계들을 포섭한다(subsumes)는 주장일 것이다. 방법론적인 용어들로 표현한다면, 이는 마르크스주의가 후자의 정신 작용들을 근본적으로 역사화하여, 분석의 내용만이 아니라, 분석자와 분석 방법까지 '텍스트' 또는 설명해야 할 현상으로 간주함으로써 항상 이들의 한계는 극복하고, 보다 긍정적인 것으로 판명된 것들은 유지할 수 있게 된다는 주장인 것이다. 우리는 변증법적 대립이 아닌 이항 대립으로 조직되어 있으며, 층위들 간의 관계를 계속 상동성의 맥락에서 설정하고 있어서 겉보기에 정태적인 그레마스의 이 분석 도식에서, 그 도식이 바로 이데올로기적 봉쇄(closure)의 장소 및 모델임을 드러냄으로써 어떻게 그 모델을 변증법적인 비평, 역사화하는 비평으로 재전유할 수 있는지를 보일 것이다.[26] 이때, 기호학적 사각형은 텍스트의 의미론적이고 이데올로기적인

---

26 다음 103~104쪽, 그리고 또한 213~217와 330~334쪽을 보라. 여기에 논의된 입장(정태적 또는 기호학적 방법과 변증법적 방법 사이의 구별뿐만 아니라 그 사이의 가능한 조정에 관한)은 구조주의 일반에 대한 사르트르의 흥미로운 비판과 일치한다. "알튀세르는 푸코와 마찬가지로 구조의 분석에만 스스로를 제한한다. 인식론적 관점에서 보면 이는 결국 개념(notion)에 대하여 관념(concept)을 특권화하는 셈이다.(여기에서 사르트르는 다양하게 번역되는 헤겔적 대립항인 Begriff와 Idee를 각각 암시하고 있다. 관념(concept)은 비시간적이다. 관념들이 어떻게 일정한 범주들 내에서 잇달아 발생하는지를 연구할 수는 있다. 그러나 시간 자체, 또 결과적으로 역사는 관념의 대상이 될 수 없다. 용어들 내에 모순

복잡성을 탐구하는 데 중요한 도구가 된다. 이는 이 사각형이 그레마스 자신의 저작에서처럼, 예컨대 풍경과 자연적 요소들을 지각할 때 반드시 그에 준거해야만 하는 객관적인 가능성들을 제공하기 때문이 아니라, 특정한 이데올로기적 의식의 한계들, 의식이 그 너머로는 갈 수 없고 그 사이에서 진자 운동만 하도록 선고받은 개념상의 지점들을 표시하기 때문이다. 3장에서는 이러한 관점에서 『노처녀』에 나타나는 역사에 대한 비전을 검토할 것이다. 이 작품에는 귀족적 우아함과 나폴레옹적인 에너지 사이의 이항 대립이 제시된다. 정치적 상상력은 이 이항 대립을 초월하려고 필사적으로 노력하는 과정에서 이 항목들 각각의 모순 항들을 산출하고, 그것에서 논리적으로 가능한 모든 종합들을 기계적으로 산출해 낸다. 그러나 그런 중에도 정치적 상상력은 내내 원래의 이중 구속의 항목들 속에 갇힌 채로 남아 있다. 이러한 비전은 왕정복고라는 상황 속에 객관적으로 존재하는 모든 정치적 입장들 또는 이데올로기적 가능성들 전체에 대한 논리적 분절화라기보다는 특정한 정치적 환상의 구조로, 발자크의 정치적 사고가 투여되고 있는 특정한 '리비도적 장치'에 대한 지도 그리기로 받아들여져야 한다. 다만 여기에서는 우리가 환상과 환상이 '투사되는' 어떤 객관적 현실을 구별하는 것이 아니라, 들뢰즈 또는 리오타르(J.-F. Lyotard)와 더불어, 이러한 환상 또는 원서사의 구조를 실재에 대한 경험의 매체(vihicle)로 주장하고 있다는 점이 이해되어야 한다.[27] 그레마스의 체계가 이런 방식으로 사용될 때, 그

이 있다. 시간성을 도입하면, 시간적 전개 속에서 그 관념이 스스로를 변형시킴을 보게 된다. 개념(notion)은 그와 반대로 모순과 연이은 모순의 극복에 의해서 스스로 전개하는 이념(idea)을 산출하려는 종합적 노력으로 정의될 수 있고, 따라서 사물의 전개와 동질적이다." ("Replies to Structuralism," trans. R. D'Amico, *Telos*, No. 9(Fall, 1971), 114쪽; *L'Arc*, No. 30(1966), 94쪽.

27 '리비도적 장치' 개념의 비평적 활용에 대한 좀 더 충분한 표명은 나의 *Fables of Aggression: Wyndham Lewis, The Modernist as Fascist*(Berkeley: University of California Press, 1979)에서 볼 수 있다.

봉쇄 구조(closure)는 보다 변증법적인 입장에 대해 정태적이고 분석적인 사고가 전통적으로 제기해 온 문제들을 더 이상 야기하지 않게 된다. 오히려 이 체계는 이데올로기적 봉쇄 그 자체에 대해 도해적으로 구체화된 상을 제공하며, 우리가 일정한 이데올로기적 구성체의 내적 한계들을 구도 짓고 역사에 대한 발자크의 관여로서의 이 특정한 리비도적 장치 또는 '욕망 기계'의 기본적인 항목들을 구축할 수 있게 해 준다. 더욱이, '기호학적 사각형'의 구획(closure) 자체가 이제 텍스트 안으로 들어갈 수 있는 길을 제공하는데, 이는 단순히 논리적 가능성과 순열적 배치들을 지정함으로써가 아니라, 이데올로기적 체계 속에는 함축되어 있으되, 텍스트의 표면에서는 실현되지 않은, 서사의 논리 속에서도 현시되지 못한, 그래서 우리가 텍스트가 억압하고 있는 것으로 읽을 수 있는 항목들 또는 결절점들(nodal points)을 진단하여 드러냄으로써 이루어진다. 이와 같이 변증법적 비평에 의하여 전유, 또는 아마도 사실 오용됨으로써, 그레마스의 도식은, 순수하게 논리적인 또는 분석적인 부정들(negations)에 의하여 구축되었으되, 모든 항목들을 포괄함으로써 실현된 것과 실현되지 못한 것 사이의 긴장 속에 보다 진정으로 변증법적인 부정을 실천할 수 있는 장소를 열어 주는 것이다. 그레마스에게 다양한 층위들 사이의 구조적 상동성(이를 바탕으로 기호학적 사각형이 자체를 재생산한다.)으로 정식화된 것이, 우리에게는 반대로 현존과 부재 사이의 긴장으로 강력하게 재구축되며, 우리는 이 관계를 앞서 언급한 다양한 역동적 가능성들(생성, 투사, 보상, 억압, 전치)에 따라 구도 지을 수 있다. 그러므로 문학적 구조는, 그 층위들 중 어느 하나에서 완전하게 실현되는 일은 거의 없고, 저 아래쪽 또는 생각되지 못한 것(impensé), 또는 말해지지 않은 것(nondit), 요컨대 텍스트의 정치적 무의식 자체를 향하여 강하게 기울어져 있다. 따라서 이러한 이데올로기적 봉쇄의 모델에 따라 재구축되었을 때 텍스트의 분산된 의미소들(semes)은 텍스트가 전적으로 헛되이 통제 또는 극복(또는 노먼 홀런드(Norman Holland)의 시사적인 용어를 쓰자면 관리(manage))하려 하되, 그 텍스트 자체에 형식과 내용을 부여하는 힘들 내지 모순들을 향하여 끊임없이 우리를 안내한다. 이처럼 근본적으로 역사화하는 재전유에 의하여, 처음에는 변증법적 사유와 양립할 수 없는 것으로 보였던 논리적 봉쇄의 개념은 이제 특정한 역사적 텍스트가 실현하는 데 실패한, 또는 반대로 필사적으로 억압하고자 한 저 논리적이고 이데올로기적인 중심들을 드러내는 데 없어서는 안 될 도구들임이 입증된다.

이러한 성격 규정은 알튀세르의 구조주의적 마르크스주의 프로그램을 변증법적 전통과의 완전한 단절이라기보다는 그 안에서의 변형으로 볼 것을 요구한다. 즉 일종의 유전학상의 돌연변이로서, 변증법적 철학이 자신을 표현하던 고전적인 범주들과는 전혀 관련이 없는 전적으로 새로운 마르크스주의가 출현한 것으로 이해되어야 한다는 것이다. 그러나 이러한 사항들이 결코 이른바 알튀세르-루카치 논쟁이라 할 수 있는 것의 논점들과 문제들을 다 다룬 것은 아니며 또한 이자리에서 우리가 그 문제를 충분히 다룰 수도 없다. 기껏해야, 즉석에서 어떤 쉬운 종합이 얻어질 수 있다는 인상을 방지하기 위해, 논점들의 목록을 제시할 수 있을 뿐이다. 여섯 가지 주요한 주제들이 떠오르는데, 그중 몇몇은 이미 다룬 것들이다. (1) 재현의 문제, 그리고 그중에서도 특히 역사의 재현 문제. 이미 제시했듯이 이는 본질적으로 서사의 문제이며, 그 안에서 역사가 재현될 이야기 구조의 적합성의 문제이다. (2) 이와 관련된 문제로서 역사적 서사에서의 '등장 인물들'의 문제, 보다 정확하게 말하면 사회 계급 개념의 지위와 이러한 집단적, 역사적 서사에서 계급이 '역사의 주체' 내지 주연 배우가 되는 것이 가능한지의 문제. (3) 구조에 대한 실천(praxis)의 관계, 그리고 실천이 순전히 개인적인 행위 범주들로 오염될 가능성, 그것과 대조적으로 구조가 어떤 '전체 체계(total system)'라는 궁극적으로 정태적이고 사물화된 비전에 감금될 가능성. (4) 바로 앞의 문제에서 산출되는 보다 일반적인 문제로서, 공시적인 것의 지위 및 그것이 분석틀로서 적합한가의 문제. 또는, 이와 관련하여 통시적인 변화와 시대 설정에 대한 이전의 변증법적 비전이 적합한가의 문제. 이 문제는 한 생산 양식에서 다른 생산 양식으로의 이행을 설명해야 할 때 가장 현저하게 나타난다. (5) 이와 관련된 논점으로서 고전적 변증법에서 매개 못지않게 중심적인 범주인 모순의 지위와 새로운 구조적 또는 공시적 틀 내에서 그것을 정식화하는 문제.(이 범주에 대해서 우리는 그것이 대립, 이율배반(antinomy), 또는 아포리아(aporia) 같은 기호학적 범주들과 근본적으로 구별된다는 점을 강조해야 한다.) (6) 그리고 마지막으로 총체성(totality)에 대한 개념이다. 알튀세르는 이 용어를 계속해서 사용하면서도 내내 자신의 진정으로 구조적인 총체성 개념을 그가 헤겔적 관념론과 헤겔적 마르크스주의(루카치, 사르트르) 양자의 조직적 범주라고 주장한 이전의 표현적 총체성과 근본적으로 구별하고자 한다. 이 용어가 헤겔적 마르크스주의와 구조주의적 마르크스주의 간의 대결을 보여 주는 가장 극적인 전투장이기 때문에 우리는 그것이 제기하는 논점들을 간략히 언급하면서 이 절을 마쳐야 하겠다.

(『역사와 계급 의식(*History and Class Consciousness*)』에서 제시되는) 총체성에 대한 루카치의 구상과 (『변증법적 이성 비판(*Critique of Dialectical Reason*)』에서 서술된) 총체화(totalization)라는 사르트르의 방법론적 이념은 대체로 이들이 헤겔의 절대정신, 즉 모든 모순들이 아마도 소멸되고, 주체와 객체 사이의 간극이 사라지며 어떤 궁극적인 그리고 명백하게 관념론적인 형식의 동일성이 정립되는 공간과 갖는 연관성으로 인해 비판받아 왔다. 루카치, 사르트르, 그리고 다른 헤겔적 마르크스주의자

들의 것으로 간주되는 이른바 동일성 이론에 대한 공격은 그렇다면 마르크스가 『1844년 경제 철학 수고(*Economic and Philosophical Manuscripts of 1844*)』에서 수행한 헤겔 비판에서 그 영감을 얻고 있는 것이다. 마르크스는 이 책에서 헤겔이 대상화(objectification)라는 보편적인 인간적 과정과 소외(alienation)라고 지칭되어야 할 자본주의하의 특유한 역사적 형태를 잘못 동일시했다고 논증했다. 이렇게 동일시가 이루어진 후 절대정신이라는 헤겔의 이상은 대상화 자체의 종식이라는 명백하게 관념론적인 비전, 즉 모든 외화하는 관계들이 정신의 무차별성 속으로 귀환하는 비전을 투사함으로써 소외를 극복하고자 한다. 동일성 이론에 대한 최근의 비판은, 이들의 '총체성' 개념이 절대정신의 약호어일 뿐만 아니라, 역사에 대한 하나의 전체적 비전을 영속화하고 있다고 주장한다. 이 비전에서 (공산주의로 해석되는) 유토피아란 순전히 강제에 의해 차이를 말살함으로써 궁극적인 동일성을 획득하는 것으로 이해된다. 신철학자들(nouveaux philosophes)*의 기억해 둘 만한 표현을 빌리자면, 이 비전 안에는 헤겔의 절대정신으로부터 스탈린의 강제 노동 수용소까지를 잇는 일직선이 달리고 있다는 것이다. 물론 유행하고 있는 이런 논쟁적 상투어는 어떤 역사적 또는 텍스트적 정당성도 갖고 있지 않다. 헤겔에 대한 두 중요한 마르크스주의 연구들이 설득력 있게 주장하는 것 중 하나는 절대정신에 관한 헤겔의 '구상(conception)'은 그의 사유가 더 이상 나아갈 수 없었던 역사적 상황에 대한 징후 이상이 아니라는 것이다.[28] 즉 헤겔의 절대정신은 그 자체가 온전한 이념이라기보다는 불

---

* 신철학자들: 앙드레 글룩스만(André Glucksmann), 베르나르 앙리 레비(Bernard Henri Levy) 등. 이들은 마오주의자였다가 1970년대에 반마르크스주의자로 돌아선다. 솔제니친의 『수용소 군도』에서 깊은 영향을 받았다고 한다.

28 Georg Lukács, *The Young Hegel*, trans. Rodney Livingstone(Cambridge: MIT Press, 1976); Herbert Marcuse, *Reason and Revolution*(Boston: Beacon, 1960)을 볼 것.

1장 해석에 관하여

가능한 역사적 모순을 해결하려는, 그리고 낭만적 반동과 부르주아 공리주의 사이의 양자택일을 넘어선 어떤 불가능한 제3의 항을 투사하려는 시도라는 것이다. 우리는 헤겔의 사유에서 '관념론'이라는 불치의 악덕을 진단해 내기보다는 보다 온건하게, 그가 그의 역사적 계기에서, 마르크스가 될 수 없었던 점을 비난해야 한다. 절대정신의 내용은 역사가의 정신의 투사 및 그의 과거와의 관계라는 훨씬 더 국지적인 맥락에서 이해되어야 한다. 또한 변증법적 비전을 '생의 일요일'* 그리고 이미 종결된 역사의 상기(Er-innerung) — 미네르바의 부엉이는 황혼 녘에야 난다.** — 로 보는 반동적인 언급조차, 나폴레옹 혁명의 실패와 헤겔이 자신의 정치적 희망과 비전에 찬 기대를 걸며 진정으로 역사의 종말이라 여겼던 것에 실망하게 되는 역사적 상황 속에서 파악되어야 한다.

헤겔 자신의 철학적 진화는 헤겔적 변증법이 바로 셸링(F. W. J. Schelling) 체계의 형식으로 나타나는 '동일성 이론'에 대한 공격으로부터 출현하고 있음을 분명히 보여 주는데, 이 동일성 이론을 헤겔은 '모든 암소가 회색으로 보이는 밤' 운운하는 유명한 언급***에서 비난한 바 있다. 즉 셸링의 동일성 이론은 주체와 객체의 '화해'로서 이 안에서는 주체도 객체도 사라지고, 마침내 동일성이라는 신비주의적 비전만이 남는 철학적 정향이라는 것이다. 바로 이러한 논점에서 변증법적인 것의 중심 기제인 대상화의 개념이 나타나는 것이며, 이것 없이는 헤겔 저작의 역사적 내용도, 마르크스적 변증법도 생각할 수 없는 것이다. 그러므로 헤겔을 '동일성 이론'이라는 이름 아래 공격받고 있는 것과 연관짓는 것은 부정확하거나 부정직한 일이다.[29]

---

* 헤겔의 『미학』 3부 3편 「낭만적 예술」의 1장 「회화」 참조.
** 헤겔의 『법철학』 서문 참조.
*** 헤겔의 『정신현상학』 서설 참조.
29 따라서 나는, 1950년까지의 프랑크푸르트 학파를 다룬 마틴 제이(Martin Jay)의 소중한 역사서, *The Dialectical Imagination*(Boston: Little, Brown, 1973)이 비-동일성 이론이라

루카치에 관한 한, 『역사와 계급 의식』에서 제시된 총체성 구상은 셸링의 절대라는 의미에서의 역사의 종말에 대한 실증적 비전이 아니라 그와 전혀 다른 것, 즉 방법론적인 기준으로 이해되어야 한다. 사실, 루카치의 이데올로기 비판의 방법은(헤겔적 변증법과 이를 사르트르가 변형시켜 『변증법적 이성 비판』에서 제안한 총체화라는 방법론적 명령(imperative)이 그러하듯이) 본질적으로 비판적이고 부정적인, 탈신비화하는 작업이라는 점이 충분히 인식되어 있지 않다. 이러한 관점에서 볼 때 독일 고전 철학의 이데올로기적 성격에 대한 루카치의 핵심적 분석은 마르크스의 이데올로기론에 대한 창조적이고 독창적인 변형으로 볼 수 있는데, 마르크스의 이론은, 널리 생각되고 있듯이, 허위의식에 관한 이론이 아니라 구조적 한계와 이데올로기적 봉쇄에 관한 이론이다. 또한 『루이 보나파르트의 브뤼메르 18일』에서 이루어진 프티 부르주아에 대한 마르크스의 선구적인 분석도 계급적 귀속 또는 기원에 관한 서술이 아니다. "〔프티 부르주아 지식인들을〕 프티 부르주아지의 대표자로 만드는 것은 프티 부르주아지가 실제 생활에서 넘지 못하는 한계들을 프티 부르주아 지식인들은 마음속에서 넘어서지 못한다는 사실이다. 그들은 결국 프티 부르주아지가 물질적 이해와 사회적 입장에 의해 정치적으로 추동되어 봉착하는 것과 동일한 문제들 및 해결책을 이론에서

는 주제를 지나치게 강조함으로써, 마침내 '비판 이론'의 근본적인 표적이 자본주의가 아니라 마르크스주의라는 잘못된 인상을 전달하고 있다고 느끼지 않을 수 없다. 주체와 객체 사이의 비-동일성이 의미하는 것은 종종 지식에 대한 유물론적이고 '탈중심적인' 접근과 별반 다르지 않다. 한편, '부정 변증법'을 나처럼 본질적으로 미적인 이상으로 파악하지 않는 사람이라면, 아도르노 변증법의 가장 진정한 실천을 철학적 저작들에서보다는 *Philosophy of Modern Music*, trans. A. G. Mitchell and W. V. Blomster(New York: Seabury, 1973)에서 찾아볼 일이다.(음악적 분석과 철학적 분석 사이의 긴장에 대해서는, Susan Buck-Morss, *The Origin of Negative Dialectics*(New York: Free Press, 1977), 33~49쪽을 볼 것) 아울러 이를 Martin Jay, "The Concept of Totality," in *Telos* No. 32(Summer, 1977)와 대조해 보라.

1장 해석에 관하여

봉착하게 된다. 이것이, 일반적으로, 계급의 정치적, 문학적 대표자들과 그들이 대표하는 계급 간의 관계이다."[30]

우리는 이러한 접근 방식은 이데올로기를, 지적이건 또는 (서사의 경우) 형식적이건, 봉쇄 전략(strategies of containment)이라는 측면에서 정립하는 것임을 제시할 것이다. 루카치의 성취는 이러한 봉쇄의 전략들(마르크스 자신이 주로 고전 정치 경제학 및 그것이 노동과 가치 사이의 관계에 대한 통찰과 같은 것이 초래하는 궁극적인 결과들을 회피하기 위해 구축한 교묘한 구조들을 비판하면서 묘사한)은 오직 이 전략들이 함축하면서 동시에 억압하는 총체성의 이념과 직면함으로써만 드러날 수 있음을 이해한 데 있었다. 이러한 관점에서 볼 때, 헤겔의 절대정신이라는 개념은 바로 그러한 봉쇄 전략으로서, 사유될 수 있는 것은 그 자체의 맥락 안에서 내적으로 일관된 모습을 허용하되, 그 경계 너머에 놓여 있는 사유될 수 없는 것(이 경우에는, 집단적 실천의 가능성 자체)은 억압하려는 전략으로 보인다. 여기에서 마르크스주의는 분명 이러한 종류의 경계선들을 알지 못하며, 무한히 총체화할 수 있는 사유를 의미한다. 그러나 이데올로기 비판은 어떤 교조적이거나 '실증적인' 체계로서의 마르크스주의 개념에 의존하지 않는다. 오히려, 마르크스주의는 단지 총체화하라는 명령의 장소이며, 마르크스주의의 다양한 역사적 형태들 역시 자체의 국지적인 이데올로기적 한계들 내지 봉쇄 전략에 대해 똑같이 효과적으로 위와 같은 비판을 받을 수 있다. 이러한 의미에서 헤겔의 "진리는 전체다."라는 유명한 언명은 헤겔 자신(또는 다른 사람들)이 차지할 수 있는 어떤 진리의 장소에 대한 확언이 아니라 '거짓된' 그리고 이데올로기적인 것을 드러내고 가시화할 수 있는 관점과 방법인 것

---

30 Karl Marx, *The Eighteenth Brumaire of Louis Bonaparte*(New York: International, 1963), 50~51쪽.

이다.

 '총체성' 개념의 이와 같은 부정적이고 방법론적인 위상은 또한 차이, 흐름(flux), 산포(dissemination), 그리고 이질성(heterogeneity)이라는 이름으로 그러한 '총체화'를 명백하게 거부하는 후기 구조주의 철학들에서도 작용하고 있다. 우선 들뢰즈의 정신 분열적 텍스트에 대한 구상과 데리다적 해체를 떠올릴 수 있다. 이러한 인식들이 갖는 의의가 충분히 빛을 발하기 위해서는, 그 인식들이 거부하고 부수는 것을 자신의 사명으로 삼고 있는 연속성의 어떤 처음의 모습, 이미 자리하고 있는 어떤 통합의 이데올로기가 수반되어야 한다. 예컨대, 들뢰즈에게 분자적인 것(the molecular)의 가치는, 구조적으로 이미 존재하는 몰적인 것(the molar) 또는 이미 자리하고 있는 통합하고자 하는 충동에 의존하며, 이것과 대비하여 분자적인 것의 진리가 읽힌다. 그러므로 우리는 이들이 이차적 또는 비판적 철학들임을, 총체성 개념의 위상에 반발하는 것 자체에 의해 총체성의 위상을 재확인하는 것들임을 제시할 것이다. 이러한 움직임은 아도르노(Theodor Adorno)의 '부정 변증법'에서 "전체는 비진리다."라는 반대 주장과 함께 한층 명시적으로 전개되는데, 여기에서 고전적 변증법은, 자신의 꼬리를 물어뜯음으로써 스스로를 해체하고자 한다.

 이렇게 이해할 때, '총체성'이라는 루카치의 비평적 개념은 재현 대상들에게 형식적 통일성을 부여하려는 서사적 틀 내지 봉쇄 전략들에 주의를 기울임으로써 곧바로 서사 분석의 도구로 전환될 수 있다. 사실 이제는 너무나 친숙해진 중반기 루카치의 리얼리즘에 관한 에세이들(종종 단순하게 '반영 이론'의 실행들로 읽히는)은 이런 방식으로 다시 쓸 때, 즉 이후에 나타난 모더니즘의 정교한 틀과 봉쇄 전략들을 어떤 이유론가 아직 필요로 하지 않았던 저 특권적 서사의 예들(이른바 '위대한 리얼리스트들')에 대한 연구로 다시 쓸 때, 그것이 갖는 중요성을 회

복한다.[31]

사실, 어떤 역설적인 또는 변증법적인 방식으로, 루카치의 총체성 개념은 여기에서 알튀세르의 역사 또는 '부재 원인'으로서의 실재 개념과 다시 만난다고 말할 수 있다. 총체성은 어떤 궁극적인 진리의 형태(또는 절대정신의 계기)로 접근될 수 없을 뿐 아니라 재현되지도 않는다. 이러한 논의에서 중요한 위치를 차지하는 사르트르의『자유의 길(Les Chemins de la liberté)』에서 고뇌에 찬, 자기-취소의(self-canceling) 구절을 인용하는 것은 '전체'가 그 부재 속에서 신뢰되고 '재현되는' 복잡한 과정을 예시하기에 가장 좋은 방법이 될 수 있다. 이 구절에서 총체성은 그

---

31 우리는 이 논쟁의 약호화된 정치적 반향('총체화'에 대한 비판자들은 이를 종종 획일적 (monolithic) 또는 전체주의적인 이데올로기에 대한 공격으로 추론해 내곤 한다.)에 대해 마지막 논평을 덧붙여야겠다. 이러한 즉석의 '이데올로기 분석'을 프랑스와 미국이라는 구조적으로 상이한 국가적 맥락에서 좌파가 직면한 서로 다른 상황에 대한 상징적 지표로 보는 사회적 독해와 병치해 보는 것은 유익할 것이다. 프랑스에서 총체화에 대한 비판은 '분자적' 또는 국지적, 비지구적, 비정당적인 정책들에 대한 요구와 손잡고 가고 있다. 그리고 계급과 정당 활동의 전통적인 형태들에 대한 이와 같은 거부는 프랑스적인 중앙 집중화(제도들 및 그것들에 대항하는 세력들을 양자에서 작용하고 있는)의 역사적 무게뿐만 아니라, 넓은 의미에서 '반문화' 운동이라 할 만한 것의 뒤늦은 출현, 이전의 구획된 가족 장치의 붕괴와 하위 집단 및 대안적인 '삶의 양식들'의 융성을 명백히 반영하는 것이다. 다른 한편 미국에서는 후자와 같은 종류의 사회적 파편화의 강렬함 바로 그것이 좌파 또는 '반체제적' 세력들이 어떤 지속적이고 효과적이며 조직적인 방식으로 결집하는 것을 역사적으로 어렵게 만들고 있다. 인종 집단, 근린 조직 운동(neighborhood movements), 페미니즘, 다양한 '반문화적' 또는 대안적 삶의 양식 그룹들, 일반 조합원의 반대 투쟁 운동(rank-and-file labor dissidence), 학생 운동, 특정 단일 사안을 둘러싼 운동들 등, 미국에서는 이 모두가 이론적으로 양립 불가능하고 어떠한 실천적, 정치적 기반 위에서도 조정될 수 없는 요구들과 전략들을 투사하고 있는 것처럼 보였다. 그러므로 미국의 좌파가 오늘날 발전시킬 수 있는 특권적 형태는 필연적으로 연합 정책 (alliance politics)이 되어야만 한다. 그리고 그러한 정책은 이론적 차원에서의 총체화 개념에 대한 엄밀한 실천상의 등가물이다. 그렇다면, 미국적 구조 내에서 '총체성' 개념을 공격하는 것은 실질적으로, 이 나라에서 진정한 좌파가 존재할 수 있는 유일하게 현실적인 전망의 기초를 위태롭게 하는 것이며 그 전망에 대한 거부에 다름 아니다. 그러므로 각각의 국가적 상황 속에서 매우 다른 의미론적 내용을 가지고 있는 이론적 논점들을 수입하고 번역하는 것은 진정 문제적인 작업이다. 예컨대 프랑스의 국가적 상황에서는 지역 자율성, 여성 해방과 근린 조직을 위한 다양한 운동들의 발생이 전통적인 좌파 대중 정당의 지구적 또는 '몰적' 전망에 의하여 억압되고 있거나 또는 적어도 방해받는다고 인식되고 있는 것이다.

것이 부인되는 움직임 바로 그 안에서 확언되며, 모든 가능한 재현을 부인하는 바로 그 언어 안에서 재현된다.

광대한 실체, 일 억 개의 차원을 가진 공간 속에 있는 하나의 혹성, 삼차원적 존재는 그것을 상상할 수도 없다. 그러나 각각의 차원은 자율적인 의식이었다. 그 혹성을 직접 보려고 해 보라. 그것은 작은 파편들로 분해되고 오직 의식만이 남을 것이다. 각자 벽들과, 타고 있는 시거의 남은 토막, 익숙한 얼굴들을 의식하며, 각자 자신의 책임하에 자신의 운명을 구축하는 일 억 개의 자유로운 의식. 그러나 저 의식들 각각은, 인지할 수 없는 접촉과 감지할 수 없는 변화들에 의해서, 거대하고 보이지 않는 산호의 한 세포로서의 자신의 현존을 인식한다. 전쟁: 누구나 자유롭다, 그런데도 주사위는 던져진다. 그것은 거기에 있고, 그것은 모든 곳에 있으며, 그것은 모든 나의 생각들의 총체, 히틀러의 모든 단어들의 총체, 고메즈의 모든 행위들의 총체이다. 그러나 계산하는 사람은 아무도 없다. 그것은 오직 신을 위해서만 존재한다. 그러나 신은 존재하지 않는다. 그런데도 전쟁은 존재한다.[32]

전통적인 '총체성' 개념을 유기체적인 것으로 특징짓는 것이 지나치게 성급한 것이며, 그 상대격인 구조 개념을 기계적인 것으로 특징짓는 것 또한 한층 부적절한 일이라면, 우리는 적어도 이 개념들이 처음 적용되었던 미학과 언어학 영역의 중요성을 강조할 수는 있을 것이다. 이들 개념은 원래 미학과 언어학 영역에 적용된 것으로[33] 사회 이론 같은 분야에서 보다 직접적으로 비유적인 용법을 갖게 된 것은 이후의 일

---

[32] Jean-Paul Sartre, *The Reprieve*, trans. Eric Sutton(New York: Vintage, 1973), 326쪽.(이 작품은 『자유의 길』 2부에 해당된다. ──옮긴이)

[33] 변증법의 미학적 기원에 대한 논의로는 Georg Lukács, *Beiträge zur Geschichte der Aesthetik*, 그리고 특히 *Probleme der Aesthetik*(Neuwied: Luchterhand, 1969)에서 실러의 미학에 대한 에세이들을 보라.

이다. 그러므로 각각이 투사하는 미학의 관점에서 잠정적으로 이 둘을 병치하는 것은 정당한 결론일 것이다. 후기 구조주의 문화의 한가운데에 있는 우리는 이제, 여기에서 헤겔과 루카치와 연관된 표현적 총체성이 때때로 유기체적 형식으로 불리는 것의 가치를 함축하며, 질서화된 전체로서의 예술작품이라는 관념을 투사한다는 것, 비평가의 임무(표현적 총체성의 입장에서 본 해석의 과제)는 따라서 작품의 다양한 층위들과 요소들이 위계적 방식으로 기여하는 통일된 의미를 찾아내는 것이라는 것을 파악할 수 있는 더 유리한 위치에 있다.

그렇다면 고유한 구조적 인과성의 해석적 사명은 반대로 그 특권적 내용을 작품 내의 균열과 불연속성에서, 그리고 궁극적으로는 이전의 '예술 작품'을 이질적이고 (가장 극적인 최근의 슬로건을 사용하자면) 정신분열적인 텍스트로 보려는 구상에서 찾는 것이 될 것이다. 그렇다면, 고유하게 알튀세르적인 문학 비평의 경우, 연구의 적절한 대상은 형식적 통일성의 외양이 실패하거나 이데올로기적 신기루로 드러날 때에 비로소 출현한다. 문화적 텍스트의 진정한 기능은 그렇다면 층위들 간의 간섭(interference)을 통해, 한 층위가 또 다른 층위를 전복함으로써 수행된다. 알튀세르와 마슈레(Pierre Macherey)는 미적 생산 작업에 의해 이데올로기적인 것이 객관화됨으로써 이런 불일치와 부조화의 특권적 형식을 낳는다고 보았다.[34] 본래적 의미의 구조적 해석 또는 주석은 이처럼 겉보기에 통일된 텍스트를 한 무리의 상호 충돌하며 모순적인 요소들로 폭파시키는 것이다. 그러나 대표적인 후기 구조주의들(그 상징적인 몸짓의 예로 발자크의 단편 소설을 다중적 약호들의 무작위적인 작용으로 흩

---

34 이러한 입장들은 Louis Althusser, "Letter on Art," *Lenin and Philosophy*, trans. Ben Brewster(New York: Monthly Review, 1971), 221~227쪽, 그리고 Pierre Macherey, *Pour une thérie de la production litteraire*(Paris: Maspéro, 1970), 그중 Jules Verne에 관한 장에서 가장 눈에 띄게 진술되어 있다.

뜨러뜨린 바르트의 『에스/제드』를 들 수 있다.)의 작업과는 달리, 알튀세르적/마르크스주의적 문화 개념은 작품 자체의 층위에서는 아니라도, 생산 과정의 층위에서는 이 다중성이 재통합되기를 요청하는데, 이 생산 과정은 무작위적인 것이 아니라 일관된 기능적 작용으로 서술될 수 있는 것이다. 불연속성과 이질성에 대한 오늘날 후기 구조주의의 찬사는 그러므로 알튀세르적 해석에 있어서는 오직 시작의 계기일 뿐이다. 알튀세르는 텍스트의 파편들, 상호 양립할 수 없는 층위들, 이질적인 충동들을 다시 한 번 연결하되, 그 연결이 구조적 차이와 규정적 모순의 양식 내에서 이루어질 것을 요청한다. 다음의 해석 장들에서, 나는 총체성 또는 총체화의 개념에 함축된 방법론적 명령과, 외견상 통일된 문화적 텍스트 내의 불연속성, 균열, 간극 있는 줄거리에 '징후적' 분석이 기울이는 아주 다른 종류의 관심, 이 양자를 다 같이 존중하는 것이 커다란 비일관성 없이도 가능하다는 것을 발견하곤 했다.

그러나 이 서로 구별되는 미학들(우리가 방금 연속성과 비연속성, 동질성과 이질성, 통합과 분산이라는 용어들로 특징지은)은 또한 그들이 제기하는 해석이 내재적인가 또는 초월적인가에 따라 다르게 파악되고 구별될 수 있다. 옳건 그르건, 총체화하는 비평은 나쁜 의미에서 초월적인 것으로, 다시 말해 그 해석이 본연의 텍스트 바깥의 영역과 층위들에 호소한다고 간주되었다. 우리는 그런 외견상 외재적인 작용들이 변증법적 틀이 확장되고 체계적으로 총체화됨에 따라 변증법적 틀 안으로 돌아오게 되는 것을 보아 왔다. 이런 유형의 해석은 초월적 계기를 내포하고 있긴 하지만 이 계기란 단지 잠정적으로만 외재적임을 내다보면서, 해석의 완성을 위해서는 외양상 외재적인 내용들(정치적 태도들, 이데올로기적 자료들, 법률적 범주들, 역사의 원자료들, 경제적 과정들)이 결국 독서 과정 내로 다시 돌아갈 것을 요구한다.

순수하게 내재적인 비평이라는 이념은 분명 후기 구조주의에만 고유한 것이 아니며 이전의 신비평을 비롯해 계속 일련의 비평 방법들을 지배하고 있다. 우리는 이어지는 절들에서 이런 의미의 내재적 비평이 환상임을 논할 것이다. 그러나 알튀세르적 해석, 특히 마슈레의 저작에서 발전된 해석의 독창성은 아주 다른 방식으로 정식화될 수 있으며, 하나의 연역적 작업으로 이해될 수 있다. 이러한 관점에서는 작품 내지 텍스트를 이런저런 앞선 계기의 형식 또는 문체로부터 출현하는 발생적 과정에 삽입된 것으로 보지 않는다. 또한 작품을 적어도 처음에는 작품 내지 텍스트 너머의 어떤 것으로 주어지는 토대 또는 컨텍스트와 '외재적으로' 관련된 것으로 보지도 않는다. 오히려 작품의 자료들을 그 형식적이고 논리적인, 그리고 가장 특수하게는, 의미론적 가능 조건들의 맥락에서 탐구한다. 이러한 분석은 특정한 텍스트가 그 고유한 역사적 구체성 안에서 생산되기 위하여 미리 주어져야만 했던 자료들(내용, 서사의 패러다임들, 문체적·언어적 관행들)의 가설적 재구축(reconstruction)을 포함한다. 우리는 이어지는 장들에서 이러한 작업에서 무엇이 관건인지를 밝힐 것이다. 이 장에서 우리가 논의하려고 했던 점은 이 작업 역시, 어떤 새롭고 예기치 않았던 의미에서 하나의 해석적 또는 해석학적 행위라는 점이다. 그리고 알튀세르의 세 번째 인과성의 구조적 형식에는 그 나름의 특유한 해석 양식이 존재한다는 이러한 주장과 함께 옆길로 벗어난 이 긴 논의의 끝을 맺는다.

2

그럼에도 들뢰즈와 과타리가 논하는 '구식' 해석과 오늘날의 '해체' 사이의 구별은 우리가 이제 협상해야 할 다양한 비평 방법들 내지 해석 방법들을 분류하는 데 유용한 도구를 제공해 준다. 진정하게 내재적인 비평이 가능한가라는 문제를 잠시 제쳐 두고, '무엇을 의미하는가?'라고 묻는 비평은 근본적인 지배 약호 또는 '최종적으로 결정짓는 심급'에 의해 어떤 텍스트를 체계적으로 다시 쓰는 일종의 알레고리적 작용을 구성한다고 우리는 가정한다. 이런 관점에서 볼 때, 보다 좁은 의미에서 모든 '해석'은 강하게든 약하게든 주어진 텍스트를 특정 지배 약호 또는 '초월적 기의'의 한 알레고리로 변형시킬 것을 요청하는 것이다. 그리하여 결국 해석 행위에 대한 불신은 곧 알레고리 자체에 대한 혹평으로 연결된다.

그러나 해석을 이렇게 보게 되면, 어떤 주어진 해석적 실천이 나서서 자신의 이름을 밝힐 것을, 자신의 지배 약호를 노출하고 그리하여 자신의 형이상학적, 이데올로기적 기초를 밝히도록 강요할 도구를 확보할 수 있다. 지금의 지적 풍토에서는 문학 비평적 실천을 포함한 모든 형태의 실천이 모종의 이론을 내포하고 전제한다는 사실을 힘들여 주장할 필요가 없다. 경험주의, 즉 순전히 비이론적인 실천이라는 신기루는 용어상의 모순이며 심지어 가장 형식적인 종류의 문학 분석이나 텍스트 분석도 일종의 이론적 입장을 담지하고 있고, 이 사실을 부정하는 것 자체가 그 이데올로기성을 드러내는 것이라고 힘들여 주장할 필요가 없는 것이다. 불행하게도, 우리가 이후 당연한 것으로 전제할 이런 입장은 계속해서 다시 주장되고 또 옹호되어야만 한다. 우리는 이제 더욱 과격한 주장을 펼치려고 하는데, 이는 특정한 방법의 이론적 틀이나 전제들은 일반적으로 그 방법이 영속화하고자 하는 이데올로기라는 사실이다. 다른 지면을 통해 나는 옛날의 신비평과 같이 분명히 비역사적인 방법조차도 역사에 대한 특정의 '비전'이나 '이론'을 전제하는 것이라고 주장한 바 있다.[35] 여기에서는 이보다 훨씬 더 나아가 신비평의

---

35 *Marxism and Form*(Princeton: Princeton University Press, 1971), 323, 331~333쪽

가장 순진한 형식적 독해들조차도 그 본질적이고 궁극적인 기능에 있어 역사란 무엇인가에 대한 특정 관점을 유포하는 것이라고 주장하고자 한다. 사실, 언어의 기능이나, 의사소통 또는 발화 행위의 본성, 형식적, 문체론적 변화의 역학에 대한 그 어떤 작업 모델도 온전한 역사 철학을 내포하지 않는 경우는 없다.

이 책에서 우리는 주로 전략적으로 서정시에 한정되어 있는 형식적 분석, 또는 문체론적이며 순전히 텍스트적인 분석의 양식들보다는, 다양한 형태의 '강력한' 다시 쓰기들, 자신들을 강력한 다시 쓰기들로 규정하면서 특정의 이름표를 내건 해석들이 제시하는 그런 다시 쓰기들을 다루고자 한다. 그러나 일련의 문학이론가 세대들이 (각각 다른 이유들로) 부정해 왔는데도 여전히 오늘날 문학 및 문화 비평에서 지배적인 형식으로 통용되는 것을 먼저 다루어야 한다. 우리는 이것을 윤리적 비평이라고 부를 것인데 그것은 '무엇을 의미하는가?'라는 질문에 답하는 유력한 약호를 구성한다. 윤리적 분석은 오늘날 오명을 쓰고 있는 다른 두 사고방식을 포함 또는 포섭하고 있는 더 큰 분석 범주이다. 그리고 그 두 사고란 삶의 '의미'에 대한 질문이 가능하다고 전제하는 (여러 종류의 실존주의들이 이 질문에 부정적인 답을 내린다 해도) 형이상학적 사고와 항상 '인간 본성'에 대한 어떤 개념에 근거하고 있는 '휴머니즘'이다.[36] 가장 좁은 의미에서 윤리적 사고는 실제로는 어떤 특정 유형의 집단적 연대나 계급 결집의 역사적, 제도적 특정 형태를 인간 '경험'의 영속적 특징으로, 그리하여 개인적 삶과 인간관계에 대한 일종의 '지

을 볼 것.

36 '형이상학'과 '휴머니즘'은 각각 데리다와 알튀세르 그룹이 비판하는 부정적 범주이며, 그들에 의해 더 범역적인 유물론적 범주인 '관념론' 아래 명시적으로 배치되었다. 나는 그러한 철학적 범주들이 가능한 한 축어적으로 지독히 진부한 일상의 태도와 전제들을 지시하는 데 사용된다면 유용하다고 본다. 어떤 역사적 범주를 절대화하고, 어떤 형태의 실수 또는 허위의식을 초역사적 범주로 주제화하는 것은 '관념론적'이라 봄직하다.

혜'로서 제시한다. 다음 장에서는 모든 윤리학이 배제에 의해 지탱되는 방식, 특정 유형의 타자성이나 악을 단정하는 방식에 대해 다소 길게 다시 다룰 것이다. 이들이 궁극적으로 정치적 의미를 지닌다는 점은 분명한데, 그래서 적대적인, 더 정확하게는 정치적인 충동들을 궁극적으로 부정적인 범주인 분한(ressentiment)*에 귀속시킴으로써 자신을 재봉쇄하려는 윤리학의 유혹은 이 책이 다룰 하위 주제들 중 하나가 될 것이다.

그러나 오늘날 흔하게 접할 수 있는 문학 비평 전체를 '윤리적'인 것으로 규정하는 것은 독자들에게 역설적이거나 심지어 편벽된 것으로 비칠 수도 있겠다. 우리는 이 용어로 빅토리아 시대와 더불어는 아니라도 《검토(Scrutiny)》** 그룹과 함께 사라졌으리라 짐작하는 교훈적이고 도덕적이며 설교적인 태도를 통상 지칭해 왔다. 그러나 이런 생각은 우리 상황에서 윤리가 차지한 지배적 형식을 오인한 것이다. 왜냐하면 (우리 시대 윤리의 지배적 형식은) 자신의 권위를 위해 이런저런 종류의 정신분석학에 기댈 때에도 본질적으로 심리적이고 심리주의적인 것이기 때문이다. 개인의 정체성이라는 개념이나, 정신의 재통합이라는 신화, 융적인 '자아' 또는 '에고'의 신기루 등이 도덕적 감수성이나 윤리 의식이라는 낡은 주제를 대신해 들어서며, 3장에서 보게 되듯이, '중심' 또는 '중심화된' 자아의 개념을 비판하는 현대의 대륙(철학)적 주제

---

* ressentiment. 독일어 또는 영어로 번역되지 않는 이 독특한 단어를 제임슨도 니체를 따라 프랑스어를 그대로 쓰고 있는데, 여기에서는 종교에서 많이 쓰는 말인 분심(憤心)과 집단적 의미가 살아 있는 한(恨)을 합쳐서 분한(憤恨)이라고 옮긴다. 제임슨이 '분한' 이데올로기소를 다루는 방식과 나아가서 제임슨의 용어 및 이론 전반에 대한 해설로는 이경덕, 「프레드릭 제임슨의 역사와 유토피아 공간」, 『처음 읽는 영미 현대철학』(동녘, 2014)을 참조.
** 1932~1953년에 리비스(F. R. Leavis)가 중심이 되어 영국 캠브리지에서 출간된 잡지. "자세히 읽기"라는 기치 아래 영문학의 재평가를 주도했다. 특기할 것은 그 과정에서 후기 엠프슨이나 케네스 버크, 노드롭 프라이의 문학 비평이 배제되었다는 점이다.

1장 해석에 관하여

들이 적절하다는 것을 재확인해 준다. 그러나 이 다양한 후기 구조주의적 주제들이, 그 반마르크스주의적 성격이 오늘날 프랑스에서 점점 더 명백해지고 있는 후기 구조주의 전체를 통째로 인준하게 만들어 주는 것으로 이해해서는 안 된다. 반대로 나는 변증법만이 주체를 구체적으로 '탈중심화하는' 길을 제공하고, '윤리적인 것을' 정치적이고 집단적인 방향으로 초월할 길을 제공한다고 주장할 것이다.

진정한 해석(어떤 방식으로든 의식의 통일성이나 정합성에 관한 다양한 개념을 투사하는 윤리적 약호들의 약한 다시 쓰기와 구별하여 우리가 '강력한' 다시 쓰기라고 부른 것)은 무의식 자체의 개념은 아닐지라도 항상 어떤 신비화나 억압의 메커니즘을 전제한다. 그 메커니즘 때문에, 드러난 의미 뒤의 잠재적 의미를 찾는다는 말이나, 텍스트의 표면적 범주들을 더 근본적인 해석 약호의 더욱 강력한 언어로 다시 쓴다는 말이 성립하는 것이다. 이쯤에서 정교하고 독창적인 해석들을 대면한 평범한 독자들의 반발, 즉 텍스트는 단지 그것이 말하는 바를 의미하는 것일 뿐이라는 주장에 답해야 할 듯하다. 불행히도 우리 사회만큼 다양한 방식으로 신비화된 사회도 없다. 전언들과 정보, 즉 신비화의 도구들로(언어는 탈레랑(C. M. Talleyrand)*이 말했듯이 우리의 생각을 감추기 위해 주어졌다.) 흠씬 젖어 있는 것이다. 만약 모든 것이 투명하다면 이데올로기란 있을 수 없으며, 지배 또한 불가능할 것이다. 우리가 처한 상황은 분명 그렇지 않다. 그러나 우리는 신비화라는 단순한 사실을 넘어서, 문학적이고 문화적인 텍스트의 연구, 즉 본질적으로는 서사에 대한 연구에 따르는 보충적인 문제를 적시해야만 한다. 왜냐하면 담론상의 언어가 비록 축어적으로 간주된다 해도 거기에는 항상 그리고 구성적으로 서사 자체의 '의미'에 대한 문제가 존재하기 때문이다. 이런저런 서사의 '의미'에

---

* 1754~1838. 루이 16세 시대부터 필리프 왕 시대에 이르기까지 프랑스 외교 정책을 이끎.

대한 평가 및 연이은 정식화에 관련된 문제는 해석학적 문제로서, 이는 이견이 제기되었을 때 못지않게 우리로 하여금 지금의 이 문제에 깊숙이 연루되게 만든다.

근자의 독창적인 철학적 체계나 입장은 모두 어떤 방식이든 그 자신에 고유한 해석학을 기획해 왔다고 말할 수 있을 것이다. 그 때문에 나는 다른 지면에서 대부분의 고전적인 구조주의는 그 지배 약호(master code) 또는 해석의 열쇠가 언어 자체인 해석학을 운용하고 있다고 말한 바 있다.[37] 보편적 해석학을 구성하고자 하는 또 다른 국지적 시도를 지적할 수도 있다. 이를테면 사르트르적 실존주의의 고전적 시기에 짧은 기간 동안만 유통됐던 해석적 체계는 문체와 이미저리의 구조, 성격학적 특성들, 이데올로기적 가치들 등을 불안과 자유에 대한 두려움이라는 측면에서 읽어 낸다.[38] 한편 다양한 형태의 실존주의와 관련이 없지 않은 현상학적 비평은 시간성에 대한 경험과 주제 속에서 지배 약호를 찾았는데 이는 오늘날의 모더니즘 이후의(post-modernist) 세계에서는 기묘하게 낡아 보이는 주제이고, 더 이상 특별히 우리를 사로잡지 못하는 듯한 경험이다.

그러나 최근의 가장 영향력 있고 정교한 해석 체계가 정신분석학적 해석이라는 사실은 분명하며, 이는 초대 교부들이 성경의 네 가지 의미에 대한 중세적 체계를 정립한 이래 발전한 유일하게 진정으로 새롭고 독창적인 해석학으로 구별되어 마땅하다. 프로이트적 모델은 시사하는 바가 너무나 커서 그것에서 유래한 용어나 이차적 기제들은 그 원천으

---

37 *The Prison-House of Language*(Princeton: Princeton University Press, 1972), 195~205쪽 참조.

38 John K. Simon, ed., *Modern French Criticism*(Chicago: University of Chicago Press, 1972), 9~27쪽에 실린 나의 논문 "Three Methods in Jean-Paul Sartre's Literary Criticism"을 참조할 것. 실존주의의 이데올로기적 기능, 그리고 이 철학에 대한 사회학적 분석 가능성에 대해서는 5장에서 다룰 것이다.

　　　　　　　　　　　　　　　　　　　　1장 해석에 관하여

로부터 아주 멀리 떨어진 곳에서도 발견할 수 있고, 전혀 상관없는 체계들에도 이용되었다. 그런 점은 이 책의 지면에서도 적지않게 발견될 것이다.

정신분석학에 어떤 궁극적인 평가를 내리려면 프로이트주의 자체를 발본적으로 역사화해야 하고, 프로이트적 방법과 그 연구 대상의 역사적, 사회적 가능성의 조건을 포착할 수 있는 반성적 사유의 지점에 도달해야만 한다. 이는 프로이트를 단순히 그의 시대의 빈과 중부 유럽에 재위치시킨다고 달성되는 것은 아니다. 물론 그런 자료들이 대단히 흥미롭긴 하지만 말이다.[39] 아울러 정신분석학적 지배 약호와 그 원재료들(아동기의 트라우마, 원초적 장면 환타지, 오이디푸스적 갈등, 히스테리 같은 '시대적' 질환 등)이 핵가족의 성립이라는 역사적 사실에 의존한다는 사실을 강조한다고 달성되는 것도 아니다.[40] 자본주의의 시작 이래 경험이 체계적으로 수량화, 합리화되고 외부 세계뿐 아니라 주체를 도구적으로 재조직하는 과정과 더불어 진행된 정신적 파편화의 정도를 파악하기 시작할 때라야 정신분석학이 가능해진 조건이 가시화된다. 그러나 정신의 구조가 역사적인 것이며, 어떤 역사를 지니고 있다는 사실을 우리가 파악하는 일은, 감각들이 그 자체로 자연적 기관이 아니라 인간 역사 내에서 꾸준하게 이루어진 기나긴 분화 과정의 결과임을 파악하는 것만

---

39 예컨대 Juliet Mitchell, *Psychoanalysis and Feminism*(London: Allen Lane, 1974), 419~435쪽 및 Stephen Toulmin·A. Janik, *Wittgenstein's Vienna*(New York: Simon & Schuster, 1973) 참조.

40 자크 라캉은 의미심장하게도 발생기의 정신분석학과 그 역사적 원재료 간의 관계를 강조했다. "욕망하고자 하는 욕망"으로서의 히스테리(Lacan, *Le Seminaire, Livre XI: Les quatre concepts fondamentaux de la psychoanalyse*(Paris: Seuil, 1973), 16쪽) 또는 "이를테면 히스테리는 우리로 하여금 정신분석학의 어떤 원죄를 추적하게 만든다."라고 말할 때, 그는 분명 이 '과학'이 그 역사적 상황 및 가능성의 조건과 맺고 있는 연관성을 의미하고 있다. 이런 의미에서의 히스테리는 5장에서 논의한 더 전반적인 사물화 현상의 역사적으로 새로운 한 특징으로 이해될 수 있을 것이다.

큼이나 어렵다.[41] 합리화(rationalization, 베버의 용어이며, 루카치가 『역사와 계급 의식』에서 전략적으로 사물화(reification)라 옮긴) 과정은 그 속에서 전통적 또는 '자연적(naturwüchsige)' 통일성, 사회적 형식, 인간관계, 문화적 사건, 심지어 종교 제도조차 체계적으로 파괴되어 더욱 효율적인 새로운 탈-자연적 과정이나 기제의 형태로 재구성되는 복잡한 역학이기 때문이다. 그러나 동시에 그 속에서 이제는 고립된 이전 통일체의 부서진 조각들이 그 자신의 어떤 자율성, 즉 일종의 반(半)자율적인 정합성을 획득하기도 한다. 그리고 이는 자본주의적 사물화와 합리화를 반영할 뿐만 아니라 사물화가 초래한 경험의 비인간화를 어느 정도 보상하고 또 그렇게 하지 않으면 견디기 힘든, 새로운 과정의 결과들을 교정하는 데 기여하기도 한다. 분명한 예를 하나 들자면, 시각은 그 자체로 독립된 활동이 되어 감에 따라, 그 자체가 추상화와 합리화 과정의 산물인 새로운 대상을 획득한다. 추상화, 합리화 과정은 경험에서 색깔이나, 공간적 깊이, 결 등과 같은 구체적인 속성들을 분리하여 벗겨 내고, 이 속성들 또한 차례로 사물화 과정을 겪는다. 형식의 역사가 이 과정을 분명히 반영하는데 이 과정에 의해 종교 의례에서 아직도 기능하고 있는 의식(ritual)의 시각적 특성들이나 성상 예배 관행들은 세속화되고 그 자체가 목적인 양 재조직된다. 이젤화나 풍경화 같은 새로운 장르에서, 또 인상주의의 지각 혁명에서는 더욱 공공연히, 그리고 추상적 표현주의에서는 시각적인 것의 자율성이 최종적으로 의기양양하게 선언됨으로써 마찬가지 과정이 진행된다. 결국 이런 모더니즘의 출현을 그 전제 조건인 사물화와 관련시키는 루카치의 분석은 틀리지 않다. 그러나 그는 새

---

41 "그리하여 **감각들**은 그 직접적 실천 속에서 **이론가**가 된다. 감각들은 **사물** 때문에 사물에 관련하지만, 사물 자체는 그 자체에게나 인간에게 **대상적·인간적** 연관이고, 그 역도 성립한다." Karl Marx, *Economic and Philosophical Manuscripts*, Third Manuscript, "Private Property and Communism," section 4, in *Early Writings*, trans. Rodney Livingstone · Gregor Benton(London: Penguin/ NLB, 1975), 352쪽. 이 절 전체가 대단히 흥미롭다.

로이 사물화된 감각의 유토피아적 역할을 무시함으로써 복잡하고 흥미로운 상황을 지나치게 단순화하고 탈문제화한다. 이 고도화되고 자율적인 색채 언어의 소명은 적어도 리비도적인 만족의 상징적 경험을 그것이 완전히 고갈된 세계, 연장(extension)의 세계, 순전히 양화된 회색의 세계에 회복시켜 주는 일이다. 근대 세계에서 언어에 대한 고도화된 경험에 관해서도 똑같이 말할 수 있다. 그러므로 상징적인 것(the Symbolic)의 발견을 찬양하는 이들은 현실이 언어적, 기호학적, 텍스트적으로 구성되어 있다는 이 새롭고 특수한 근대적 의미가 가능해지는 역사적 조건에 대해 숙고해 볼 필요가 있다. 언어(Language)의 '발견'은 언어가 구체적 경험에서 유리되어 구조적으로 추상화되는 과정과, 언어가 자율적 대상이나 권력, 또는 행위로서 실체화되는 과정과도 동시적인 것이다.(상징적인 것의 이데올로그 중 한 사람으로 자주 거명되는 비트겐슈타인(Ludwig Wittgenstein)의 후기 작업 역시 이렇게 언어를 물자체로서 개념화하는 것에 대한 비판이라는 전혀 다른 의미로 읽어 볼 수 있다.)[42]

정신분석학의 출현이라는 새로운 사건으로 되돌아가서 보면, 발생기 부르주아 사회의 공공 영역 속에서 사적 공간으로서, 또 어린 시절과 가족 상황을 다른 전기적 경험과 질적으로 차별화하는 '특수화'로서의 가족 단위의 자율화는 단지 더 일반적인 사회 발전 과정의 특징들일 뿐이다. 물론 이 과정에는 성의 자율화도 포함된다. 프로이트의 연구 대상은 분명 성 그 자체라기보다는 욕망과 그것의 전체적 역학이었다. 그러나 다시 말하건대, 남근, 거세, 원초적 장면, 성심리적 단계들, 나

---

42 예컨대 "언어가 항상 한 가지 방식으로 기능하며, 항상 동일한 목적에 봉사한다는, 즉 집이나, 고통, 선과 악, 또는 다른 어떠한 것들에 대한 생각들을 전달한다는 관념과 근본적으로 결별할 때만 그 역설이 사라진다."(Ludwig Wittgenstein, *Philosophical Investigations*(Oxford: Blackwell, 1958), 304번 단락, 102쪽) Ferruccio Rosi-Landi, "Per un uso marxiano di Wittgenstein," *Linguaggio come lavoro e come mercato*(Milan: Bompiani, 1968), 11~60쪽도 참조.

르시시즘, 억압, 에로스 대 타나토스 등(이는 프로이트적 해석학의 주제들로 간주될 수 있다.)의 주된 주제들이나 기표들에 근거해 욕망의 기제를 명료화하거나 분석하는 작업이 이루어지기 위해서는 우선 성적 경험이 고립되어야 하며, 그럼으로써 그것을 구성하는 특징들이 더 넓은 상징적 의미를 지닐 수 있게 되어야 한다. 겉보기에 성적이지 않은 의식적 경험과 행동들의 성적 차원을 정신분석학적으로 드러내는 일은 성적 고립화, 자율화, 전문화의 과정에 의해 성적 '장치(dispositif)'*가 그 자체로 독립적인 기호 체계나 상징적 차원으로 발전했을 때만 가능하다. 성이 예컨대 먹는 행위 같은 사회적 생활 일반에 통합된 채로 남아 있는 한 그 상징적 확장의 가능성은 그 정도로 제한되고, 성적인 것이 갖는 위상도 평범한 세계 내부의 사건이나 신체적 기능 정도에 그친다. 즉 성적인 것이 자체의 상징성을 가지려면 우선 그것이 사회적 영역에서 배제되어야 하는 것이다. 원초적 성에 관한 한, 우리가 문신이나 제의상의 신체 절단으로부터 근대적 남녀의 성감대의 구성에까지 이르는 상징적 궤도를 상상 속에 포착할 수 있다면[43] 성적 현상의 역사성을 감지하는 기나긴 여로를 걸어온 셈이 된다.

그러나 내가 앞서 주장했듯이, 성적인 것과 그와 관련된 주제들은 프로이트적 해석학의 성립 근거로, 또 그것의 특정한 기호학이나 상징적 체계의 원천으로만 생각되어야 하며, 그 해석학의 기본적 기제로 생각되어서는 안 된다. 실로 정신분석학적 해석학에서 그 해석적 약호와 기본적 기능 모델(또는 모델들, 왜냐하면 프로이트는 그의 작업 내내 일련의 모델들을 제시했기 때문에[44]) 사이의 이 구조적 균열이야말로, 오늘날 프로

---

* 푸코의 용어로, 권력이 사회를 통제하는 지배 네트워크를 말한다.

43 Serge Leclerc, "La Mi-prise de la lettre," *Démasquer le réel*(Paris: Seuil, 1971), 63~69쪽 참조.

44 Paul Ricoeur, *Freud and Philosophy*(New Haven: Yale University Press, 1970), 65~157쪽.

1장 해석에 관하여

이트적 비평이 처한 역설적 상황, 즉 프로이트적 비평에 아직도 진지하게 흥미를 느끼는 사람들은 프로이트주의자들뿐이지만 프로이트의 저작 전체와 방법론 내지 모델로서의 정신분석학의 권위와 영향력은 역사상 그 어느 때보다도 강력해진 이 상황을 설명해 준다. 성적 상징성에 대한 프로이트적 교훈을 배우고 나서, 달리 말해, 이 전문적 영역에 대한 우리의 흥미가 충족되고 난 뒤에는, 우리는 『꿈의 해석』과 『농담과 무의식』 등과 같은 기본적인 해석학 지침서들이 기여한 좀 더 일반적이며 동시에 화급한 해석의 문제 자체로 우리의 관심을 돌릴 수 있다.

프로이트적 해석 체계의 중심은 성적 경험이 아니라 소망-충족, 또는 그것의 좀 더 형이상학적인 변형인 '욕망', 즉 개인적 주체로서의 인간 존재의 동력으로 설정된 '욕망'이다. 이런 '발견'이 현대 사회의 점증하는 경험의 추상화에 의존하고 있다는 사실을 새삼 강조할 필요가 있을까? 그러나 이 시기에 발전한 다른 해석적 주제들에 대해서도 같은 것을 말할 수 있을 것이다. 특히 니체에서 베버로 이어지는 가치 자체의 본성에 대한 숙고의 경우가 그렇다. 니체적인 '모든 가치의 가치 전도(transvaluation of all values)'와 베버 자신의 '가치로부터 자유로운 과학(value-free science)'(흔히 중립적인 과학적 '객관성'으로 오해되는[45])은 사회적 삶의 외부에 위치하는 어떤 아르키메데스적 입지점 — 일종의 고립된 실험 실습실에서처럼 사회적 삶의 세계 내적 가치들이 추상되고 연구될 수 있는 — 을 투사해 내기 위한 많은 시도들의 일환이다. 약간 다르긴 하지만 그러한 가치 개념은 프로이트적 추상화의 경우와 마찬가지로 행동이나 행위 자체에 생긴 어떤 예비적인 객관적 분열에 근거해서만 주관적으로 가능한 것이다. 이후의 한 장

---

45 Eugène Fleishmann, "De Nietzsche à Weber," *Archive européennes de sociologie*, 5(1964), 190~238쪽 참조. 또한 나의 논문 "Vanishing Mediator: Narrative Structure in Max Weber," *New German Critique*, No. 1(Winter, 1973), 52~89쪽도 참조.

에서 우리는 조셉 콘래드의 작품에 가치의 변증법이 얼마나 강렬하게 각인됐는지를 볼 것인데 이는 뜻밖에도 그가 니체 및 베버와 동시대 인임을 드러낼 것이다.

왜냐하면 세속적 사회의 도래와 더불어, 삶의 방식과 전통적 행위의 다양한 의식(儀式)들이 탈신성화되었고, 시장의 새로운 유동성, 여러 종류의 직업들 앞에서 머뭇거릴 수 있는 자유, 더욱 근본적이며 점차 보편화되는 노동력의 상품화(노동가치론의 핵심적 발견 그 자체가 그에 의존하고 있는) 등이 도래함에 따라 처음으로 특정 행위의 독특한 질과 구체적 내용을 그 추상적 조직이나 목적과 분리해서 생각할 수 있게 되었고, 또 후자만을 따로 떼어 연구할 수 있게 되었기 때문이다. 프로이트의 소망-충족 개념이 이런 추상화 과정의 후기 단계라는 (또 마르크스의 노동력 이론과 그 후의 니체, 베버의 가치 개념은 그 인식론적 선구자라는) 주장은 간단히 말해서 일련의 구체적이고 환원 불가능한 소망이나 욕망들에 대한 강력한 추상화를 경유하지 않고는 소망-충족이나 욕망에 대해 말할 수 없다는 것이다. 그리고 그런 개념적 추상화를 주관적으로 실행할 수 있는 가능성은 연구의 원재료나 대상들 속에서 진행된 그 추상화 과정의 예비적이고 객관적인 실현에 의존한다. 정확히 세계가 이미 추상화된 정도까지만 우리는 세계에 대해 추상적으로 사유할 수 있는 것이다.

'정치적 무의식'의 요건에 견주어 본 정치적 해석학의 관점에서 보면 소망-충족이라는 개념이 개별 주체 및 개인의 심리적 전기(이는 간접적으로만 우리에게 유용하다.)라는 문제틀에 갇혀 있다는 결론을 내릴 수밖에 없다. 라캉의 프로이트 다시 쓰기는 단지 프로이트 해석학의 한 변주로만 읽혀서는 안 되며, 오히려 주체의 역학(소망-충족)이 지닌 본성에 대한 프로이트적 명제로부터 그 문제틀 자체에 대해 질문하는 본질적이고 반성적인 이동으로 읽혀야 한다. 그것은 주체 범주를 전경화하면서 이 심리적 현실(의식)이 그것을 지탱하는 이데올로기와 환상들(개인적 정체성의 느낌, 에고 또는 자아의 신화 등)뿐 아니라 개인적 소망-충족이라는 프로이트적 개념에 엄격하고도 스스로 부과한 제약이 되는 과정을 연구하는 것이다. 그러나 가장 완전하게 실현된 형태로서의 욕망의 이데올로기는 해석적 양식이기보다는 전체 세계관이고, 진정한 형이상학이다. 그것은 가장 극단적이고 장엄한 형태에서 가장 반향적이고 매력적이 되는데 죽음과 태고의 것들로 풍요로이 장식된 프로이트 자신의 후기 메타심리학, 에로스와 타나토스 사이의 영원한 투쟁에 대한 비전이 등장하는 대목들이 그렇다. 그런 '이론들'은 분명 사태를 다시 쓴다. 조르주 바타유(Georges Bataille)로부터 들뢰즈에 이르기까지, 그리고 노먼 O. 브라운(Norman O. Brown)과 같은 미국적 변주를 거치며 제시되어 온 다양한 욕망의 이데올로기 속에서 코멘터리의 대상은 효과적으로 알레고리로 변형된다. 그리고 그 알레고리의 지배 서사는 욕망 자체, 즉 억압적 현실에 저항하면서 자신을 제자리에 붙잡아 두기 위해 고안된 창살을 발작적으로 뚫고 나오는, 또는 정반대로 억압에 굴복하면서 욕망 소실(aphanasis)의 황무지를 뒤에 남기는 욕망 자체에 대한 이야기이다. 이 단계에서 우리가 단순한 해석의 문제와 더 이상 씨름할 필요가 있을까, 이것은 전적으로 새로운 미적 대상, 전적으로 새로운 신화적 서사의 생산 문제가 아닐까 질문하게 된다. 적어도 그런 욕망의 알레고리(대체로 좌파 프로이트주의자들의 생산물이다.)가 이전의 정통 프로이트적 분석보다는 융주의(Jungianism) 및 본격 신화 비평과 더 많은 것을 공유한다는 것은 분명하다. 이런 욕망의 알레고리에는 분명 신화 비평 전반에 대한 노먼 홀런드의 강력한 비판이 적용될 만하다. 그는 신화 비평이 작품이 신화적임을 미리 알고 있을 때만 작용하는 것이며, 신화적 다시 쓰기가 갖는 의심할 바 없는 '반향'은 모종의 신화적 무의식의 작용이 아니라, 문제의 독법을 향한 우리 자신이

미리 가지고 있는 의식적 '정향'이 전제되어 있음을 언급하고 있다.[46]

그러나 욕망의 이론이 형이상학이고 신화일지라도 우리는 그것의 거대한 서사적 사건들(억압과 반란)이 마르크스주의 관점과 상통하는 것이며, 욕망의 해방과 리비도의 변형에 대한 그 궁극적인 유토피아적 비전이 1960년대 중국이나 미국에서뿐 아니라 동서유럽에서 일어난 거대한 대중 반란의 본질적인 특징임을 관찰할 수 있을 것이다. 그러나 바로 이런 이유로, 그리고 더욱 특별하게는, 이전과는 매우 다른 현 시기의 상황에 적응하려 할 때 이 운동들이 봉착한 정치적·이론적 난점 때문에라도 그 신화들은 매우 주의 깊게 재검증되어야 한다. 그 운동들이 마르크스주의와 친연성을 가졌다면, 무정부주의와는 더 큰 친연성을 가지고 있고, 이 시대의 마르크스주의는 오늘날 강력히 부활한 무정부주의와도 담판을 지어야 하기 때문이다.

욕망의 이론에 대한 이론적 반론은 대부분 그런 이론들이 필연적으로 근거하고 있는 위반(transgression)의 개념에 대한 비판의 형식을 띤다. 마치 '진정한' 욕망은 우리의 의식에 그 자체로 다가오기 위해서는 억압을 필요로 하는 것처럼 보인다. 그러나 이런 경우라면 욕망은 항상 위반적이어야 하며, 깨고 나오면서 거기에 거스름으로써 자신을 규정할 억압적 규범이나 법규를 항상 가져야만 한다. 그러나 위반들이 자신이 대항해 작용하는 법규, 규범, 금기들을 전제함으로써 정확히 그런 법규들을 재확증하는 결과를 낳는다는 것은 이제 상투어가 되었다. (예컨대, 신성 모독은 성스러운 이름이 지닌 신성성을 강하게 지각하게 할 뿐만 아니라, 나아가 신성성의 강력함을 다시 일깨우고 부활시키는 일종의 제의로 기능할 수도 있다.) 해석의 관점에서 본다면, 이는 욕망이란 항상 시간

---

46 Norman Holland, *The Dynamics of Literary Response*(New York: Oxford, 1968), 243~261, 331~332쪽.

1장 해석에 관하여

외부에, 서사의 외부에 있다는 것을 의미한다. 그것은 아무 내용을 가지지 않고, 그것이 출현하는 그 순환적 계기에 항상 동일하다. 문제의 사건은 그 폭발의 상황, 특정의 역사적인 억압 장치가 구체화되는 정도로만 역사성을 띠게 된다.

현재의 관점에서 볼 때 더욱 해로운 것은, 욕망이 더 창백하고 온순히 행동했던 선배 격인 소망-충족처럼 개별 주체의 범주 속에 갇혀 있다는 점이다. 물론 욕망 속의 개인이 취하는 형태가 더 이상 에고나 자아가 아니라 개별 신체이긴 하지만 상황은 마찬가지다. 우리는 이 문제를 좀 더 일관되게 논의해 보아야 한다. 왜냐하면 개인적 범주들과 해석 방식을 극복하는 일은 정치적 무의식의 원칙을 위해서나, 집단적인 것, 집합적인 것에 근거한 해석의 원칙에 있어 여러 가지 면에서 근본적인 문제이기 때문이다. 그러므로 이를 위해 우리는 이제 프로이트적 해석학으로부터 전혀 다른 해석 체계인 노드롭 프라이의 원형적 해석 체계로 이동해 보고자 한다. 욕망에 대한 가치화를 일관되게 하고 있다는 점에서 오직 정신분석학에나 비견될 수 있을 노드롭 프라이의 해석 체계는 문화의 기능을 명시적으로 사회적인 차원에서 생각할 수 있게 해 주는 부수적인 이점을 지니고 있다.

나는 다른 곳에서 신화 비평이 원시 사회의 사회적 관계 및 서사 형태와 우리 자신의 문화적 대상 사이에 깨어지지 않은 연속성을 제기하는 한 이데올로기가 그 흔적을 남기고 있는 것이라고 말한 바 있다.[47] 마르크스주의는 정반대로 두 사회 구성체 사이의 근본적 균열을 강조해야만 한다. 그래야만 자본주의가 얼마나 이전의 집단적 관계를 효과적으로 용해시켜, 그 문화적 표현과 신화들을 죽은 언어나 해독

---

47 "Criticism in History," Norman Rudich, ed., *The Weapons of Criticism*(Palo Alto: Ramparts, 1976), 38~40쪽.

불가능한 사본들만큼이나 이해하기 어려운 것으로 우리에게 남겨 놓았는지를 포착할 수 있게 된다. 그러나 이 글의 맥락에서 보면 프라이의 작업은 신학적 전통과 연관된 4중 해석학의 진정한 현대적 재발명으로 다가온다.

실로 이런 점에서 프로이트에서 프라이로 이어지는 우리 논의의 궤적은 상징적 의미를 지닌다. 왜냐하면 해석의 문제에 대한 어떠한 현대적 재평가에 있어서도 가장 활기찬 에너지의 교환은 필연적으로 정신분석학적인 것과 신학적 해석의 양극 사이에서 발생할 것이기 때문이다. 즉 프로이트 자신의 천재적 진단력에 의해 극화된 바있는, 또 프로이트적 텍스트들에 포함되어 있는 풍요롭고 구체적인 해석의 실천을 한 극으로, 그리고 해석 및 주석, 알레고리, 다중 의미 등에 관련된 문제 및 역학에 대한 천년에 걸친 이론적 성찰(일차적으로 성경의 주된 텍스트들을 둘러싸고 형성되었으며, 종교적 전통 속에 유지되고 있는)을 또 다른 극으로 해서 말이다.[48]

프라이의 위대성은, 그리고 그의 작업이 다른 일단의 흔한 신화 비평과 갈라서는 차별성은 공동체의 문제를 기꺼이 제기하고, 집단적 재현으로서의 종교의 성격으로부터 근본적이고 본질적으로 사회적인 해석적 결론을 이끌어 낸다는 데 있다. 이 과정에서 프라이는, 비록 그는 이런 연관이 달갑지 않았을 수도 있지만, 종교적 상징성에 대한 보다 적극적인(positive) 접근법과 결합되는 데 이 접근법은 19세기에 종

---

48 발터 벤야민에서, 어른거리며 남아 있는 다른 어떤 '종교적' 내용보다 이 점이 신학적 언어가 지닌 전략적 기능을 더 잘 설명해 준다. 모든 체스 게임에서 이기기 위해 '사적 유물론'이라 불리는 '자동 인형'은 신학이라는 '쪼그라든 난쟁이'를 자신 안에 감춰 둘 필요가 있다("Theses on the Philosophy of History," *Illuminations*, trans. H. Zohn(New York: Schocken, 1969), 253쪽)는 벤야민의 언급은 스탈린주의와 더 진정한 해석학적 마르크스주의 전통 사이의 부자연스러운 분열을 약호화된 언어로 지적하는 것이다. 후자는 1920년대와 1930년대에 지하로 내몰릴 수밖에 없었다. 이 책의 결론 부분을 참조할 것.

1장 해석에 관하여

교적 상징성에 대한 계몽주의의 본질적으로 부정적이고 파괴적인 입장에 이어 나타난 것이다. 구체제(ancien régime)의 이데올로기적 기초를 허물어뜨리는 과정에서 계몽주의는 종교적 현상들을 체계적으로 탈신비화하고 그 가면을 벗겨 냈으며, 철학자들이 '오류'나 '미신'이라 생각한 것과 위계적 정치 제도의 자의적 권력 사이에는 정당화하는 관계가 존재한다는 사실을 분명히 알아차렸다. 그러나 포이어바흐(Ludwig Feuerbach)로부터 뒤르켐(Émile Durkheim)에 이르는 다양한 사상가들(전자는 1848년 이전 독일의 급진주의로부터, 후자는 여전히 불안정한 제3공화국 속에서 불안해 하면서 그리고 보수적 관점에서 사회적 안정 일반의 원천을 고민하면서 등장했다.)에게는 종교의 '환상'이 적극적인 사회적 기능의 보완물로 읽혔고, 본질적으로 인간적인 에너지의 비유 형상과 투사로 해독되었다. 이 본질적으로 인간적인 에너지가 독일 관념론 최상의 가치인 인간성, 또는 인간적 잠재력의 소외되지 않은 충만한 발전으로 이해되건, 뒤르켐의 경우처럼 유기적 인간 공동체의 상징 또는 확증으로 파악되건 간에 말이다. 확실히 모든 형상성(figurality)에 관한 논설은 반드시 양면적일 수밖에 없다. 어떤 진리에 대한 상징적 표현은 동시에 왜곡되고 변장한 표현이기도 하며, 형상적 표현에 대한 이론은 또한 신비화나 허위의식의 이론이기도 한 것이다. 그렇다면 이때의 종교는 자체를, 또 인간 공동체를 의식하면서 생겨나는 왜곡된 것 또는 상징적인 것이다. 그리고 종교적 형상들에 대한 비평가들의 거리는 포이어바흐(그리고 헤겔)의 경우처럼 그 상징적이고 소외화하는 기능에 강세를 두느냐, 아니면 훨씬 더 회고적이고 인류학적인 뒤르켐의 설명처럼 집단 정체성의 영역으로서의 소명을 부각하느냐에 따라 결정된다.[49] 그

---

49 Hegel의 *Phenomenology of Spirit*에서 종교에 대한 장들을 참조할 것. 또한 Feuerbach 의 *Kleine Schriften*(Zawar Hanfi에 의해 *The Fiery Book: Selected Writings of Ludwig Feurbach*(New York: Anchor, 1972)로 번역됨) 및 Durkeim의 *Elementary Forms of*

러므로 종교적 형상은 집단성이 스스로에 대해 사유하고 그 자신의 통일성을 찬양하는 상징적 공간이 된다. 그래서 우리가 프라이에 동의하여 문학을 신화의 약한 형태 또는 제의의 후기 단계로 본다면, 그런 의미에서 모든 문학은 아무리 미약해도 우리가 정치적 무의식이라 불러온 것으로 그 형식과 내용이 채워질(informed) 수밖에 없으며, 모든 문학은 공동체의 운명에 대한 성찰로 읽혀야 한다는 결론으로 나아가는 것은 그리 어렵지 않은 다음 수순일 듯하다.

그러나 바로 이 두 번째 수순에서 프라이는 한편으로 그것을 강력히 주장하면서도, 묘한 추찰(afterthought) 끝에 다시 한 번 뒤로 물러나 버린다. 이 재봉쇄의 움직임, 그의 해석학이 열어 준 집단적, 사회적 해석의 가능성을 잘라 버리는 이 충동이 우리에게는 종교적 해석학 일반에 대해 질문하게 하는 전략적 근거가 될 것이다. 이런 점에서 전통적인 중세의 의미 4층위를 재구조화한 프라이의 작업은 교훈적인 동시에 징후적이다. 그의 '상징 이론'이 중세의 네 겹 체계를 네 '위상들(phases)'로 다시 쓴다는 점을 환기할 필요가 있는데 그것들은 축어적이며 서술적인 위상, 형식적 위상, 신화적 내지 원형적 위상, 그리고 비의적 위상이다. 위상이란 용어로 프라이가 의미하는 것은 특별한 형태의 해석 약호가 아니라 어떤 형태의 주의력이다. 우리는 이를 어떤 텍스트 현상들의 특정한 질서에 대면하는 독서하는 마음의 '지평(horizon)' 또는 '자세(set)'라고 부를 것인데, 프라이는 이를 '전체 문학 작품을 위치시킬 수 있는 일련의 컨텍스트들 혹은 관계들'[50]로 표현하고, 이 특정의 컨텍스트가 어떤 특정 형태의 해석을 규정하게 된다는 것이다. 그의 네 위상 중 앞의 두 위상, 즉 축어적인 것과 형식적인 것은 본

---

*Religious Life*의 「결론」을 참조할 것.

50 Northrop Frye, *The Anatomy of Crticism*(Princeton: Princeton University Press, 1957), 73쪽.

질적으로 독서하는 마음의 특정 양상류(modality)*이다. 첫 번째 것은 어휘 조직과 언어 질서에 대한 주의력이며, 두 번째는 이미지와 같은 내용에 대한, 그리고 제1층위의 언어적 구성물을 통해 상징적 구조나 상징적 세계를 전달해야 하는 작품의 소명에 대한, 현상학적 인식에 비견될 그 어떤 것으로의 이동을 표시한다.

제3층위, 즉 욕망과 사회의 개념이 등장하는 신화적 또는 원형적 위상에 와서야 우리는 진정한 해석에 도달하게 된다. 그러나 중세적 체계에서처럼 욕망이나 사회는 첫 번째 두 층위들(프라이에게 이는 문학 제도를 가능케 하는 것이다.)에 의해 해방되거나 생성된 것이다.

원형 비평가는 한 편의 시를 시 전체의 부분으로, 시 전체를 또한 우리가 문명이라 부르는 자연에 대한 인간적 모방 전체의 한 부분으로 연구한다. 문명이란 자연의 단순한 모방만은 아니고, 우리가 방금 욕망이라 부른 힘에 의해 추동되는 것이다. …… 〔욕망은〕 대상에 제한되거나 대상에 의해서 충족되는 것이 아니라, 인간 사회가 그 자신의 형태를 발전시키도록 이끄는 원동력이다. 이런 의미에서의 욕망은 우리가 축어적 층위에서 정서라는 이름으로 만난 바 있는 것의 사회적 측면이다. 그것은 표현으로 나아가는 충동인바, 시가 그 표현의 형식(환언하면 제2의 형식적 위상)을 제공함으로써 그것을 해방시키지 않았다면 무정형의 상태로 남았을 것이다. 욕망의 형식은 마찬가지로 문명에 의해 해방되고 표면화된다. 문명의 동인은 노동이며, 시는 그 사회적 측면에 있어서, 언어적 가설로서, 노동의 목적과 욕망의 형식들에 대한 하나의 비전을 표현하는 기능을 갖는다.[51]

* 양상류(樣相類)는 양상(mode)의 총괄적 개념으로서, 진술 내용을 일정하게 한정해 주는 여러 축들을 말한다. 그레마스의 경우에는 능력, 욕망, 인식, 의무의 축이 있으며 이에 따라 작품 내용이 한정되어 인식된다.
51 같은 책, 105~106쪽.

또한 프라이는 '인간 사회 자체뿐 아니라 도시, 정원, 농장, 양 우리, 등등'[52]의 몇몇 특권화된 원형들을 나열한다. 이것들을 통해 집단적인 것의 상징적인 또는 고도화된 의식이 그 자신을 표현한다.

그러나 역설적이게도 이 층위(중세의 이론가들이 비의적 층위라 불렀던, 인류의 운명이라는 이름으로 궁극적인 알레고리적 약호화가 성취되는 층위)는 프라이에게 아직 문학 텍스트가 성취할 수 있는 것의 최외각 한계가 아니다. '의미가 새로워 보이고, 의미가 가장 충만했던 한때에, 또는 그런 매 시기마다 말해진 것'[53]의 최종 형태가 아직 아닌 것이다. 프라이의 경우 의미의 이 최종 층위는 자연적인 또는 세계 내적인 공동체의 원형들을 넘어서 우리가 인간의 신체 자체를 보게 될 때, 조이스적인 방식으로 풍경이 점점 잠자는 거인으로 바뀌고, 알레고리적 축어성(allegorical literality)으로 사회의 다양한 '구성원들'이 그 자신들을 하나의 진정한 유기체로 엮어 짤 때에야 나타나기 시작한다.

우리가 비의의 단계로 넘어갈 때, 자연은 담는 그릇이 아니라, 담기는 대상이 된다. 원형적 보편 상징들, 즉 도시, 정원, 편력, 결혼 등은 더 이상 인간이 자연 속에서 구축하는 바람직한 형태가 아니라, 그 자체가 자연의 형태들이다. 자연은 이제 은하수로 자신의 도시를 짓는 무한한 인간의 마음 내부에 존재하는 것이다. 이것은 현실이 아니다. 그러나 그것은 무한하고 영원하며, 그리하여 묵시적이기도 한 욕망이 상상할 수 있는 극한이다. 묵시적이라는 말로써 내가 의미하는 것은 우선 자연 전체를 무한하고 영원한 살아 있는 신체로 파악하는 상상력에 찬 인식이다. 무한하고 영원한 살아 있는 신체란 정확히 인간은 아닐지라도 무생물적이기보다는 인간적인 것에 보다 가까운 것이다. 블레이크는 말했다. "인간의 욕망이 무한하

---

52 같은 책, 113쪽.
53 P. Ricoeur, *Freud and Philosophy*, 27쪽.

1장 해석에 관하여

기에 그 소유도 무한하고 그 자신도 무한하다."[54]

　프라이의 블레이크적 비의는 이처럼 역설적인 움직임에 의해 우리
가 앞에서 언급한 바 있는 욕망의 형이상학 전부를 재결합시킬 뿐 아
니라, 역사의 종말로서의 묵시와 집단성의 최종적인 투쟁이라는 개념
자체도 우주 위로 투사된 절대적 '인간'과 변형된 신체라는 블레이크
적 이미지에 의해 기묘하게 재조정되고, 재정향되며, 사실상 재봉쇄되
고 만다. 그러나 똑같이 역설적이게도, 그 결합은 더 순수한 프로이트
적 형이상학이 결여하고 있는 일종의 집단적이고 유토피아적인 반향을
프라이의 욕망의 형이상학에 부여한다. 보다 순수히 무정부주의적이고
개인화하는 좌파 프로이트주의의 한계와 비교해 보면, 이 변형된 리비
도적 신체는 블레이크의 동판화가 지닌 정치적 에너지와 함께 달아오
르고 확장되며, 리비도적 혁명의 프로그램은 그 자체가 사회적 혁명의
형상이 되는 그 정도만큼만 정치적이라는 사실을 명료하게 보여 준다.
그러나 다른 관점에서 볼 때 프라이의 알레고리적 층위들의 배치는 이
형상성의 움직임 바로 그것을 재봉쇄하고 있다고 할 수 있다. 왜냐하면
알레고리의 마지막 국면인 만큼 우주적 신체의 이미지는 그 자체 이외
에는 더 이상 어떤 것도 나타내지 않기 때문이다. 그것의 형상적, 정치
적 계기는 파열되고, 그 이미지의 집단적 내용은 그리하여 고립된 신체
와 순전히 개인적인 황홀이라는 전적으로 개인적인 맥락 안에서 다시
한 번 개인화되고 마는 것이다.
　이 말은 마르크스주의 해석학이 상징성과 리비도적 변형의 충동 없
이 꾸려질 수 있다고 주장하는 것이 아니다. 실로 급진적 정치학은 전

---

54 N. Frye, *Anatomy*, 119쪽. 유기적 공동체의 상징으로서의 신체에 대한 중요한 연구서
로는 Mary Douglas, *Natural Symbols*(New York: Pantheon, 1970) 참조.

통적으로 이 두 고전적인 선택지 또는 '층위들' 사이에서 진동해 왔다. 즉 그것은 집단성의 승리라는 이미지와 '영혼' 또는 '정신적 신체'의 해방이라는 이미지 사이에서, 생시몽(Comte de Saint-Simon)적인 사회적·집단적 공학의 비전과 푸리에(François Charles Fourier)적인 리비도 만족의 유토피아 사이에서, 1920년대 레닌 식의 '소비에트 더하기 전화(電化) 산업'이라는 공산주의의 정식화와 원래 마르쿠제적인 1960년대의 본능적 '신체 정치학'의 찬양 사이를 왕복해 온 것이다. 여기에서 문제가 되는 것은 단지 이 두 '층위들' 각각이 갖는 우선성이나, 해석적이고 해석학적으로 제기되는 질문만이 아니라, 1960년대 대항 문화 운동의 운명이 보여 준 것과 같은 실천적이고 정치적인 문제이다.

프라이 자신의 알레고리적 방법에 관한 한, 그 용어상의 불확실성은 일종의 암묵적인 자기비판이 될 수 있다. 우리는 앞에서, 성서 해석의 중세적 4층위 체계에서는, 제3층위, 즉 개인 영혼의 층위가 도덕적 층위이며, 반면에 비의적 층위라 불린 것은 제4의 마지막 층위, 즉 인류 역사 전체와 최후의 심판을 포괄하는 층위임을 이미 보았다. 그런데 프라이가 이 체계를 수용하는 과정에서 용어가 전도되었다. 즉 프라이가 신화적, 원형적 층위라 부르는 것은 공동체의 층위, 중세 해석학자들은 비의적이라고 부른 층위인데, 프라이에게는 이것이 제3의 층위 또는 양상으로 설정되면서 마지막 양상, 즉 리비도적 신체의 층위(그러나 프라이는 이를 여전히 비의적 층위라 부른다.[55]) 아래로 포섭되는 것이다. 용어상의 이동은 따라서 전략적, 이데올로기적으로 의미심장한 이동이다. 그 과정에서 정치적이고 집단적인 이미저리가 개인적 경험의 범주를 찬양하는, 궁극적으로 개인화하는 어떤 과정의 단순한 중계자로 변형되고 말

---

55 "우리의 제4층위, 즉 사회적 의사소통 기술로서의 신화와 시의 연구는 도덕적, 비유적 의미를 다루는 중세의 제3층위이다."(Anatomy, 116쪽)

기 때문이다. 본질적으로 역사적인 교부들의 해석 체계는 여기에서 재봉쇄되고, 그 정치적인 요소들은 단지 개별 주체의 유토피아적 현실을 위한 형상들로 되돌아가고 마는 것이다.

이와는 반대로 사회적 해석학은 이런 점에서 중세의 전례에 충실하고자 한다. 리비도적 혁명과 신체적 변형의 이미저리가 필연적으로 다시 한 번 완성된 공동체의 형상이 되는 관점을 회복하려는 것이다. 신체의 통일성은, 프라이의 경우와 달리, 집합적이고 집단적인 삶의 새로워진 유기적 정체성을 다시 한 번 미리 형상화하는 것이어야 한다. 실로 공동체만이 자기 충족적이고, 명료한 통일성(또는 '구조')을 극화해낼 수 있다. 이 구조에 대해 개별적인 신체는 개별 '주체'와 마찬가지로 탈중심화된 '효과'라는 관계를 가질 뿐이며, 종과 세대의 끊임없는 연쇄에 얽혀 있는 개별적 유기체는, 심지어 르네상스나 신플라톤주의에서와 같은 절실한 좌웅동체의 비전들(또는 이것의 현대적 대응물인 들뢰즈-과타리의 '독신 기계')에서조차도, 결코 구조로서의 공동체라 주장할 수 없는 것이다.

3

이쯤에서 마르크스주의적 문학, 문화 해석의 방법론을 방금 개괄한 것들과 병치시키고, 그것이 더 적합하고 타당한 방법론이라고 주장하는 것이 그럴듯해 보일 수도 있겠다. 그러나 좋고 나쁘고를 떠나 서문에서 미리 밝힌 것처럼 그런 속 들여다보이는 행보는 이 책이 기획하는 전략이 아니다. 이 책은 마르크스주의의 관점이 적절한 문학 이해에 필수적인 전제 조건임을 주장하고자 하기 때문이다. 그러므로 마르크스주의 비평의 통찰력은 문학적, 문화적 텍스트의 이해를 위한 궁극적인 의미론적 전제 조건으로 옹호될 것이다. 그러나 이 주장 역시 구체화될 필요가 있는데 특히 우리는 특정 텍스트 속의 재료들과 텍스트에 비활성인 채(inert) 주어진 것들을 그렇게 의미론적으로 풍요화하고 확장하는 작업은 세 개의 동심원적 골격 속에서 이루어져야 한다고 주장할 것이다. 그 동심원은 어떤 텍스트가 지닌 사회적 기반의 의미가 다음과 같이 확장되는 모습을 보여 준다. 우선 첫 번째로 시간상 획을 긋는 사건 및 연대기적 사건들의 연쇄라는 좁은 의미의 정치적 역사 개념을 통해, 다음으로는 이제 이미 덜 통시적이고 시간에 덜 구속된, 사회 계급들 간의 구조적 긴장과 갈등이라는 의미에서의 사회라는 개념을 통해, 그리고 궁극적으로는, 선사 시대 삶에서부터 그것이 무엇이든 먼 미래의 역사가 우리를 위해 준비한 것에 이르기까지, 생산 양식의 연쇄와 다양한 인간 사회 구성체들의 연속과 운명이라는 가장 넓은 의미에서의 역사 개념을 통해 확장되는 모습을 보여 주는 것이다.[56]

　이 서로 다른 의미론적 지평들은 또한 분명 해석 과정상 구분되는 계기들이기도 하며 그런 의미에서 프라이가 문학 텍스트에 대한 우리

56　'지평(horizon)'이라는 현상학적 개념에 대한 유용한 논의는 Hans-Georg Gadamer, *Truth and Method*, trans. G. Barden · J. Cumming(New York: Seabury, 1975), 216~220, 267~274쪽에서 찾아볼 수 있다. 나는 이어지는 논의에서 과거와의 관계에 대한 마르크스주의적 개념은 이전 문화와 우리가 근본적으로 다르다는 사실을 의식하도록 요청하고 있음을 분명히 할 것이다. 지평의 혼융(Horizontverschmelzung)이라는 가다머의 영향력 있는 개념에는 이런 마르크스주의적 개념이 들어설 적절한 자리가 없다. 또한 여기에서 '절대적 역사주의'라는 마르크스주의적 관점에서 보면 허쉬(E. D. Hirsch)가 가다머의 역사주의적 '상대주의'와 허쉬 자신의 보다 절대적인 해석적 타당성이란 개념 사이에 설정한 단호한 반정립이 더 이상 특별히 화해 불가능할 것도 없다는 사실을 덧붙여 두어야 하겠다. 허쉬의 의미(Sinn)와 의의(Bedeutung) 사이의 구분, 어떤 텍스트의 내적 '의미'에 대한 과학적 분석과 그 의미가 우리에게 갖는 '중요성'에 대한 '윤리적' 가치 평가라고 그가 즐겨 부르는 것 사이의 구분은(예컨대, *The Aims of Interpretation*(Chicago: University of Chicago, 1976) 참조) 과학과 이데올로기 사이의 마르크스주의의 전통적 구분, 특히 알튀세르학파들에 의해 재이론화된 구분과 일치한다. 그것은 분명 유용한 작업 가설적 구분이긴 하다. 그러나 물론 오늘날 수정된 과학 개념의 견지에서 보면 아마도 운용상의 의미 이상의 이론적 함의를 거기에 부여해서는 안 될 것이다.

의 재해석, 즉 우리의 다시 읽기와 다시 쓰기에서 일어나는 일련의 '양상들'로 부른 것의 변증법적 등가물들이라고 할 수 있다. 그러나 우리가 동시에 주목해야 할 것은 각각의 양상 또는 지평이 그 대상을 재구성할 때 별개의 영역을 관장한다는 사실, 그리하여 오직 일반적인 의미에서만 '텍스트'라고 부를 수 있는 것의 구조 자체를 상이한 방식으로 분석한다는 사실이다.

그러므로 우리의 첫 번째 지평 즉 협의의 정치적 또는 역사적 지평의 좁은 한계 내에서는 텍스트, 즉 연구 대상이 어느 정도 여전히 개별 문학 작품 또는 발화와 일치하는 것으로 분석된다. 그러나 우리의 지평에 의해 강화된 관점과 통상의 텍스트 설명(explication de texte), 혹은 개별 주석에서의 관점의 차이는, 전자가 개별 작품을 본질적으로 상징적 행위(symbolic act)로 파악한다는 점이다.

제2의 단계로 넘어가서 문화적 대상을 파악하는 우리의 의미론적 지평이 넓혀져 사회적 질서를 포괄한다는 것을 알게 되면, 우리는 우리의 분석 대상 자체가 그로 인해 이미 변증법적으로 변형되었음을 발견하게 된다. 즉 대상은 더 이상 협의의 개별 '텍스트' 또는 작품이 아니라 이미 거대한 집단적 계급 담론들의 형태로 재구성되었으며, 하나의 텍스트는 이에 대한 하나의 개별적 파롤(parol)이거나 발화에 지나지 않음을 발견하게 되는 것이다. 그러면 이 새로운 지평 내에서 우리의 연구 대상이 이데올로기소(ideologeme)임이 판명될 것인데 이데올로기소란 사회 계급들의 본질적으로 적대적인 집단적 담론들의 인지 가능한 최소 단위를 뜻한다.

마지막으로, 특정 사회 구성체의 열정과 가치들마저도 전체로서의 인류 역사라는 궁극적 지평에 의해, 또한 생산 양식들의 복잡한 전체 연쇄 내에서 그것들 각자가 차지한 위치들에 의해 상대화된 새로운 관점 속에 자리매김될 때, 개별 텍스트와 그것의 이데올로기소들은 공히 최종적인 변형을 겪는다. 그리고 이 개별 텍스트와 이데올로기소들은 내가 형식의 이데올로기(ideology of form)라고 부르려는 것에 근거해 읽혀야만 한다. 즉 그것 자체가 생산 양식의 흔적들이거나 예기들인 다양한 기호 체계들의 공존에 의해 우리에게 전달되는 상징적 전언들로 읽혀야 한다는 것이다.

이 점차 넓어지는 세 지평들을 통과하는 전반적 움직임은 이 책의 후반부 장들에서 부각되는 이동들과 대체로 일치한다. 그리고 이 움직임은 발자크로부터 기싱, 콘래드에 이르기까지 텍스트적 대상이 역사적으로 변형됨에 따라 달라지는 방법론적 변화들(협소하게 강령적으로 강조되지는 않았지만) 속에서 감지될 수 있을 것이다.

이제 이 각각의 의미론적 또는 해석적 지평들의 성격을 간단히 설명해야겠다. 우리는 이미 첫 번째의 좁은 정치적 지평, 즉 역사가 시간 속에서 발생한 일련의 획기적 사건과 위기들로 환원되는 그 지평, 또 역사가 한 해 두 해 이어지는 통시적 격동이나, 정치적 체제 및 사회 형태의 흥망성쇠의 연대기와도 같은 기록으로, 또 역사적 개인들 사이의 열정적이고 직접적인 투쟁 등으로 환원되는 그 지평 속에서만 '텍스트' 또는 연구 대상이 개별 문학 작품 또는 문화적 산물과 일치하게 된다고 말했다. 그러나 이 개별 텍스트를 상징적 행위로 구체화하는 일은 (서사적이건 시적이건 간에) 전통적 텍스트 설명이 사용했던 또 지금도 여전히 사용되고 있는 범주들을 근본적으로 변형시키는 작업이다.

이런 해석 작업의 모델은 결국 클로드 레비스트로스의 신화 및 미적 구조에 대한 독해이다. 이 독해는 그의 기본 논문 「신화의 구조적 연구(The Structural Study of Myth)」에서 정식화되고 있다.[57] 이 시사적이고,

---

57 Claude Lévi-Strauss, *Structural Anthropology*, trans. C. Jacobson · B. G. Schoepf (New York: Basic, 1963), 206~231쪽. 이후의 네 권짜리 『신화학(*Mythologiques*)』은 이런 분석의 관점을 역전시킨다. 앞선 논문이 개별의 신화적 파롤 또는 발화에 초점을 맞추

때로는 순전히 임시적이기도 한 독법과 사변적 주해는 곧바로 분석 및 해석상의 기본 원칙을 부과하는데, 이 원칙은 개별 서사 또는 개별 형식 구조는 실제 모순의 상상적 해결로 파악되어야 한다는 것이다. 레비스트로스 분석의 가장 극적인 대목인 카두베오 인디언들의 독특한 얼굴 화장에 대한 해석을 예로 들어 보자. 우선 출발점은 이 신체 예술의 형식적이고 구조적인 특이성을 내재적으로 설명하는 일일 것이다. 그러나 그 설명은 이미 순전히 형식적인 수준을 초월하는 방향을 지향하면서 그런 초월을 사전에 준비하고 있는 것이어야 한다. 형식적 수준을 초월하려는 이 움직임은 외재적인 어떤 것, 이를테면 어떤 비활성의 사회적 '내용'을 위해 형식적 층위를 폐기함으로써 성취되는 것이 아니다. 그것은 오히려 내재적인 방식으로, 순전히 형식적인 양식을 사회적인 것이 형식적이며 미적인 것 속에서 상징적으로 구현된 것으로 분석함으로써 성취된다. 그러나 그런 상징적 기능들이 형식상의 또는 양식상의 특징들을 아무렇게나 목적 없이 나열한다고 해서 발견되는 것은 아니다. 텍스트의 상징적 효과성을 발견하기 위해서는 텍스트를 진정 고유하게 형식적인 모순들의 규정적인 구조로 파악하려는 형식적 서술을 향해 나아가야 한다. 그래서 레비스트로스는 카두베오족의 얼굴 화장법에 대한 그의 아직은 순전히 시각적인 분석을 그 화장법의 모순적 역학에 대한 절정이랄 수 있는 해설로 이끌어 간다. "사선의 축을 가로지르는 대칭적인 무늬의 사용은 …… 이중성을 띤 두 개의 모순적 형식에 근거한 복합적인 상황인바, 대상 자체〔인간 얼굴〕의 이상적 축과 그것이 재현하는 형상의 이상적 축 사이에 발생하는 이차적 대립에 의해 야기된 타협으로

는 데 비해 이후의 시리즈는 다양한 개별 신화들이 상호 연결되는 전체 체계 또는 랑그를 모형화한다. 그러므로 『신화학』은 원시 사회의 서사 생산 양식과 우리의 서사 생산 양식 사이의 역사적 차이에 대한 시사적인 재료로 사용되어 마땅하다. 이런 의미에서 레비스트로스의 후기 작업은 제3의 마지막 해석 지평 속에서 제자리를 찾게 될 것이다.

귀결된다."[58] 그러므로 순전히 형식적 층위에서 이미 이 시각적 텍스트는 하나의 모순으로 포착된 것이며, 이 모순에 대해서 텍스트는 그 기묘한 잠정적이고 비대칭적인 해결책을 제시하고 있는 것이다.

이 형식적 현상에 대한 레비스트로스의 '해석'을 개략적으로라도 구체화하는 것이 좋겠다. 카두베오족은 위계적 사회였고, 세 개의 족내혼 그룹 또는 계급으로 조직되어 있었다. 그 이웃 종족의 경우와 마찬가지로 사회가 발전하는 과정에서 이 자생적인 위계로부터, 엄격한 의미에서의 정치적 권력은 아닐지라도, 적어도 지배 관계가 발생한다. 여성의 열등한 지위, 연장자에 대한 연소자의 복종, 세습적 귀족 계급의 발달 등등. 그러나 이웃의 구아나족과 보로로족의 경우에는 이 잠재적 권력 구조가 세 계급을 가로지르는 반족*의 구분에 의해 은폐되어 있고, 그 반족들의 족외혼 교환이 비위계적이며 본질적으로 평등주의적인 방식으로 작용하는 반면, 카두베오족의 삶에서는 불평등과 갈등이 표면에 공공연히 드러나 있다. 한편, 구아나족과 보로로족의 사회 제도는 실제적인 위계와 불평등이 반족의 교환에 의해 감춰지는 외양상의 영역을 제공한다. 그러므로 이 속에서는 "계급의 비대칭이 …… '반족'의 대칭에 의해 조율되고 있는 것이다."

카두베오족의 경우는 이렇다.

그들은 자신들의 모순들을 해결할 수 있을 만큼, 또는 교묘히 고안된 제도상의 도움으로 위장할 수 있을 만큼 운이 좋지 못했다. 사회적 차원에서는 처방이 없었다. …… 그러나 그들이 그 처방을 전혀 파악하지 못했던 것

---

58 Claude Lévi-Stauss, *Tristes tropiques*, trans. John Russel(New York: Atheneum, 1971), 176쪽.

* 반족(半族, moiety). 부계 또는 모계를 기준으로 한 종족을 두 계통으로 나누었을 때의 한쪽.

은 아니다. 그것은 그들 속에 있었다. 객관적으로 정식화되지는 않은 채, 그러나 혼란과 불안의 원천으로 존재했던 것이다. 그들은 이 해결책을 개념화하거나 직접 실생활로 살아갈 수 없었기에 그것을 꿈꾸기 시작했고, 상상계 속에 투사해 넣기 시작했다. …… 그러므로 카두베오족 여성들의 화장법과 그 신비스러운 매력, 그리고 그 외견상으로는 근거 없는 복잡성을 우리는 한 사회의 환상 생산으로 해석하고 설명해 내야만 한다. 이해관계나 미신이 방해하지만 않았더라면 실제로 획득할 수도 있었던 제도들에 열렬히 상징적 표현을 부여하고자 하는 한 사회의 환상 생산으로 말이다.[59]

이런 양태로 카두베오족의 얼굴 화장법은 상징적 행위를 구성한다. 이 상징적 행위에 의해 그 자체의 방식으로는 극복할 수 없는 실제의 사회적 모순이 미학적 영역에서 순전히 형식적인 해결을 발견하는 것이다.

이 해석적 모델은 우리가 이데올로기와 문화적 텍스트 또는 예술품 사이의 관계에 대해 일차적인 설명을 할 수 있게 해 준다. 그리고 이는 여전히 그것을 형성한 첫 번째 지평, 즉 좁은 의미의 역사적 또는 정치적 지평의 한계에 의해 조건지어지는 이해이다. 이런 관점에서 볼 때 이데올로기는 상징적 생산에 내용과 형식을 부여하는 그 무엇이 아니다. 오히려 미적 행위 자체가 이데올로기적인 것이고, 미적 형식이나 서사 형식의 생산 역시 해결 불가능한 사회적 모순들에 상상적 또는 형식적 '해결들'을 제공하는 기능을 지닌, 그 자체로 이데올로기적인 행위라고 말할 수 있다.

레비스트로스의 작업은 또한 원시 종족들이 아직 상대적으로 단순한 형태의 부족 조직이 지닌 역학과 모순들에 당혹해하며, 개념적

---

59 같은 책, 179~180쪽.

으로 명료화할 수 없는 그 문제들을 장식적이거나 신화적인 방식으로 해결하는 광경을 제시함으로써 정치적 무의식이라는 명제에 우리가 지금까지 제시할 수 있었던 것보다 더 전반적인 방어책을 제공해 준다. 전(前)자본주의 사회, 심지어 전(前)정치적인 사회들의 경우가 그러하다면, 근대적 이익 사회(Gesellschaft) 시민들의 경우〔정치적 무의식에 대한 우리의 주장은 — 옮긴이〕한층 더 진실일 수밖에 없지 않겠는가? 혁명기의 거대한 제도적 선택지들을 직면했고, 화폐 및 시장 경제의 확산이 불러오는 잠식적이고 전통 파괴적인 효과들을 직면했으며, 부르주아지들을 한때는 성난 귀족 계급과, 또 한때는 도시 프롤레타리아와 맞서도록 한 집단적 등장인물들의 변화무쌍한 배역을 직면했던 그들 아닌가? 또한 스스로가 다소 다른 종류의 '역사의 주체들'로서 여러 민족주의의 거대한 환상들과 직면하기도 했고, 산업 도시 및 그 '대중'의 등장과 더불어 생겨난 사회의 균질화와 심리적 압박감 역시 직면했던 그들 아닌가? 공산주의와 파시즘의 초민족적인 거대한 힘들과 뒤이은 초대형 국가들의 등장을, 또 근대의 새벽에 종교 전쟁을 통해 끓어올랐던 것만큼이나 치열하고 강박적이며, 현재 우리 지구촌에 남은 최후의 긴장 관계이기도 한 자본주의와 공산주의 사이의 거대한 이데올로기적 적대 관계가 처음 시작되는 광경 역시 목도한 그들 아닌가? 그 환영 같은 집단적 '행위항(actants)'들과, 그들의 서사적 조직, 그 엄청난 불안의 충전과 리비도적인 투여로 가득 찬 이런 역사의 텍스트들이 오늘날 주체의 진정한 정치-역사적인 야생적 사고(pensée sauvage)*로서 살아지고 있으며, 이 야생적

---

* 레비스트로스의 『야생적 사고』에서 나온 용어. 원시인들의 무의식적인 질서화의 경향 내지 현실적 모순을 해결하려는 무의식적 지향성으로서 레비스트로스는 현대인들에게도 이러한 사고가 '브리콜뢰르' 같은 형태로 유지되어 있다고 본다. 제임슨은 이 용어를 '정치적 무의식'과 약호 전환하여 사용한다.

1장 해석에 관하여

사고가 필연적으로 본격 모더니즘의 문학 제도로부터 대중문화의 생산물들에 이르기까지 우리의 온갖 문화적 산물들의 특징을 형성하고 있다고 말하는 것은 실로 특별한 견강부회는 아닐 것이다. 이런 상황에서 레비스트로스의 작업은 모든 문화적 산물이 실제의 정치 사회적 모순들에 대한 상징적 해결이라는 명제를 진지하게 탐구하고 체계적이고 실험적으로 검증할 가치가 있음을 보여 준다. 이 책의 후반부에서 분명해지겠지만 이런 유의 정치적인 야생적 사고가 작동하는 것으로 가장 쉽게 접근할 수 있는 형식적 명료화(formal articulation)는 우리가 진정으로 정치적 알레고리의 구조라고 부를 만한 것 속에서 발견될 것인데, 이는 스펜서나 밀턴, 스위프트 등의 경우에서처럼 주제적 암시의 그물망 정도로부터 발자크의 소설들에서 볼 수 있는 계급의 대표자나 '전형'들로 이루어진 상징적 서사에로 발전해 간다. 정치적 알레고리, 즉 종종 억압되곤 하는 집단적 주체들의 상호 작용에 대한 원(原)서사 또는 지배적 환상이라는 개념과 더불어 우리는 제2지평의 접경으로 옮겨 왔다. 이 단계에서는 이전에 우리가 개별 텍스트로 간주했던 것이 본질적으로 집단적 담론 또는 계급 담론 속의 '발화들'로 파악된다.

그러나 이 경계를 넘기 전에 첫 번째 해석 지평에 포함된 비평적 작업들에 대해 마지막으로 언급해 둘 것이 있다. 우리는 문학 또는 문화적 텍스트를 상징적 행위로 읽으려 할 때는 반드시 그 텍스트들을 결정적 모순들의 해결로 파악해야만, 논리적이라는 사실을 암시했다. 또한, 드러나는 양상은 다르더라도 이후의 두 지평에서 또 어떠한 마르크스주의 문화 분석의 경우라도 모순 개념은 핵심적이다. 그렇다면 어떤 방법론이 대상 텍스트의 기본 모순을 명료화할 수 있는 요건을 갖추었는지의 여부에 따라 분석의 완결성이 결정된다고 할 수 있다. 바로 이런 이유에서 예컨대 우리는 기존의 문학 사회학 내지 문화 사회학을 전혀 받아들일 수 없다. 그것은 겸손하게도 주어진 텍스트 속의 계급적 모티프나 가치들을 확인하는 작업에 자신을 한정하고, 주어진 예술품이 사회적 배경을 어떻게 '반영'하는가만을 보여 주고는 분석을 마쳤다고 생각한다. 반면에, 케네스 버크(Kenneth Burke)의 강조점의 유희는 한편으로는 상징적 행위를 비록 상징적인 수준에서만일지라도 진정한 행위로 정의하는가 하면 다른 한편으로는 그것을 실재에 아무런 영향도 주지 못하는 상상적 해결로서, 즉 '그저' 상징적이기만 한 행위로서 평가하면서 예술과 문화의 양면적인 지위를 적절히 극화해 보여 주고 있다.

우리는 외부적 현실이 기존의 사회적 또는 역사적 비평을 통해 익히 접해 온 '컨텍스트'라는 전통적 개념과 대동소이한 것으로 이해되지 않도록 하기 위해 이 외부적 현실의 지위에 대해 좀 더 논의할 필요가 있다. 여기에서 제시하는 해석은 문학 텍스트에 대한 일종의 다시 쓰기로 이해되는 것이 바람직하다. 즉 이 해석은 문학 텍스트 자체를 사전의 역사적 또는 이데올로기적 하부 텍스트의 다시 쓰기 또는 재구조화로 간주한다. 이때 그 '하부 텍스트'는 그 자체로 직접적으로 존재하는 것이 아니고, 상식적인 차원의 외부적 현실도 아닌, 나아가 역사 지침서의 전통적인 서사도 아닌, 늘상 사후적으로 (재)구조화되는 것으로 이해된다. 그러므로 문학적 또는 미적 행위는 항상 실재(the Real)와 모종의 능동적 관계를 맺고 있는 것이다. 그러나 그러기 위해서라도 문학적 또는 미적 행위는 '현실'이 텍스트 바깥에 멀찍이 떨어져 그 자체로 무기력하게 존재하도록 내버려 둘 수 없다. 오히려 그것은 실재를 자신의 결 속으로 끌어들여야 하며, 언어학 특히 의미론의 궁극적 역설과 거짓 문제들 역시 이 과정에서 비롯되었음이 추적되어야 한다. 그럼으로써만 언어는 실재를 그 자신 속에, 그 자신의 내적이고 내재적인 하부 텍스트로서 담지할 수 있게 된다. 다시 말해, 상징

1장 해석에 관하여

적 행위(버크가 '꿈', '기도', 또는 '도안'이라고 구도짓는 것[60])는 세계에 무엇인가를 행하는 방식이며, 행하는 그만큼 우리가 '세계'라 부르는 것이 그 안에 포함시켜 형식의 변형에 굴복시켜야 하는 내용으로서 내재하게 마련이다. 상징적 행위는 그러므로 출현하는 동시에 자체의 컨텍스트를 생성하고 생산해 내면서 시작되지만, 그 순간 그 컨텍스트에서 몇 걸음 물러나 그 컨텍스트를 측정 가능하여 변형체를 투사해 낸다. 우리가 여기에서 하부 텍스트라고 부른 것이 지닌 모든 역설은 다음처럼 요약될 수 있겠다. 문학 작품 또는 문화적 대상물은 자신이 동시에 그에 대한 반응이기도 한 바로 그 상황을 마치 처음으로 나타나는 것처럼 존재하게 만든다는 것이다. 그것은 그 자신의 상황을 명료화하고 또 텍스트화한다. 그럼으로써 상황 자체가 그에 앞서 존재하지 않았다는 환상을, 텍스트 외에는 없다는 환상을, 텍스트 자신이 신기루의 형태로 생성해 내기 이전에는 어떤 텍스트 외부적 또는 텍스트와 동시적인(con-textual) 현실도 없었다는 환상을 조장하고 영속화한다. 역사의 실재성에 대해 논쟁할 필요는 없다. 존슨 박사(Dr. Johnson)의 돌처럼* 필연성이 우리를 위해 그 일을 해 준다. (알튀세르의 '부재 원인'이며, 라캉의 '실재'인) 그 역사는 텍스트가 아니다. 왜냐하면 그것은 근본적으로 비서사적이며 비재현적이기 때문이다. 그러나 덧붙일 것은 역사란 텍스트적 형태가 아니고는 접근할 수 없다는 사실이다. 바꿔 말해 역사는 오직 선행된 (재)텍스트화에 의해서만 다가갈 수 있다는 것이다. 그리하여 상징적 행위의 분리 불가능한 그러나 동일화될 수도 없

---

60 Kenneth Burke, *The Philosophy of Literary Form*(Berkeley: University of California Press, 1973), 5~6쪽. 또한 내 논문 "Symbolic Inference; or, Kenneth Burke and Ideological Analysis," *Critical Inquiry*, 4(Spring, 1978), 507~523쪽 참조.
* 관념론적 실재론인 조지 버클리(George Berkeley, 1685~1753)에 따르면 오직 관념만이 실재하는데, 존슨(Samual Johnson, 1709~1784)은 커다란 돌을 발로 차면서 "나는 이렇게 그를 반박한다."라고 외쳤다는 일화가 있다.

는 두 차원 중 다른 쪽 없이 한쪽만 강조하는 것, 즉 텍스트가 하부 텍스트를 재조직하는 능동적 방식만을 지나치게 강조하거나,(아마도 '지시 대상'은 존재하지 않는다는 의기양양한 결론에 도달하기 위해서) 아니면 상징적 행위의 상상적 위상을 너무 철저히 강조해서 그 사회적 토대를 사물화하고, 그것을 더 이상 하부 텍스트가 아니라 텍스트가 수동적으로 또는 환영적으로 '반영하는', 생명력 없이 주어진 어떤 것으로 이해되도록 하는 태도 등은 단지 순전한 이데올로기의 생산으로 귀결될 것이다. 즉 상징적 행위의 두 기능 중 어느 하나를 희생시키며 한쪽만을 지나치게 강조함으로써 전자의 경우는 구조주의 이데올로기를, 후자의 경우는 속류 유물론이라는 이데올로기를 낳게 된다.

(재)구성되어야 할 하부 텍스트의 몇몇 유형들을 구별할 수 있는 보완적인 방법을 명시하지 않는다면 '지시 대상'의 지위에 대한 이런 견해는 완전하지도 않을뿐더러 방법론으로 이용 가능하지도 않을 듯하다. 사실 우리는 서사의 형식상의 요술에 의해 접근되고 '해결된' 사회적 모순이, 어떻게 재구성되었건, 텍스트 자체에 의해 직접적으로 또는 즉시 개념화될 수는 없는 부재 원인으로 남는다는 점을 암시해 왔다. 그러므로 사회적 모순이 위치하는 영역인 궁극적 하부 텍스트와 2차적 하부 텍스트, 즉 보다 적절하게는 이데올로기의 영역이면서, 아포리아(aporia) 또는 이율배반(antinomy)의 형식을 띠게 되는 영역을 구별할 필요가 있다. 전자의 영역에서는 실천의 개입에 의해서만 해결 가능한 문제가 이 2차적 영역에서는 전적으로 관조적인 정신에게 논리적 스캔들 또는 이중 구속, 또는 생각할 수 없는 것이나 개념상의 역설로 다가온다. 그것은 순수한 사유의 작용만으로 해결되지 않으며, 그리하여 본연의 서사 장치 전체를 탄생하게 만든다. 그것이 바로 텍스트이다. 텍스트는 서사적 움직임을 통해 이 난국을 해결하며 그 참을 수 없이 닫힌 상황(closure)을 해소하는 것이다. 이율배반

적인 체계를 전혀 다른 어떤 것, 이른바 사회적 모순의 징후적 표현으로 또 개념적 반영으로 정립하는 이러한 구별은 이제 우리로 하여금 앞부분에서 환기시킨 바 있는 기호학과 변증법적 방법 사이의 조율을 재정식화할 수 있도록 해 준다. 기호학적 분석, 특히 그레마스의 기호학적 사각형은[61] 앞에서 제시된 대로 자연이나 존재에 대해 그것이 적합성을 갖거나 그것이 모든 형태의 사유나 언어를 구도 지을(map) 수 있기 때문에 작업상의 타당성을 갖는 것이 아니다. 그것의 작업상 타당성은 그 소명 특히 이데올로기적 봉쇄(ideological closure)를 모델화하고, 우리가 이율배반이라 부른 것의 특권화된 형태인 이항 대립 작용을 명료화할 수 있는 데서 나온다. 그러나 기호학의 발견들을 변증법적으로 재평가하는 작업은 이 이데올로기적 봉쇄의 전체 체계가 전혀 다른 어떤 것, 즉 사회적 모순의 징후적 투사로 간주되는 계기에만 개입한다.

이제 이 첫 번째 텍스트 모델 또는 해석학적 모델을 뒤로하고 제2지평, 사회적인 것의 지평으로 넘어가 보자. 분석의 조직적 범주가 사회적 계급의 범주로 바뀌는 순간에만 제2지평이 가시화되고, 개별적 현상들도 사회적 사실들, 사회적 제도들임이 드러난다. 나는 다른 곳에서 구성된 형태로서의 이데올로기 역학을 사회적 계급의 기능으로 설명했다.[62] 여기에서는 마르크스주의에서 계급이란 항상 관계적으로 이해되어야 하며, 궁극적 (또는 이념적) 형태의 계급 관계 및 계급 투쟁은 항상

---

61 3장의 주 13번, 그리고 앞의 55~59쪽 참조.
62 *Marxism and Form*, 376~382쪽. 이 책 378~382쪽도 참조. 사회적 계급을 이렇게 보는 가장 권위 있는 이 시대 마르크스주의 진술은 E. P. Thompson, *The Making of English Working Classes*(New York: Vintage, 1966), 9~11쪽에서 볼 수 있다. *The Poverty of Theory*에서 톰슨은 계급에 대한 자신의 견해가, 계급들이 '주체들'이 아니라 사회적 총체 속의 '위치들(positions)'이 되는 '구조주의적' 마르크스주의와 양립할 수 없다고 주장했다.(알튀세르적인 입장에 대해서는 Nichos Poulantzas, *Political Power and Social Classes*를 볼 것)

이분법적이라는 사실을 상기하는 것으로 족할 듯하다. 계급 관계의 구성 형태는 항상 지배 계급과 노동 계급 사이의 관계다. 계급적 분파들(예컨대 프티 부르주아)이나 비중심적이거나 의존적인 계급들(예컨대 농민들)도 이 축에 근거해 포진된다. 계급을 이렇게 정의하는 것은 마르크스주의 계급 모델을 다른 관습적인 사회학적 분석과 뚜렷이 차별화하는 방식이다. 여타의 관습적인 사회학적 분석은 사회를 여러 계층들, 하위 그룹들, 전문 엘리트들 등으로 나누고, 그 각각을 그럴듯하게 서로 고립시켜 연구하면서 그들의 '가치들'이나 '문화적 공간'을 고립적이고 독립된 세계관(Weltanschauungen)에 귀속시키는데 이들 각각은 특정의 '계층'을 무기력하게 반영하기만 하는 것이다. 그러나 마르크스주의의 경우에는 계급 이데올로기의 내용 자체가 상호 연관적이다. 계급 이데올로기의 가치들은 항상 대립하는 계급과의 능동적인 관계 속에 위치하며, 대립하는 계급에 대비되어 규정되는바, 통상적으로, 지배 계급의 이데올로기는 자신의 권력 위치의 정당화를 위해 다양한 전략을 탐색할 것이며, 반면 대항 문화 또는 대항 이데올로기는 종종 암암리의 또는 위장된 전략으로 지배적인 '가치 체계'에 도전하고, 그것을 침식하려 한다는 의미에서 그러하다.

우리가 미하일 바흐친(Mikhail Bakhtin)을 따라 이 지평에서의 계급 담론(이 범주에 따라서 개별 텍스트들과 문화 현상들은 이제 다시 쓰인다.)이 그 구조의 성격상 본질적으로 대화적(dialogical)이라고 말하게 되는 것은 바로 이런 의미에서이다.[63] 이 영역에 대한 바흐친(그리고 볼로시노프)의

---

63 Mikhail Bakhtin, *Problems of Dostoyevsky's Poetics*, trans. R. W. Rostel(Ann Arbor: Ardis, 1973), 153~169쪽. 볼로쉬노프라는 이름으로 나온, 언어학에 대한 바흐친의 중요한 책도 참조할 것. V. N. Voloshinov, *Marxism and the Philosophy of Language*, trans. L. Matejka · I. R. Titunik(New York: Seminar Press, 1973), 83~98쪽. 바흐친의 유고 논문집 *Esthétique et théorie du roman*, trans. Daria Olivier(Paris: Gallimard, 1978), 특히 152~182쪽도 참조.

작업은 주로 사육제와 축제의 계기들이(예컨대 1640년대 영국이나 1920년대 소비에트에서 종교적, 정치적 분파들의 전체 스펙트럼이 대규모로 다시 표면화되는 계기들처럼) 갖는 이질적이고 폭발적인 다원주의를 부각시키면서 상대적으로 특수화되어 있기 때문에, 대화적인 것의 정상적인 형태는 본질적으로 적대적인 형태이며, 계급 투쟁의 대화는 두 대립하는 담론들이 공유된 약호의 전반적 통일성 속에서 싸워 나가는 것이라는 조건을 덧붙일 필요가 있다. 예를 들어, 1640년대 영국의 경우 종교라는 공유된 지배 약호는 헤게모니적 신학의 지배적 정식화들이 재전유되고 논쟁을 통해 수정되는 장소였다.[64]

이제 이 새로운 지평 속에서 변증법적 분석이 지녀야 할 형식적 요건이 유지된 셈인데, 그 요소들은 모순(앞서 말했듯이 이 모순이야말로 마르크스주의 계급 분석상의 관계성을 사회학적 유형의 정적인 분석과 본질적으로 구별해 준다.)에 근거해 재구조화된다. 그러나 앞선 지평의 모순이 단성적(univocal)이고, 개별 텍스트의 상황에, 또 순수하게 개별적인 상징적 해결의 영역에 한정된 것이라면, 여기에서의 모순은 적대적 계급들 간의 화해 불가능한 요구들과 입장들의 대화적 형식으로 드러난다. 해석을 이 궁극적 모순이 드러나기 시작하는 지점까지 이끌어 가야 한다는 요구 조건은 여기에서도 분석의 완전함 내지 부족함을 평가하는 기준을 제공해 주게 된다.

그러나 개별 텍스트, 개별 문화적 산물을 계급적 목소리의 적대적 대화에 근거해 다시 쓴다는 것은 우리가 첫 번째 지평에 돌린 작업과는 다소 다른 작업을 행하는 일이다. 이제 개별 텍스트는 계급 담론이라는 더 거대한 체계, 또는 랑그 중의 한 파롤 또는 개별 발화로 초점이 다시 맞

---

64 Christopher Hill, *The World Turned Upside Down*(London: Temple Smith, 1972)을 보라.

추어지는 것이다. 개별 텍스트는 상징적 행위로서의 그 형식적 구조를 유지한다. 그러나 그 상징적 행위의 가치와 성격은 이제 의미심장하게 수정되고 확장된다. 이 다시 쓰기의 판 위에서는 개별 발화 또는 텍스트는 계급들 간의 본질적으로 논쟁적이고 전략적인 이데올로기 대결 속의 한 상징적 움직임으로 파악된다. 그리고 이런 맥락에서 그것을 묘사하는 일은 (또는 이런 형식으로 드러내는 일은) 다른 도구들 일체를 필요로 한다.

일차적으로, 인쇄된 텍스트가 투사해 내는 고립성 또는 자율성의 환상이나 외양이 이제 체계적으로 붕괴되어야 한다. 실로 살아남은 문화적 기념비들과 명작들은 정의상 이 계급적 대화 속의 단일한 목소리 즉 헤게모니적 계급의 목소리만 필연적으로 영속화하는 경향이 있기 때문에 애초에 그들과 대립했던 목소리를 복원하거나 인위적으로 재구성하지 않고는 대화적 체계 속에 그것이 갖는 관계적 위치를 적절히 부여할 수 없다. 대부분 질식당하고, 침묵 속으로 내몰렸으며, 주변화되고, 그 자신의 발화들이 바람 속에 흩어져 버린, 때로는 헤게모니적 문화에 의해 재전유되어 버린 그 목소리가 복원되어야 하는 것이다.

이른바 민중 문화의 재구축이 적절히 이루어져야 할 곳은 바로 이런 구도 안에서이다. 특히 본질적으로 농민적인 문화들의 파편들, 이를테면 민요나 동화, 민중 축제, 마술과 마법과 같은 신비적이거나 대항적인 믿음 체계 등으로부터 민중 문화는 재구성되어야 하는 것이다. 그러한 재구성은 우리 시대에 주변화되고 대항적인 문화가 존재함을 재확인하는 작업이며, 흑인 문화 또는 종족 문화들, 여성 문학, 게이 문학, '순진한'(것으로 간주되거나) 주변화된 민중 예술 등등의 대립적 목소리를 재청취하는 작업이다. 그러나 또한, 그러한 비헤게모니적 문화의 목소리를 확인하는 일이 고립적인 다른 사회적 그룹의 다원주의적 재발견이라는 순전히 '사회학적인' 관점에 머물러 있는 한은 그 효과를 기대할 수 없다. 이 발화들을 본질적으로 논쟁적이며 전복적인 전략들에 근거하여 궁극적으로 다시 쓰는 것만이 그것들을 사회적 계급들의 대화적 체계 속의 적절한 자리로 복원시킨다. 그리하여 예컨대 마술적 소망-성취와 풍요 및 지복의 나라(pays de Cocagne)에 관한 유토피아적 공상 등으로 가득한 동화에 대한 블로흐(Ernst Bloch)의 읽기는 그것을 헤게모니적인 귀족적 형식이자 영웅주의와 악의적 운명의 우울한 이데올로기를 지닌 서사시에 대한 체계적인 해체와 와해로 제시함으로써 이 '형식'의 대화적이고 적대적인 내용을 복원시키는 것이다.[65] 또한 유진 제노비스(Eugene Genovese)의 흑인 종교 연구는 이 발화를 이미 주어진 신앙의 복제물이 아니라, 노예 소유주의 헤게모니적 기독교가 전유되고, 비밀리에 그 내용이 비워져서는 전혀 다른 대립적인 약호화된 전언의 전달로 전복되는 과정으로 읽음으로써 그 생명력을 복원시킨다.[66]

나아가 대화적인 것의 강조는 우리로 하여금 헤게모니적 형식들 자체를 다시 읽고 다시 쓰게 해 준다. 헤게모니적 형식들 또한 원래는 '민중적이고' 종속적인, 또는 피지배 집단의 상황을 표현하는 형식들에 대해서 재전유와 중화 및 흡수와 계급 변형, 문화적 보편화가 이루어지는 과정으로 파악될 수 있다. 그리하여 기독교라는 노예들의 종교는 중세적 체제의 헤게모니적 이데올로기 장치로 변형되며, 민속 음악과 농부들의 춤은 귀족들의 궁정 연회 형식이나 목가적인 것의 문화적 비전으로 변형된다. 또한 먼 옛날부터 로맨스, 모험담, 멜로드라마 등등의 민중적 서사는 연약해지고 질식해 가는 '고급 문화'에 끊임없이 생기를 불어넣어 왔다. 우리 시대에서도 헤게모니를 장악한 중산 계급의 고갈된 그리고 미디어에 의해 표준화된 언어는 토속어와 (흑인 언어에서와 같은) 그

---

65 Ernst Bloch, "Zerstörung, Rettung des Mythos durch Licht," *Verfremdungen* I (Frankfurt: Suhrkamp, 1963), 152~162쪽.

66 Eugene Genovese, *Roll Jordan Roll*(New York: Vintage, 1976), 161~284쪽.

여전히 왕성한 생산적 자원들을 재전유하고 있다. (대항적 목소리를 억압하고 하나의 진정한 '문화'만 존재한다는 환상을 함축하는) 문화적 '보편화' 과정은 실로 이데올로기와 개념 체계의 영역에서 이른바 정당화 과정이라 할 수 있는 것이 미학적 영역에서 취하는 특수한 형태인 것이다.

그러나 이 본질적으로 대화적이고 계급적인 지평의 다시 쓰기 및 복원 작업은 이 더 큰 체계의 '단위들'을 구체화하기 전에는 완성되지 않는다. 달리 말해, 언어학적 비유(랑그에 대한 파롤의 대립에 근거해 텍스트 다시 쓰기)는 우리가 계급적 랑그 자체에 고유한 역학에 대해 무언가를 전달할 수 있게 될 때라야만 특별한 결실이 있다는 것이다. 계급적 랑그란 분명히 소쉬르적인 의미에서 관념적 구축물과 유사한 것이며, 그 개별 발화들 중 어느 하나 속에서 결코 완전히 가시화되거나 충만하게 현전하지 않는다. 개별 발화보다 더 큰 이 계급 담론은 우리가 이데올로기소들(ideologemes)이라고 부를 최소 '단위들' 주위에서 조직화된다. 이런 정식화의 이점은 추상적 의견, 계급적 가치 등등으로서의 이데올로기 개념과 우리가 여기에서 다루고 있는 서사적 재료 양자를 매개할 수 있는 가능성에 있다. 이데올로기소란 양서적(兩棲的) 구성물이다. 그것의 본질적인 구조적 특징은 그 자체를 의사 관념(pseudoidea, 개념적 체계나 믿음 체계, 추상적 가치, 의견이나 편견)으로 드러낼 수도 있고 또는 원(原)서사의 형태로, '집단적 인물들'(이는 서로 대립하는 계급들이다.)에 대한 일종의 궁극적인 계급적 환상으로 드러낼 수도 있다는 가능성에 있다. 이 이중성은 이데올로기소에 대한 충분한 서술의 기본 요건이 사전에 이미 갖추어져 있음을 의미한다. 하나의 구축물로서 그것은 개념적 묘사와 서사적 현현 양자를 동시에 허용한다. 이데올로기소는 물론 이 방향들 중 어느 쪽으로도 정교화될 수 있다. 그것은 한편으로 철학적 체계의 완결된 외양을 띨 수 있으며, 다른 한편 문화적 텍스트의 완결된 외양을 띨 수도 있는 것이다. 그러나 이 완결된 문화적 생산물들을 이데올로기적으로 분석할 때는 그 각각을 궁극적 원재료, 즉 문제의 이데올로기소에 변형을 가한 복합적 작품으로 제시해야 한다. 분석가는 그러므로 우선 이데올로기소를 확인하고, 많은 경우 무슨 이유에서였건 이데올로기소가 아직 등기되지 않은 심급들에서 그것을 최초로 명명하는 작업을 해야 한다. 그러나 이데올로기들을 확인하며 목록화하는 지대한 예비적 과업은 거의 시작되지도 않은 상태이며, 이 책도 아주 소박한 기여를 하게 될 텐데 그것은 무엇보다도 19세기의 기본적 이데올로기소를 분한의 '이론'으로 분리해 내고 또 윤리학과 윤리적 선악의 이항 대립을 서양 문화가 지닌 이데올로기적 사고의 기본적 형식들 중 하나로서 그 '정체를 밝혀내는 것'이 될 것이다. 그러나 우리가 그런 이데올로기소들(심지어 그것이 단지 추상적인 개념적 믿음 또는 가치들로 표명된 경우조차도)의 근본적으로 서사적인 성격을 시종일관 강조하는 이유는 그것이 견해와 원서사적 또는 리비도적인 환상 사이의 상호 작용이 지닌 복합성을 복원할 수 있는 이점을 제시해 주기 때문이다. 그리하여 우리는 발자크의 경우 공공연하게 구축되어 있는 이데올로기적이고 정치적인 '가치 체계'가 본질적으로 서사 및 환상의 역학 작용으로부터 발생한다는 것을 언급할 것이다. 반면 기싱에 대한 장에서는 이미 성립된 '서사적 패러다임'이 어떻게 작가의 개입이라는 매개항 없이도 그 자체로 이데올로기적 전언을 발하게 되는가를 제시할 것이다.

그러나 계급 투쟁과 그 적대적 담론들이 부각되는 이 초점 또는 지평은 우리가 이미 암시했듯이 마르크스주의 문화 해석이 취할 수 있는 궁극적 형태는 아니다. 방금 언급했던 예, 즉 다양한 계급들과 계급 분파들이 종교적 지배 약호라는 공유된 매체를 통해 그들의 이데올로기적 투쟁을 표현할 수밖에 없었던 17세기 영국 혁명의 실례는 최종 단계로 확장된 분석틀에 고유한, 구조적으로 다른 '텍스트' 속으로 연구 대상들이 재구성되어 들어가는 이행 과정을 극적으로 보여 줄 수 있을 것이다. 강조점이 치환될 수 있는 가능성은 이 예에 이미 주어져 있다. 우리는 이미 신학적 약호라는 외견상의 통일 속에서 적대적인 계급적 위치가 갖는 근본적 차이가 부상하게 된다는 사실을 제시했다. 그럴 경우 반대의 움직임 또한 가능하다. 즉 그러한 구체적인 의미론적 차이들은 오히려 그 차이들이 마땅히 공유하고 있고, 따라서 사회 체계의 더 큰 통일성을 특징짓는, 단일한 약호로 된 모든 것을 감싸안는 통일성이 출현하는 방식으로 초점이 맞추어질 수 있는 것이다. 이 새로운 대상(약호, 기호 체계, 또는 기호와 약호들의 생산 체계)은 그러므로 좁은 의미에서 정치적인 것(상징적 행위) 그리고 사회적인 것(계급 담론과 이데올로기)에 대한 이전의 연구를 크게 뛰어넘는 연구의 실체가 존재함을 알려 주는 지표가 된다. 우리는 그 연구를 넓은 의미에서 역사적인 것이라고 부르겠다고 이미 제안했다. 여기에서 조직화하는 통일성은 바로 마르크스주의가 전통적으로 생산 양식(mode of production)이라 불러 왔던 것이다.

나는 이미 생산 양식의 '문제틀'이 오늘날 마르크스주의 연구의 모든 분야에서 가장 활기찬 새로운 영역이라고 말했다. 매우 역설적이게도 그것은 또한 가장 전통적인 영역이기도 하다. 그러므로 간단한 예비적 단계로 생산 양식의 '연쇄'에 대한 마르크스에서 엥겔스, 스탈린으로 이어지는 고전적 마르크스주의의 설명을 개략할 필요가 있다.[67] 이 양식

---

67 생산 양식에 대한 '고전적' 텍스트는 Lewis Henry Morgan의 *Ancient Society*(1877) 외에도, Karl Marx의 *Grundrisse*(1857~1858)의 한 부분으로 Eric Hobsbawm이 별도로 출간한 *Pre-Capitalist Economic Formations*(New York: International, 1965), Friedrich Engels의 *The Family, Private Property, and the State*(1884) 등이 있다. 생산 양식 '논쟁'에 대한 최근의 주요한 공헌으로는 Althusser 편저 *Reading Capital*에 Étienne Balibar가 기고한 논문 및 Emmanuel Terray, *Marxism and "Primitive" Societies*, trans. M. Klopper(New York: Monthly Review, 1972); Maurice Godelier, *Horizon: trajets marxistes en anthropologie*(Paris: Maspéro, 1973); J. Chesneaux, ed., *Sur le "mode de production asiatique"*(Paris: Editions Sociales, 1969); Barry Hindess · Paul Hirst,

들, 또는 인간 사회의 '단계들'은 전통적으로 다음을 포함해 왔다. 원시 공산주의 또는 종족 사회(유목민), 부족 사회 또는 위계적 친족 사회(신석기 사회), 아시아적 생산 양식(이른바 동양적 전제군주제), 폴리스 또는 과두제적 노예 사회(고대 생산 양식), 봉건주의, 자본주의, 그리고 공산주의(이 마지막 두 단계 사이에 위치하는 때로는 '사회주의'라고 불리는 '과도기적' 단계가 그 자체로 진정한 생산 양식인가 아닌가에 대한 수많은 논쟁이 있었다.) 등이 바로 그것이다. 지금 맥락에서 더욱 중요한 것은 역사적 '단계들'(알튀세르주의자들이 '역사주의'란 용어로 체계적으로 비판해 온)이라는 이 도식적이고 기계적인 개념조차도 각각의 생산 양식에 특수한 문화적 우세종이나 이데올로기적 약호화의 형식이라는 개념을 내포하고 있다는 사실이다. 제시된 것과 같은 순서로 나열하면 이들은 일반적으로 마술적·신화적 서사, 혈족 관계, 종교 또는 신성한 것, 고대 도시 국가의 시민이라는 좁은 범주에 맞춰진 '정치', 개인적 지배의 관계, 상품 사물화, 그리고 (추정컨대) 독창적이며 아직 어느 곳에서도 충분히 발전하지 못한 집단적이거나 공동체적인 연합 형태 등으로 간주되어 왔다.

그러나 우리는 생산 양식의 지평에 특수한 문화적 '텍스트'나 연구 대상을 결정하기 이전에 그것이 제기하는 두 가지 방법론적 문제점을 먼저 언급해야 한다. 첫 번째는 '생산 양식' 개념이 공시적인 것인가라는 문제에 관련된 것이며, 둘째는 분류하거나 유형화하는 작업에 여러 가지 생산 양식을 활용하려는 유혹(이 경우 문화적 텍스트는 단순히 수많은 분리된 부분으로 추락하고 만다.)을 문제 삼는 것이다.

실로 수많은 이론가들이 모든 것을 포괄하고, 모든 것을 구조화하는 (문화, 이데올로기적 생산, 계급 분화, 기술 등 모든 것에 특수하고 고유한 위치를 부여하는) 진정으로 마르크스주의적인 생산 양식 개념과 '전체적

Pre-Capitalist Modes of Production(London: Routledge & Kegan Paul, 1975) 등이 있다.

체제'라는 비-마르크스주의적인 견해 사이에 존재하는 외견상의 수렴 (convergence) 때문에 당혹해했다. 후자의 경우 사회적 삶의 다양한 요소들과 층위들은 점차 제약적인 방식으로 프로그램되고 만다. 점차 관료주의화하는 사회를 묘사하는 '철창(iron cage)'이라는 베버의 극적인 개념,[68] 점점 만연해 가는 '신체에 대한 정치 기술'에 관한 푸코의 쇠창살 이미지,[69] 또한 비코로부터 헤겔, 슈펭글러, 들뢰즈에 이르기까지 다양하게 제시되어 온 일정한 역사적 '계기'의 문화적 프로그램화에 대한 보다 전통적인 '공시적' 설명들 등, 역사적 시기의 문화적 통일성에 대한 이 모든 단일 체제적인 모델은 새로이 등장하는 '공시적' 사고의 위험성에 대해 변증법적 전통이 품고 있는 의심을 더욱 강화하는 경향이 있다. 공시적 사고에서 변화와 발전은 단순히 '통시적인', 우연적인 또 더 심한 경우 무의미한, 주변화된 범주로 귀속되고 만다.(이런 현상은 알튀세르의 경우처럼 그러한 문화적 통일성의 모델을 더욱 전적으로 헤겔적이며 관념적인 '표현적 인과성'으로 공박하는 경우에도 마찬가지다.) 공시적 사고의 한계에 대한 불길한 이론적 예감은 아마도 정치적 영역에서 가장 직접적으로 확인되는 것 같다. 여기에서 '전체적 체제'라는 모델은 부정적인 것(the negative) 자체의 가능성을 천천히 그리고 가차 없이 제거해 버

---

68 "청교도들은 우리는 그렇게 할 수밖에 없었다라는 소명 속에서 일하고 싶어했다. 왜냐하면 금욕주의가 수도원의 골방을 벗어나 일상생활 속에 적용될 때, 그리고 세속적 도덕을 지배하게 되었을 때 그것은 근대적 경제 질서의 거대한 우주를 형성하는 데 일익을 담당했기 때문이다. 이 질서는 이제 경제적 획득과 직접적으로 관련된 사람들뿐 아니라 태어나 이 메커니즘 속에 들어가는 모든 개체들의 삶을 오늘날 거부할 수 없는 힘으로 규정하는 기계적 생산의 기술적, 경제적 조건과 밀접하게 얽혀 있다. 아마도 그것은 그들의 삶을 화석 연료 석탄의 마지막 한 조각이 다 탈 때까지 그렇게 지배할 것이다. 박스터(Baxter)의 견해에 따르면 외형적 재화에 대한 관심은 성인(聖人)의 어깨 위에 단지 '언제라도 벗어던질 수 있는 가벼운 외투처럼' 얹혀 있어야만 한다. 그러나 운명은 그 외투가 철창이 되도록 명령했다." The Protestant Ethic and the Spirit of Capitalism, trans. T. Parsons(New York: Scribners, 1958), 181쪽.

69 Michel Foucault, Surveiller et punir(Paris: Gallimard, 1975), 27~28쪽 및 여러 곳.

리고, 대립적인 또는 그저 '비판적인' 실천이나 저항조차도 그 체제에 대한 단순한 전도(inversion)로 간주해 다시 체제 속으로 통합해 버린다. 특히, 옛날의 변증법적 구도에서 기대한, 발본적으로 새로운 사회적 관계가 부상하는 공간으로 이해됐던 계급 투쟁과 관련된 모든 것들이 공시적 모델에서는 결국 그 투쟁의 구체적인 한계를 예견하면서 또한 결정하기도 한 바로 그 체제를 재강화하는 실천으로 축소되고 마는 것처럼 보인다. 이러한 의미에서 장 보드리야르는 현대 사회를 '전체적 체제'로 보는 관점은 저항의 선택지를 무정부주의적 몸짓이나, 무모한 노동 쟁의, 테러리즘, 그리고 죽음이라는 유일하게 남겨진 최종적 항의로 축소해 버리고 만다는 것을 시사했다. 그런 와중에 문화 분석의 구도에서도 문화가 공시적 모델 속에 통합됨으로써, 문화적 생산물의 반체제적 능력은 완전히 공동화(空洞化)되고, 심지어 분명히 대립적이고 정치적인 입장을 지닌 작품들조차도 종국에는 그 체제에 의해 프로그램된 도구들임이 '밝혀지는' 결과를 빚는 것이다.

이처럼 혼란을 초래하는 공시적 구도들에 적절한 분석적 위치를 할당해 주고 그 고유의 용법을 지정해 주는 것이 바로 이 책에서 제시된 일련의 확장되어 가는 이론적 지평의 개념이다. 이 개념은 역사에 대한 장기적 관점을 제시하는데, 이 관점은 각 지평들의 특수성이 존중되지 않을 때만 구체적인 정치적 행동 및 계급 투쟁과 일치하지 않게 된다. 그리하여 생산 양식이라는 개념은 이러한 개념이 본래 사용되는 역사적 추상 수준에서는 비록 공시적인 것으로 간주되어야 하더라도(그리고 우리는 곧 사태가 이보다는 더 복잡함을 알게 될 것이다.) 전체적 체제에 대한 '비전'이 주는 교훈은 단기적으로 실천(praxis)에 부과된 구조적 한계에 대한 것이지 실천의 불가능성에 대한 것이 아니다.

앞서 나열된 공시적 체제들과 관련된 이론적 문제는 그 분석틀에 있다기보다 마르크스주의 관점에서 그 하부 구조적 재정초라 부를 만한 것에 있다. 역사적으로 그러한 체제들은 일반적으로 두 개의 그룹으로 나뉘는데 우리는 이들 각각을 견고한 전체적 체제의 비전들과 유연한 전체적 체제의 비전들로 부를 수 있다. 첫째 부류는 '전체주의적' 유형의 가상적 미래를 제시하는데, 이때 지배의 메커니즘(더 일반적인 관료주의화 과정의 부분으로 이해되건, 또는 더 직접적으로 물리적이고 이데올로기적인 힘의 전개로부터 나온 것이건)은 돌이킬 수 없이 그 세력을 확대해 가는 것으로 파악된다. 이 지배 메커니즘의 사명은 인간의 자유를 그 마지막 남은 부분까지 식민지화하는 것, 즉 객관, 주관에 있어서 아직 자연(Nature)으로 남아 있는 것(아주 도식적으로 말하면 제3세계와 무의식)을 점유하고 조직화하는 것이다.

첫 번째 부류의 이론들은 아마 중심적 인물들인 베버와 푸코에 쉽사리 연결될 수 있을 것이며, 두 번째 부류는 장 보드리야르와 미국 '탈산업 사회' 이론가들의 이름들에 연결될 수 있을 것이다.[70] 두 번째 부류에게 전체적 체제로서의 현대 사회의 특징은 정치적 지배보다 문화적 프로그램화와 침투에 있다. 이들에게 전체적 체계는 철창이 아니라 이미지와 시뮬라크라의 소비로, 자유로이 부동하는 기표로, 이전의 사회적 계급 구조와 전통적인 이데올로기적 헤게모니의 소멸로 특징지어지는 소비 사회로 이해되는 것이다. 두 부류 모두에게 세계 자본주의는 그 어떤 고전적 의미에 있어서도 사회주의적이지 않은 체제로 진화해 가고 있다. 한편에서는 전체적 통제의 악몽 같은 사회로, 다른 편에서는 다형적(polymorphous)이거나 정신분열증적인 강도(intensity)만을 가진 어떤

---

70 Jean Baudrillard, *Le Système des objets*(Paris: Gallimard, 1968); *La Société de consommation*(Paris: Denöel, 1970); *Pour une économie politique du signe*(Paris: Gallimard, 1972). '이데올로기의 종언'과 소비 사회의 도래에 대한 가장 영향력 있는 미국판 진술은 물론 대니얼 벨(Daniel Bell)의 것이다. 그의 *Coming of Post-Industrial Society*(New York: Basic, 1973)와 *The Cultural Contradictions of Capitalism*(New York: Basic, 1976)을 보라.

1장 해석에 관하여

종국적 대항 문화(어떤 이들에게는 이것 또한 첫째 비전의 분명히 위협적인 특징만큼이나 당혹스러운 것이다.)로 진화해 가고 있는 것이다. 꼭 덧붙여져야 할 것은 이들 중 어느 부류의 분석도 경제적 체제 및 경향들이라는 '최종적으로 결정하는 심급(ultimately determining instance)'에 대한 마르크스적 강령을 존중하지 않는다는 점이다. 두 부류 모두에게 그런 유의 경제학(또는 정치경제학)은 실로 현대 세계의 새로운 전체적 체제 속에서 종언을 고했으며, 경제적인 것은 이제 정치 권력이나, 문화적 생산이라는 새로운 지배소 아래 이차적이고 비결정적인 위치로 재배치된다.

그러나 마르크스주의 내부에도 이 두 가지 비마르크스적인 현대의 전체적 체제관에 정확히 일치하는 부류가 있다. 두 부류를 마르크스적이며 '경제학적인' 용어에 의해서 다시 쓰기한 것이라 표현해도 좋을 것이다. 이는 바로 각각 자본논리학(capitalogic)[71] 그리고 탈축적론(disaccumulation)에[72] 의거해 후기 자본주의를 분석하는 시도들이다. 이

---

[71] 기본적 문헌의 리뷰 및 비판에 대해서는 Stanley Aronowitz, "Marx, Braverman, and the Logic of Capital," *Insurgent Sociologist*, VIII, No. 2/3(Fall, 1978), 126~146쪽을 볼 것. 또한 Hans-Georg Backhaus, "Zur Dialektik der Wertform," A. Schmidt, ed., *Beiträge zur marxistischen Erkenntnistheorie*(Frankfurt: Suhrkamp, 1969), 128~152쪽 및 Helmut Reichelt, *Zur logischen Struktur des Kapitalbegriffs bei Karl Marx*(Frankfurt: Europäische Verlagsanstalt, 1970) 참조. 자본논리학자들에게는 헤겔의 '유물론적 핵심'은 절대정신(즉자-대자 개념)의 구체적 또는 객관적 실체를 자본으로 포착할 때 드러난다.(Reichelt, 77~78쪽) 그러나 이런 경향은 그들을 포스트마르크스주의의 입장으로 몰아넣는데, 이 입장은 변증법을 단지 자본주의에만 어울리는 사고방식으로 본다.(Backhaus, 140~141쪽) 그럴 경우 물론 상품 형태를 폐기한 사회에서 변증법은 불필요하고 시대착오적인 것이 되고 말 것이다.

[72] '탈축적론'에 대한 기본적 텍스트는 Martin J. Sklar, "On the Proletarian Revolution and the End of Political-Economic Society," *Radical America*, III, No. 3(May-June, 1969), 1~41쪽. Jim O'Connor, "Productive and Unproductive Labor," *Politics and Society*, 5(1975), 297~336쪽. Fred Block and Larry Hirschhorn, "New Productive Forces and the Contradictions of Contemporary Capitalism," *Theory and Society*, 7(1979), 363~395쪽. 그리고 Stanley Aronowitz, "The End of Political Economy," *Social Text*, No. 2(1980), 3~52쪽 등이다.

책은 분명 이 이론들을 길게 논할 자리가 아니지만 두 시도는 모두 다현대 상황의 독특성을 자본주의 내부의 체제적 경향으로 봄으로써 우리가 논의해 온 생산 양식이라는 구성적 개념의 이론적 우선성을 재강조하고 있다는 점만은 언급해 둘 필요가 있다.

그러므로 우리는 이제 이 제3의 궁극적 지평에 관련된 두 번째 문제로 넘어가, 그 지평에서 추구된 문화 분석이 순전히 유형학적인 또는 분류적인 작업으로 추락할 것이라는 반대 의견을 간략히 다루어야 하겠다. 만약 우리가 유형학적이고 분류적인 입장에서 문화를 분석해야 한다면 우리는 밀턴이 '자본주의 이전' 상황에서 읽혀야 하는가 아니면 자본주의 발생기 상황 속에서 읽혀야 하는가와 같은 문제들을 '결정'해야만 할 것이다. 나는 다른 곳에서* 그러한 분류적 과정의 불모성에 대해 강조한 적이 있는데 이런 분류적, 유형학적 분석은 항상 더 진정으로 변증법적이거나 역사적인 문화 분석이 억압되었다는 징후 또는 지표로 간주되어야만 한다. 이 진단은 이제 여기에서 문제 삼은 세 지평 모두에 적용될 수 있다. 즉, 상동 구조를 찾는 작업이나, 어떤 사회적 또는 계급적 등가물을 찾는 순전히 '사회학적인' 작업, 그리고 마지막으로 사회적, 문화적 체제에 대한 유형학의 활용 등을 각각 해석의 세 지평에 대한 오용의 예로 볼 수 있다는 것이다. 나아가 우리가 처음 두 지평에 대한 논의에서 모든 마르크스주의 분석에 적용되는 모순 범주의 중심성을 강조했듯이(이는 첫째 지평에서 문화적 또는 이데올로기적 산물이 '해결'하려는 대상으로, 두 번째 지평에서는 사회적, 계급적 갈등의 본질로 파악되었다. 이때 작품은 그 갈등 내에서의 하나의 행위 또는 몸짓으로 이해된다.) 여기에서도 마찬가지로 이 층위에서 모순이 지니는 형식을 보여 줌으로써, 또 문화적 대상이 그것과 맺는 관계를 보여 줌으로써 생

---

* 특히 Fredric Jameson, *Marxism and Form*의 "Marcuse and Schiller" 참조.

산 양식 지평을 효과적으로 정당화할 수 있다.

그러나 그 전에 우리는 바로 생산 양식 개념 자체에 대해 제기된 더 최근의 반대들을 주목해야만 한다. 다양한 생산 양식들을 역사적 '단계들'로 파악하는 전통적인 도식은 문화 분석에서만큼이나 정치적 분석에서도 앞서 비판한 종류의 유형화를 조장한다는 점에서 일반적으로 불만스럽다. (정치적 분석이 택한 형식은 어떤 주어진 종합 국면(conjuncture)이 봉건제 내부의 한 계기로 배정되어야 할 것인지 — 그 결과는 부르주아와 의회의 권리에 대한 요구가 된다 —아니면 자본주의 내부인지 — 여기에는 '개혁주의' 전략이 뒤따른다 — 또는 정반대로 진정한 '혁명적' 계기인지 — 이 경우는 적정의 혁명 전략이 유추된다 — 등과 같은 문제에 대한 '결정'으로 이루어진 과정임에 분명하다.)

한편, 생산 양식 개념의 추상 수준 때문에 '경험적' 재료들을 이런저런 추상 범주로 분류해 넣는 일은 대체로 허용될 수 없다는 사실이 오늘날의 많은 이론가들에게 점점 더 분명해졌다. 역사상 어떤 사회도 순수한 상태의 어떤 생산 양식을 '구현한' 적은 없는 것이다. (『자본론』도 역사상의 어떤 사회를 기술한 것이라기보다 자본주의라는 추상적 개념을 구축한 것이다.) 이런 이유에서 오늘날의 어떤 이론가들, 특히 니코스 풀란차스(Nicos Poulantzas)는 순전히 이론적인 구축물인 '생산 양식'과 발전 도중의 한 계기에 위치한 어떤 역사적 사회에 대한 기술을 내포하는 '사회 구성체(social formation)'를 구분해야 한다고 주장한다.[73] 그러나 이런 구분은 특수하거나 경험적인 '사실'을 이런저런 상응하는 '추상'에 포섭함으로써 그것이 거부하려는 바로 그 경험론적 사고를 조장한다는 점에서 적절치 않을뿐더러 오해의 여지가 많은 것이기도 하다. 그럼에도 불구하고 풀란차스의 '사회 구성체' 논의에서 한 측면은 수용될 만하다. 그

---

73 Nicos Poulantzas, *Political Power and Social Classes*(Verso, 1978), 13~16쪽.

는 모든 사회 구성체 또는 역사적으로 존재하는 사회는 실로 여러 생산 양식들이 한꺼번에 겹쳐 있는 구조적 공존태로 이루어져 있다고 주장한다. 새로운 생산 양식 내부에는 구조적으로 종속적인 위치로 떨어진 채 존재하고 있는 낡은 생산 양식의 흔적과 잔존물들, 그리고 잠재적으로 현존하는 체제와 모순되면서 아직 그 자체의 자율적인 공간을 생성해 내지는 못한 예기적 경향들이 포함되어 있다는 것이다.

만약 이 주장이 옳다면, '공시적' 체제의 문제와 유형론의 유혹이라는 문제가 일거에 해결된다. 공시적인 것은 생산 양식이라는 '개념'이다. 그러나 여러 생산 양식이 역사적으로 공존해 있는 순간은 이와 같은 의미에서는 공시적인 것이 아니며, 변증법적인 방식으로 역사 속에 열려 있게 된다. 적정한 생산 양식에 따라 텍스트들을 분류하려는 유혹은 그리하여 제거된다. 왜냐하면 텍스트들은 한꺼번에 존재하는 상호 모순적인 문화적 생산 양식들의 다양한 충동들에 의해 교직되고 교차되는 공간 속에서 출현하기 때문이다.

그러나 우리는 아직 이 새로운 궁극적 지평에 의해 구축된 구체적 연구 대상을 특징짓지 못했다. 이미 보았듯이 그것은 개별 생산 양식이라는 개념 속에 있는 것이 아니다. (제2지평에서, 연구의 구체적 대상이 다른 계급들과 고립된 특정한 사회 계급에 있을 수 없는 것과 마찬가지다.) 그러므로 우리는 최근의 역사적 경험에 따라 이 새로운 궁극적 대상을 문화 혁명(cultural revolution)으로 부를 것을 제안한다. 그것은 공존하는 다양한 생산 양식들의 적대적 성격이 가시화되며, 그들간의 모순들이 정치적, 사회적, 그리고 역사적 삶의 한가운데로 움직여 가는 계기이다. '프롤레타리아' 문화 혁명에 대한 중국의 미완의 실험은 이전의 역사가 이미 이 용어가 적절히 확대 적용될 수 있는 일련의 과정들을 겪어 왔다는 사실에 대한 한 증거가 될 수 있겠다. 마찬가지로 서양의 계몽 운동도 고유하게 부르주아적인 문화 혁명의 부분으로 이해될 수 있다. 그것에 의해 구체제의 가치와 담론, 습관과 일상적 공간들은 체계적으로 와해되었고, 그 자리에 자본주의 시장 사회의 새로운 개념 체계, 습관 및 생활 방식, 그리고 가치 체계들이 들어서게 되었다. 이 과정은 분명히 프랑스 혁명이나 산업 혁명과 같은 역사적으로 구두점을 찍는 사건보다 더 광범위한 역사적 리듬을 포괄하는 것이었다. 그 장기적인 흐름은 막스 베버(Max Weber)가 『프로테스탄트 윤리와 자본주의 정신』에서 묘사한 현상들 역시 포함하고 있다. 베버의 책은 이 시대 부르주아 문화 혁명에 대한 나름의 연구서로 읽힐 수 있다. 같은 맥락에서 오늘날 낭만주의에 대한 연구물들도 보다 특별하게 "민중적인"(노동 계급만이 아니라 전(前)자본주의 민중의) 문화적 저항 형식들과 더불어, 이 특정한 '대변환'에 대한 저항에 있어, 중요하면서도 양면적인 계기에 대한 연구로 다시 자리매김될 수 있다.

사정이 이러하다면, 우리는 이제 한 걸음 더 나아가 이전의 모든 생산 양식들이 그 자체에 고유한 문화 혁명을 동반하고 있다고 주장해야만 한다. 그중 신석기 '문화 혁명', 말하자면 더 이전의 모계 사회 또는 부족 형태에 대한 부계 사회의 승리나, 방데타(Vendetta) 체제*에 대한 그리스적 '정의'와 폴리스의 새로운 적법주의의 승리는 가장 극적인 예일 뿐이다. 그러므로 문화 혁명이라는 개념은, 좀 더 정확히 말해 문화적, 문학적 재료들을 문화 혁명이라는 이 새로운 '텍스트'나 연구 대상의 형태로 재구축하는 일은 인문학에 전적으로 새로운 구도를 마련해 주리라 기대된다. 넓은 의미에서의 문화 연구는 이런 구도 속에서 유물론적 기초 위에 자리 잡을 것이다.

그러나, 이상의 표현들이 '문화 혁명'을 이른바 '이행기적' 시기들, 즉 한 생산 양식에 의해 지배되던 사회 구성체가 근본적인 재구조화 과

---

* 씨족 사이의 원한, 복수에 좌우되는 체제.

정을 겪게 되고, 도중에 상이한 '지배소(dominant)'가 부상하는 시기들에만 국한된 것으로 그리고 있다면 이는 잘못된 안내가 될 것이다. 그런 '이행'의 문제는 생산 양식에 대한 마르크스주의적 문제틀에서 전통적인 난제였으며, 마르크스의 단편적인 논의에서부터 에티엔 발리바르(Étienne Balibar)가 최근 제안한 모델까지 어떤 해결책도 전적으로 만족스럽다고 말할 수 없다. 왜냐하면 어떤 설명에서도 주어진 체제에 대한 '공시적' 묘사와 한 체제로부터 다음 체제로의 이동에 대한 '통시적' 설명 사이에 여전히 강력한 비일관성이 발견되기 때문이다. 하지만 우리의 논의는 특정의 사회 구성체가 각각 그 자체의 역동성과 시간 도식을 가진 다양한 공시적 체제들, 또는 생산 양식들의 공존 상태(일종의 메타공시성(metasynchronicity)이라고도 할 수 있을)로 구성된다는 생각에서 출발했고, 이제 체제 변화라는 더 통시적인 언어로 표현된 문화 혁명에 대한 설명으로 옮겨 왔다. 그러므로 나는 외양상 모순되는 이 두 설명은 간단히 말해서 이 동일한 거대한 역사적 대상에 대해 우리의 사유(그리고 그 사유에 대한 우리의 현시, 또는 제시(Darstellung)가 취할 수 있는 쌍둥이 관점들이라고 제안할까 한다. 겉으로 드러난 혁명이 시간상의 한 점으로서의 사건만이 아니라, 그에 앞선 사회적 삶의 전 과정에서 작용했던 수없는 나날의 투쟁과 계급 양극화 현상을 표면화한 것이며, 이 투쟁과 계급 형태들은 '혁명 이전의' 사회적 경험 속에 잠재되고 내재되어 있다가 오직 그러한 '진리의 순간들'에만 혁명의 심층 구조로서 가시화되는 것이다. 문화 혁명의 명시적인 '이행기적' 계기들 또한 인간 사회의 영속적 과정, 공존하는 다양한 생산 양식들 사이의 영구적 투쟁이 표면으로 떠오른 것에 다름 아니다. 새로운 체제의 지배소가 부상하는 그 승리의 순간은 그러므로 자신의 지배를 영속화하고 재생산하기 위한 항상적인 투쟁이 통시적으로 드러난 것일 뿐이다. 그 투쟁은 그것의 존속 과정 내내 지속될 것이며, 동화되기를 거부하고 탈출하

1장 해석에 관하여

기를 모색하는 과거의 생산 양식이나 새로운 생산 양식의 체제적 또는 구조적 적대가 항상 동반될 것이다. 그리하여 이 최종적 지평에서 문화적, 사회적 분석의 과제는 그 재료들을 다시 쓰기 하여 이 영속적인 문화 혁명을 더 심층적이고 영구적인 구성적 구조로 파악하고 읽을 수 있도록 하며, 그 구조 안에서 경험적 텍스트 대상들이 이해될 수 있게 하는 일임이 분명해진다.

이렇게 파악된 문화 혁명은 통시성과 공시성의 대립을 넘어선 것으로, 에른스트 블로흐가 문화적, 사회적 삶의 불균등 발전(Ungleichzeitigkeit) (혹은 '비공시적 발전(nonsynchronous development)')이라고[74] 부른 것과 대략 일치한다. 이런 관점은 시대 구분 개념, 그리고 특히 '선적인' 단계들이라는 옛 도식을 새롭게 사용할 것을 강제하는데, 이 도식은 여기에서 보존되면서 동시에 취하된다. 다음 장에서 시대 구분의 구체적 문제들을 더 자세히 다룰 것이므로 이 시점에서는 이 범주들이 처음에는 통시적 또는 서사적 구도에서 생산되지만, 그 처음 구도가 취하될 때만 우리가 통시적 기원의 범주들(구별되는 다양한 생산 양식들)을 공시적 또

---

74 Ernst Bloch, "Nonsynchronism and Dialectics," *New German Critique*, No. 11 (Spring, 1977), 22~38쪽 또는 *Erbschaft dieser Zeit*(Frankfurt: Suhrkamp, 1973). 이상에서 정리한 생산 양식 개념의 '비공시적' 용법이 '추상에서 구체로 나아가는'(1857년 「서문」, *Grundrisse*, 101쪽) 변증법적 인식을 위한 마르크스의 잘 알려진 강령을 완성하는 유일한 방법이다. 마르크스는 거기에서 인식의 세 단계를 구분한다. (1) 특수한 것의 확정.(이것은 경험적 역사와 유사한 것, 다양한 인간 사회들에 대해 기술하는 재료와 자료들의 수집에 조응하는 것이다.) (2) 추상의 획득, 또는 진정한 '부르주아' 과학 또는 헤겔이 오성의 범주들이라고 부른 것이 존재하게 되는 것.(이 계기, 즉 '생산 양식'이 정적이고 순전히 분류적인 개념으로 기능하는 계기는 힌데스와 허스트가 *Precapitalist Modes of Production*에서 아주 적절히 비판한 바 있다.) (3) 변증법에 의한 추상 과정의 초월, '구체로의 상승', 지금까지의 정적이고 유형화하는 범주들을 구체적인 역사 상황 속으로 다시 밀어 넣음으로써 움직이게 하는 것.(지금의 문맥에서 이는 생산 양식의 분류적 용법으로부터 주어진 문화적 계기 속에서 생산 양식이 갖는 역동성과 모순적 공존 상태에 대한 인식으로 나아감으로써 성취된다.) 알튀세르의 인식론(일반성 I, II, III(*Pour Marx*(Paris: Maspéro, 1965), 187~190쪽)은 때마침 1857년 「서문」의 이 중요한 대목에 대한 주석이지만 그것의 변증법적 정신을 제거하는 데만 대단히 성공한 주석이다.

는 메타공시적 방식으로 조정 또는 접합(articulate)할 수 있다는 점만을 언급하고 넘어가려고 한다.

그러나 우리는 이 문화 혁명의 제3지평에 의해 구축되는 텍스트 대상의 성격을 아직 구체화하지 못했다. 그것은 이 변증법적인 새로운 구도 내에서의, 우리의 처음 두 지평의 대상들, 즉 상징적 행위와 이데올로기소 또는 계급 담론의 대화적 조직의 상응물이 될 것이다. 나는 이 최종 지평 안에서 개별 텍스트 또는 문화적 산물이(그 외형상의 자율성은 처음 두 지평에서도 각각 구체적이고 독창적인 방식으로 해소되었다.) 여러 상이한 생산 양식이 지닌 기호 체계의 역학이 기록되고 또 파악될 수 있는 힘의 장으로 재구조화된다고 주장하려 한다. 이 역학(우리의 제3지평에서 새로이 구성된 '텍스트')은 형식의 이데올로기라고 부를 수 있는 것을 만들어 내는데, 그것은 전반적 사회 구성체뿐 아니라 일정한 예술 과정 속에 공존하는 다양한 기호 체계들에 의해 발화된 특정의 전언들 사이에 존재하는 규정적 모순이다.

이제 강조되어야 할 점은 이 층위에서는 '형식'이 내용으로 파악된다는 사실이다. 형식의 이데올로기에 대한 연구는 물론 좁은 의미에서의 기법적·형식주의적 분석에 기초한다. 비록 훨씬 전통적인 형식적 분석과는 달리 텍스트 내에 수많은 불연속적이며 이질적인 형식상의 과정들이 활동적으로 존재함을 드러내는 것이 그 목적이지만 말이다. 그러나 여기에서 문제 삼고 있는 분석의 층위에서는 변증법적 역전이 일어나, 이러한 형식적 과정을 그 자체로 침전된 내용으로 파악할 수 있으며, 표면에 드러난 작품의 내용과 구분되는, 자체적인 이데올로기적 전언을 담지하고 있는 것으로 파악할 수 있는 것이다. 환언하면, 루이 옐름슬레우(Louis Hjelmslev)가 형식의 '표현'(일반적으로 좁은 의미의 여러 형식적 접근들이 연구의 대상으로 삼는)이 아닌 '형식의 내용'이라 부를 만한 형식상의 작용 과정을 펼쳐 보일 수 있는 것이다. 우리는 이런 역전의 가장 간명하고 쉽게 접근할 수 있는 예를 문학 장르에서 발견할 수 있다. 다음 장에서는 일정한 역사적 텍스트에서 장르에 대한 구체화와 묘사가 일군의 상이한 장르적 전언들의 발견으로 변형되는 과정을 모델화할 것이다. 이 상이한 장르적 전언들이란 어떤 경우 이전 생산 양식으로부터 남은 대상화된 잔존물이기도 하고, 또 어떤 것은 예견적인 것이기도 하다. 그러나 그 모두가 함께 형식적 종합 국면을 투사해 내는데 우리는 이를 통해 주어진 역사적 계기에 공존하는 생산 양식들의 '종합 국면'을 탐지하고 또 알레고리적으로 접합할 수 있게 된다.

한편, 우리가 형식의 이데올로기라고 부른 것이 사회적·역사적 문제로부터 더 좁은 형식적 문제로 후퇴한 것이 결코 아님은 이 최종적 관점이 더욱 분명하게 정치적이고 이론적인 관심사들과 부합하는 데서 확인될 수 있다. 특히 시사하는 바가 많은 예로서 익히 논의된 마르크스주의와 페미니즘의 관계를 거론할까 한다. 위에서 개괄한 중첩된 생산 양식이라는 개념은 실로 성적인 것에 대한 경제적인 것의 우선성이나, 사회적 계급의 억압에 대한 성적인 억압의 우선성이라는 거짓 문제를 차단할 수 있는 이점을 제공한다. 현재의 우리 관점에서 보면 성차별주의와 가부장주의는 남녀간 노동 분업 및 노소간의 권력 분할과 더불어 인류 역사에서 가장 오래된 생산 양식에 특수한 소외 형태의 침전물이며 유독한 잔존물임이 분명하다. 형식의 이데올로기에 대한 분석이 제대로 수행된다면 그러한 태곳적 구조들의 형식적 지속성과 그것들에 특수한 기호 체계들을 밝혀내게 된다. 그것들은 정치적 지배와 상품적 사물화 같은 더 최근의, 역사적으로 새로운 소외 형태들로 이루어진 덮개 아래 놓여 있는데, 이러한 소외 형태들은 모든 문화 혁명들 중 가장 복잡한 그리고 그 속에 이전의 모든 생산 양식들이 이런저런 방식으로 구조적으로 공존하는 후기 자본주의의 지배소가 되었다. 그러므로 가부장적인 것을 폐기하는 일이야말로 가장 발본적으로 정치적인 행위라는(그것이 상품 형태로부터의 해방과 같은 더 부분적인 요구들을 포함하고 포섭하는 한) 급진주의 페미니즘의 주장은 확장된 마르크스주의의 구도와 정확히 일치한다. 후자의 구도에서 우리의 지배적 생산 양식을 변혁하는 일은 그것과 구조적으로 공존하고 있는 더 오래된 온갖 생산 양식들을 똑같이 근본적으로 재구조화하는 일과 함께 진행되어야 하며, 또 그럼으로써만 완성되는 것이다.

　이제 이 마지막 지평과 더불어 우리는 역사(History) 자체가 궁극적 지반이 되고, 우리의 인식 일반과 우리의 특수한 텍스트 해석의 초월 불가능한 한계가 되는 공간으로 진입해 들어간다. 물론 이는 해석상의 우선성과 관련된 모든 문제가 복수의 칼을 들고 회귀하는 지점이기도 하다. 다른 경쟁적 해석 약호로 작업하는 이들은, 역사가 다른 모든 것들을 포함하고 또 초월하는 해석 약호라는 사실을 수긍하기는커녕, '역사'도 단순히 다른 것들 중 하나의 약호일 뿐이며 어떤 특권적 지위도 갖지 않는다고 주장한다. 이러한 주장이 가장 간명하게 제시되는 것은, 마르크스주의적 해석에 대한 비판자들이 그 자체의 전통적 용어를 차용하여, 마르크스주의적 해석 작업은, 다른 해석 약호들이 자체적인 주제상의 봉쇄의 형식들을 생산하고 그것들을 절대적 방법들이라 내세우는 과정과 별로 다를 바 없는, '역사'의 주제화(thematization) 및 사물화를 수반하고 있음을 제시할 때이다.

　어느 것이 궁극적 우위를 점하는가 하는 논쟁에서 하나의 사물화된 주제, 즉 역사를 또 하나의 사물화된 주제인 언어(Language)와 대립시키는 일로는 아무것도 얻을 수 없다는 사실이 지금쯤 분명해졌으리라. 최근 영향력을 행사하게 된 이 논쟁의 한 방식은 '생산 양식'이라는 마르크스주의적 범주가 기술적 또는 '생산주의적' 결정론의 한 형태라는 몰인식에 근거해 있다. 예컨대 '마르크스주의' 생산 모델을 모든 것을 포괄하는 '의사소통'이나 상호 주관성 아래 포섭하려는 위르겐 하버마스

(Jürgen Habermas)의 시도나,[75] 기술적·생산적 체계들이 도구들(tools)로 사용될 수 있기 위해서는 기호들로 조직되어야 하기에, 상징적인 것 일반이 더 우위에 있다는 움베르토 에코의 주장[76] 등이 그렇다.

그러므로, 결론적으로, 어떻게 지반이며 또 부재 원인인 역사를 그러한 주제화와 사물화에 저항하는 방식으로, 또는 다른 약호들과 똑같은 하나의 선택 가능한 약호로 변화시켜 버리는 현상에 저항하는 방식으로 생각할 수 있는지를 자문하는 것이 더 유용할 것 같다. 아리스토텔레스주의자들이 역사 기술에 있어 위대한 기념비적 형식에 고유한 장르적 만족이라 부름직한 것, 또는 기호학자들이 그러한 서사 텍스트들의 '역사-효과(history-effect)'라고 부름직한 것 등에 주의를 환기시킴으로써 그러한 가능성을 간접적으로 시사할 수 있을 듯하다. 역사 기술의 형식이 작용하는 원재료가 무엇이었건 간에,(우리는 여기에서 가장 널리 퍼진 형태, 즉 역사 교과서를 암기함으로써 생산되는 것 같은 순전한 사실의 연대기만을 거론코자 하는데) 위대한 역사 기술 형식의 '정서'는 항상 그 무기력한 재료에 대한 근본적 재구조화라고 볼 수 있으며, 지금의 예에 있어서는 그런 재구조화 없이는 아무런 생명력도 없을 연대기적이고 '선적인' 자료들을 필연성(Necessity)의 형식으로 강력히 재조직화하는 일이라고 볼 수 있다. 즉 처음에 '경험적' 사실로 받아들여진 어떤 일어난 일들이 왜 그런 방식으로 일어날 수밖에 없었는지를 밝히는 방식으로 말이다. 이런 관점에서 보면, 인과성이란 비록 그것이 분명 역사적으로 중요하고 특권적인 위치를 점해 왔지만, 이 형식적 재구조화가 성취되는 가능한 비유들(tropes)의 한 가지일 뿐이다. 한편, 마르크스

---

75 Jürgen Habermas, *Knowledge and Human Interests*, trans. J. Shapiro(Boston: Beacon, 1971), 특히 1부를 볼 것.
76 Umberto Eco, *A Theory of Semiotics*(Bloominton: Indiana Univ. Press, 1976), 21~26쪽.

주의가 역사를 궁극적 해방이란 구원적 관점에서 바라보는 '희극' 또는 '로맨스' 패러다임이라고 이의를 제기할지라도, 가장 강력한 마르크스주의적 역사 기술은 1848년 혁명에 대한 마르크스 자신의 서사로부터 1789년 혁명의 역학에 대한 풍요롭고 다양한 주요 연구들, 그리고 소비에트 혁명 경험에 대한 샤를 베틀렝의 연구에 이르기까지 앞서 환기한 의미에서의 역사적 필연성의 비전들로 남아 있다. 그러나 여기에서 필연성은 인류 역사에서 발생한 모든 혁명의 결정적 실패들 속에 내포된 엄혹한 논리의 형식으로 재현된다. 마르크스주의의 궁극적 전제, 즉 사회주의 혁명만이 총체적인 전 지구적인 과정(이것은 또한 역으로 자본주의 '혁명'과 전 지구적 규모의 상품화 과정이 완료됨을 전제한다.)이라는 전제는 이런저런 국지적 혁명 과정의 실패나 가로막힘, 모순적 역전과 기능적 전도 등을 '불가피한' 것으로, 그리고 객관적 한계들의 작용으로 파악하는 원근법인 것이다.

그러므로 역사는 필연성의 경험이다. 그리고 이 점만이 역사가 재현의 대상에 불과한 것처럼, 또는 많은 지배 약호들 중 하나인 것처럼 주제화되고 사물화되는 것을 앞질러 막을 수 있다. 이런 의미에서 필연성은 내용의 한 형태가 아니라, 오히려 사건들의 엄혹한 형식인 것이다. 그리하여 필연성은 이 책에서 논의해 왔던 진정한 서사적 정치적 무의식이라는 확장된 의미에서의 서사적 범주이며, 역사의 재텍스트화로서, 이는 역사를 새로운 내용에 대한 어떤 새로운 재현이나 '비전' 같은 것이 아니라 알튀세르가 스피노자를 따라 '부재 원인'이라 부르는 것의 형식적 효과로 바라보게 하는 것이다. 이런 의미로 파악될 때, 역사는 상처 입히는 것이고, 욕망을 거부하는 것이며, 집단적 실천과 개인적 실천 모두에 엄혹한 한계를 지우는 것이기도 하다. 역사의 '간지(ruses)'는 그러한 실천들을 그 명시적 의도와는 딴판의 소름끼치도록 역설적인 결과로 바꾸어 버린다. 그러나 이 역사는 그 효과를 통해서만 파악될 수 있고, 결코 어떤 사물화된 힘으로 직접적으로 파악될 수 없다. 실로 이런 궁극적 의미에서만, 지반이며 초월 불가능한 지평으로서의 역사는 특별한 이론적 정당화를 필요로 하지 않는다는 말이 가능해진다. 물론 우리는 우리가 아무리 역사를 무시하려 해도 그 소외시키는 필연성이 우리를 결코 망각하지 않을 것이라고 확신해도 좋을 것이다.

2장 마술적 서사들

──── 장르 비평의 변증법적 사용에 관하여

오, 그녀에게 온기가 도네!
이것이 마술이라 해도, 그런 예술이야
식사하는 거나 마찬가지로 온당하고말고.
──『겨울 이야기』*

앞 장에서 개요를 밝힌 역사에 대한 마르크스의 비전은, 우리가 언급했던 것처럼 때때로 '희극적' 원형 또는 '로맨스' 패러다임으로 서술되어 왔다.[1] 이는 어떤 확실한 미래에 대한 구원 또는 해방의 전망을 의미하는데 이러한 전망을 가질 때 우리는 윌리엄 모리스(William Morris)의 시간 여행자와 더불어 "이제껏 과거의 아름다운 예술 작품들 한가운데서도 나를 언제나 엄습하던 저 부조화의 느낌, 다가오는 파괴에 대한 두려움 없이 충만한 시각적 즐거움을"[2] 가질 수 있다. 실로 그러한

---

* 셰익스피어의 로맨스 희곡. 5막 3장.

1 Hayden White, *Metahistory*(Baltimore: Johns Hopkins University Press, 1973), 218~282쪽. "역사에 대한 헤겔의 희극적 개념은 궁극적으로 죽음을 극복할 수 있는 삶의 권리에 대한 그의 믿음에 기초했다. 즉 '삶'은 헤겔에게 역사적 미래에는 보다 적절한 형태의 사회적 삶이 가능할 것을 보장해 주었다. 마르크스는 이러한 희극적 개념을 한층 진전시켰다. 즉 그는 의식과 존재 사이의 모순이 모든 시대의 모든 인간에게 숙명으로 받아들여지는 바로 그 '사회'의 해소를 구상했다. 그렇다면, 역사적이고 사회적인 이론화에서 마르크스에게 영감을 불어넣은 궁극적 비전을 낭만적인 것으로 특징짓는다 해도 부당하지는 않을 것이다. 그러나 그의 개념화는 인류의 구원을 시간 자체로부터의 해방으로 그려 내지는 않았다. 오히려 그의 구원은 인간과 그 환상적이고 무시무시한 힘을 박탈당하고 기술의 지배에 복종하는 자연 간의 화해의 형태를 취했고, 진정한 공동체의 창조를 지향했다."

2 William Morris, *News from Nowhere*(London: Longmans, Green, 1903), chap.

미래에는, 또는 그 미래의 관점에서는, 사나운 시장 경쟁에 대한 이야기들과 상품에 대한 탐욕 및 상품 형식의 승리들뿐 아니라 권력 사회의 기념비들(괴테에게 『일리아드(*Illiad*)』는 지옥을 한번 들여다보는 것이었다.) 같은 우리 자신의 문화적 전통이 아득한 옛적의 위험들에 대한 불가해한 기억을 재연하는 아이들 책으로나 읽힐 것이다.

리얼리즘(인식적인, 구도 짓는, 또는 거의 '과학적'인 전망을 일상생활의 경험과 결합하는 서사 담론으로서, 전통적으로 다양한 형태로 마르크스주의 미학의 중심 모델이 되어 왔다.[3])의 이상이라는 관점에서 보아도 로맨스에 대한 높은 가치 평가라는 이러한 외양상의 모순에 대해서는 많은 언급이 있어야 한다. 스콧(Sir. Walter Scott)과 발자크, 그리고 드라이저(Theodore Dreiser)를 현대적인 형태의 리얼리즘 출현에서 비연대기적 이정표로 삼아 보면, 이 초기의 위대한 리얼리즘들은 그 원재료의 근본적이고도 유쾌한 이질성과 그 이질성에 상응하는 서사 장치상의 융통성을 특징으로 가지고 있음을 알 수 있다. 이런 예들에서는, 현존하는 것에 국한시키는 장르적 제한이 역설적으로 텍스트의 언어역들*에 해방적 효과를 가져왔으며 보통 역사적 현재에 초점을 맞추는 것과는 맞지 않아 보이는 일련의 이질적인 역사적 전망들(스콧에게는 과거, 발자크에게는 미래, 드라이저에게는 상품화 과정)을 풀어 놓게 했다. 이러한 다중의 시간성은 '본격' 리얼리즘과 자연주의에서 다시 차단되고 봉쇄되는 경향이 있는데, 이들은 완성된 서사 장치(특히 작가의 탈인격화, 시점의 일

---

xx, 188쪽.

3 그 대표적 진술은 게오르그 루카치의 것이다. 특히 Georg Lukács, *Studies in European Realism*(New York: Grosset & Dunlap, 1964)과 *Realism in Our Time*, trans. J. and N. Mander(New York: Harper, 1964)를 볼 것. 또한 브레히트-루카치 논쟁에 관한 자료 모음집인 *Aesthetics and Politics*(London: New Left Books, 1977)에 내가 쓴 "Reflections in Conclusion," 196~213쪽을 볼 것.

* registers: 언어학, 특히 런던 학파에서 쓰던 용어. 언어 사용자의 사회적 역할, 매체, 맥락에 따라 개인어(idiolect)의 사적·공적 영역들을 언어역들로 나누어 볼 수 있다.

치, 그리고 그림 같은 재현만을 인정하는 삼중의 필수 요건)를 통해 '리얼리즘적' 선택 사항에 숨 막힐 듯한, 스스로 부과한 고행의 외양을 부여하기 시작한다. 리얼리즘이 점차적으로 사물화되는 후기 자본주의 상황에서, 로맨스는 억압적인 리얼리즘적 재현의 발목을 잡고 있는 현실 원칙을 벗어나, 서사적 다양성과 자유의 장소로 다시금 느껴지게 되었다. 로맨스는 이제 다시금 다른 역사적 리듬들을 지각할 수 있는 가능성, 흔들림 없이 자리 잡고 있는 현실에 마력적인(demonic) 또는 유토피아적인 변화 가능성을 제공하는 것처럼 보인다. 프라이가 로맨스적 구원의 전망을 유토피아적 동경의 재표현, 유토피아적 공동체에 대한 새로운 명상, 구원의 미래에 대한 어떤 느낌의 회복(그러나 그 대가는?)과 동일시한 것은 틀리지 않았다.

마르크스주의와 로맨스의 연계는 그러므로 전자를 불신임하는 것이 아니라 후자의 지속성과 생명력을 설명해 주는 것인데, 프라이는 후자를 모든 이야기하기의 궁극적인 원천이자 패러다임으로 간주한다.[4] 이런 관점에서 보면, 부족 사회의 구전 설화, 거대한 지배 체제 아래 하층 계급의 억누를 수 없는 목소리이자 표현인 동화, 모험담과 멜로드라마, 그리고 우리 시대의 민중 문화 또는 대중문화는 모두 어떤 단일하고 거대한 이야기의 음절들이며 부서진 파편들이다.

그러나 서사 일반과 로맨스라는 특정한 서사 장르를 프라이가 동일시한 것은 겉보기에 관련 없는 듯한 장르 비평의 문제를 야기한다. 현대의 문학 이론과 관행에서 장르 비평은 철저하게 신용을 잃고 있지만, 사실은 언제나 사적 유물론과 특권적인 관계를 맺어 왔다. 마르크스주의 문학 비평에서 최초의 폭넓은 실천(라살레(Ferdinand Lassalle)의 운문 비극『프란츠 폰 지킹엔(*Franz von Sickingen*)』에 대해 마르크스와 엥겔스가 라살

---

4 Northrop Frye, *The Secular Scripture*(Cambridge: Harvard University Press, 1976), 28~31쪽.

2장 마술적 서사들

레에게 보낸 편지들[5])은 사실 본질적으로 장르적이다. 다른 한편 우리 시대 마르크스주의 문학 분석의 가장 발전된 집대성으로서 거의 60년에 걸쳐 이루어진 게오르그 루카치의 저작은 처음부터 끝까지 장르 개념들에 지배되고 있다. 말년의 루카치는 솔제니친(Aleksandr Solzhenitsyn)이 스탈린주의를 규탄했을 때 이를 지지해야 할 급박한 필요성을 느꼈으며, 또 솔제니친이 자신의 재능과 개인적 고통에서 비롯한 진정성을 통하여 종교적·반사회주의적 프로파간다를 펼칠 때 역시 반응해야 했다. 루카치는 책상에 앉아 한 편의 장르 비평을 써 내는데, 나는 바로 그때가 최근의 마르크스주의적 사유의 역사에서 '고도의 진지성'이 발휘된 순간들 중 하나라고 생각한다. 마르크스주의 장르 개념이 갖는 전략적 가치는 분명 개별 텍스트에 대한 내재적이고 형식적인 분석을 형식의 역사 및 사회적 삶의 전개 양자에 관한 통시적 전망과 통합시켜 주는 그 매개 기능에 있다.

다른 한편, 현대 문학 비평의 다른 전통들에도 장르적 관점들은 뭔가 '억압된 것의 귀환'처럼 살아 있다. 그토록 단호하게 서사를 중심으로 조직된 프라이의 저작은 문학 연구의 근본적인 대상을 서정적 내지 시적 언어로 지나치게 협소하게 파악했던 신비평의 맥락에서 처음 나타났으며, 또 그 맥락 덕분에 광범위한 영향력을 얻었다. 분리된 개별 텍스트들만을 연구의 대상으로 엄격히 제한하고 있었던 현대의 구조적·기호학적인 방법들 역시, 이제까지 주변화되었던 담론 유형들에 대해 다시 숙고하게 되었다. 즉 법률적인 언어, 파편적인 글들, 일화, 자서전, 유토피아적 담론, 환상 문학, 소설적 묘사(또는 정경 묘사(ekphrasis)*), 서

---

5 Karl Marx·Friedrich Engels, *Über Kunst und Literatur*(Berlin: Henschelverlag, 1953), 129~167쪽.
* 풍경이나 예술품에 대한 생생한 언어적 재현. 예를 들어 『일리아드』에서의 아킬레스의 방패에 대한 묘사.

문, 과학 논문 등이 그 수만큼이나 다양한 별개의 장르 양식들로 점차 인식되고 있는 것이다.

그러나 현대에 와서 문학 생산은 문학 비평에서 전적으로 없어서는 안 될 것으로 보이는 것들을 끊임없이 그리고 체계적으로 파괴해 왔다. '리얼리스틱한 소설'의 그 장르적 제한으로부터의 해방(이야기, 편지, 액자 소설을 통해), 한 권으로 세상을 담은 책(a single Book of the world)이라는 조이스 또는 말라르메의 이상과 함께 출현한 최초의 모더니즘, 텍스트 또는 에크리튀르의 미학, '텍스트의 생산성' 또는 분열적(schizophrenic) 글쓰기라는 포스트-모더니스트 미학의 출현, 이 모두는 실천에서나 이론에서 문학 유형들이나 예술 체계들에 대한 전통적 개념들을 엄격하게 배제하는 것처럼 보인다.

왜 이런 일들이 일어났는지를 아는 것은 어렵지 않다. 장르는 본질적으로 문학 제도들, 또는 작가와 특정한 대중 사이의 사회적 계약인데 그 기능은 특정한 문화적 산물의 적절한 용례를 규정해 주는 것이다. 일상생활에서 말을 하는 행위는 그 자체가 그 발화의 적절한 수용을 보증해 주는 지침들과 신호들(억양, 몸짓, 문맥상의 지시성과 화용성(pragmatics))을 드러낸다. 보다 복잡한 사회생활의 매체 상황에서(그리고 글쓰기의 출현은 종종 그러한 상황의 전형적인 예로 간주되었다.) 문제의 텍스트가 용법의 다중성 속에서 표류하지 않으려면, 지각적 신호가 공통의 약속으로 대체되어야 한다.(비트겐슈타인에 따르면 의미는 묘사되어야 하기 때문이다.)* 더욱이 텍스트가 점점 더 직접적인 실연 상황에서 자유로워질수록, 일정한 장르상의 규칙을 독자에게 강제하기는 한층 더 어려워진다. 쓰기 예술의 어떤 작은 부분도 일정한 문학적 발화에

---

* 즉 기호의 의미는 자명하지 않다. 맥락과 쓰임새에 따라 달라지기 때문에 그 맥락과 쓰임새가 묘사되고 설명되어야 하는 것이다.

2장 마술적 서사들

대해서 바람직하지 않은 반응들을 자동적으로 배제할 수 있는 완벽한 메커니즘을 고안하려는 이러한 (불가능한) 시도에 흡수되지 않는다.

실연 상황뿐 아니라 장르의 계약이나 제도 자체도, 다른 많은 제도 및 전통적인 관행들과 더불어, 시장 체계와 화폐 경제의 점차적인 침투의 피해자가 된다. 문화 생산자에 대한 제도화된 사회적 지위가 폐기되고 예술 작품이 상품화됨에 따라 옛날의 장르적 특화는 상표 체계로 변화되는데 진정한 예술적 표현이라면 반드시 이런 상황에 저항한다. 이 모든 것에도 불구하고, 옛날의 장르 범주는 완전히 사라지지 않고 대중 문화의 하위 문학 장르들의 반감기 안에서, 드럭 스토어와 공항에서 판매되는 고딕 소설, 탐정 추리 소설, 로맨스, 베스트셀러와 대중적인 전기물의 페이퍼백 형태로 변형된 채 존속한다. 가판대에서 그들은 프라이 또는 블로흐 같은 사람의 손에 의해 그 태곳적, 원형적 반향이 부활되기를 기다리고 있는 것이다. 다른 한편, 장르와 같은 범주들을 사용할 수 있는 새롭고 역사적으로 반성적인 방법을 발명하는 것도 필요한데, 이 범주들은 문학사 속에, 그리고 그 문학사가 전통적으로 분류하고 중립적으로 기술하는 형식 생산 속에 너무나 분명하게 함축되어 있다.

1

오늘날 장르 비평의 실천에는 서로 양립할 수 없어 보이는 두 개의 경향들이 작용하고 있다. 이 둘 각각을 우리는 의미론적인 것(the semantic)과, 구문론적인 것(the syntactic) 내지 구조적인 것으로 부를 것인데, 이는 희극에 관한 전통적인 이론들을 가지고 편리하게 설명될 수 있다. 첫 번째 그룹에서, 연구 대상은 개별적인 희극 텍스트가 아니라 몰리에르(Molière), 아리스토파네스(Aristophanes), 조이스, 그리고 라블레

(François Rablais)의 텍스트들이 그 구현물로 제시되는 어떤 궁극적인 희극적 비전이다. 이러한 비전에 대한 설명은 분명 억압적인 것과 해방적인 것 사이를 왕복하고 있다. 이를테면 베르그송(H. L. Bergson)은 희극이 일탈을 조소로 응징함으로써 사회적 규범을 보존하는 기능을 갖는다고 보는 반면 에밀 슈타이거(Emil Staiger)는 희극적인 것이 인간 실존의 근본적인 부조리함을 견딜 만하게 만들어 주는 데 기여한다고 본다. 이러한 접근 방식들은, 그 내용이 무엇이든 간에, 어떤 장르의 본질 또는 의미를, 개별 텍스트들 배후에 있는 일반화된 실존적 경험 같은 그 어떤 상상적인 실체, 즉 희극 또는 비극의 '정신'이나 멜로드라마적 또는 서사적 '세계관', 목가적인 '감수성' 또는 풍자적 '비전' 같은 것으로 재구성함으로써 기술하고자 한다. 이어지는 글에서 우리는 프라이의 저작을 이러한 접근 방식 중 가장 풍요롭고 독특한 역작으로 간주할 것인데, 그는 장르를 본질적으로 하나의 양상(樣相, mode)*으로 이해한다.

두 번째로, 장르에 대한 구문론적 접근 방식은 의미론적 선택을 직관적이며 인상주의적인 것으로 비난하면서 희극 같은 장르의 메커니즘과 구조를 분석하고 그 법칙과 한계를 규정하는 것을 목표로 삼는다. 아리스토텔레스의 『시학』의 분실된 장들로부터 농담에 관한 프로이트의 책에 이르는 이러한 종류의 분석들은 장르의 메커니즘 또는 과정의 의미를 발견하기보다는 그 모델을 구성하는 것을 목표로 한다. 두 접근 방식들은 그러므로 단순히 상대방을 전도시킨 것이 아니라 근본적으로 통약 불가능한 것이다. 이는 두 모델 각각이 완전히 다른 변증법적 대립 또는 부정을 투사하고 있다는 사실로 판단될 수 있다. 의미론적 또는 현상학적 접근 방식이 희극을 정의할 때, 그 역은 항상 또 다른 양

---

* 프라이가 말하는 양상은 예술사적 개념이라기보다 서술 문법(서법, mood)의 범주로서, 주인공의 행동 능력에 따라 신화/로맨스/상위 모방(비극, 서사시)/하위 모방(희극, 리얼리즘 소설)/아이러니로 나뉜다.

2장 마술적 서사들

상, 즉 비극이거나 또는 아니러니다. 구조적 분석에서 희극의 '대립물'은 단순히 희극적이지 않은 것 또는 우습지 않은 것, 즉 실패한 농담 또는 의미가 전달되지 않는 소극(farce)일 뿐이다. 장르에 대한 이 두 번째 접근 방식의 기본 텍스트는 블라디미르 프롭(Vladimir Propp)의 『민담의 형태학(*Morphology of the Folk Tale*)』이 될 것인데, 여기에서 장르는 일련의 일정한 기능들, 또는 우리가 구조 내지는 고정된 형식이라고 부를 것과 관련해서 이해된다.

이 두 접근 방식은 우리가 1장에서, 들뢰즈에 의거하여, 텍스트에 대하여 여전히 그것이 무엇을 의미하는가를 묻는 옛날식의 '해석'과, 어떻게 작용하는가를 묻는 새로운 분석 방식 간의 경쟁으로 서술한 것에 상응한다. 그러나 문체론과 언어학의 역사에서 보이는 이와 비슷한 방법론상의 망설임과 교체는 우리가 이제는 이러한 이율배반의 근원을 언어의 본질 바로 그곳에 위치시킬 수 있음을 시사해 준다. 언어는, 특유하게 양면적인 것으로서, 주체인 동시에 객체이고 훔볼트(Wilhelm von Humboldt)의 용어를 빌리면 에네르게이아(energeia)인 동시에 에르곤(ergon)이다.* 즉 그것은 어떤 의도를 가진 의미인 동시에 분절화된 체계로서, 필연적으로 개념상 결코 통합되지 않는 두 개의 상호 별개인 불연속적 차원들(또는 '연구 대상들')을 투사하는 것이다.[6] 우리는 이러한 한 쌍의 투사의 객관적 근원인 언어를 어찌 되었든 하나의 통합된 현상으로 생각한다. 그러나 불행하게도, 비트겐슈타인의 후기 저작이 짊어진 부담이 우리에게 보여 주는 것처럼 언어를 조급하게 그 자체로서(언어의 형식으로) 생각하려는 시도는 언제나 그것을 사물화한다. 그

---

* 에네르게이아는 언어를 동적으로 파악한 '말하기의 정체성'에 해당하고, 에르곤은 정적으로 본 '언어적 형성물'에 해당된다.

6 이들 두 차원, 그리고 여기에 수반되는 방법론적인 대안들은, 근본적으로 볼로쉬노프-바흐친(Voloshinov-Bakhtin)이 두 경향들 또는 '언어 철학에서 사유의 두 흐름들'이라 칭한 것과 상응한다. *Marxism and the Philosophy of Language*, 45~63쪽을 볼 것.

러므로 언어에 대한 우리의 숙고는 이제부터 언어에 대한 이 관점들이 낳는 각각의 전문화된 이론들(논리학과 언어학, 의미론과 문법, 현상학과 기호학)을 거치는 매개된 경로를 택해야 할 것이다.

이 상황은 분명 장르 이론을 방법론상의 이중 기준, 화해할 수 없는 두 선택 사항들 사이의 피할 수 없는 기어 변환의 운명에 처하게 하는 것처럼 보인다. 기껏해야, 우리는 어쩔 수 없는 것이라면 기꺼이 받아들여, 그 문제를 장르의 이중적 속성에 대한 상대적으로 성과가 빈약한 가설로 만들어 버릴 수밖에 없는 것처럼 보인다. 이때 장르는 고정된 형식의 측면에서도 또 양상의 측면에서도 검토할 수 있으며, 선택적인 두 관점들 중 어느 것으로든 연구할 수 있어야만 하는 그런 문학적 담론으로 정의될 것이다.

그러나 현실적으로는 이 실망스러운 가설이 본 장의 기획을 향한 첫걸음을 표시한다. 그 기획은 이들 양자의 해석적 방법을 변증법적으로 재사유함으로써 그 방법들이 발견한 것을 역사화하는 것이고, 이를 통해 장르로서의 로맨스의 이데올로기적 의미와 역사적 운명에 대해 무언가 깨우침을 얻을 뿐만 아니라, 그것을 넘어서서 장르의 문학사 자체의 변증법적 사용에 대한 어떤 영감을 얻고자 하는 것이다.

변증법적 사유의 특징은 역사적 반성성이라고 할 수 있다. 한 대상 (여기에서는 로맨스 텍스트)에 대한 연구는 우리가 반드시 대상에 부여하게 되는 개념과 범주들(그 자체가 역사적인)에 대한 연구 역시 포함하기 때문이다. 지금의 경우 이 범주들은 이미 의미론적인 접근 방식과 구조적 접근 방식으로 기술되었다. 그러나 이러한 정신적 범주들 또는 개념적 작용들을 '역사화'하는 일을 어떻게 시작할 것인가? 우리는 이 범주들이 근거 없는 순전히 철학적인 선택의 결과가 아니라 객관적으로 규정된다는 것을 이해할 때 이 작업의 첫걸음을 내디딜 수 있다. 그리고 이는 외견상 두 개의 '방법들' 간의 철학적 선택으로 보이는 것이 실상은 언어 안의 객관적인 이율배반의 투사라는 것을 우리가 이해할 때 이루어진다.

이제 우리는 한 걸음 더 나아갈 필요가 있다. 그것은 이 두 입장들을 탈실증화(de-positivizing)하는 것이다. 변증법적 관점에서 보면, 현상학적인 것이건 기호학적인 것이건 모든 보편화하는 연구 방법은, 자신의 모순을 감추고 부정적인 것, 부재, 모순, 억압, 말할 수 없는 것(the non-dit), 또는 생각할 수 없는 것(the impensé)을 지워 버린다는 사실이 드러난다. 이것을 복원하기 위해서는 기본적인 문제틀의 급격하고도 역설적인 변증법적 재구조화가 필요한데, 이것이야말로 변증법적 방법 일반의 가장 특징적인 몸짓이며 스타일이다. 즉 관계항들은 그대로 두면서 문제를 거꾸로 세우는 것이다. 따라서 우리는 다음에서 로맨스에 대한 프라이의 논의 전체가 역사적으로 문제화될 필요가 있는 하나의 전제(선악의 윤리적 축)에 기대고 있음을 보일 것인데, 이 전제는 결국 사회적·역사적 모순을 접합하는(articulate) 하나의 이데올로기소로 판명될 것이다. 다른 한편, 프롭의 방법에 관한 탐구를 통해서는 그 방법이 자기모순적이며, 기본적으로 깔려 있는 주체의 문제(프롭의 방법은 주체를 처음부터 주어진 것으로서 가정하고 이를 문제 삼지 않는다.)를 파악하는 데 실패하고 있음을 드러낼 것이다. 그러나 이 방법들에 대한 변증법적 비판은 단지 부정적이고 파괴적인 것만은 아니다. 앞으로 보겠지만, 그 정신에 있어서는 그 방법들이 처음 기획했던 것과는 매우 다르긴 해도, 우리의 비판은 그 방법들을 성취와 완성으로 인도할 것이다.

2

앞서 제시한 것처럼, 프라이의 로맨스론은 양상으로서의 이 장르에 관한 가장 빛나는 서술이다. 프라이에게 로맨스는 소망-충족 또는 유토피아적 환상인데 이는 어떤 상실된 에덴의 조건들을 회복하거나, 구태의 인류와 불완전함이 소멸된 미래의 영역을 예기하는 방식으로 일상적 세계에 대한 변형을 꿈꾼다. 그러므로 로맨스는 평범한 현실을 보다 이상적인 어떤 영역으로 대체하는 것(신비적 경험이나, 목가적인 것 또는 전원적인 것에서 발견되는 로맨스 패러다임의 부분적 단편들에서처럼)이라기보다는 평범한 생활에 대한 변형의 과정을 포함한다. 즉 "편력 로맨스(quest-romance)는 현실의 고뇌를 벗어나기 위한 리비도 또는 욕망하는 자아의 탐구이지만 그것은 여전히 그 현실을 담지하고 있는 것이다."[7]

평범한 현실의 변형에 대한 프라이의 강조는 이미 하나의 추론을 함축하고 있다. 만일 평범한 삶으로부터 지상 천국이 출현하는 것이 가능하다면, 이 평범한 삶은 이미 세속적인 우연과 '정상적인' 현존이 이루어지는 어떤 진부함의 장소가 아니라 저주와 마법, 검은 주술, 사악한 주문, 그리고 제의적 황폐함이 낳은 최종 산물로 인식되어야만 한다. 로맨스는 그러므로 단번에 높은 영역과 낮은 영역, 천국과 지옥, 또는 천사적인 것과 악마적인 것 내지 사악한 것 사이의 투쟁으로 나타난다.

로맨스의 주인공은 신화적 메시아나 더 높은 세계에서 온 구원자와 유사하며, 그의 적은 낮은 세계의 악마적 세력들과 유사하다. 그러나 갈등은

---

7 Frye, *Anatomy of Criticism*, 193쪽, 강조는 나의 것.

그 중간에 있으면서 자연의 순환적 운동에 의해 특징지어지는 우리의 세계 안에서 일어나거나, 적어도 우선적으로 우리의 세계와 관계한다. 따라서 자연 순환의 대척점들은 주인공과 그의 적 사이의 대립에 대응된다. 적은 겨울, 어둠, 혼란, 불모성, 사멸해 가는 삶과 연관되며, 주인공은 봄, 새벽, 질서, 풍요함, 활력 및 젊음과 연관된다.[8]

　이러한 기술은 세 개의 서로 구별되는 작용 요소들, 즉 '세계'와 한 쌍의 주인공(주인공과 악당), 그리고 의미소의 조직(높은 것과 낮은 것, 천사적인 것과 악마적인 것, 백색 마술과 흑마술, 겨울과 봄)을 통해 로맨스 형식을 다시 쓰게 되는데 이 세 항 각각은 논평을 필요로 한다.
　프라이가 로맨스 '세계'를 전통적으로 받아들여진 자연에 동화시키는 것은 흥미로운 문제를 숨기고 있는데, 세계라는 개념에 대한 현상학적인 설명은 이를 극화하는 데 도움을 줄 수 있을 것이다. 현상학에서 세계라는 전문적 용어는 궁극적인 구조 또는 형태(Gestalt)로서 그 안에서 경험적, 세계-내적 대상과 현상들이 지각되고 세계-내적 경험들이 일어나는 전반적인 구성상의 범주 또는 궁극적인 지각의 지평을 지칭한다. 그러나 이 경우, 현상학적 의미에서의 '세계'는 통상 그 자체로서는 지각 대상이 될 수는 없다.[9] 이러한 관점은 관습적인 서사적 리얼리즘과 비교할 때 확증되는데, 리얼리즘에서 사건들은 순전히 데카르트적인 연장(extension), 시장 체계의 수량화의 무한한 공간 내에서 일어난다. 이 공간은 영화의 공간과 마찬가지로 어느 특정한 순간적인 '정지 화면'이나 배경 또는 보다 넓은 풍경이나 파노라마를 넘어서서 무한정 연장되며, 상징적 통합이 불가능하다.

8　같은 책, 187~188쪽.
9　Martin Heidegger, *Sein und Zeit*(Tübingen: Niemyer, 1957), 131~140쪽.

그렇다면 로맨스에 대한 첫 번째 세부적 설명은, 리얼리즘과 대조적으로 로맨스에서의 풍경 또는 마을, 숲 또는 저택과 같은 세계-내적인 대상들(리얼리즘적 재현에서는 덜컹거리는 마차나 급행열차를 타고 가는 여정에서 만나는 순전히 일시적인 도착지에 불과한)이 어떻게 공간 내의 주름들로, 동질적인 시간의, 그리고 고도화된 상징적 경계를 지닌 불연속적인 주머니들로 변형되어, 광의의 현상학적 의미에서 세계에 대한 현실적인 유추물 또는 지각 가능한 매개물이 되는지를 보여 줄 수 있을 때 이루어질 것이다. 하이데거의 설명은 계속해서 이 수수께끼에 대한 열쇠를 제공하는데, 우리는 다소 난삽한 그의 정식화를 빌려 로맨스는 세계의 세계성(worldness of world)이 드러나는 또는 스스로를 현시하는 바로 그런 형식이라는 것, 다시 말해 그 형식 안에서 우리 경험의 초월적 지평이라는 전문적 의미에서의 세계가 세계-내적 의미에서 가시화된다는 점을 보일 수 있다. 따라서 양상으로서의 로맨스와 지상 천국 또는 황무지, 지복의 정자(bower of bliss) 또는 마법의 숲이라는 '자연적' 이미저리 사이의 밀접한 관련을 환기시킨 프라이의 작업 자체에는 틀린 것이 없다. 오해의 소지가 있는 것은 이 '자연'이 매우 특별하고도 특수화된 사회적·역사적 현상이라기보다는 어떤 의미로든 그 자체가 '자연적인 것'이라는 암시이다.

　　로맨스에서 세계성이 차지하는 중요성은 이제 우리로 하여금 프라이가 로맨스에서 전통적인 인물 범주, 특히 주인공과 악한의 역할에 부여한 우선성을 문제시하게 만든다. 우리는 스타니스와프 렘(Stanisław Lem)*의 『솔라리스(Solaris)』에 등장하는 감각하는 대양처럼 이 로맨스 '세계'의 이상하게도 활동적이며 고동치는 생명력이, 보통 서사적 '인물들'을 위해 마련되어 있는 행위 및 사건 생산의 기능 중

---

* 1921〜 . 폴란드의 SF 작가. 『솔라리스』는 1961년에 발표된 작품이다.

많은 것을 흡수하는 경향이 있음을 제시하려는 것이다. 케네스 버크의 드라마주의적 용어*를 사용하자면, 로맨스에서는 장면의 범주가 행위자와 행위의 속성을 점유하고 전유하는 경향이 있어서, '주인공'을 존재의 변화된 상태, 갑작스러운 기질의 변화, 신비스러운 고양, 국지적 강렬성, 갑작스러운 질적 저하, 그리고 경고의 발산 등, 요컨대 로맨스의 높은 세계와 낮은 세계가 서로를 극복하고자 투쟁할 때 일어나는 변화 장면들의 전체 의미소 영역을 기록하는 장치 같은 것으로 만들어 버린다.

프라이의 서술이 로맨스가 종교적 신화를 담는 일차적 언어역으로부터 타락한 세계에 대한 아이러니라는 하급 양상으로 대체(displacement)되어 간다는 생각에 기초한 것이라는 반론이 제기될 수 있을 것이다. 우리는 나중에 이 '대체'라는 개념에 대해 좀 더 언급할 기회를 가질 것이다. 그러나 지금이라도 우리는 프라이가 여기에서 (중앙 집권적이며 성직 권력 사회의 이데올로기인) 더 나중에 생긴 종교 범주를 탈중심적이고, 마술 지향적이며, 부족 사회 구성체의 담론인 신화에 투사시키고 있다고 말할 수 있다. 원래의 신화적 서사들 자체와 '직접적으로' 접촉해 보면(많은 독자들에게, 레비스트로스의 네 권짜리 『신화학』은 그리스 신화의 어린이 판이 우리에게 기대하게 만든 것과는 판이하게 다른 이 낯설고 불편한 일련의 에피소드들에 대해 방대한 입문서 역할을 하게 될 것이다.) '인물(character)'에 관한 이후의 개념들이 이 탈중심적이고 전(前) 개인적인 서사의 행위항들**에 관하여 매우 적절치 못한

---

* 케네스 버크는 문학을 상징적 '행위'로 보는 한편, 드라마에서 차용한 다섯 가지 기본적인 좌표들, 즉 행위, 장면, 행위자, 기획자, 목적에 의거해서 구성한다.
** actants, 그레마스의 용어. 서사의 심층 차원에서의 기본 역할들로서 표면 서사에서는 하나의 행위항이 여러 인물들로 나타날 수도 있고, 한 인물 안에 여러 행위항들이 결합되어 있을 수도 있다. 2장의 주 21 참조.

설명임을 알게 된다.

　이벵(Yvain)*과 파르시팔(Parzival)**에서부터 파브리스 델 동고***와 크노(Raymond Queneau)****의 피에로, 또는 알랭-푸르니에(Alain-Fournier)*****의 '대장 몬느'와 핀천의 『제49호 경매(Crying of Lot 49)』의 외디파 마스에 이르기까지 서양 예술-로맨스의 전통적인 주인공들조차도 어떤 '높은 세계'에서 온 대사(大使)라는 생각을 불러일으키기는 커녕 순진함이나 당황하는 태도를 보여 준다. 이는 이들이 자신도 모르는 사이에 이끌려 들어간 초자연적인 갈등에 놀란 인간 목격자라는 사실과, 그들이 애초에 무엇이 문제인지도 모르는 채 우주적 승리의 보상을 거두어들이고 있다는 사실을 보여 주는 것이다. 사실 이후의 연구에서 프라이 자신은 로맨스의 가장 특징적인 주인공들인 노예나 여성의 본질적인 주변성을 강조한다. 그에 따르면 이들은 순전히 물리적인 힘보다는 필연적으로 기만이나 위장에 의존함으로써 태양의 영웅보다는 사기꾼과 더 밀접하게 관련되어 있다는 것이다.[10]

　이러한 수동적 관조적 행위항들이 어떻게 서사 체계의 기능 단위들로 인식될 수 있는지 묻는다면, 그것은 분명 인물-위치와 보다 근본적이고 서사적으로 '의미 있는' 실체인 세계성 자체를 매개해 주는 로맨스의 특유한 의미소 조직 때문이라고 말할 수 있다. 프라이의 저작들은 로맨스의 기본적인 의미소들에 대한 방대한 목록을 제공하고 있는데, 현재 우리의 목적을 위해서는 이들이 모두 이항 대립(binary

---

　* 크레티앵 드 트루아(Chrétien de Troyes)의 『이벵: 사자를 이끄는 기사』의 주인공.
　** 아서 왕 전설에 등장하는 인물로 성배를 찾아 나선 기사.
　*** 스탕달(Stendhal)의 『파름 수도원(La Chartreuse de Parme)』의 주인공.
　**** 1903~1976. 프랑스 작가로 유머와 환상, 언어적 실험으로 가득 찬 작품을 썼다. 피에로는 『피에로, 나의 친구(Pierrot Mon Ami)』의 주인공.
　***** 1886~1914. 프랑스 작가. 『대장 몬느(Le Grand Meaulnes)』는 그의 유일한 환상소설이다.
　10 Frye, Secular Scripture, 68쪽 이하.

opposition) 속에 배열되어 있음을 언급하는 것으로 충분할 것이다. 그렇다면 이 장르에 대한 (그리고 이 장르를 분석한 프라이의 연구에 대한) 변증법적인 연구에는 논리상 내용 없는 형식으로서의 이항 대립 자체에 대한 역사적 재검토라는 임무가 부과된다. 이항 대립은 내용 없는 형식이지만 그럼에도 그것이 조직하는 다양한 유형의 내용에 궁극적으로 (지리적, 성적, 계절적, 사회적, 지각적, 가족적, 동물학적, 생리학적) 의미를 부여한다. 이러한 재검토는 사실 오늘날 후기 구조주의 어디에서나 진행중이나 우리는 자크 데리다의 영향력 있는 연구만을 언급하고자 한다. 이런 관점에서 볼 때 데리다의 저작 전체는 오늘날의 그리고 전통적인 사유 속에 자리한 일련의 무의식적인 또는 자연화된 이항 대립을 폭로하고 탈신비화하는 것으로 읽을 수 있다. 그중 가장 잘 알려진 것은 말하기와 쓰기, 현전과 부재, 규범과 일탈, 중심과 주변, 경험과 대리 보충성, 그리고 남성과 여성에 대한 대립들이다. 데리다는 어떻게 이 모든 축들이 배제된 것 또는 비본질적인 것을 주변화함으로써 지배적인 항의 중심성을 확증하는가 — 그가 '형이상학적' 사고의 완고함으로 특징지은 과정 — 를 보여 주었다.[11] 그러나 표면적으로만 보면, 이항 대립의 궁극적인 기원이 옛날 신중심 권력 사회의 '중심화된' 지배 약호에 있다는 점을 강조하는 것은 그렇다고 해도, 탈중심화되고 수열화된 소비 자본주의 사회의 이데올로기를 형이상학적인 잔존물로 서술하는 것은 분명 역설적인 것처럼 보인다. 데리다로부터 니체로

---

11 이 주제는 오스틴(J. L. Austin)과 설(John Searle)의 '기생성(parasitism)' 개념에 대한 그의 공격에서 가장 명확하게 진술되고 있다.("Limited Inc.," Supplement to *Glyph*, 2(1977)) "당신의 언어가 윤리적·정치적이 되기 위해, 또는 (그리고 이것이야말로 내가 정말 오스틴에 관해서 명백히 해 두고 싶은 것인데) 당신의 표면상 이론적인 담론이 모든 윤리적 정치적 진술들의 바탕이 되는 기본 범주들을 재생산하기 위해서, 당신이 사악한 기생충적 인간들(언어에서나 정치적 삶에서의 기생충들, 무의식적인 것의 결과들, 속죄양들, 이주 노동자들, 병사들과 스파이들)의 축출을 요구하는 설교자나 팸플릿 저자가 될 필요는 없는 것이다."(69쪽)

옮겨 감으로써 우리는 이항 대립에 대한 다소 다른 해석 가능성을 엿볼 수 있는데, 그의 해석에 따르면 긍정적인 항들과 부정적인 항들은 정신에 의해서 궁극적으로 선과 악 사이의 구별로 이해된다. 이항 대립을 작동시키는 이데올로기는 형이상학이 아니라 윤리라는 것이다. 그러나 우리가 어떻게 윤리 자체가 바로 이데올로기적 수단이며 권력과 지배의 구체적인 구조들을 정당화하는 도구가 되는지를 이해하지 못한다면, 우리는 니체적 사유의 충격을 망각하고 그것이 포함한 강력한 공격성, 그것이 야기한 모든 소란들의 효과를 상실한 셈이 될 것이다.

그러나 분명 계급적, 민족적, 인종적 차이들이 점차 무화되고 자연(타자성(Otherness) 또는 차이의 어떤 궁극 항으로서)의 소멸이 임박한, 오늘날의 축소되어 가는 세계에서, 선과 악의 개념이 어느 정도나 타자성의 범주와 상응하는 정립적인(positional) 것인가를 이해하는 것은 분명 이전보다 더 수월해졌다. 그러므로 니체가 가르친 바와 같이, 나와 근본적으로 다른 모든 것은, 그 차이가 내 자신의 현존을 현실적으로 급박하게 위협하는 것처럼 보인다는 바로 그 이유 때문에 계속 악으로 단정지어진다. 태초부터 다른 종족에서 온 이방인, 이해할 수 없는 언어를 말하고 '이국적' 관습을 따르는 '야만인들'뿐 아니라, 그 생물학적 차이가 거세와 삼킴의 환상을 자극하는 여성, 우리의 시대에서라면, 어떤 억압된 계급이나 인종 출신으로 누적된 원한을 지닌 복수자, 또는 인간적 모습 뒤에 악의적이고 불가사의한 지능이 숨겨져 있다고 생각되는 저 이방의 존재인 유대인이나 공산주의자 등은 몇몇 원형적 타자의 형상들이다. 이들에 관하여 지적해야 할 본질적인 요점은, 그가 악하기 때문에 두려움의 대상이 되는 것이 아니라, 그가 타자이고, 낯설고, 차이가 있고, 이상하고, 깨끗하지 않고, 친숙하지 않기 때문에 악하다는 사실이다.

2장 마술적 서사들

이렇게 해서 '순수한' 서사로서의 로맨스의 어떤 내재적, 비개념적인 이데올로기적 기능의 문제가 진지하게 다시 제기된다. 다른 한편, 이러한 대립을 사용하는 프라이의 방식을 문제 삼음으로써 우리는 그의 분석을 예기치 않은 그리고 교훈적인 방식으로 완성할 수 있다. 그러므로 우리는 다음과 같은 작업 가설을 추출하고자 한다. 즉 장르를 양상으로 접근하되, 철저한 역사화에 의하여 문제의 '본질', '정신', '세계관'이 하나의 이데올로기소로, 다시 말해 그것이 '가치 체계' 내지 '철학적 개념', 또는 원형 서사 내지 사적인 또는 집단적인 서사적 환상의 형식 등으로 다양하게 스스로를 투사할 수 있는, 역사적으로 한정된 개념적 복합체 또는 의미소의 복합체로 모습을 드러낼 때까지 분석을 밀고 가야 한다는 것이다.

그러나 윤리 또는 선과 악 사이의 이항 대립이라는 이 특정한 이데올로기소에 대한 이야기를 마치면서 커다란 반향을 가진 강령적 '해결책인' "선과 악을 넘어서!"(이 안에서 니체의 진단이 내려진다.)에 관해 한마디 하지 않을 수 없다. 윤리적 이항 대립을 극도로 불신하면서 그것을 극복하고자 하는 이 목표는 우리가 저 비전들(이는 한편으로는 초인(Übermensch)의 에너지 변환, 다른 한편으로는 개인적이고 참을 수 없는 영원회귀의 에토스로서, 니체는 이 비전들을 통해 그 목표를 표명하고자 한다.)이 만족스럽지 않다는 것을 발견한다 해도 그대로 남아 있다. 현재의 맥락에서, 우리는 이런 윤리의 초월이 사실 다른 장르 양상들에 의해 실현되고 있음을 언급할 수 있다. 이 양상들은 바로 그 형식 안에서 로맨스패러다임의 이데올로기적 핵심을 거부한다. 예컨대, 비극에는 윤리적대립이 전적으로 결여되어 있는데, 비극은 근본적으로 비인간적인 숙명 또는 운명의 승리를 제시하는 것으로서, 순전히 개인적인 선악의 범주를 근본적으로 초월하는 전망을 생성하기 때문이다. 이러한 명제는 비극처럼 보이는 어떤 것에서 원래 윤리적인 유형인 판단들('영웅들'과

'악당들'의 재출현)을 만나게 될 때 문제의 텍스트를 멜로드라마, 즉 로맨스의 타락한 형식으로 보고 싶어지는 경향을 통해 잘 설명될 수 있을 것이다. 극의 비극적 힘을 분산시키지 않고서는 크레온*도 이아고**도 악당으로 읽을 수 없다. 그러나 그렇게 읽고자 하는 저항할 수 없는 유혹은 윤리적 범주가 우리의 정신적 습관을 장악하고 있다는 사실에 대하여 많은 것을 말해 준다. 우리는 희극이라는 범주 역시 로맨스의 범주와는 아주 다른 것이며 보다 확고하게 사회적인 것임을 보게 될 것이다. 즉 고전적인 희극의 갈등은 선과 악 사이의 것이 아니라 청년과 노년 사이의 것이며, 그 오이디푸스적 해결은 타락한 세계의 회복이 아니라, 사회 질서의 쇄신을 목표로 한다.

이처럼 비극과 희극은 이미 특수한 의미에서 '선과 악을 넘어서' 있다. 개념적 사고에 관해 말하자면, 우리가 이 문제를 순전히 개인화하는 윤리 범주들을 피하는 것, 개인 주체들로서의 우리의 실존이 필연적으로 우리를 감금하는 그 범주들을 초월하여 집단적 삶 또는 역사적 과정이라는 근본적으로 다른 초개인적 전망들을 열어젖히는 것으로 파악한다면, 우리는 이미 선과 악을 넘어설 수 있는 사유라는 이상, 즉 변증법적인 것 자체를 가지고 있는 셈이라는 결론에 도달하게 된다. 이것은 변증법적인 것의 창시자들-발견자들 자신이 윤리적 범주들의 함정을 피하는 데 완전히 성공적이었다는 말은 아니다. 헤겔이 역사적이고 집단적인 이해의 궁극적 지평을 '절대정신'으로 지칭한 것은 여전히 치명적으로 철학자-현자라는 개인적 의식의 잔상을 투사하고 있는 것이다. 그리고 혁명적 변화에 관한 마르크스주의 비전의 고전적인 아포리아(객관적인 사회 법칙인가 아니면 주의주의자

---

* 소포클레스의 『안티고네』에 나오는 인물.
** 셰익스피어의 『오셀로』에 나오는 인물.

(voluntarist)나 레닌주의자의 실천인가) 역시 그 아포리아에 갇힌 사람들이 개인들과 개별 그룹들의 자발적인 행위 자체를 역사에서 객관적인 힘으로 파악할 수 있는 그런 역사적 비전을 충분히 인식할 수 없었음을 보여 준다. 더욱이, 『공산주의 선언』에서, 이전의 윤리적 범주들을 기계적으로 번갈아 나열함으로써(진보적인 동시에 비인간화하는, 사회 발전에 필요하긴 하지만 인간적으로는 참을 수 없는 단계로서의 부르주아지[12]) '역사적 필연성'에 대한 그들의 비전을 정식화하려 했던 마르크스와 엥겔스의 시도는 오래된 윤리적 범주들과 그 언어가 가진 영향력을 잘 보여 주고 있다. 그러나 이 역사적 텍스트는 변증법적인 것 자체에 대한 최종 결론이 아니라 단지 아직 존재하지 않는, 미래의 사회 구성체에서의 사유 양식에 대한 거대한 예견일 따름이다.

그러나 이 이데올로기소에 대한 우리의 진술을 완성하려면 마지막 한 단계를 더 밟을 필요가 있다. 이 지점에서 그만두는 것은, 역설적으로 우리가 피하려고 했던 모든 관념화하는 습관에 이를 다시 노출하는 셈이 될 뿐이며, '윤리적 이항'은 '잘못된 것', 다시 말해서 '악이다'라는 하나의 관점을 제시하는 셈이 될 터인데, 이는 이데올로기적 봉쇄를 통해 결국 전체 분석을 원점으로 돌려놓을 것이다. 우리는 이데올로기소 자체를 하나의 사회적 실천 형식으로 파악할 때에만, 즉 구체적인 역사적 상황에 대한 상징적 해결로 파악할 때에만 이러한 역설을 피할 수 있다. 이데올로기소의 층위에서 개념적인 이율배반으로 남아 있는 것은 이제, 사회적이고 역사적인 하부 텍스트의 층위에서, 모순으로 파악되어야 한다.

윤리의 개념들을 지배를 위한 구체적인 실천의 침전된 또는 화석

---

12 Marx·Engels, "Communist Manifesto," Part I, K. Marx, *On Revolution*, ed. and trans. S. K. Padover(New York: McGraw-Hill, 1971), 특히 82~85쪽.

화된 흔적으로 폭로한 니체의 분석은 중요한 방법론적 선행 사례를 우리에게 제공한다. 그는, '선한 것'이 실제로 의미하는 것은 단지 공격할 수 없는 권력 중심으로서의 나의 위치이며, 이와 관련하여 타자 또는 약자의 위치는 부인되고 주변화되며 그들의 실천 자체가 궁극적으로 악이라는 개념 안에서 정식화된다는 점을 보여 주었다. 이러한 상황에 대한 기독교적 역전, 약자와 노예들의 강자에 대한 반란, 그리고 자선, 체념, 극기라는 은밀하게 거세적인 이념들의 '생산'은, 니체의 분한의 이론에 의하면 귀족적 체계(이를 전도시킨 것이 그러한 이념들인데) 못지않게 처음의 권력 관계에 갇혀 있다. 그러나 구체적 상황의 맥락에서 윤리학을 다시 쓰는 니체의 작업은, 우리가 곧 제시할 보다 충분히 발전된 침전(sedimentation) 이론에 시사해 주는 바가 있긴 하지만, 분명 신화적인 것으로, 윤리적 약호를 그 구체적인 하부 텍스트의 단순한 복제로 간주해 버리는 약점을 가지고 있다.

이 작업을 다른 방식으로 수행하는 것이 가능할 것처럼 보인다. 즉 이데올로기소를 상황적 맥락에 대한 단순한 반영이나 반복이 아니라 객관적인 모순들에 대한 상상적인 해결로 파악함으로써 그것들을 모순들에 대한 능동적인 반응으로 이해하는 것이다. 예컨대, 로맨스 서사에 그토록 중심적인 선과 악이라는 정립적 개념은 이 형식에만 특유한 것이 아니라 로맨스가 그로부터 출현한 무훈시(chanson de geste)나 서부극과 같은 대중적 형식들을 특징짓는 것이기도 하다. 서부극은 로맨스나 무훈시 양자와 매우 많은 공통점을 가지고 있다.[13] 이러한 친족 관계는 이 정립적 사유가 때때로 '분란의 시대(time of troubles)'로 지칭되는 역사적 시기와 밀접한 관계가 있음을 보여 준다. 이 시대에 중앙의 권위

---

13 그리고 또한 브라질의 Guimarães Rosa의 *Grande Sertão: Veredas*(영역본 *The Devil to Pay in the Backlands*(New York: Knopf, 1963))와 같은, 서부극에 대한 기이한 '본격 문학'상의 변종도 있다.

2장 마술적 서사들

는 사라지고 강도와 산적 같은 약탈자의 무리들이 법의 제재를 받지 않은 채 지리적으로 광범위하게 분포하고 있었다. 카롤링거 왕조 후기도 이런 시대에 해당되는데, 이때 야만적 습격의 공포에 질린 사람들은 점차 지역 요새의 보호 안으로 피해 들어갔다.

12세기에 이러한 사회적, 공간적 고립이 극복되고, 봉건 귀족이 규율화된 이데올로기를 새롭게 부여받아 자신을 보편적 계급 또는 '역사의 주체'로 의식하게 되었을 때,[14] 무훈시에 의해 영속화되었던 이전의 선악이라는 정립적 개념과 새로이 출현하는 계급 연대성 사이에 필연적으로 모순이라고 부를 수밖에 없는 것이 발생하게 되었다. 그 본래의 강한 형식에 있어 로맨스는 그렇다면 이러한 현실적 모순에 대한 상상적인 '해결', 즉 나의 적의 존재를 특징짓는 것들이 명예, 도전, 능력 시험들과 같이 바로 나 자신의 행동과 동일한 것으로서, 그가 이것들을 일종의 거울 이미지로 보여 주고 있을 때, 어떻게 그를 나 자신과 다르며 절대적인 차이를 가진 것으로, 악으로 규정할 수 있는가라는 당황스러운 문제에 대한 상징적인 해답으로 이해될 수 있을 것이다.

로맨스는 이러한 개념적인 딜레마를 새로운 종류의 서사, 의미소의 증발(semic evaporation)을 보여 주는 '이야기'를 생산함으로써 '해결한다'. 정체를 알 수 없는, 갑옷을 입고 투구를 쓴 적대적인 기사는 자신을 밝혀 인지되는 것을 근본적으로 거부하여 악의 범주의 담지자로 낙인찍힐 만한 오만함을 발산하지만 마침내 패배하여 정체가 폭로되는 순간이 되면 그는, "영주님, 저는 누트의 아들, 이데르입니다."(『에레크와 에니드(Érec et Énide)』*, 1042행)라고 이름을 말함으로써 자비를 구하고 다시금 사회 계급의 통합체에 편입된다. 그는 여러 기사 가

---

14 Marc Bloch, *Feudal Society*, trans. L. A.Manyon(Chicago: University of Chicago Press, 1961), 320쪽 이하.
* 크레티앵 드 트루아의 1170년경 작품.

운데 한 기사가 되어 그의 모든 사악한 낯섦을 상실하게 된다. 적대자가 악당이기를 그치는 이러한 순간이야말로 로맨스 서사를 무훈시와 서부극으로부터 구별짓는 것인데 이는 동시에 이 형식의 이후의 발전과 적용에 새롭고 생산적인 딜레마를 발생시킨다. 왜냐하면 이제 악의 '경험' 또는 의미소는 더 이상 이러저러한 인간 행위자에게 영구히 부과되거나 부착될 수 없기 때문에, 일종의 라캉적인 폐제*에 의해 그것은 개인 상호간의 또는 세계-내적인 관계들의 영역에서 추방되고, 그 결과 그 나름의 자유롭게 부유하는 탈구된 요소들, 그 자체의 사악한 시각적 환상들로 재구성되게 되었다. 이러한 마법과 마술적 힘들의 '영역'은 로맨스 '세계'의 의미소 조직을 구성하며 그리하여 그 인간 담지자들과 풍경들 모두에 대한 잠정적인 투여를 결정하게 되었다. 이러한 발전과 함께, 형식의 역사라고 할 수 있는 것이 이미 시작되었다고 말할 수 있다.

3

프라이의 로맨스 해석을 역사화하는 것과 이제 우리가 살펴볼 프롭의 '구조적' 방법을 역사화하는 것은 별개 문제다. 프롭의 선구적 작업은, 분명 러시아의 민담에 국한되어 있긴 하지만, 일반적으로 서사 자체에 대한, 그리고 특정하게는 이른바 편력 로맨스에 대한 패러다임으로 인식되어 왔다. 이는 그것이 개별적 로맨스 텍스트의 에피소드들을 '기능들'의 불변적인 연쇄, 다시 말해 하나의 고정된 형식으로 재정식화 또는 재서술하고 있기 때문이다. 프롭은 자신의 연구 결과들을 다음

---

* forclusion, 억압이나 부정과 달리 어떤 요소가 처음부터 없었던 것처럼 상징계 밖으로 축출하는 것.

2장 마술적 서사들

과 같이 요약한다.

(1) 인물들의 기능은 이야기 안에서, 그 기능들을 어떻게 누가 완수
하는가에 상관없이, 고정되고 항상적인 요소들로 작용한다.
(2) 요정 이야기(fairy tale)에서 알려진 기능들의 수는 제한되어 있다.
(3) 기능들의 순서는 항상 동일하다.
(4) 모든 요정 이야기들의 구조는 오직 한 가지 유형만을 갖는다.[15]

마지막 명제는 특히 분석자가 이야기 재료들을 집적하여 연구하되,
그 목적을 서로간의 구조적 상동성을 입증하는 것으로, 즉 거기에 속하
지 않는 것을 배제하고는 승리에 차서 자신이 가지고 시작했던 집적물
들을 유효하게 만드는 식의 순환적인 움직임을 나타냄으로써, 프롭의
방법을 하나의 분류 작업으로 축소하는 것처럼 보인다. 바로 이 지점에
서 우리 논의의 방향이 정해진다. 우리는 이제부터 프롭의 도식이 순전
히 유형적이고 분류적인 것 이상의 생산적인(역사화하는 것은 물론이고)
용법을 가지고 있는지 살펴보고자 한다.
레비스트로스는 그의 중요한 서평에서[16] 프롭의 모델이 이중적이
고 자기모순적인 약점을 지니고 있음을 보여 주었다. 우선 그는 그 자
체의 맥락으로 보더라도, 이 모델은 충분히 정식화되지 못했다고 지
적한다. 즉 프롭의 '기능들'은 적절한 추상 수준을 얻지 못하고 있다
는 것이다. 그런데도 이 방법이 처음부터 강력하고 매력적으로 다가
온 것은 그 방법이 많은 경험적 또는 표면의 서사적 사건들을 훨씬 적

---

15 Vladimir Propp, *Morphology of the Folk Tale*, trans. L. Scott(Austin: University of
Texas Press, 1968), 21~23쪽.
16 Claude Levi-Strauss, "La Structure et la forme," *Anthropologie structurale*, II(Paris:
Plon, 1973), 139~173쪽.

은 수의 추상적 또는 '심층 구조적' 계기들로 환원할 수 있는 가능성을 제공했기 때문이었다. 이러한 환원은 매우 상이해 보이는 서사 텍스트들을 비교할 수 있게 해 주고 어떤 복잡한 서사를 하나의 반복되는 기능이 여러 가지 모습으로 풍요롭게 드러난 것으로서 단순화할 수 있게 해 준다. 이를테면 『파름 수도원』의 처음 부분에서 에피소드식으로 펼쳐지는 파브리스의 곤경들을 프롭의 기본 기능들 중 하나가 다양한 형태들로 나타난 것으로 다시 쓸 수 있을 때 이런 분석은 매우 유용한 것이다. 프롭의 모델이 아니었다면 우리는 이를 피카레스크 서사 형식으로 분류하고자 했을 것이다. 여기에 적용된 프롭의 기본 기능은 다음과 같다. '주인공은 시험받고, 질문을 받으며, 공격당한다, 그런데 이를 통해 그는 마술사나 조력자(시혜자의 첫 번째 기능)를 만나게 된다.'[17] 그리하여, 파브리스가 나폴레옹 군대를 향해 출발할 때 공작부인이 한 의미심장한 언급은 그가 모험 중에 만날 인물들의 본질적인 기능을 분류하도록 해 준다. "네게 행운을 가져다줄 성(性)에 대해 보다 존경심을 가지고 말하도록 하여라. 너는 언제나 남성들을 불쾌하게 만들 것이다. 진부한 영혼들이 이해하기에 너는 너무나 많은 열정을 가지고 있으니."[18] 다음으로 이러한 구분은 이 분석적 환원의 과정을 확장하고 심화하여 마침내 시혜자와 악당을 특정할 수 있게 한다. 즉 이 편력 로맨스에서 여성들은 시혜자가 되고 남성들은 악당이 된다.

그런데 레비스트로스의 관점에서 프롭의 기능들은 여전히 부적절하게 '환원되'거나 정식화된 것인데 왜냐하면 아무리 일반적인 것이라 해도 이들은 여전히 이야기하기 범주 안에서 정식화되어 있기 때

---

17 Propp, *Morphology: Function XII*, 39쪽.
18 Stendhal, *La Chartreuse de Parme*, chap. II(Paris: Cluny, 1940), 34쪽.

문이다. 이야기의 중심 시퀀스를 출발시키는 기능에 대한 프롭의 설명('가족의 한 성원이 무엇인가를 결핍하고 있거나 무엇인가를 갖고자 원한다.'[정의(定義): 결핍])[19]을 레비스트로스나 그레마스 이론의 해당 등가물들(불균형, 파기된 계약, 분열)과 비교해 보면 후자는 아주 다른 수준의 추상(단순히 일반화하는 것이기보다는 메타언어학적이다.)일 뿐만 아니라 그 출발점으로부터 다른 유형의 서사 분석이 이어지게 됨이 분명해진다. 그러나 프롭의 후속 분석은 한 묶음의 다음 에피소드들일 수밖에 없다. 그레마스나 레비스트로스의 후속 분석은 단번에 보다 온전히 통시적인 또는 체계적인 유형의 의미소들 및 의미소들의 상호작용 층위로 옮겨 가며, 여기에서 서사적 에피소드들은 더 이상 그 자체로 특권적이지 않고 다른 종류의 의미소 변환, 전치, 교환 등과 더불어 자신의 역할을 담당하게 된다. 그렇다면, 이런 면에서 프롭에 대한 레비스트로스의 비판을 요약해 볼 때, 프롭의 일련의 기능들은 여전히 너무나 의미로 넘쳐난다라고, 또는, 달리 말해 이야기하기 텍스트의 표면 논리로부터 여전히 방법론적으로 충분한 거리를 두지 않는다고 말할 수 있을 것이다.

그러나 역설적으로, 프롭의 방법에 대해 제기된 또 다른 이의는 정반대의 것, 즉 그의 분석이 아직 충분히 의미 있지 않다라는 것이다. 이것은 '경험주의'에 대한 레비스트로스의 비난으로서, 민담에 관한 프롭 저작의 핵심을 구성하는 발견물, 즉 한정된 수의 기능들의 고정되고 역전 불가능한 연쇄를 공격하고 있는 것이다. 레비스트로스의 입장에서 보면, 요정 이야기에서 기능들의 연쇄가 '이러이러하고 달리는 일어나지 않는다'라는 언급은, 설사 그것이 옳다고 하더라도 뭔가 최종적이고 수수께끼 같은, 그리고 예컨대 파이(π)나 빛의 속도 같은 현대 과학의

---

19 Propp, *Morphology: Function VIIIa*, 35쪽.

상수처럼 궁극적으로 '의미 없는' 무엇인가를 들이대는 것이다. 프롭의 서사학적 DNA와 레비스트로스 자신의 오이디푸스 신화 분석[20](여기에서 기능들은 마치 한 벌의 카드처럼 재조합되어 서로 순전히 논리적이거나 의미소 관계만을 갖는 패로 정렬된다.)을 병치해 보면, 프롭의 분석에서 궁극적으로 환원될 수 없는 것은 바로 서사적 통시성 자체, 즉 시간 속에서의 이야기하기가 갖는 움직임이 분명해진다. 이러한 움직임을 '역전 불가능성'이라는 견지에서 규정하는 것은 그렇다면 해결이 아니라 문제 자체를 낳는 것이 된다.

서사 표층(또는 현시(manifestation))과 어떤 근저의 심층 서사 구조 사이의 근본적인 구별을 강조하는 레비스트로스 및 그레마스의 방법론적으로 훨씬 자의식적인 이후의 관점에서 보면, 요정 이야기의 심층 구조에 대해 프롭의 형태가 갖는 환원될 수 없는 통시성은 단지 표면의 현시가 서사 모델에 드리운 그림자에 지나지 않는 것이다. 모델의 불충분한 정식화(그 의인화의 흔적)와 그 모델이 기능들에 부여하고 있는 역전 불가능성 양자는 동일한 기본적 오류의 서로 다른 측면들이어서 두 가지 반론은 본질적으로 같은 것이 된다. 즉 프롭의 오류는 최초의 서사들을 공시적 체계의 맥락이 아닌 또 다른 서사의 맥락에서 재서술한다는 데 있다는 것이다. 역설적으로, 이 점에서 프롭은 프라이와 다시 만난다. 프라이의 '방법' 역시 다양한 텍스트들 전체를 하나의 단일한 지배 서사의 형태로 재서술하는 결과를 가져오기 때문이다.

그러나 프롭의 모델과 그것이 이끈 발전 과정들, 특히 그레마스의 기호학의 발전은 우리가 프라이에 대해 제기한 것들과는 다른 문제점들을 던져 준다. 우선, 프롭의 모델에 의해서 기획되었으되, 불완전하게 실현된 그 정식화의 이상이 궁극적으로 실현 가능한 것인지 물을 수

---

20 Lévi-Strauss, "Structural Analysis of Myth," 213~216쪽.

있다. 우리는 이미 프롭의 연구 결과들을 '의인화된' 것이라고 특징지었다. 그렇다면 이제 의인적인 것 또는 표면상의 재현의 흔적 또는 서사적 '표명'이 완전히 제거된 서사 체계를 상상할 수 있는지를 살피는 일이 남아 있다. 프롭과 그레마스 양자는 서사적 '기능'과 서사적 인물, 또는 서사적 통일성과 행위항을[21] 구별한다. 그러나 전자는 순수한 사건으로서 어떤 궁극적인 정식화에 진정한 문제를 제기하지 않는데, 왜냐하면 사건들은 언제나 이런저런 방식으로 의미소 범주들의 견지에서 재서술될 수 있기 때문이다. 그러므로 나는 이러한 서사 분석에서 궁극적인 맹점 또는 아포리아는 오히려 인물의 문제, 또는 보다 근본적인 견지에서 볼 때, 주체에 대해서 자리를 마련해 주지 못하는 이 분석 방식의 무능력에 있다고 믿는다.

그러나 이것은 역설적인 비난이다. 프롭과 그레마스 저작의 목적, 그리고 그들이 이룬 탁월한 업적은 이전의 보다 재현적인 서사 이론이 인물에 두었던 강조를 대체하려는 것이었기 때문이다. 인물들을 보다 기본적인 단위인 서사적 기능의 견지에서 이해하는 것, 또 그레마스가 기저의 의미소 변환의 구조적 '작동자들(operators)'에 대해 행위항이라는 새로운 개념을 제안한 것은 서사 연구의 탈의인화를 향한 진정한 진보로 볼 수 있다. 그러나 불행하게도, 기능과 행위항 사이의 관계는 필연적으로 두 가지 방식으로 작용한다. 만일 후자가 대체되어 구조적으로 전자에 종속된다고 해도 서사적 기능의 개념은 아마도 프라이의 것

---

21 그레마스의 행위항 개념은 서사 구문(또는 '심층 구조')과 '행위자' 또는 서로 구별되는 '인물들'이 가시적인 단위들로 나타나는 '표면' 서사 담론 사이의 구별에 기초하고 있다. 서사 연속체(narrative syntagm)의 필연적으로 훨씬 한정된 기능들에 상응하는 행위항들은 일반적으로 그레마스에 의하여 발신자/수신자, 주체주인공/객체가치, 그리고 원조자/악당이라는 세 그룹으로 축소된다. A. J. Greimas, *Sémantique structurale*(Paris: Larousse, 1966), 172~291쪽을 보라. 또는 보다 최근의 것으로는 "Les Actants, les acteurs, et les figures," C. Chabrol, ed., *Sémiotique narrative et textuelle*(Paris: Larousse, 1973), 161~176쪽을 보라.

과 같은 덜 자의식적인 서사 해석들에서보다도 한층 되돌이킬 수 없이, 의인적 재현의 어떤 궁극적으로 환원 불가능한 핵심에 여전히 결박된 채 남아 있다. 그리고 그것을 행위항, 구조적 역할, 인물-효과, 또는 뭐라고 부르든지 간에 이 의인적 재현의 핵심은 결국 다시 서사적 기능을 불가피하게 수많은 인간 형상의 행동들 또는 행위들로 재변형하게 된다. 그러나 의인적 형상은 언제나 이러한 분석의 이상인 정식화에 필연적으로 저항하며 또 그것으로 환원되지 않는다.

우리는 이러한 '과학적' 이상들에 대한 보다 순진한 이의 제기 역시 진지하게 받아들일 필요가 있다. 그들은 그 이야기들이 언제나 사람에 관한 것이며, 분석을 위해서일지라도 서사 자체를 독특하게 특징짓는 그 의인화를 제거하는 것은 편벽한 것이라고 지적한다. 그러나 이 지점에서 레비스트로스의 저작은 우리에게 유용한 교훈을 던져 준다. 『신화학』은 이러한 이의 제기의 관점에서 볼 때는 외관상 서로 양립할 수 없어 보이는 두 가지 일을 독특한 방식으로 성취하고 있다. 왜냐하면 그의 이 서사 분석 전체는, 다른 저작들과 비할 바 없는 방대한 서사 총체를 복원하여 우리의 독서 습관을 확장하고 이야기하기의 지위를 인간 정신의 탁월한 기능으로 재확신시켜 주는 동시에, 우리가 프롭의 모델에서 전략상 약점으로 주장했던 바로 저 행위항 및 서사적 통시성이라는 작업 개념들을 제거하는 묘기를 수행하고 있기 때문이다.

내가 생각하기에, 이러한 역설적인 성취의 열쇠는 레비스트로스가 다루고 있는 서사 자료들의 사회적 기원에 있다. 이들은 분명 전(前) 개인적 서사들이다. 즉 심리적 주체가 아직 구성되지 않았고, 따라서 거기에서는 '인물'과 같은 이후의 주체 범주들이 적절하지 않은 것이다. 따라서 이 서사의 연쇄들에 당혹스러운 유동성이 생겨나는데, 여기에서 인간들은 끊임없이 동물이나 사물로 변했다가 다시 되돌아오곤 한다. 여기에는 이런저런 주인공과의 '동일시'나 '감정 이입'은 물론이고 서사적 '시점' 같은 것도 출현하지 않는다. 여기에서는 개인적 이야기꾼이나 '발신자(destinateur)'의 위치조차도 모순 없이는 개념화될 수가 없다.

만일 서사적 인물의 출현이 이러한 사회적, 역사적 전제 조건들을 요구하는 것이라면, 프롭과 그레마스의 딜레마들은 방법론적인 것이라기보다는 역사적인 것이다. 즉 그 딜레마들은 그들이 자신들의 서사 분석의 논리에 이후의 텍스트들(예컨대 19세기 소설들)이 은밀히 생산하고 투사하고자 한 그런 이데올로기적 범주들을 무반성적으로 받아들임으로써, 주체의 출현에 선행하는 서사 형식들에 나중에 생긴 개인 주체의 범주들을 시대착오적으로 거꾸로 투사한 결과인 것이다. 이는 기호학적이고 서사적인 방법의 범주들에 대한 변증법적 비판은, 외양상 순전히 방법론적인 문제 및 딜레마로 보이는 것을 라캉, 프로이트, 니체로부터 시작되어 후기 구조주의에서 발전된, 오늘날의 주체에 대한 철학적 비판 전체에 연결시킴으로써 이들 범주들을 역사화해야 한다는 것을 보여 준다. 휴머니즘에 대한 공격(알튀세르), '인간의 종언'에 대한 찬양(푸코), 산포(dissémination) 또는 표류(dérive)의 이상(데리다, 리오타르), 분열증적 글쓰기와 분열증적 경험에 대한 높은 가치 부여(들뢰즈)를 내세우는 이러한 철학적 텍스트들은 현재의 맥락에서 소비 자본주의 또는 후기 독점자본주의에서 주체가 겪는 변형된 경험에 대한 징후 내지 증언으로 간주될 수 있다. 이러한 경험은 분명 정신의 분산, 파편화, '수면(niveau)' 아래로의 하강, 판타지와 투사 차원들(projective dimentions), 환각적 감각, 그리고 시간상의 불연속에 대한 감각을 예컨대 빅토리아 시대 사람들보다 훨씬 더 많이 수용할 수 있는 것이다. 마르크스주의 관점에서 볼 때, 주체의 탈중심화에 대한 이러한 경험과 이 경험을 설명하기 위해 창안된 이론들, 특히 정신분석학 이론들은 본질적으로 주체에 대한 그리고 정신적 통일성 내지 동일성에 대한 부르주아 이데올로기(부르주아 '개인주의'라고 불리곤 했던)가 해체되는 신호들로 이해될 수 있다. 그러나 '주체'에 대한 후기 구조주의 비판의 서술적 가치를 인정하더라도 그것이 투사하는 분열증적 이상을 반드시 승인할 필요는 없다. 마르크스주의에서는, 오직 탈개인주의적 사회적 세계만이, 오직 집단적이고 연합적인 것의 재창안만이 이러한 진단들이 요청하는 개인적 주체의 '탈중심화'를 구체적으로 성취할 수 있다. 오직 새롭고 독창적인 사회적 삶의 형식만이 개인 의식이 '구조의 효과'(라캉)로서 살아질 수 있는(단지 이론화되기만 하는 것이 아니라) 방식으로 이전 부르주아 주체들의 고립과 단자적 자율성을 극복할 수 있는 것이다.

우리는 이러한 역사적 전망이 어떻게 변증법적으로 서사 분석의 문제와 관련되어 서사 구조 안의 '인물들'의 작용에 관한 보다 반성적인 관점을 산출할 수 있는지를 다음 장에서 보여 줄 것이다. 그 전에 우리는 그레마스로 돌아가서 우리가 여기에서 비판한 바 있는 그의 서사 이론과 그의 구체적인 서사 분석 사이의 어떤 간격을 강조하고자 한다. 우리는 이제 형식화에 대한 기호학적 이상에 대해 우리가 앞서 내렸던 진단을 분류 작용에 대한 반대라는 보다 실천적인 견지에서 재정식화할 수 있다. 이러한 관점에서 볼 때, 프롭의 인물-기능들(주인공, 시혜자, 악당) 또는 그레마스의 보다 형식화된 행위항들에서 문제적인 것은 표면 서사의 다양한 요소들을 미리 준비된 다양한 끼움 자리들(slots)에 떨어뜨리기만 하면 된다는 것이 드러날 때 나타난다. 그리하여, 스탕달의 서사로 돌아가 보면, 우리는 기능상 또는 행위항상의 환원이 이 소설가의 부차적인 남성 인물들(피라르 사제, 블라네스 사제, 모스카, 라 몰 후작)을 스탕달 소설 주인공들의 정신적 아버지들로서 모두 시혜자의 다양한 형태로 분류할 수 있는지를 '결정하는 것' 이상은 포함하지 않는다는 것을 알게 된다.

그러나 이 방법은 그레마스가 서사 표면과 기저의 행위항 메커니즘들 사이의 분리를 보여 주는 바로 그 순간에 자신의 진정한 승리를 구가하면서 그것이 프롭의 것보다 방법론적으로 더 발전된 것임을 입증해 보인다. 행위항으로의 환원은 사실 그레마스가 자신의 몇몇 분석에서 보여 준 바와 같이, 실제로는 단일한 인물에 두 개의 서로 다른 행위항들이 숨겨져 있음을 보여 줌으로써, '인물'의 표면상 통일성이 분석을 통해 해소되는 그런 경우에 특히 계시적이다.[22] 또한 이러한 엑스레이(X-ray) 과정은 분명 다른 방향으로 작용할 수도 있다. 이를테면 위에서 든 스탕달에 관한 우리의 산발적인 언급들은 그의 서사들에서 시혜자의 기능이 두 가지 구별되는 인물군, 즉 조력자이거나 어머니 같은 여성 인물들, 그리고 정신적 아버지들을 통해 현시된다는 사실을 시사한다. 이러한 표면적 또는 서사적 재겹침은 분명 궁극적인 서사 형태 전체에 중요한 결과를 가져오지 않을 수 없다. 우리가 당장 제시할 수 있는 사실은 프롭의 모델과 그레마스의 보다 복잡한 서사 체계 양자는 서사 텍스트가 이런저런 방식으로 그 기본 도식에서 일탈하는 순간에 생산적이 된다는 것이다. 서사가 기본 도식의 단순한 복사로 판명될 경우에 분석자는 현시 텍스트가 기저의 이론적 도식에 일치하고 있음을 지적할 수 있을 뿐으로 이는 훨씬 덜 생산적인 작업이 되고 마는 것이다.

나는 다른 자리에서, 해석의 입장에서 볼 때 프롭 모델의 독창성과 유용성은 그의 시혜자 개념에 있다고 주장한 바 있다. 나는 이 개념이 그의 요정 이야기 읽기의 중심 메커니즘이라고 논의했다.[23] 이제 이 주장을 우리의 현재 전망에서 다시 검토해 보면 이 서사 모델들의 가치는 모델들로부터의 특정한 일탈을 보여 주는 텍스트, 그리하여 이 결정

---

22 A. J. Greimas, "La Structure des actants du récit," *Du Sens*(Paris: Seuil, 1970), 249~270쪽.
23 *Prison-House of Language*, 65~69쪽.

적인 형식적 차이에 대해 보다 변증법적이고 역사적인 문제를 제기할 수 있는 텍스트의 능력에 있는 것이다. 예컨대 『폭풍의 언덕(*Wuthering Heights*)』에서 히스클리프라는 '인물'에 대하여 생각해 보면 행위항 환원의 유용성을 더 잘 이해할 수 있다. 이 인물은 그의 모호한 본질(낭만적 주인공인가 아니면 폭군적인 악당인가?)로 인해 직관적이고 인상주의적인, 본질적으로 '재현적인' 비평에서 일종의 수수께끼가 되는데 이러한 비평은 어떤 방식으로든가(예컨대, '바이런적' 주인공으로서의 히스클리프) 그 모호성을 해소하지 않을 수 없다. 그러나 행위항 환원의 방법에서 이 텍스트는 필연적으로, '개인들'의 이야기도 아니고, 나아가 세대와 그 운명의 연대기도 아닌 하나의 비개인적 과정, 즉 저택에 중심을 둔 의미소 변환으로 해석되거나 다시 쓰인다. 이 과정은 하이츠 저택에 대한 로크우드의 첫 인상과 저택의 숨겨진 기원에 관한 오래된 이야기로부터 창문을 통한 마지막 황홀한 일별로 움직여 가며, 여기에서 콕토(Jean Cocteau)의 「오르페(Orphée)」의 마지막 장면처럼 "무대는 하늘로 올라가고(le décor monte au ciel)" 헤어턴과 제2의 캐시의 사랑 속에서 새로운 목가적 가족이 형태를 갖추는 것이다. 만일 이것이 작품의 중심 서사 노선, 또는 그레마스라면 그 주된 동위태(isotopie)로 불렸을 것이라면, 히스클리프는 어떤 의미로도 더 이상 주인공 또는 주동 인물이 아니다. 그는 오히려, "악마로부터 온 것처럼 검은" 고아 소년이 갑자기 한 가족에게 소개되었던 첫 등장에서부터 재산을 회복하고 두 가문의 쇠약한 기질에 활력을 되찾게 하도록 고안된 중개자 또는 촉매와 같은 것이다. 이는 '히스클리프'가 이 서사 체계 내에서 모종의 복잡한 방법으로 시혜자의 위치를 차지하고 있다는 말이 아니면 무엇이겠는가. 즉 그는 주인공이라는 기능적 외양을 띠고 있으되 그것은 그와 아주 다른 행위항상의 기능을 수행하기 위해서인 것이다. 서사적 해결은 첫 번째 캐시에 대한 열정과 린턴 가와의 결혼을 통한 인척 관계 때문에 히

　　　　　　　　　　　　　　　2장 마술적 서사들

스클리프를 로맨스의 주인공으로 읽어야 할 것 같은 처음의 인상을 훼손한다. 텍스트가 고의적으로 투사하는 이러한 오독은 사실 그의 시혜자로서의 이중적 사명, 즉 가문의 돈을 회복하고 열정에 대한 새로운 이념을 창조해야 할 사명을 위장하는 데 기여한다. 이 새로운 열정의 이념은 지라르(René Girard)의 삼각형적 매개의 의미에서, 이후 마지막 열정의 모델 역할을 하게 될 것이다.

그리하여 선과 악, 사랑과 돈, '연인 역할 배우(jeune premier)'와 가부장적 악당 역 사이에 복잡한 의미소의 혼돈이 발생하고, 이 혼돈이 이 '인물'을 두드러지게 만든다. 그러나 사실은 이 인물은 이 의미소들을 매개하는 메커니즘이다. 이러한 관점을 통해 우리는 히스클리프에 대한 관례적인 기호학적 읽기라면 그 정당성을 간단히 인정해 버릴 서사 모델을 떠나 그 모델로부터 이와 같은 복잡하고 독특한 일탈이 나오게 된 이유들에 대한 역사적 탐구를 향하게 된다. 이 대립들에 대해 우리가 앞서 말했던 내용은 이제 우리로 하여금 이 일탈이 하나의 의미 있는 상징적 행위로 이해될 수 있는 역사적 근거를 개략해 볼 수 있게 해 준다.

히스클리프에 대해서 바이런적이라 칭해진 것은 사실 니체적인 것이라 해도 똑같이 타당할 것이다. 이 독특한 인물 또는 행위항의 장소는 불만족스럽고 비기능적이긴 하지만 그렇다고 독자들로서는 피할 수 없는 윤리적 판단 체계를 자극하여 격분케 한다. 그것은 히스클리프가 이 로맨스에서 역사의 장소이기 때문이다. 그의 신비스러운 부는 그를 서사에는 부재하는 다른 어떤 장소에서의 원(原)자본가로 규정한다. 그러고 나서 서사는 새로운 경제적 에너지를 성적 열정으로 재약호화한다. 그다음 히스클리프가 늙어 가는 과정은 자본주의라는 낯선 활력이 농사짓는 시골 지주의 삶의 태곳적인 (그리고 순환적인) 시간과 화해하는 서사 메커니즘을 구성한다. 구원적이고 소망 성취적인 유토피아적 결말은, 이러한 낯선 활력을 스스로는 쇠락해 가면서도 한층 더 주변화된 시골이 다소 활기를 되찾는 비전을 가능케 하는 너그러운 힘으로 변형시킴으로써 얻어진다. '히스클리프'를 시혜자의 기능에 대한 역사적 변형으로 봄으로써 우리는 개념적 이율배반인 동시에 사회적 모순이기도 한 이데올로기소를 일별할 수 있게 된다. 이데올로기소는 서사를 생성하지만 서사는 또한 이것을 '해결'하는 것을 그 사명으로 삼는 것이다.

기호학적 모델을 이렇게 변증법적으로 재전용함으로써 우리는 고전적 로맨스를 19세기 상황들(이는 특히 리얼리즘 소설에서 보이는, 발생기 자본주의의 새로운 사회적 내용 및 새로운 형식들을 포함한다.)에 역사적으로 적용하는 일이 보다 일반적인 의미를 얻기 위해서는 이들 작품에서 시혜자의 역할을 좀 더 연구할 필요가 있음을 알게 되었다. 스탕달에 대해 앞서 언급한 것은, 특히, 『적과 흑(Le Rouge et le noir)』을 결말짓는 유토피아적 사랑-죽음에 대한 예기치 않은 관점으로 우리를 이끈다. 쥘리앵 자신의 진정한 자아 발견, 레날 부인에 대한 '진정한' 사랑의 재발견은 이제 분명하게 행위항 역할에 있어 레날 부인의 근본적인 변형으로 이해되어야 하기 때문이다. 즉 그녀는 시혜자로부터 주인공의 추구 대상으로 변형된 것이다.

이러한 변형은 스탕달의 서사를 로맨스 구조(이 로맨스 구조의 분석을 통해 로맨스를 읽고 재서술할 수 있는 예비적인 도구들을 얻은 바 있다.)의 단순한 전유나 복제보다 더 복잡한 무엇으로 볼 것을 요구한다. 사실, 이는 마치 스탕달의 소설이 단순히 프롭의 서사 구조의 또 하나의 현시라는 가정에 입각해서 사용된 기호학적 장치가 이제 스스로를 불신하고 자체의 유형화의 한계들을 노정하면서 작업을 완수하는 듯이 보인다. 우리가 스탕달을 먼저 로맨스 구조의 구현으로 읽고 나서, 스탕달의 소설에서 역사적으로 특수한 것은 분석의 출발점이었던 기저의 구조로부터의 일탈 바로 그것임을 인식할 수밖에 없게 될 때 변증법적 계기는 우리에게 다가온다. 그러나 우리가 만일 기호학의 일차적 작업 관례, 즉 텍스트를 우선 프롭의 서사 노선 또는 '심층 구조'의 단순한 복제인 것처럼 분석하고 구도짓는 관례를 존중하면서 시작하지 않았더라면, 우리는 작품의 역사성에 최초로 다가갈 수 있게 한 이러한 특징을 찾아내지 못했을 것이다.

그러므로 우리는 이제,『적과 흑』을 로맨스의 한 사례라기보다는 그 형식의 재구조화를 통한, 일종의 내재적 비판으로 볼 수 있게 된다. 우리가『폭풍의 언덕』에서 다소 다른 방식으로 언급했듯이, 시혜자의 원래 '기능'은 복잡하게 변형되고 전경화되면서 로맨스 자체에 대한 변증법적 자의식과도 같은 그 어떤 것에 이른다. 그러나『폭풍의 언덕』이 시혜자에 대한 '비판'을 도구적 역사의 전 영역에 투사하는 반면, 스탕달에서는 이 기능이 '아버지 같은' 시혜자와 '어머니 같은' 욕망의 대상으로 분열되면서 다소 다른 강조점을 가지고 욕망 현상 자체를 전경화하고, 또 그럼으로써 새로운 상품적 객관-세계의 출현을 반영하게 된다. 그리고 이 세계에서 필연적으로 상품이라는 새로운 상태로 타락할 수밖에 없는 욕망의 '대상들'은 그것들을 둘러싸고 조직된 편력 로맨스의 진정성 바로 그것을 의문시하는 경향을 갖는 것이다.『파름 수도원』 후반에서, 보다 온전히 여성적 시혜자인 산세베리나 공작 부인의 형상이 클렐리아라는 보다 온전히 '욕망할 만한' 대상과 점차 분리되는 것은 이전의 모순을 이차적으로 재봉쇄하는 어떤 것으로 볼 수 있는데 이러한 재봉쇄는 원래의 로맨스 패러다임으로 향수에 차 되돌아가면서, 후기 작품에서 매우 현저한 더욱 오래된 요정 이야기의 분위기를 낳게 한다.

4

장르에 대한 우리의 두 접근 방식들을 역사에 대해 각각 다시 열어 놓음으로써 우리는 장르 역사에 대한 프라이의 개념을 더 잘 평가할 수 있게 된다. 프라이는 장르의 역사를 로맨스가 하나의 모방 층위 또는 '스타일'(상위, 하위, 혼합)로부터 다른 것으로 대체되는 맥락에서 기술한다. 주인공의 지위 변형('다른 사람들과 다른 사람들이 처한 환경 모두에서 그 속성상 우월한', '다른 사람들보다 우월하며 자신이 처한 환경보다 정도에 있어 우월한', '다른 사람들보다 정도에 있어서 우월하지만 자신의 환경보다는 그렇지 못한', '힘에 있어서나 지성에 있어서나 우리보다 못한'[24])은 어떤 '원래의' 태양 신화로부터 로맨스, 서사시와 비극, 희극과 리얼리즘의 층위를 거쳐서, 악마적이고 아이러니컬한, 오늘날의 반(反)영웅의 층위에 이르는 변화를 표시한다. 이로부터 비코 체계*의 마지막 또는 「지옥」편의 마지막("아마 이쪽으로 솟아오른 땅도, 그놈을 피하여 여기에 텅빈 곳을 남겼을 것이다."(lasciò qui loco vòto/ quella ch'appar di qua, e sùricorse))**에서처럼 전체 이야기 체계는 이 변환의 축 위에서 선회하며 원래의 태양 신화가 다시 나타난다. 이러한 의미에서, 『세속 경전 (*Secular Scripture*)』***은 그 자체가 오늘날 가장 강력한 로맨스의 재생이며, 아마도 레비스트로스가 (프로이트의 것을 포함하여) 오이디푸스 신화에 대한 모든 후대의 해석들은 기본 텍스트에 대한 변주들이라고 주장

---

24 Frye, *Anatomy*, 33~34쪽.

* 비코의 역사는 시의 시대, 영웅의 시대, 인간의 시대로 나뉘는데, 이 시대들은 원칙상 순환적으로 반복된다.

** 단테의 『신곡』 1부인 「지옥」편 마지막에서 단테와 스승 베르길리우스는 악마 루키긴기르를 피하여 남반구가 솟아오르면서 생긴 빈 공간을 통하여 밝은 세상으로 나간다.

*** 노드롭 프라이의 연구서(1976). 부제가 '로맨스 구조의 연구'(A Study of the Structure of Romance)이다.

                                       2장 마술적 서사들

한 것과 같은 의미에서, 로맨스 총서에 첨부될 수 있을 것이다.

나는 다른 곳[25]에서 프라이가 환치(displacement)라는 프로이트적 개념을 그 부정적인 함의들(억압, 왜곡, 부정 등)과 함께 사용하고 있지만 프라이 체계의 추진력은 역사적 동일성이라는 이념에 있음을 제시한 바 있다.* 즉 현대의 텍스트들에서 신화적 패턴들을 확인하는 것은 자본주의의 문화적 현재와 부족 사회의 먼 신화적 과거 사이의 유사성을 강화하고, 우리의 정신적 삶과 원시 종족들의 정신적 삶 사이의 연속성을 일깨우려는 목적을 가지고 있는 것이다. 이러한 의미에서 프라이의 해석학은 역사적 차이와 생산 양식들, 그리고 문화적 표현들 사이의 근본적 단절을 제거하는 경향이 있는 '긍정적' 해석학이다. 그렇다면 부정적 해석학은 반대로 역사적 차이에 대한 우리의 의식을 날카롭게 하기 위해, 또 플롯이 역사 안으로 다가갈 때, 그리고 현대 사회의 힘의 장 안으로 들어갈 때 일어나는 현상들을 좀 더 생생하게 이해하도록 우리를 자극하기 위해 신화와 '역사적' 문헌이 공유하는 원재료를 사용하고자 한다.

이러한 관점에서 볼 때, 그렇다면, 양상으로서의 로맨스의 지속이 불러일으키는 문제는 대체(substitution), 적용, 그리고 전유의 문제이며, 전적으로 변화된 역사적 상황에서, 중세 로맨스가 그 사회경제적 환경 속에서 가까이할 수 있었던 마술과 타자성이라는 원재료를 무엇으로 대체할 수 있었는가의 문제이다. 달리 말해서, 양상으로서의 로맨스의 역사는 우리가 봉건제의 붕괴로부터 출현한, 점차로 세속화되고 합리화되는 세계에서 이제는 수많은 죽은 언어들이 되어 버린 옛날 타자성의 마술적 범주를 대신하여 작용하도록 만들어진 대체 약호들과 원재료들을 탐구할 때 가능해진다.

---

25 "Criticism in History," Rudich, ed., *Weapons of Criticism*, 38~40쪽.

* 프로이트의 'displacement'가 프라이의 경우에는 'substitution'의 의미가 강하므로 '대체'로 번역했다.

이러한 세속화 과정 및 대체에 의한 쇄신의 한 교훈적인 실례로 19세기 초 이 장르의 쇄신들 중 하나인 알레산드로 만초니(Alessandro Manzoni)의 『약혼자들(I Promessi Sposi)』을 들 수 있는데, 이 작품은 분명, 도스토옙스키의 『카라마조프 형제들』과 더불어, 소설 형식을 통해 종교적인 비전을 표현하고자 한, 혁명 후의 몇 안 되는 설득력 있는 시도들 중 하나였다. 현재의 맥락에서 보면, 죄와 은총의 상태에 대한 후기 얀센주의적 몰두, 섭리의 작용에 대한 후기 칼빈주의적 매혹과 같은 만초니의 복잡한 신학은 이제 막 시작된 로맨스 형식의 세속화를 특징짓는 것인데 이는 마술적 범주를 종교적 범주로 대체한 것뿐 아니라, 무엇보다도 애니미즘적 힘에 대한 이전의 의식이 훨씬 더 '리얼리스틱'하고 심리적인 개종의 '기적'으로 합리화되는 방식에서 그러하다.

『약혼자들』의 플롯은 선과 악의 힘들 사이에서 점점 더 확대되는 갈등을 그려 내는데, 이 갈등은 분명 여전히 백마술과 흑마술이라는 옛날 범주들과 연결되어 있긴 하지만, 여기에서는 역사적 개인들이 밖으로 방출하는 카리스마적 힘으로 다시 쓰이고 있다. 여기에서 인간은 악으로 고통받는 것 이상으로 악에 전염된다. 렌초는 자신의 결혼을 막으려는 돈 로드리고의 음모를 알게 되자, '이상하고 무시무시한 무엇인가를 행하려는 미친 듯한 열망'에 사로잡히는데, 만초니는 이러한 반응을 다음과 같이 해설하고 있다.

도발하거나 탄압하는 자들, 다른 사람들에게 나쁜 짓을 하는 모든 자들은 그들이 행한 해악에 대해서만이 아니라, 그들이 해친 사람들의 마음속에 일으킨 혼란에 대해서도 죄가 있다. 렌초는 온화한 젊은이로 피 흘리는 것을 혐오했다. 어떤 종류의 속임수도 미워하는 솔직한 젊은이였다. 그러나 그 순간 그의 심장은 오직 죽이고 싶은 충동으로 가득했고, 그의 마음

　　　　　　　　　　　　　2장 마술적 서사들

은 반역의 생각들만을 향했다. 그는 돈 로드리고의 집으로 달려가서 그의 멱살을 틀어쥐고 싶었다……[26]

이 문단은 이 주제에 대한 만초니의 개인적 견해를 표현하고 있어서가 아니라 그것이 결정적 구조를 가진 하나의 세계를 투사하고 그 개요를 그리고 있기 때문에 중요하다. 이 세계에서 도덕적 본질들은 멀리에서 능동적인 힘을 행사하며, 그 안에서 인물-방출은 구전 이야기의 마법의 저주나 초자연적인 신들림처럼 이 서사에서 있을 법한 인과 관계가 된다. 이러한 세계에서, 우리는 악의 계약 바로 그것처럼 풍경을 뒤덮고 있는, 고딕풍 성채 이노미나토가 발산하는 사악한 주문을 인정하게 되고, 페데리고 대주교가 무질서하고 역병에 치인 시골을 통과하여 움직일 때는 그 인품에서 방사되는 자비에 점차로 감동받아 그의 치유력을 믿게 된다. 이 세계에서 가장 중요한 사건은 따라서 개종이며, 기사도 로맨스에서 볼 수 있는 옛날의 육체적 싸움(agon)은 여기에서는 개인의 영혼을 얻기 위한 선과 악의 투쟁으로 변형된다.

새로운 계몽주의적 가치들의 특징을 강하게 갖고 있긴 했지만 보다 발전된 혁명 이후 국가들보다는 훨씬 덜 세속화되었던 당시 이탈리아 사회에서, 섭리의 개념은 여전히 로맨스 서사의 구원 논리와 자본주의 사회 역학이 부과한 역사성에 대한 초기 의식 사이에 적절한 이론적 매개를 제공하고 있었다. 이러한 타협이 가능하지 않은 다른 상황들, 예컨대 스탕달의 상황과 같은 경우, 우리는 태곳적인 것과 세속적인 것 사이에서 기이한 동요와 주저를 볼 수 있다. 쥘리앵이 교수대에서 죽게 될 자신의 미래를 예시하는 신문지 조각을 발견하는 것, 또 『파름 수도

---

26 Alessandro Manzoni, *I Promessi Sposi*, chap. 2; A. Colquhoun의 영역본은 *The Betrothed*(New York: Dutton, 1968), 25쪽.

원』에 등장하는 다양한 점성술 예언과 징조들은 옛날 형식에 나타나는 마술의 잔존물들(세속적 사회에서 사적인 미신으로 추락해 버린)로 읽을 수 있을 것이다.

그러나 스탕달에서 마술의 주된 서사적 기능은 만초니에서보다 훨씬 철저하게 합리화되어 묘하게도 심리의 영역에 다시 기입된다. 백마술과 흑마술이라는 '상위'와 '하위' 세계들은 두 개의 독립적이고 화해할 수 없는 심리적 '심급들'로 다시 쓰인다. 한편에는 자발성과 감수성의 영역, 에로틱한, 그러나 또한 정치적인 열정, 행복과 루소적인 '자연인'의 장소가 있다. 다른 한편에는 허영과 야망, 위선과 계산의 기원이자, 만족을 지연시키고, 사교 관계와 지위에 대한 집착에서 성취를 추구하는 저 모든 자아 활동의 장소가 있다. 스탕달에서 이 두 체계들의 상호 간섭과 이들이 서로를 방해하는 메커니즘들을 보여 주는 언어만큼 충격적인 것은 없다.

우아함이란 자연스럽고 자의식적이지 않을 때 완벽하다. 여성적 아름다움에 대해 뚜렷한 생각을 갖고 있었던 쥘리앵도 그 순간에는 그녀가 기껏 스무 살로밖에는 보이지 않았다. 갑자기 그녀의 손에 키스하고 싶다는 광포한 생각이 떠올랐다. 처음에 그는 자신의 생각을 두려워했다. 그다음 순간 그는 자신에게 말했다. 나에게 도움이 될 것이며 제재소에서 방금 벗어난 노동자에 대한 이 귀부인의 경멸을 베어 버릴 계획을 수행하지 않는다는 것은 비겁한 짓이 될 것이라고.[27]

쥘리앵에게 일어난 결과적인 변화는 옛날 성배 로맨스들에서 황무

---

27 Stendhal, *Le Rouge et le noir*, Book I, chap. 6; translated as *Red and Black*, by R. M. Adams(New York: Norton, 1969), 24쪽.

2장 마술적 서사들

지에 찾아든 물리적, 자연적 황폐함에 대한 심리적 등가물이다. 사실, 옛날의 마술적 풍경은, 언어의 비유 형상들로 약화되긴 했지만,『수도원』에서의 비슷한 상황에서처럼, 스탕달이 그 과정을 언급하는 놀라운 문장들에 밀착해 있다. "특권에 대한 생각이 사람들이 행복이라고 부르는 항상 너무나 섬세한 식물을 말라죽게 했다."(La pensée du privilège avait desséché cette plante toujours si délicate qu'on nomme le bonheur.) 이러한 문장들은 스탕달이 심리학(또는 그의 스승 데스튀트 드 트라시(Destutt de Tracy)가 이데올로기라 부른 것)이라는 초기 '과학'에 대해 자신이 기여하고 있다고 생각한 바의 독창성을 기록하고 있다기보다는, 스탕달이 역사적으로 새로운 유형의 내용을 흡수함으로써 그 형식을 합리화하여 내면화한 사실을 나타낸다.

그러나 같은 역사적 상황에서 아주 다른 대체 전략들을 볼 수 있다. 예컨대, 여러 가지 면에서 스탕달의 절충적인 서사들보다 더욱 순수한 낭만적 예술-로맨스의 표본인 아이헨도르프(Joseph von Freiherr Eichendorff)의『어느 건달의 생활(Aus dem Leben eines Taugenichts)』에서는, 거의 셰익스피어적인 극적 은유가 옛날 구조의 '재동기화'를 주재한다. 그것의 설명 가능한 수수께끼들은 캉디드(Candide)*와 같은 순진한 또는 전도된 부랑아(picaro)인 '건달' 자신의 관점에 의해서 강화되고, 바텀(Bottom)**의 꿈처럼 그의 모험들은 '현실'이 그것들을 중단시킨 뒤에도 기억 속에서 지속된다. 합리화는 이때 새로운 부르주아 사회 질서의 '현실 원칙', 검열로 파악될 수 있는데 상징적 위안을 찾기 위해서는 마술과 섭리의 신비에 대한 동경을 이 검열에서 몰래 숨겨 들여와야 하는 것이다.

---

* 볼테르의 동명 소설의 주인공.
** 셰익스피어의『한여름밤의 꿈』에서 당나귀로 변신하여 요정 여왕의 사랑을 받는 인물.

이리하여 최초의 거대한 부르주아 헤게모니 시대에 로맨스는 옛날의 마술적 내용을 새로운 실증성(신학, 심리학, 극적 은유)으로 대체하는 데서 자신의 재창안 전략을 찾았다. 19세기 말, 세속적 등가물들을 찾는 일이 소진되는 보이자, 카프카(Franz Kafka)에서 코르타사르(Julio Cortázar)*에 이르는 초기 모더니즘에서 특징적인 우회적 방식(indirection)은 환상 문학의 자리를 세속적인 세계의 한가운데에 있는 결정적이며 현저한 부재에 한정하게 한다.

안드레아스는 조르지가 들어가 버린 집에서 방향을 돌려 다소 좁은 거리의 끝으로 걸어갔다. 그 거리는 아치 모양으로 끝나고 있었다. 그러나 이상하게도 다른 한쪽에는 교회가 있는 작은 타원형 광장으로 통하는 운하 위작은 다리가 있었다. 안드레아스는 뒤돌아섰지만, 그렇게 짧은 시간밖에 지나지 않았는데도 비슷비슷한 많은 건물들 가운데서 그 집을 더 이상 분간해 내지 못한다는 사실에 화가 났다. 돌고래 모양의 청동 노커가 있는, 어두운 초록색 문이 맞는 것 같았다. 그러나 문은 잠겨 있었고, 안드레아스는 열린 현관문을 통해서 홀에 있는 조르지를 본 기억이 떠올랐다. 게다가, 안드레아스가 다리로 돌아가 교회 아래의 작은 광장을 살펴보면 서로 헤어질 가능성은 거의 없었다. 거리와 광장은 텅 비어 있었다. 그는 조르지가 그를 찾는 외침이나 되풀이해 부르는 소리들은 물론이고, 그의 발자국 소리도 들을 수 있을 것 같았다. 그래서 그는 다리를 건넜다. 밑으로 작은 보트가 검은 물 위에 정박되어 있었다. 사람이라고는 보이지 않았고, 인기척 또한 없었다. 광장 전체가 무엇인가를 잃어버리고는 그것을 포기해 버린 듯했다.[28]

---

* 1914~1984. 아르헨티나 작가. 마술적 리얼리즘으로 라틴아메리카 문학 붐을 일으켰다.
28 Hugo von Hofmannsthal, *Erzählungen*(Tübingen : Niemyer, 1945), 176쪽, 나의 영어 번역.

2장 마술적 서사들

이 비어 있는 도시 풍경의 기이한 중간 지대적 특질은 오늘날 환상 문학 일반의 표징을 보여 준다. 그 기대에 찬 침묵은 결코 오지 않는 악 또는 은총의 계시를 받아들일 준비를 한 채, 영원히 의미의 가장자리 에 머물러 있는 객관 세계를 드러내고 있다. 사람 없는 거리들, 짓누르 는 침묵은 혀끝에서 나오지 않는 말이나 전혀 기억할 수 없는 꿈과 같 이 이 부재하는 현존을 전달하는 한편, 주체 자신에게 사소하고 외양상 중요하지 않은 느낌들(끊임없이 안드레아스의 주의를 괴롭히는 기이한 것들 (the seltsamerweise), 설명할 수 없는 기질(humor)의 갑작스러운 폭발 ― '안드 레아스는 화가 났다')은 불길한 전조들로 시달리는 정신의 내적 활동을 기록하면서, 세계의 세계성이 그를 통해 현시되는 특권적 매체로서의 기분(Stimmung)에 대한 하이데거의 설명[29]을 확인시켜 준다.

풍경이 낯선 의미로 차 있는 것처럼 보이는 순간들(쥘리앵 그라크 (Julian Gracq))*, 더러운 벽지를 힐끗 본 것이 불안감으로 우리를 숨 막 히게 하거나 액자에 들어 있는 먼 풍경이 마찬가지로 설명할 수 없 는 고양감으로 우리를 채우는 순간들을 지칭하는 데 있어서 영어의 'mood'라는 단어보다 더 강력한 기분은 프라이가 조이스를 따라 로맨 스 '현현(epiphany)'이라고 이름 붙인 것의 구성 요소이다. 그러나 이 용어는 세속화되고 사물화된 현대 자본주의 세계에서 현현이 현전 의 계시처럼 하나의 적극적 사건으로서 가능하다고 제안한다는 점에 서 그릇된 것이다.[30] 그러나 현현 자체가 하나의 신기루라면, 우리 시

---

29 Heidegger, *Sein und Zeit*, 131~140쪽.

* 1910~2007. 프랑스의 초현실주의 작가.

30 "수도원 회랑에서, 아르노 천변에서, 단테로 인해 떠오른 생각들은 그 장소를 완전히 바 꾸어 버려, 그때의 현현 역시 다른 것들처럼 지워져 있었다."("Las cosas que le occurian a Dante en un clauetro de convento o a orillas del Arno han cambiado de localizacion, las epifanias pasan de otra manera…….")(Julio Cortázar, *El Libro de Manuel*(Buenos Aires: Sudamericana, 1973), 279쪽) 사실, 이 소설 핵심부의 꿈우화는 전통적인 현현을 거부하는 어떤 것이며 이전 작품에 대한 이야기꾼의 자기 비판이다. 어두운 극장, 불연속적

대 로맨스의 가장 진정한 사명은 프라이가 환기하고 예언했던 섭리적 비전의 재창안이 아니라, 부재와 형식 자체의 침묵에 의해서 탈신성화(desacralization)의 이데올로기를 표현하는 것이 되며, 베버에서 프랑크푸르트 학파에 이르는 현대 사상가들은 그 이데올로기를 통해 현대 삶의 근본적인 불모성과 압박에 대한 의식을 전달하고자 해 왔다. 그러므로 현대 환상 문학의 위대한 표현들, 로맨스 양식 최후의 알아보기 힘든 화신들은 한때 상위와 하위 세계들이 스쳐 지나 갔으나 이후 내버려진 저 개간지들에 대한 비감상적인 충실성에서 자신들의 마술적 힘들을 끌어오고 있는 셈이다.

5

앞 절에서 우리는 로맨스 형식의 운명에 관한 역사적 서사에 대해 이야기했다. 그리고 이러한 서사(내가 다른 곳에서 '통시적 구성물'이라 부른 것)는 로맨스의 재전유가 불연속적인 역사적 상황들 속에서 이루어졌음을 내내 강조하고 있는데도, 프라이가 단언한 역사적 연속성들 못지않게 '직선적'이다. 그러므로 어느 쪽이든 로맨스의 '역사'를 쓴다는 것은 외관상 인식 가능한 주인공(말하자면 크레티앵 드 트루아의 로망(romans)에서 실현된 어떤 '완전한' 로맨스)이 정교한 이탈리아 시와 스펜서의 시로 진화되었고, 셰익스피어적 장관이 스러져 가는 짧은 황혼기 동안 무대에 올랐다가 낭만주의에서 부활했는데, 이때는 소설로 위장

이며 프리츠 랑(Fritz Lang, 1890~1976, 독일-오스트리아의 표현주의 영화감독. 필름 느와르 장르의 창시자——옮긴이)의 영화처럼 편집된 꿈, 서반구 최초의 해방된 영토에서 온 쿠바인의 메시지, 그의 억제된 가르침(kerygma)이 사건들이 진행됨에 따라 서서히 표면으로 떠오른다. 깨어나라!

2장 마술적 서사들

한 채 스탕달과 만초니, 스콧과 에밀리 브론테의 예술-로맨스를 통해 새로운 생존 방식을 유지해 갔으며, 마침내 현대에 와서 한편으로는 환상 문학(코르타사르, 카프카), 다른 한편으로는 판타지(알랭-푸르니에, 쥘리앵 그라크)라는 예기치 못한 형식적 변용 아래 살아남아 있다는 서사를 구성하는 것으로 보인다. 이는 분명 버지니아 울프(Virginia Woolf)의 『올랜도(*Orlando*)』* 계열의 허구라고 이야기 될 수도 있고, 헤겔의 관념론적 역사 기술, 진화론, 또는 '구식의 직선적 역사'에 가해지는 오늘날의 가장 신랄한 알튀세르적 또는 니체적 비난을 받을 수도 있다.

자주 듣게 되는 이러한 비난들이 일종의 '타자의 사유'(언제나 다른 사람들에게 돌려지는 비사유(nonthinking)의 전도된 이미지)를 투사하는 경향이 있기 때문에, 외양상 인정하기 어려워 보이는 이런 통시적 연속물의 구성에 포함된 정신 작용을 좀 더 세부적으로 검토할 가치가 있다. 예컨대 프라이가 주된 이야기의 '기능들' 중의 하나인 에이론(eiron)을 허풍에 찬 사기꾼인 알라존(alazon)과 대립시켜 자신을 비하하는 사람으로 기술할 때, 우리는 여전히 기능들이 서로의 논리적 반전으로 이해되는 공시적 체계 안에 있는 것이 분명하다. 그러나 그는 뒤이어 다음과 같이 언급한다.

또 하나의 중심적인 에이론 형상은 주인공의 승리를 가져올 계략을 꾸미는 일을 맡는 유형이다. 로마 희극에서 이 인물은 언제나 꾀바른 노예, 돌로수스 세르부스(dolosus servus)이며, 르네상스 희극에서는 계략을 꾸미는 시종이 되는데, 대륙의 희극에서 자주 등장한다. 스페인 극에서는 그라시오소(gracioso)라고 불린다. 현대의 독자들에게 가장 익숙한 예로는 피가로와 『돈 조반니』의 레포렐로가 있다. 그라시오소처럼 광대와 친연성을 가진 미코버

---

* 1928년작. 엘리자베스 시대부터 현대까지 300년에 걸쳐 남성에서 여성으로 성을 바꾸어 가며 산 올랜도의 생애를 그린 소설.

(Micawber)와 스콧의 『성 로난의 우물(*St. Ronan's Well*)』에 등장하는 터치우드(Touchwood) 같은 19세기의 중개적 인물들을 거쳐 그는 현대 소설의 아마추어 탐정으로 진화한다. 우드하우스(P. G. Wodehouse)의 지브스(Jeeves)는 에이론 형상의 보다 직접적인 후손이다.[31]

프라이가 여기에서 사용하고 있는 진화론적 언어는 분명 이러한 일련의 동일시들을 미시 서사(micronarrative)의 형식으로 구성하고 재현하게 만들고 있다. 그러나 이 미시 서사가 공시적 기능을 가지고 있는지 그리고 꼭 문제의 텍스트들 중 한 가지로 되돌아감으로써 완결되어야 하는 것인지는 분명하지 않다. 이러한 두 움직임들은 현재 통용되는 상호 텍스트성 개념에서 다시 동일시되는데 이는 개별 텍스트의 입체적 비전을 투사하는 데서 통시적인 연쇄의 적절한 사용법을 발견한다는 점에서 유용하다. 그러므로 프라이의 문장에서, 미시 서사의 기능은 미코버*의 형상을 어떤 '진화론적' 이론의 증거로 사용하는 것이 아니라, 오히려 그의 모든 조상 및 후손들과 함께 새로운 구성체 및 다차원적인 존재의 형식 안에서 이 인물을 다시 쓰는 방식으로 미코버 자신에게로 돌아가도록 허용하는 것이다. 즉 꾀바른 노예에서 미코버의 '원본'을 찾아 그를 대체하거나 지브스**로 그를 해소하는 것이 아니며, '꾀바른 노예로 여겨지는 미코버'로 정의될 수 있는 새로운 서사 요소를 산출해 내는 것이 목적인 것이다.

그러나 이미 언급했듯이, 동일성과 지속성에 기초한 이러한 상호 텍스트적 구성은 통시적 구축이 취할 수 있는 유일한 형식은 아니다. 통

---

31 Frye, *Anatomy*, 173쪽.
* 디킨스의 『데이비드 커퍼필드』에 등장하는 재주 많은 하인.
** 20세기 초반의 영국 사회를 유머러스하게 묘사한 P. G. 우드하우스(1881~1975)의 일련의 소설들에 등장하는 총명한 하인.

2장 마술적 서사들

시적 구축은 또한 텍스트 안의 결정적이고 중요한 부재, 즉, 사라진 항목을 애초에 생성했던 저 연속체를 재확립할 때에야 비로소 가시적이 되는 그러한 부재를 기록하기 위해 사용될 수도 있다. 아이헨도르프의 중편 소설은 다시금 이러한 부정적 상호 텍스트성에 대한 증거를 제공한다.

우리가 이미 언급했듯이, 이 중편 소설의 연극성(문체상, 이 텍스트는 상연된 연극을 가상하여 필사한 것으로 읽힐 수도 있다.)은 로마적 전통에서부터 셰익스피어에 이르는 착오 희극(comedy of errors, 꼭 닮은 인물, 변장, 성별의 혼동, 제의적인 신분 드러내기)의 긴 전통 안에 등재되어 있다. 이러한 형식적 친화성은, 윌리엄 엠프슨(William Empson)*이 『목가의 변용 형태들(Some Versions of Pastoral)』에서 기술했듯이, 연극의 이중 플롯과도 부가적인 친연성을 가진 것인데, 이중 플롯에서는 귀족의 플롯 노선이 출생 신분이 낮은 주인공의 하위 플롯에서 반복된다.(그리고 때로는 전도된다.) 그러나 『어느 건달의 생활』을 이러한 장르 연속체 안에 위치시킴으로써 우리는 현저한 또는 중요한 부재를 주목하게 된다. 아이헨도르프의 중편 소설은 오직 이차적인 노선, 희극적인 것, 또는 낮은 계급의 하위 플롯만을 가진 이중 플롯 체계로 파악할 수 있다. 귀족적 요소(애정 도피라는 배경 상황 등)로 말하면, 그것은 너무나 잘 알려져 있고 정형화되어 있어서 재현할 필요조차 없고, 단지 함축된 의미로만 기능한다. 모든 것이 해명되는 순간에, 당황한 주인공에게는 "여태껏 소설도 읽어 본 적이 없느냐!"라는 힐난만 돌아온다. 따라서 우리는 『어느 건달의 생활』에서 귀족의 주 플롯이, 그것을 명시적으로 나타낼 경우 새로운 혁명 이후의 독자에게 독일에 유사-봉건적 권력 구조가 잔존해

---

* 1906~1984. I. A. 리처즈의 제자로 『뜻 겹침의 7가지 유형(7 Types of Ambiguities)』으로 신비평적 "자세히 읽기"의 선구자로 여겨진다. 그러나 그는 주류 신비평가들과는 달리 정신분석학 및 마르크스주의적 관점을 주요한 분석 도구로 사용했다.

있다는 사실을 피할 수 없이 상기시킬 것이라는 전략적 이유 때문에 구조적으로 억압되었다는 결론을 내려야 한다.

그러나 이제 『어느 건달의 생활』을 주요한 장르 연쇄인 착오 희극의 '전통' 안에 삽입하되 이를 다른 방식으로 읽음으로써 기능상의 결정적인 변화를 등기할 수도 있다. 셰익스피어적인 보상(quid-pro-quos), 즉 스캔들을 일으키는 연애 행각이 웃음으로 끝난다든가, 외관상 남자인 인물들끼리의 금지된 만남에서 하나가 처녀임이 드러나면서 안전함을 회복하는 동성애적 함의를 지닌 극 등과 표면상의 재료는 여전히 동일하다. 그러나 아이헨도르프에서, 이러한 금기와 위반의 연애 행각은 이제 없어서는 안 될 견제적 기능을 수행하는 대체물이 된다. 훨씬 더 위험하고 폭발적인 금기의 힘, 즉 귀족 여인에게 구애하는 농사꾼 청년의 스캔들이 일으키는 이종 혼인 같은 불안을 다른 데로 돌리는 의미가 있는 그러한 대체물로 기능하는 것이다. 동성애 희극은 이 좀 더 불온한 사회적 불안으로부터 우리의 주의를 분산시키고, 문제의 처녀가 귀족 여인이기는커녕 실제로는 '겨우 문지기의 질녀였다!'는 계급적으로 안도감을 주는 사실이 밝혀지면서 다시 단순한 가상으로 치부되어 폐기된다. 그렇다면 이러한 두 개의 상호 관련된 통시적인 또는 상호 텍스트적인 구축물들은, 텍스트를 서로 구별되는 많은 서사 체계들의 상호 공존, 모순, 구조적 위계질서, 또는 불균등 발전으로 다시 읽게 해 준다. 그리고 이런 독해의 가능성으로 인해 다시 텍스트를 사회적으로 상징적인 행위로, 역사적 딜레마에 대한 이데올로기적(그러나 형식적이며 내재적인) 반응으로 파악할 수 있게 된다.

그러나 나는 내가 직선적 역사에 대한 비판을 시인했다거나, 이러한 상호 텍스트적 구축 과정에서의 통시적인 계기를 단지 어떤 '필요한 허구'나 작업상의 신화로만 인정했다거나 하는 식으로 성급하게 이해되는 것은 원치 않는다. 진화적 역사에 대한 비판은 지방 박물관 유리판 밑에 놓인 '어린 시절 볼테르의 두개골'을 보았다고 주장하는 여행자에 대한 레이몽 루셀(Raymond Roussel)*의 기담이 보여 주는 역설을 통해 극적으로 표현될 수 있다. 여기에서 나타나는 논리적 모순은 시대착오적으로 한 체계에 대한 명칭을 아직 존재하고 있지 않은 체계에 대한 명칭의 '선행자(precursor)'로 지칭하는 것이다. 그래서 마르크스주의는 신화를 만들어 전(前)자본주의 체계의 요소들(예컨대, 상업 또는 상인 자본)을 아직 존재하지 않은, 그리고 인과적으로나 기능적으로나 이러한 요소들과는 아무런 관련이 없는 보다 온전한 자본주의 체계의 진화론상의 선행자들로 변형시킨다는 비판을 듣는다. 그러나 이것은 전혀 『자본』이 실제로 이야기하고 있는 것이 아니다. (다윈의 저작도 마찬가지인데, 그에 대해서도 언젠가 비슷한 교정 작업이 있어야만 한다.) 마르크스에 있어서 통시적 재현은 헤겔적 또는 진화론적인 것으로 낙인찍힌 저 연속성의 원리를 따라 구축된 것이 아니라 오히려 전혀 다른 것, 즉 니체가 처음으로 분별하여 계보학이라고 칭한 것에 따라 구축된 것이다. 계보학적 구축에서는, 만개한 체계(마르크스에게는 자본주의, 이 책에서는 사물화)에서 출발하여 그 맥락에서 과거의 요소들을 객관적 전제 조건들로서 '인위적으로' 고립시킬 수 있다. 계보학은 역사적 서사가 아니다. 그것은 엑스레이처럼 공시적 체계에 대한 우리의 지각을 새롭게 하는 본질적 기능을 지니고 있으며, 그 통시적 관점들은 현재 주어진 체계의 기능적 요소들을 지각 가능하게 만드는 데 기여한다.

그러나 우리가 언급했던 통시적 구축물 모두가 이런 방식으로 작용하는 것이 아니라는 점, 그리고 특히 때때로 강한 항목(예컨대 프라이

---

* 1877~1933. 프랑스의 시인, 소설가, 체스 애호가. 초현실주의와 레이몽 크노 등의 실험 문학, 누보로망에 영향을 끼쳤다.

의 꾀바른 노예)으로 시작하는 것으로 보이지만 이후 변형태는 그와 반대로 그 항목의 해소일 수도 있다는 점을 언급하게 될 것이다. 이처럼 우리가 계보학이 개념상 존중할 만하다는 것을 인정하더라도, 이 제2의 연쇄는 불가피하게 어떤 '기원의 신화'를 투사하는 것처럼 보일 것이다. 이제 이 구축 유형을 좀 더 자세히 살펴보자. 우리는 이것을 형식적 침전(sedimentation) 모델이라고 칭할 것인데 이 모델의 기본이 되는 이론은 에드문트 후설(Edmund Husserl)의 것이다.[32] 장르 문제에만 한정

---

[32] 이 과정에 대한 후설의 주된 설명(실천의 억압을 통한 갈릴레이 과학의 형성)은 좀 길게 인용할 만하다. "이제 우리는 일찍이 갈릴레오 때부터 생겨난 매우 중요한 어떤 것을 언급해야 한다. 수학적으로 기초된 이념성들(idealities)의 세계가 유일하게 현실적인 세계, 즉 지각을 통하여 실제로 주어진, 이제껏 경험해 왔고 또 경험 가능한 세계(우리의 일상생활 세계)를 은밀하게 대체하는 것이 그것이다. 이러한 대체는 신속하게 그의 계승자들, 이어지는 여러 세기의 물리학자들에게 전달되었다.

　갈릴레오 자신도 순수 기하학 분야의 상속자였다. 상속된 기하학, 즉 '직관적' 개념화, 증명하기, 구성하기의 기하학은 더 이상 본래의 기하학이 아니다. 이러한 종류의 '직관성'에서 기하학은 이미 의미가 비어 있다. 고대 기하학조차도, 그 나름의 기술(techne)들로서 진정 직접적인 직관 및 본래적으로 직관적인 사고의 원천들, 즉 이른바 기하학적 직관, 즉 이념성들을 가지고 작업하는 직관이 애초에 자신의 의미를 이끌어냈던 원천들로부터 떠나 있는 것이었다. 이념성의 기하학 이전에 이념성에 대해 아는 바가 없는 측량이라는 실용적 기술이 존재했다. 그러나 이 전(前)기하학적인 성취가 기하학의 의미-지형, 위대한 이념화의 창안을 위한 지형이었다. 이는 기하학적 이념 세계를 창안하고 '수학적 실재'를 창조하는 건축을 통해 이념성들을 객관화해서 규정하는 방법론을 제공했다. 갈릴레오가 모든 이론적, 실천적 삶의 원래 토대(직접적으로 직관된 세계, 그리고 여기에서는 특히 경험적으로 직관된 신체들의 세계) 위에서 실행된 이념화로서, 기하학적 이념 구축으로 귀결된 원래의 의미-부여적 성과를 되돌아가 탐구하지 않은 것은 치명적인 실수였다. 그는 이 모든 것, 즉 어떻게 이 세계와 그 형상들에 대한 자유롭고, 상상적인 변용이 정확한 형태들이 아니라 오직 경험적으로 가능한, 직관할 수 있는 형태들로만 제시되는지, 또한 진정하게 기하학적인 이념화에는 어떠한 새로운 성취가 요구되는지 면밀히 검토하지 않았다. 왜냐하면 상속된 기하학의 경우, 이러한 기능들은 더 이상 생동적으로 실행되지 않았기 때문이다. 이 기능들이 정확성의 의미를 내부로부터 인식하는 방법으로 이론적 의식에 반성적으로 다가오는 일은 더욱 드물었다. 그리하여 자체의 직접적으로 분명한 선험적 '직관'과 그것을 가지고 작동하는 사유를 갖춘 기하학은 더 이상의 말썽 없이 있는 그대로 '명백하게' 적용될 수 있는, 자족적인, 절대 진리를 산출하는 어떤 것으로 보이게 되었다. 이러한 명백성이 하나의 환상이었다는 것……, 기하학의 적용이라는 의미 자체도 복잡한 원천들을 갖는다는 것, 이런 것은 갈릴레오와 이후 시대에 감추어진 채로 남아 있었다. 그러므로, 바로 갈릴레오로부터 전과학적으로 직관된 자

한다면, 이 모델이 함축하는 바는 장르는 출현 당시의 강한 형식에서는 본질적으로 사회-상징적인 메시지라는 것, 또는 다른 말로 하면, 형식은 내재적·본질적으로 그 나름의 이데올로기라는 것이다. 이러한 형식들이 아주 다른 사회적·문화적 맥락에서 재전유되고 재형성될 때, 이 메시지는 살아 남아서 반드시 새로운 형식 안에 기능상 포함되게 된다. 음악의 역사는 이러한 과정을 가장 잘 보여 주는데, 민속춤은 미뉴에트 같은 귀족 형식들로 변형되고(문학에서 목가가 그러하듯이), 그다음 낭만주의 음악에 와서야 비로소 새로운 이데올로기적 (그리고 민족적인) 목적들을 위해 재전유된다. 당시 고풍스러운 것으로 취급되던 옛날 다성음악이 본격 낭만주의의 화성 체계에 침투할 때 이 과정은 한층 결정적으로 나타난다. 이렇게 침전된 형식의 이데올로기 자체는 이후의 보다 복잡한 구조 안에 장르적 메시지로 존속하며, 이후 단계의 요소들과 모순적으로, 또는 매개적이거나 조화적인 메커니즘으로 공존한다.

구조적으로 모순적인 또는 이질적인 요소들, 장르 패턴들 및 담론들의 공시적인 통합체(에른스트 블로흐를 따라, 단일한 텍스트 구조 내의 비동시성(Ungleichzeitigkeit), 또는 공시적인 '불균등 발전'이라고 부를 수 있는[33])로서의 텍스트 개념은 이제 프라이의 대체 개념 역시 옛날의 심층 구조 형식과 그 형식이 자신을 기입하고 재주장하려 하는 당대 재료

연을 이념화된 자연으로 은밀히 대체하는 일이 시작되는 것이다."(Edmund Husserl, *The Crisis of the European Sciences and Transcendental Phenomenology*, trans. David Carr(Chicago: Northwestern University Press, 1970), 48~49쪽) 후설의 인식은 이제 Alfred Sohn-Rethel의 주목할 만한 책, *Intellectual and Manual Labour: A Critique of Epistemology*(London: Macmillan, 1978)에서 사적 유물론의 토대 위에 기반하게 되었다. 이 저작은 루카치의 『역사와 계급 의식』이 사물화 이론에 대해서 그랬던 것과 같은 방식으로 과학적 추상의 이론에 대한 철학적 기초를 마련하고 있다. 그 연구 결과가 이 책에 일관되게 전제되어 있다.

33 Ernst Bloch, "Nonsynchronism and Dialects," *New German Critique*, No. 11 (Spring, 1977), 22~38쪽.

들 사이의 갈등으로 다시 쓸 수 있음을 시사한다. 뿐만 아니라 이는 장르 이론이 적절히 사용되기만 하면, 이는 반드시 이런저런 방식으로 여러 장르 양상들 또는 요소들 사이의 공존 또는 긴장의 모델을 투사하게 마련이라는 결론으로 이어지는 것 같다. 그리고 이런 방법론적 원칙과 더불어 전통적인 장르 비평에서 나타나는 유형화의 남용이 결정적으로 종식된다.

이전의 사회 구성체들에서 나름의 객관성을 지니며, 개별 작품이 그 안에서 출현하고 또 그것을 통해 자신을 규정하는 일종의 형식상의 환경 또는 역사적 상황과 같은 것을 제공했던 전통적인 장르 체계들(예컨대 비극과 희극, 또는 서정시/서사시/극)이 오늘날의 비평가들에게는 본질적으로 변별적인 지각을 자극할 기회를 제공한다는 것이 분명하다. 이러한 기회에, 비평가가 어떤 텍스트 전체를 이런저런 전통적 부류 안에, 예를 들어 희극이 아닌 로맨스로 '분류'한다면, 이러한 결정의 추진력은 이 텍스트와 양상의 특수성을 이제 그것과 변증법적인 대립 안에서 파악된 다른 장르와 대비하여 규정하려는 것이 된다. 그러므로 프라이가 하듯이 로맨스를 소망-성취의 맥락에서 규정하는 것은 이미, 이 형식과 역시 소망-성취적인 서사 구조임이 분명한 희극을 체계적으로 변별하는, 비교 분석을 암시적·명시적으로 수행하는 것이다. 그러나 희극의 재료는 그 장르적 대립물인 로맨스의 윤리적 대립과 마술적 힘이 아니라, 폭군적 아버지와 반항하는 젊은 세대, 그리고 결혼과 성적 충족에 의한 사회 질서의 쇄신과 같이 오이디푸스적 상황을 보여 주는 것들이다. 희극이 능동적이고 욕망과 그 장애물 간의 사건을 전개하는 반면, 로맨스는 운명과 섭리의 기호들 아래에서 전개되고, 세계 전체의 변형을 외부적 지평으로 갖는다. 이러한 변형은 저 계시들에 의해 궁극적으로 봉인되는바, 불가해한 성배 자체가 그 계시의 상징이다. 희극은 그 궁극적 전망에 있어서 사회적인 반면, 로맨스는 결국 형이상학적이다. 그리고 희극의 소망-성취들이 생식기 단계의 것으로 확정될 수 있는 반면, 로맨스는 옛날의, 보다 태곳적인 환상 자료를 드러내고 구강 단계와 그 불안(방해하는 아버지-마술사-악당의 사악한 주술) 및 위안(섭리적 비전)을 재연하며, 아이가 어머니와 맺는 보다 수동적이고 공생적인 관계를 다시 일깨우는 것처럼 보일 것이다. 그러나 이러한 정신분석학적 읽기들이 꽤 적절한 것이라 하더라도, 이는 이 양상들에 대한 진단이 아니라 두 형식을 좀더 철저히 변별하여 기술하기 위한 새로운 모티프나 계기로 이해되어야 한다. 특히, 정신분석학적 비평이 이러한 형식들에서 찾을 수 있다고 생각하는 태곳적 환상 자료는 어떤 순수 상태에서 출현하는 것이 결코 아니며, 언제나 일정한 사회적·역사적 상황을 통과하게 마련으로, 그 상황 안에서 '성장한' 이데올로기에 의하여 보편화되고 재전유되는 것이다. 그렇다면 한 텍스트의 환상 층위는 어떤 문화적 산물에 반향하는 원초적 동력과 같은 것으로서, 언제나 전환되어 다른 이데올로기적 기능들에 봉사하면서 우리가 정치적 무의식이라고 부른 것에 의해 재투여되게 마련이다. 우리는 사실 이미 아이헨도르프의 중편 소설에서, 그 본능적 원천들이 어떤 것이건 관계없이 작용하는 이러한 이데올로기적 재전유 과정을 언급했다.『어느 건달의 생활』에서, 희극적 양상(아버지의 장소, 욕망에 대한 장애물의 장소이지만, 또한 사회적 모순의 장소이기도 한)은 섭리적 또는 모성적 조화라는 아주 다른 전망과 함께 마술적 환영의 장르적 담론에 의하여 체계적으로 지워진다. 그러나 신성 동맹 시대의 독일에서 이러한 본능적 타협은 이데올로기적으로 상징적인 하나의 행위이기도 한 것이다.

그러나 우리가 19세기 소설 생산의 기념비들인 절충적 옴니버스 형식들을 다루어야 할 때, 작품을 이런저런 전통적 장르 범주로 포괄적으로 바로 분류하는 것은 문제적인 작업이 된다. 예컨대, 만초니의 위대한 작품은 로맨스가 아니라 우리가 역사 소설이라 부르는 것의 탁월한 구현체들 중 하나는 아닐까? 또는 헬리오도로스(Heliodoros)*의 『에티오피카(*Ethiopica*)』에서처럼 연인들이 미로같이 복잡한 모험들과 우연의 일치로 헤어졌다가 결국 다시 만나는 비잔틴 소설**의 뒤늦은, 그리고 예기치 않은 화신으로 보아야 하는 것은 아닐까? 스탕달의 소설들은 교양 소설(Bildungsroman)이라는 좀 더 전통적인 개념 아래에서 훨씬 쉽게 분류되는 것이 아닐까? 이러한 모든 불확실성과 잘못된 문제들은 분명 양상에 대한 비평상의 선택 사항에도 또 서사 구조에도 일치하지 않는 '형식'인 소설이 낳는 것이다.

그러나 소설의 절충주의 그 자체는 다른 유형의 장르 분석의 기회가 될 수 있다. 예컨대 『약혼자들』에서, 연인들의 이별은 만초니가 서로 다른 장르 양상으로 읽을 수 있는 두 개의 명확히 구별되는 서사 노선을 쓰게 했다. 예컨대 루치아의 곤경은 그에게 고딕 소설의 재료가 되는데, 여성 희생자가 하나의 함정을 피하면 더 괴로운 함정에 빠지면서, 점점 더 사악한 성격의 악당들과 대면하게 된다. 그리고 이 과정이 악과 구원이라는 의미소 체계의 전개를 위한, 그리고 영혼의 운명에 관한 종교적·심리적 비전을 위한 서사 장치를 제공하는 것이다.

다른 한편, 렌초는 역사와 막강한 군사들의 교체가 이루어지는 큰 세계(grosse welt), 민족들의 운명이 갈리고 국가들이 영고성쇠하는 영역을 통과하여 방랑한다. 그의 에피소드적 경험들, 형식적으로 모험 소설(roman d'aventures)의 경험 같은 것, 농부 캉디드의 재난들은 그러므로 루치아 서사의 내향적이고 심리화하는 것과는 아주 다른 서사 언어역을 제공한다. 즉 그것은 밀라노의 식량 폭동과 경제 불황, 자객들이 난

---

* 3세기경 그리스 로맨스 작가.
** 12세기 동로마제국에서 고대 그리스 로맨스를 다시 활성화한 소설.

2장 마술적 서사들

무하는 무법천지와 국가의 무능력, 그리고 최종적으로 (역사를 넘어 그것을 다스리는 저 '신의 행위'로 나아가는) 역병이라는 최악의 사건, 그리고 이어지는 국토의 회복에서 그 진리의 계기에 도달하게 되는 사회적 삶에 대한 경험인 것이다. 그렇다면, 이러한 읽기에서 외양상 통일된 형식으로서의 '소설'은 우리가 장르적 불연속(generic discontinuities)이라 부르고자 하는 것에 의하여, 층지어지고 무늬지어진 텍스트 구조를 드러내기 위해 고안한 일종의 엑스레이 기법 아래 놓이게 된다. 이때 소설은 유기적 통일성이 아니라 나름의 특수하고도 모순적인 이데올로기적 의미를 지닌 이질적인 서사 패러다임들을 재통합하거나 조화시키는 상징적 행위인 것이다. 어쨌든 이들 두 상호 구별되는 장르 양상들(이후의 부르주아 사회에서는 이들이 사적인 것과 공적인 것, 심리적인 것과 사회적인 것의 각기 밀폐된 구획들 안으로 확고하게 서로 분리될 것인데)의 체계적인 섞어 짜기(interweaving)가 만초니의 책에 세계 문학에서 그에 필적할 만한 것을 찾기 어려운 폭과 다양성, 그리고 총체화하는 '완전성'의 외양을 부여하는 것이다.

스탕달의 경우 더 직접적으로 이러한 층들과 내적인 불연속으로부터 서로 구별되면서 침전되어 있는 장르 담론 유형들의 공존 상태로 추적해 갈 수 있다. 이 유형들이 바로 과정으로서의 소설이 작업해야 할 '원재료'들이다. 파름 공국과 대공 개인의 권력을 중심으로 한 『파름 수도원』의 궁정 재료는 발자크에서 프루스트에 이르기까지 프랑스 문학에 자양분을 제공해 온 정치적 가십과 회고록 문헌들로부터 유래한 것인데 생시몽*의 저작들은 이런 경향의 원천인 동시에 기념비로 남아 있다. 그 특권적 내용은 제스처, 더 특정하게는 그 제스처를 재치 있는 말

---

* Saint-Simon, Louis de Rouvroy, duc de. 1675~1755. 프랑스의 군인이자 위대한 회고록 저술가. 루이 14세 후기 및 섭정 시대에 대한 중요한 역사적 기록을 남겼다.

(trait d'esprit)로 구현하는 일이고, 그 특권적 형식은 일화이다.

다른 한편, 파브리스의 이야기는 아주 다른 장르적 또는 담론적 영역의 실행인데, 우리는 이것을 이미 관념 체계(idéologues) 내지 스탕달 자신의 책『사랑에 관하여(De l'amour)』에서 특수화된 의미의 내적 성찰(introspection) 또는 심리의 영역으로 특징지은 바 있다. 즉 본질적으로 알레고리적인 미시 서사들 안에서 정신의 연상 작용 과정들이 펼쳐지는 것이다. 이 양식의 계몽주의적 합리성은 그 자체가 그 이전 17세기 프랑스의 모럴리스트들(moralistes)의 분석적 전통에 대한 변용이며, 따라서 회고록(mémoires)에 도덕적 경구를 더한 스탕달의 책들은 프랑스 고전주의의 두 가지 비교적 관습적인 기질들과 충동들을 재통합한 것으로 드러난다.

이러한 장르 분석은 이처럼 그 작용을 연장하여 장르 범주들 자체(고딕과 피카레스크, 회고록과 연상 심리)가 다시 한 번 역사적 모순들 또는 침전된 이데올로기소들로 용해되는 지점에까지 이르며 이 맥락에서만이 그 범주들은 이해 가능해진다. 장르의 작업 범주 자체가 해체되고 포기되는, 장르 분석의 이 최종적인 계기는 마지막 원칙을 제시한다. 그 원칙에 의하면 모든 장르 범주들은, 그것이 아무리 전통적인 것이고 시간을 통해 신성화된 것일지라도 궁극적으로 특정한 텍스트 계기를 위해 고안된 것으로서 분석이 제 일을 다했을 때는 마치 발판처럼 버려지는 단지 특별한 실험상의 구축물로 이해된다.(또는 '거리를 두게 된다.') 이는 사실 사람들이 소설을 위해 발명한 다양한 장르 분류에 있어서 이미 명백해진 상황이다.(그리고 우리는 위에서 그중 몇몇을 제시했다. 교양 소설, 역사 소설, 모험 소설 등.) 이러한 분류들은 사실 그것들이 상대적으로 자의적인 비평 행위라고 느껴지는 한에서만 효과가 있으며, 교양 소설의 범주처럼 '자연적' 형식들로 생각되는 순간 그 활력을 상실한다. 이렇게 해서 장르 비평은 그 자유를 회복하고, 실험적 실체들의 창조적 구축을 위한 새로운 공간을 열어 놓게 된다. 루카치가 솔제니친을 '밀폐된 실험실 상황'이라고 칭할 만한 새로 발명된 '장르'의 맥락에서 읽을 때[34]가 바로 그런 경우다. 이 실험적 실체들은 그 '통시적 구축물들'을 투사하는데 이는 단지 이러한 소설들을 상징적 행위로 읽을 수 있는 공시적인 역사적 상황으로 좀 더 확실하게 돌아가도록 만든다.

6

구조주의적 연구 방법 또한 역사에 대하여 특정한 방식으로 열려 있는 것으로 우리는 이제 그것을 기술해야만 한다. 우리는 이미 이러한 분석이 가장 잘 이루어졌을 때 나타나는 구조적 규범과 텍스트적 일탈 작용을 언급했다. 그러나 우리는 이런 분석 작용이 두 개의 항이 아니라 세 항들에 관한 과정임을, 그리고 그것의 더 큰 복잡성이 구조적 분석을 규범과 일탈의 전통적인 체계들(예컨대, 시적 언어에 관한 일련의 이론들, 또는, 정신적(psychic)인 것의 영역, 위반의 이론들 등에서 볼 수 있는)과는 사뭇 다른 어떤 것으로 만든다는 점을 아직 언급하지 않았다. 보다 완전한 이 구조적 모델에서 변증법적인 것은 제3의 항이 언제나 부재한다는 것, 더 적절하게 말하면, 그것이 재현될 수 없다는 점이다. 현시 텍스트도, 하나의 공간적 상형 문자로 우리 앞에 명백하게 구도지어지는 심층 구조도 아닌 제3의 변수는 이런 분석에서 필연적으로 부재 원인으로서의 역사 자체이다.

이 세 변수들 사이의 관계는 변환 도식, 또는 조합(combinatoire)으로 정식화될 수 있는데, 여기에서 어느 한 항의 체계적 변형 또는 변환

---

34 Georg Lukács, *Solzhenitsyn*, trans. W. D. Graf(Boston: MIT Press, 1969), 35~46쪽.

은 다른 두 항들에 결정적인 변용을 생성함으로써 우리로 하여금 전체 체계를 형성하는 접합 관계(articulate relationships)를 읽을 수 있게 해준다. 이처럼, 어떤 심층 서사 구조를 벗어난 개별 텍스트의 일탈은 담론 층위에서의 구조의 완전한 현시 또는 반향을 가로막는 역사적 상황의 저 결정적인 변화들을 주목하게 한다. 다른 한편, 서사시 같은 특정 장르 구조의 재생산 실패는 그 뒤를 이어 나타난 대체 텍스트 구성체들에 대한 탐구를 고무시킬 뿐만 아니라, 더 특정하게는 원래의 구조를 의미 있게 한, 이제는 더 이상 존재하지 않는 역사적 토대를 주목하게 한다. 마지막으로, 역사적 항목에 대한 선험적이고 실험적인 변환은 이러한 형식들 또는 텍스트들이 엄밀하게 볼 때 착상될 수 없는 인위적인 실험실 상황들을 산출함으로써, 형식 및 텍스트들이 역사적 전제 조건들과 맺는 구성적 관계에 대한 우리의 인식을 자극할 것이다. 이리하여, 역설적으로, 이러한 조합의 궁극적 모델은, 서사시에 대한 헤겔의 성찰들('오늘날 우리의 기계와 공장들은 그 생산물들과 더불어 …… 원래의 서사시가 요구하는 삶의 배경과는 조화를 이루지 …… 못하는 것이다.')[35]을 우리에게 상기시킨다. 헤겔의 사유에는 근본적인 구조적 발견, 즉 심층 구조와 현시 텍스트라는 두 변수들이 부재한다는 것을 제외한다면 말이다.

역설적인 것은, 물론, 이렇게 해서 구조적 분석이 내가 다른 곳에서 '내용의 논리'라 부른[36] 제3항, 즉 사회적 삶과 언어의 의미론적 원재

---

35 "인간이 외적 삶을 위하여 필요로 하는 것, 집과 가정, 텐트, 의자, 침대, 검과 창, 바다를 건너는 배, 전장으로 데려가는 전차, 끓이는 것과 굽는 것, 도살하는 것, 마시고 먹는 것 — 이중 어느 것도 그에게 단순히 목적을 위한 죽은 수단들이었을 리가 없다. 그는 자신의 전 감각과 자아로 이 모든 것들 안에서 활력을 느끼게 되어 있고 그리하여 그 자체로는 단지 외적인 것도 인간 개인과의 그러한 밀접한 관계로 인해 인간적으로 고취된 개별 성격을 부여받게 된다."(G. W. Hegel, *Aesthetik*(Frankfurt: Europäische — Verlagsanstalt, 1955), II, 414쪽, 나의 영어 번역)

36 *Marxism and Form*, 327~359쪽.

2장 마술적 서사들

료들, 일정한 사회적 모순들에 의한 제약들, 사회 계급의 종합 국면들(conjunctures), 감정 및 지각, 궁극적으로는 신체적 경험 구조들의 역사성, 정신 또는 주체의 구성, 그리고 역사성의 역학과 특정한 시간적 리듬 등에게로 마침내 열린다는 것이다. 양상의 측면에서 본 장르 해석은 우리를 궁극적으로 이데올로기소, 서사 패러다임, 그리고 다양한 장르 담론들의 침전(이 모두가 본질적으로 문화적 또는 상부 구조적 현상들인데)으로 이끄는데 이 지점에서 구조 분석은 그 완성을 위해 일종의 부정적 재구축을 요구하게 된다. 그리고 이런 요구는 이런 현상들에 대한 제한 조건으로 작용하는, 부재하는 또는 재현 불가능한 하부 구조 체계를 함축하고 전제하고 있다. 이제 우리는 결국 아마도 이러한 불연속성들을 다루는 작업을 위해 언어학으로 돌아가게 될 것이다. 이 기획은 의미론과 구조 사이의 구별(여기에서 우리가 출발했다.)보다는 한층 생산적이고 덜 경색되어 있으며 덜 절대적이다. 다른 곳에서도 종종 그랬던 것처럼, 여기에서도 옐름슬레우가 언화(speech)의 형식과 실질(substance)의 양 차원이라고 생각한, 표현과 내용에 관한 4분 구획[37]은 시사하는 바가 많으며, 장르 이론에 다음과 같이 적용될 수 있다.

형식	표현: 장르의 서사 구조
	내용: 장르 양상의 의미론상의 '의미'
실질	표현: 이데올로기소들, 서사 패러다임들
	내용: 사회적·역사적 원재료

각각의 방법은 텍스트의 '형식'에서 텍스트의 '실질'과의 관계로 움직여 감에 따라 보충 항목과 함께 완성된다는 점이 지적되어야 한다.

---

[37] Louis Hjelmslev, *Prolegomena to a Theory of Language*, trans. F. J. Whitfield (Madison: University of Wisconsin Press, 1961), 13장.

그래서 장르에 대한 의미론적 읽기는 궁극적으로 표현적 재료들에 기반을 두는 반면, 구조 분석은 조합을 통해 텍스트의 '내용의 논리'에서 그 토대를 발견한다.

그러나 구조적 조합에 의해 투사되는 텍스트와 컨텍스트의 관계의 본질에 대해서 마지막으로 몇 마디 덧붙여야겠다. 몇몇 독자들이 이러한 도식을 토대에 의한 상부 구조의 결정이라는 기계적 마르크스주의의 관념(여기에서 '결정'은 단순 인과성으로 읽는다.)과 너무 성급하게 일치시킬지도 모르기 때문이다. 여기에서 개괄한 장르 모델에서, '제3항' 또는 역사적 상황과 텍스트의 관계는 인과적인 것이 아니라 (인과성을 어떻게 상상하든) 전자가 후자의 가능성을 한계짓는 관계로 파악해야 한다. 여기에서의 역사적 계기는 이전에 사용 가능했던 특정수의 형식적 가능성들을 봉쇄하거나 차단하면서 결정적으로 새로운 가능성들(이것은 예술적 실천을 통해 실현될 수도, 전혀 그렇지 않을 수도 있다.)을 열어 놓는 것으로 이해된다. 이처럼 조합은 주어진 텍스트 또는 형식의 '원인들'을 열거하는 것과는 사뭇 다른 문제로서, 가능성의 그 객관적, 선험적인 조건들을 구도짓는 것(mapping out)을 목적으로 하는 것이다.

로맨스에 관해서 보자면 우리가 이미 언급한 다른 전제 조건들, 즉 세계성의 범주, 마술적 힘들로 느껴지는 선과 악의 이데올로기소, 구원적인 역사성 등이 의존하는 형상화의 궁극적 조건들은 두 개의 구별되는 생산 양식들, 또는 사회 경제적 발전 계기들이 공존하는 이행의 순간에 발견된다. 그들 간의 적대가 아직 사회 계급들 간의 투쟁이라는 측면에서 명료화되지 않고, 따라서 그 해결이 향수 어린 (또는 자주는 아니지만, 유토피아적인) 조화의 형식으로 투사될 수 있는 것이다. 이러한 이행의 순간에 대한 우리의 주된 경험은 분명 유기적 사회 질서가 발생기 자본주의에 의해 침투되고 전복되며 재조직화와 합리화의 과정을 겪는, 그러나 여전히, 또 다른 긴 기간 동안, 후자와 공존하기도 하는

2장 마술적 서사들

순간들에 대한 것이다. 그러므로 셰익스피어적인 로맨스가 (아이헨도르프에서의 그 종장(cadence)처럼) '상상력'의 환영을 주위에서 온통 작용하고 있는 혼잡스러운 상업 활동과 대립시키는 반면, 19세기 초반의 위대한 예술-로맨스들은 부르주아지의 정치적 승리로부터 출현하는 새롭고 아름답지 못한 사회 제도들과 시장 시스템의 정착에 대항하는 다양한 반응들을 취한다. 알랭-푸르니에 같은 로맨스의 후기 변용들이 19세기 후반 프랑스 시골의 세속화와 콩브 법*, 전기 사용, 산업화 등 점증하는 사회 변화 속도에 대한 상징적 반응으로 이해될 수 있는 반면, 쥘리앵 그라크의 작품들은 다른 곳은 '근대화된' 국가 내에서 브르타뉴 지방의 후진적 상황을 전제로 하고 있다.

그러나 이런 상호 관련들의 핵심은 단순히 주어진 형식에 대해 플레하노프(Georgy Plekhanov)**의 '사회적 등가물'과 같은 어떤 것을 수립하는 데 있는 것이 아니라, 이러한 형식들이 그 안에서 독창적이고 의미 있는 원(原)정치적 행위들로 포착될 수 있는 구체적 상황에 대한 우리의 의식을 회복하는 데 있다. 그리고 바로 이런 의미에서 우리는 아이헨도르프의 『어느 건달의 생활』 안에서 두드러진 또는 강력한 부재들, 그리고 특히 권위적 인물들의 희석에 의한 희극 구조의 억압(이 중편 소설에서 권위는 사실 잠깐 보이는 늙은 여인에 의해서만 인격화된다. 여기에 등장하는 유일한 악당 인물은 부차적이고 그로테스크한 이탈리아인 스파이인데, 달빛 속에서 들판을 가로질러 달리는 것이 '다리가 세 개인 말을 타고 달리는 유령처럼 보였다.')을 찾아내기 위해 조합 모델을 사용한 것이다. 우리는 또한 이 텍스트가 로맨스 구조의 다른 기본적 기능들을 억압하고 있음을 보일 수 있을 것이다. 가장 현저한 것으로는 우리가 변환 장면

---

* loi Combes, 교회가 신도를 모아 교육하는 것을 금지한 법령.
** 1857~1918. 러시아의 혁명가 및 마르크스주의 이론가. 그는 비평가의 제1 과제는 예술의 언어를 사회학의 언어로 번역하는 것이라고 했다.

이라 부른 것이 생략되고, 아이헨도르프의 두 세계들(마을의 지루한 일상 세계 그리고 음악과 커다란 촛대, 정원과 반쯤 열린 덧문 사이로 반짝이는 눈들이 있는 마법에 걸린 성의 공간) 사이의 기본적인 갈등이 두 약혼들이 유희적으로 재결합하는(귀족적 취미를 가진 부르주아로서 플루트를 부는 문지기, 은 허리띠를 맨 늙은 농부, 등등) 타협 형성물들과 매개적 조합들로 대체되는 것을 들 수 있다. 서사 층위에서, 사실, 두 영역은 서로 기능을 바꾼다. 일의 영역은 그 마술과 환영의 요소들을 귀족의 영역인 여가에서 빌려 오는 한편, 다양한 환상적 음모의 복합성(고전적 로맨스에서는 악과 사악한 주문의 힘이었던)도 귀족의 영역에서 기원하는 것으로 판명된다. 그러므로 서사의 해결은 어느 한 세력의 다른 세력에 대한 승리를 극화할 수도, 어떠한 진정한 정화를 이룰 수도 없으며, 모든 것이 적절한 자리를 다시 찾는 하나의 타협안을 산출해야만 하는바, 무위도식자 건달은 결혼을 통해 일의 세계와 화해함과 동시에, 마법에 걸린 귀족 영지의 땅 내에 자신의 작은 성을 하사받게 된다. 아이헨도르프의 선악 대립은 옛날의 귀족적 전통과 새로운 중산 계급 삶의 상황 사이의 양립 불가능성에 너무나 위협적으로 가까이 다가가서 서사가 어떤 단호한 결론을 향해 나아가는 것이 허용될 수 없었기 때문이다. 역사적 현실은 희박한 공기 속에 녹아드는 달빛 아래 향연의 느낌으로 위장되고 약화되어야 하며, 가상(Schein)과 유희(Spiel)의 환영 뒤로 계급 현실에 대한 인식을 감추어야 한다. 그러나 로맨스는 자신의 일을 잘 수행한 셈이다. 이 놀라운 텍스트의 주술 아래서, 프랑스 혁명은 하나의 환상으로 드러나며, 나폴레옹의 세계 전쟁 시대 수십 년간의 무시무시한 계급 갈등은 한낱 나쁜 꿈처럼 퇴색하고 있는 것이다.

3장 리얼리즘과 욕망
── 발자크와 주체의 문제

  앞 장에서 정의된 의미의 장르, 즉 외피나 외각처럼 분비된 외부 형식이 주인이 소멸한 지 오랜 후에도 그 이데올로기적 메시지를 계속해서 방출하는 서사적 이데올로기소라는 의미에서의 장르라면, 소설은 장르의 종언이다. 왜냐하면 19세기에 완숙하고 독창적인 가능성들을 탐구하던 소설은 그런 종류의 외부 형식, 전통적인 형식이 아니기 때문이다. 오히려, 이러한 형식들, 그리고 그 유해들, 즉 상속받은 서사 패러다임들, 관습적인 행위항 또는 행동 도식들(proairetic schemata)[1]은 소설이 가지고 작업하는 원재료로서, 소설은 '말하기(telling)'를 '보여 주기(showing)'로 변형시키며, 진부한 것들을 어떤 예기치 못한 '현실'의 신선함과 대비하여 낯설게 하며, 독자들이 이제껏 그것을 통해 사건들, 심리, 경험, 공간과 시간의 개념을 받아들여 왔던 관습 자체를 전경화

---

1 행위항(**actant**)이라는 용어에 대해서는 앞의 2장, 각주 21번을 볼 것. '행동 약호(proairetic code)'는 롤랑 바르트가 일상생활의 관습적인 단위들과 행동들의 용어나 이름을 지칭하는 것이다. "행동들의 연쇄는 무엇인가? 이름의 펼쳐짐이다. **들어가다?** 나는 그것을 '나타나다'와 '침투하다'로 펼칠 수 있다. **떠나다?** 나는 그것을 '원하다', '멈추다,' '다시 떠나다'로 펼칠 수 있다. **주다?** 이것은 '자극하다,' '반응하다,' '받아들이다'이다. 거꾸로, 연쇄를 확정하는 것은 이름을 찾아내는 일이다." *S/Z*. trans. R. Miller(New York : Hill and Wang, 1974), 82쪽.

한다.

소설을 그 '구조'를 모델로 만들어 관조할 수 있는 완성된 객체라기보다는 일차적 재료들에 일어나는 어떤 것으로, 일단의 특수한 그러나 실로 중단되지 않는 작용 및 기획 과정들로 특징지으려고 노력하다 보면, 이 서사 구조의 옹호자들은 매번 형식이 아닌 과정으로서의 소설에 대한 직관으로 인도된다. 이 과정은 두 겹 방식으로, 즉 독자의 주관적 태도들의 변화 그리고 그와 동시에 새로운 종류의 객관성의 생산으로 평가될 수 있다.

사실, 리얼리즘의 '정의들'이라면 어느 것이나 내세우고 있듯이, 그리고 소설의 토템적 조상, 『돈키호테(Don Quixote)』가 전형적으로 보여주듯이, 서사적 미메시스 또는 리얼리스틱한 재현 등으로 다양하게 불리는 저 진행적 작업은, 원래 주어진 것들, 앞서 존재하는 상속된 전통적이거나 신성시되는 서사 패러다임들을 체계적으로 훼손하고 탈신비화하는 것, 즉 세속적 '탈약호화(decoding)'를 그 역사적 기능으로 삼는다.[2] 이러한 의미에서, 소설은 실로 부르주아 문화 혁명이라 불릴 수 있는 것(이제는 옛것이 된 다른 생산 양식들에 의해 형성된 생활 습관들을 가진 사람들이 새로운 시장 자본주의 세계의 삶과 일을 위하여 효과적으로 재프로그램되는 광대한 변화 과정)에서 하나의 중요한 역할을 담당한다. 이로써 소설의 '객관적' 기능 역시 암시된다. 즉 주관적이고 비판적이며, 분석적이고, 부식시키는 사명에 더하여 이제 마치 처음인 듯이 바로 저 삶의 세계, 바로 저 '지시 대상(referent)', 즉 확장과 시장 등가성이라는 새롭게 수량화될 수 있는 공간, 측정 가능한 시간의 새로운 리듬들, 세속적이며 '탈마법화된' 새로운 상품 체계로 이루어진 객관 세계, 이와 더

---

2 특히 Roman Jakobson, "On Realism in Art," in K. Pomorska · L. Matejka, eds., *Readings in Russian Formalist Poetics*(Cambridge: MIT Press, 1971), 38~46쪽. '탈약호화'는 들뢰즈와 과타리의 용어이다. *The Anti-Oedipus*, 222~228쪽을 볼 것.

불어 탈전통적인 일상의 삶과 당혹스럽도록 경험적인, '의미 없고' 우연적인 환경 세계(Umwelt)를 생산하는 사명을 갖게 된 것이다. 이 세계에 대하여 이 새로운 서사 담론은 이제 자신이 그것의 '리얼리스틱한' 반영이라 주장하게 될 것이었다.

소설 생산 과정의 두 가지 차원 모두에서 주체의 문제는 분명 전략적인 것이다. 마르크스주의자들처럼, 인간 의식의 형태와 인간 심리의 메커니즘들이 영원하거나 어디에서나 본질적으로 동일한 것이 아니라, 상황에 따라 특수하며 역사적으로 생산되는 것이라는 점을 견지할 경우에 특히 그러하다. 그렇다면, 특정 서사에 대한 독자의 수용이나 인간 형상들 및 행위자들의 행위항상의 재현도 서사 분석의 상수들로 간주될 수 없으며, 그들 자체가 가차 없이 역사화되어야 한다는 말이 된다. 이번 장의 많은 부분을 틀지어 주고 있는 라캉의 용어와 주제들이 여기에서 전술상의 이점을 제공한다.[3] '주체의 구성'을 강조하는 라캉의 작업은, 정통 프로이트주의의 문제틀을 무의식 과정 또는 억제(blockage)의 모델들에서 주체 형성 및 주체를 구성하는 환영(illusion)에 대한 해명으로 대체하고 있는데, 라캉 자신은 여전히 발생론적이며 생물학적인 개별 주체의 견지에서 이를 표현하고 있지만, 이것이 보다 폭넓은 역사적 구조와 양립 불가능한 것은 아니다. 더욱이, 라캉 이론의 논점은 자아, 행위의 의식적 주체, 인격, 또는 데카르트적 코기토의 '주체'를 탈중심화하며,(이 모든 것이 이제는 주관성의 '효과'와 같은 어떤 것으로 파악된다.) 인격의 통일성 또는 개인 정체성의 획득에 관한 신화 같은 다양한 관념들을 논박하는바, 여전히 '인물', '주인공', 또는 '중심

---

3 이번 장의 이 부분과 이후에 나오는 라캉의 용어에 대한 나 자신의 이해와 용법을 보다 자세히 설명한 것으로는 나의 "Imaginary and Symbolic in Lacan," *Yale French Studies*, No. 55~56(1977), 338~395쪽을 볼 것. 라캉 '체계'에 대한 믿을 만한 해설로는 Anika Rifflet-Lemaire, *Jacques Lacan*(Brussels: Dessart, 1970)이 있다.

3장 리얼리즘과 욕망

인물'이라는 소박하고 상식적인 범주들, 그리고 동일시, 공감, 또는 감정 이입과 같은 심리학적 '개념들'을 가지고 작업하는 서사 분석에 유용한 새로운 문제들을 제시한다.

우리는 이미 첫 장에서, '휴머니즘'에 대한(부르주아 개인주의의 범주들, 그리고 인간 본질을 둘러싼 인류학적 신화들에 대한) 알튀세르의 공격을 '중심화된 주체'에 대한 라캉의 비판을 역사화하는 하나의 강력한 방법으로 읽을 수 있는 방식들에 대해 논했다. 현재의 문맥에서 흥미로운 것은 중심화된 주체와 그 이데올로기들의 거부가 아니라 그것의 역사적 출현, 구성 또는 하나의 환영으로의 가상적 구축에 대한 연구인데, 이는 그러한 구축이 어떤 의미에서는 객관적 현실이기도 하기 때문이다. 단자적이고 자율적인 행위 중심으로서의 개별 의식의 산 경험은 생각을 통해 또는 과학적 정정에 의해 쫓아 버릴 수 있는 단순한 개념상의 오류가 아니다. 그것은 유사-제도적 지위를 가지고, 이데올로기적 기능들을 수행하며, 역사적 인과 관계에 영향을 받고 다른 객관적 심급들, 결정 인자들, 그리고 메커니즘들에 의하여 생산되고 강화된다. 본 지면에서 전개된 사물화 개념은 자아 또는 중심화된 주체의 출현을 설명해 줄 역사적 상황을 전달하고 있다. 즉 유기적 또는 위계적인 이전 사회 집단들의 해체, 개인 노동력이 상품화되는 현상이 보편화되고 그들이 시장 구조 내에서 등가의 단위들로서 배치되는 것, 자신을 보호하기 위해 단자의 갑옷을 덧입음으로써만 모종의 보상을 얻는 이들 '자유롭고' 고립된 개인 주체의 아노미라는 상황이 바로 그것이다.

문화 연구는 심리적 또는 살아온 경험의 '상부 구조들'과 법적 관계들 및 생산 과정의 '하부 구조들' 사이에 구체적 매개들을 제공하는 일정 수의 심급과 메커니즘들을 추출하게 해 준다. 텍스트적 결정인자들(textual determinants)이라고 이름 붙일 수 있으며 유사-물질적 전달 지점들을 구성하는 이들은 부르주아 개인의 새로운 주관성을 생산하고 제도화하는 동시에 그들 자체가 순수하게 하부 구조적인 조건들을 복제하고 재생산한다. 본격 리얼리즘에서 제임스(Henry James)의 시점(point of view)*이나 플로베르의 자유 간접 화법(style indirect libre)**과 같은 서사 범주들은 분명 이런 텍스트적 결정 인자에 속한 것인데, 이들은 따라서 완전히 구성된 또는 중심화된 부르주아 주체 또는 단자적 자아에 있어 전략적 장소들이 된다.

1

이것이 발자크에서 '전지적 화자'라고 종종 칭해지는 초기 '리얼리즘'의 중요한 특징을 유익하게 재검토할 수 있는 맥락이다. 그러나 이러한 작가의 개입에서 전지성이란 전혀 중요하지 않은 것으로서, 고전적인 이야기(récit)의 종결성(여기에서는 서사가 시작되기 전에 사건들이 다 끝나 있다.)에서 온 사후 효과라고 말할 수 있다. 이러한 종결성 자체는 운명, 숙명, 그리고 섭리나 예정이라는 관념들의 형태로 드러나는 이데올로기적 환영 같은 것을 투사한다. 이야기들은 이를 '예로써 보여 주고' 있는 셈이며, 이를 받아들이는 것은, 발터 벤야민의 말로 하자면, "우리가 읽고 있는 죽음을 통해서 우리의 삶을 따스하게 만드는 것"***에 해당한다. 이러한 이야기들 즉, 종결된 모험들, 전대

---

* 리얼리즘에서의 사건과 사실의 지시적 자명함이 사라지게 되자, 단자화된 개인들의 파편화된 반응과 관점들을 하나 혹은 여러 시점들을 중심으로 하여 조직화해 내는 서술 기법. 헨리 제임스(1843~1916)의 작품들과 이론에서 중요한 개념이다.
** 리얼리즘에서처럼 사건과 사실에 대한 누구나 알 수 있는 투명한 반응이 아니라, 개인 단자들의 불투명하고 예기치 않은 반응들을 서술하기 위한 기법으로서, 대화 부호나 '생각했다' 등의 직접 화법을 쓰지 않고 간접적으로 전달함.
*** 벤야민의 「이야기꾼(Storyteller)」, XV 참조.

3장 리얼리즘과 욕망

미문의 사건들(unerhörte Begebenheiten), 운명의 타격 및 우연에 의하여 촉발되는 숙명이라는 개념 바로 그것은 발자크의 서사 과정이 작업하는 원자료들에 속하는데 때로 이 과정은 원재료들이 상속받은 형식들과 불편하게 공존하기도 한다. 동시에 이야기꾼의 몸짓과 신호들(영국 소설에서 이것은 1857년 한참 후까지 지속되었는데, 프랑스에서는 이해에 플로베르가(『보바리 부인』을 통해서 — 옮긴이) 이것들을 일거에 폐지해 버렸다.)은 얼굴을 맞대고 하는 이야기 관습에 상응하는 것을 복원하려는 상징적인 시도였다. 이 관습은 인쇄된 책에 의해서 눈에 띄게, 그리고 문학과 문화의 상품화에 의해서 더욱 결정적으로 해체되고 있었다.

그러나 발자크 서사 장치의 구성적 특징은 작가의 전지성이나 작가적 개입보다 더 근본적인 어떤 것으로서 리비도적 투여 또는 작가의 소망 성취, 즉 상징적 만족의 형식으로 부를 수 있으며, 여기에서 전기적 주체, 함축된 작가, 독자, 인물들 사이의 작업상 구별은 실상 사라져 버린다. 묘사는 이러한 투여들을 찾아내고 연구할 수 있는 특권적 계기인데, 특히 지방의 귀족 저택을 환기시키는 다음 문장에서처럼, 묘사의 대상이 경쟁 목표이며, 서사 자체 내로 상호 적대적인 야망들을 집중시키고 있을 경우에 더욱 그러하다.

테라스 난간에, 향꽃 장대가 가득 피어 있는 커다란 푸르고 하얀 화분들이 있다고 상상해 보라. 이웃한 벽을 따라 왼쪽과 오른쪽에, 두 줄의 네모 반듯하게 다듬은 라임나무들이 늘어서 있는 모습을 떠올려 보라. 당신은 점잖은 좋은 기질과, 조용한 정숙함, 맞은편의 아취 있는 집들과 다이아몬드처럼 반짝이는 분수들, 정원 벽을 따라 심은 두 줄의 나무들, 그리고 코르몽 가문의 유서 깊은 저택이 보여 주는 온건하고 가정적인(부르주아적인) 광경이 있는 이런 풍경을 그려 볼 수 있을 것이다. 얼마나 평화로운지! 얼마나 고요한지! 아무런 허세도 없지만 일시적인 것도 없다. 여기에서는 모든 것이 영원한 것처럼 보인다. 아래층에는 방문객들을 맞는 응접실들이 있다. 만물이 오래되고 변치 않는 시골을 호흡하고 있었다.[4]

발자크적 묘사의 친숙한 메커니즘들과 특징적인 수사법이 여기에서는 그보다는 특징적이지 않은 기능에 의해서 재전유되고 있다. 또는, 이번 장에서 이후 더 개진할 용어를 사용하자면, 통상적인 발자크적 설명의 환유적이고 내포적인 것과는 다소 다른 언어역을 통해 투사되고 있다. 코르몽 저택은, 미혼의 상속녀와 함께, 사실상 『노처녀(*La Vieille Fille*)』의 서사적 투쟁 또는 갈등(agon)이 지향하고 있는 경품(prize)이다. 따라서 그것은 본질적으로 욕망의 대상이다. 그러나 우리는 이 대상과, 고전적인 이야기들 또는 프롭이 연구한 유형의 편력 서사들이 그것을 중심으로 조직되는 비슷한 욕망의 지점들, 목표들, 목적들 사이에 구조적 차이가 있음을 감지해야만 비로소 그 역사적 특수성을 파악할 수 있을 것이다. 무차별하게 대체 가능한 이들 후자의 내용(금, 공주, 왕관 또는 궁전)은 이 대상들의 의미상의 가치가 그들의 서사적 위치에 의해 결정된다는 것을 보여 준다. 즉 하나의 서사 요소는 한 인물이 그것을 욕망하고 있음이 언급될 때마다 욕망의 대상이 된다.

강하게 설득하는 듯한 해당 문장의 성격이 보여 주듯이, 무슨 역사

---

4 "Sur la balustrade de la terrasse imaginez de grands vases en faïence bleue et blanche d'où s'élevent des giroflées ; à droite et à gauche, le long des murs voisins, voyez deux couverts de tilleuls carrément taillés ; vous aurez une idée du paysage plein de bonhomie pudique, de chasteté tranquille, de vues modestes et bourgeoises qu'offraient la rive opposée et ses naïves maisons, les eaux rares de la Brillante, le jardin, ses deux couverts collés contre les murs voisins, et le vénérable édifice des Cormon. Quelle paix ! quel calme ! rien de pompeux, mais rien de transitoire : là, tout semble éternel. le rez-de-chaussée appartenait donc à la réception. Là tout respirait la vieille, l'inaltérable province." (Honoré de Balzac, *La Comédie Humaine*(Paris : La Pléiade, 1952), 11 vols., "La Vieille Fille," IV, 247쪽)

3장 리얼리즘과 욕망

적 이유에선가 발자크에서는 서사 과정이 적절하게 기능할 수 있도록 사전에 독자의 동의를 확보하고, 그 대상이 욕망할 만하다는 것을 정당화하고 승인받을 필요성이 생긴 것이다. 그러므로 여기에서 우선순위는 역전되어, 서사 장치가 대상의 '욕망할 만함'에 의존하게 되는데, 좀 더 전통적인 서사 구조에서 이 서사적 기능은 상대적으로 자동적이며 문제가 되지 않는 부차적 효과였던 것이다.

발자크적 대상의 역사적 독창성은 고전적인 이야기하기 메커니즘만이 아니라, 우리 시대의 심리적, 해석적 습관들과 대비해서도 특화될 필요가 있다. 우리에게, 소망과 욕망은 인간 단자들의 특성 또는 심리적 속성이 되었다. 그러나 이러한 서술에는 영화나 베스트셀러들이 상품화된 열정들의 모든 영역에 대하여 우리의 욕망을 대리하는 광경을 제시할 때처럼 공유하지도 않는 그럴싸한 욕망들에 대해 우리가 느끼는 '동일시' 이상의 문제가 걸려 있다. 그중 하나는 우리가 (코르몽 저택에 대한) 이 특정한 욕망을 어느 개별 주체에게 귀속시킬 수 없다는 것이다. 발자크의 전기적 요소들, 함축된 작가, 이런저런 욕망하는 주인공, 이러한 단일체들 중 어느 것도 (아직) 현전하지 않으며, 여기에서 욕망은 우리 앞에 특별하게 익명의 상황으로 다가오면서 우리에게 이상하게 절대적인 요구를 가해 온다.

특정한 대상에 대한 욕망이 동시에 모든 욕망 일반과 욕망 자체(Desire as such)에 대한 알레고리가 되는, 욕망이라는 구실 또는 주제가 아직 자아-장벽들(그 장벽들로 분리된 단자화된 주체들의 개인적이고 순전히 주관적인 경험을 빈틈없이 확증하는)로 인해 상대화되거나 사유화되지 않은 상태에 대한 이런 환기는 에른스트 블로흐가 재정의한 의미에서 유토피아적 충동을 재연하는 것이다.[5] 그 결과 독자는 이 건물과 땅을

---

5 *Das Prinzip Hoffnung*(Frankfurt: Suhrkamp, 1959), 2 vols.; 간략한 설명을 위해서는

어떤 내부의 눈에 재구축하도록, 또 그것을 어떤 이상이나 마음 깊은 곳의 욕망으로 다시 창조하도록 유혹받는다. 플로베르의 탈개인화되고 재텍스트화된 지방 저택들과 이를 병치해 보면 발자크의 거주지가 얼마나 소유에 대한 동경, 유토피아적 소망 성취의 실제 형상으로서 토지 소유에 대한 온화하고 따스한 환상을 일깨우도록 권유하는지를 아마 불편하게나마 인식하게 될 것이다. 파리와 대도시에서 벌어지는 사업 투쟁의 경쟁 역학에서 면제되어 있지만, 구체적인 사회 역사 안에 존재하는 어떤 지체된 장소에서는 여전히 상상 가능한 평화. 서사적 현재 안에 있는, 벤야민적인 과거의 저장소, 과거의 정수가 보존되어 있는 곳. 리비도적인 것이 가장 온화하고 부드러운 소리로만 발화하면서 '고상하게' 감소되어 있는 곳. 가정이라는 유토피아, 그 안뜰, 복도, 그리고 정원에 난 길들에서 일어나는 일상생활, 살림과 가정 경제를 둘러싼 오래된 일과들이 영원히 반복되는 식사와 산책, 장보기와 값비싼 차, 휘스트 게임, 매일의 식단 준비, 충실한 하인들과 자주 들르는 방문객들과의 만남들이 투사되면서 미리부터 그려진다. 이 매혹적인 이미지는 무질서와 급박함이라는 본격적으로 소설적인 시간이 그 주위를 돌게 될 '정지된 지점(still point)'인 것이다. 이것은 토지 소유에 대한 온화한 동경이 봉건 영주와 대 영지의 회복에 대한 판타지로 확대되어 있는 『농민들(Les Paysans)』의 레 제그 성의 장엄한 초두 묘사의 보다 '숭고한' 소망 성취를 비더마이어 양식*으로 조율한 것이다. 후기의 보다 공공연하게 역사적이고 정치적인 걸작에서 나타나는 이데올로기적 갈등들 역시 상대적으로 소품에 불과한 이 희극적 우화에 낯선 것이 아니다. 실로 옛날 귀족 부르주아 또는 상인 귀족이 누린 찬란함을 보여 주는 건축적 기념물인

Marxism and Form, 116~158쪽을 볼 것.
* Biedermeier, 19세기 전반 독일의 소박 건실한 예술 양식.

3장 리얼리즘과 욕망

코르몽 영애의 저택은 여실한 이미지들에 대한 생생한 회상을 통해 부르주아의 상업 활동과 귀족적 전통이라는 한 쌍의 '의미소들'을 결합함으로써, 이 소설이 그것을 중심으로 전개되는 사회적·이데올로기적 모순을 앞질러 '해결하고' 있다.

이러한 종류의 유토피아적 리비도 투여의 특수성은 이 욕망이 처음에는 토지로 표명되다가 제목의 그 노처녀인 코르몽 영애 자신에서 행위항의 인격화로 옮겨지는 데에 있다. 여기에서 중요한 것은, 집 자체도 그렇지만, 본격 아이러니의 관점에서 이 인물을 재구축하는 것이 불가능하다는 것이다. 코르몽 영애는 희극적이며 그로테스크하며 매력적인데, 한꺼번에 그러하거나 순차적으로 그러하다. 그녀의 큰 발, 그녀의 '힘과 풍만함'의 '아름다움', 그녀의 '통통함', '그녀를 한 번의 주형으로 떠낸 듯 보이게 하는' 육중한 엉덩이, '주름들'이라기보다는 '접힌 데'가 있는 세 겹 턱, 이러한 특징들 중 어느 것도 그녀라는 인물을 초점으로 하고 있는 유토피아적 욕망과 모순되지 않는다. 또한 당황한 독자가 발자크 자신의 특이한 성적 취미들(이 서사에서는 이 뚱뚱한 연상의 여인에 대한 불행한 젊은 시인 아타나즈 그랑송의 열정, 즉 "이 커다란 사람은 아타나즈와 같은, 욕망과 동경으로 가득 찬 젊은이를 유혹할 수 있는 특질들을 내보이고 있었다."로 재서술되지만)에 대한 기록을 다시 참조해 본다 해도 얻는 것은 아무것도 없다. 분명 『노처녀』는 희극적인 소설로, 성적인 풍자와 발자크 자신이 『우스운 이야기들(Contes drolatiques)』*에서 실습했던 음탕한 신체 소극 유형의 기조가 짙게 깔려 있다. 서사의 이러한 본질적으로 희극적인 언어역은, 그렇다면, 육체적 욕망의 성쇠를 공감 어린 초연함과 악의 어린 감정 이입으로 관찰하는 그러한 관점을 아마도 충분히 설명

---

* 1832년과 1833년 각각 10편씩 출간. 『노처녀』는 1832년작, 『물 휘젓는 여자』는 1841년 작이다.

해 주고 있는 셈이다.

그러나 이 특수한 욕망의 유토피아적인 차원을 주장하는 것은 분명 이 특수한 희극적 서사가 또한 알레고리적인 구조이기도 하다는 것을 함축하는 것이다. 즉 이 구조에서 그 소극의 성적인 '문구들'은 소유지로의 은퇴와 개인적 성취에 대한 소망인 동시에 사회적, 역사적 모순의 해결에 대한 소망을 드러내는 것으로 읽혀야 한다. 물론 (그로테스크하고 우스꽝스러운 외양에 경이로운 향유를 담은) 실레누스 상자(silenus box)는 해석학적 대상에 대한 상징 바로 그것이다.[6] 그러나 소극과 유토피아적 충동 간의 관계는 이 이미지로는 상세하게 설명되지 않는다.

그러나 역설적이게도, 이후의 본격적인 사물화 시대에 유토피아적 충동의 표현들에서 사라지는 것은 층위들 간의 이러한 긴장 또는 부조화 바로 그것이다. 물욕과 작가적 투여와 젠체하는 태도로 발자크를 가장 생각나게 하는 한 미국 작가의 문장은 그 변화를 얼마간 느끼게 해 줄 것이다.

1년 중 이때 낮은 여전히 비교적 짧다. 저녁의 그림자들이 거대한 도시에 내려앉기 시작하고 있었다. 등불이 거의 물기 어린 것처럼 그리고 반투명하게 보이는 부드러운 광채로 타오르기 시작하고 있었다. 대기 속의 부드러움은 영혼뿐만 아니라 육체에도 무한히 섬세한 느낌으로 말을 걸어왔다. 캐리는 아름다운 날이라고 느꼈다. 그녀는 그로 하여 내심 많은 생각

---

6 "옛날의 실레니(Sileni)는 우리가 이제 약국에서 볼 수 있는 작은 상자들로 겉에는 음탕하고 장난스러운 형상들, 하피나 사티로스, 재갈을 문 거위, 뿔 달린 토끼, 안장을 얹은 오리, 날아다니는 염소, 끌채에 맨 수사슴, 그리고 이렇게 멋대로 위조해 낸 다른 형상들이 그려져 있었는데, 이는 훌륭한 바쿠스의 의붓아버지 실레누스가 늘상 그랬던 것처럼, 사람들을 웃게 하려는 것이었다. 그러나 실레니라고 불리는 그 장난기 있는 상자들은 조심스럽게 보존되었고 향유, 용연향, 생강과의 방향제, 사향, 사향고양이 향, 거기에다 여러 종류의 보석들과 다른 값진 것들을 담고 있었다."(Author's Prologue, François Rablais, *Gargantua*(the Urquhart-Mortteux translation))

3장 리얼리즘과 욕망

들이 무르익었다. 그녀의 생각들이 매끈한 포장도로를 따라 번져 가고 있을 때, 특별한 마차 한 대가 지나갔다. 그녀는 마차가 멈추고 하인이 내려, 틀림없이 어느 오후의 유흥에서 한가롭게 돌아오는 것으로 보이는 한 신사에게 문을 열어 주는 것을 보았다. 이제 처음 신선하게 초록으로 물들고 있는, 넓은 잔디밭 너머로 호화스러운 내부를 희미하게 비추고 있는 등불들이 보였다. 그녀의 눈에 띈 것은 그냥 의자, 식탁, 화려하게 장식된 모서리일 뿐이었지만, 그것들은 그녀에게 더할 나위 없이 매력적이었다. 동화에 나오는 궁전이나 왕의 거처에 대해서 가졌던 그런 어린애 같은 환상들이 되살아났다. 그녀는 이 사치스럽게 치장된 입구를 지나, 둥근 모양의 수정 램프들이 색채 장식 유리가 끼워진 격자문들을 비추는 곳에는, 근심도 채워지지 않은 욕망도 없으리라고 상상했다. 그녀는 그곳에 행복이 있으리라고 완벽하게 확신했다.[7]

발자크의 계기와 드라이저의 계기 사이에는 보바리즘(bovarysme)*이 놓여 있다. 언어와 환상과 욕망이 플로베르적 사소함과 플로베르적 상투성으로 응결된 결과 발자크적 동경은 캐리의 하찮은 것들에 대한 갈망이라는 조야함으로 바뀌는데, 드라이저의 언어는 이 조야함을 양면적인 방식으로 재현하는 동시에 성찰하고 있다.[8]

상품화는 드라이저의 텍스트를 발자크의 텍스트와 분리시키는 '사건' 이상의 것이다. 상품화가 후기 자본주의의 객관 세계에서 저지른

---

7 Theodore Dreiser, *Sister Carrie*(New Yok: Norton, 1970), 86쪽.

* 보바리즘은 『보바리 부인』의 경우처럼 로맨스 소설을 읽고 그 주인공이 된 듯한 착각에 빠져 현실 감각이 없어지는 것을 말한다. 제임슨에 의하면 이는 욕망 일반이나, 진정한 자신의 욕망이 아니라 타인의 욕망을 본뜬 결과이다.

8 드라이저에 있어 가치론상의 역설, 즉 '그는 최악일 때 최선이다.'라는 역설은 특히 그의 문체의 문제로 인해 강화되는데, 이는 통상의 실증적인 범주들에 의거하기보다는, 소외와 사물화의 견지에서 연구되어야 마땅하다. Sandy Petrey, "Language of Realism, Language of False Consciousness: A Reading of *Sister Carrie*," *Novel* 10(1977), 101~113쪽을 볼 것.

죄과에는 주체 구성의 결정적 진전과 관련된 책임이 동반된다. 주체를 밀폐된 단자로 구성함으로써 향후 '심리학'의 법칙들에 지배받게 만든 것이다. 사실, 위무하는 듯한 모든 유혹에도 불구하고, 이 텍스트는 우리를 캐리의 욕망 밖에 위치시킨다. 그 욕망은 하나의 사적인 소망이나 동경으로 재현되어 있고, 우리는 독자로서 동일시와 투사의 메커니즘에 의하여 그 욕망과 관계를 맺거나, 그에 대해 도덕적인 태도나 그것과 종국엔 같은 것인 아이러니한 태도를 취할 수도 있다. '캐리'가 '시점'이 되는 일이 벌어진 것이다. 이 시점은 결국, 우리가 이미 제시했듯이, 사물화 시대에 새롭게 중심화된 주체를 표현하고 재생산하는 텍스트 제도 또는 결정 인자다. 이러한 서사 중심들의 출현에 어법으로나 서사적으로 후기 자본주의 사회에서 곧 헤게모니적인 형식적 표현이 될 매체인 영화의 특징적인 기법들과 상응할 만한 것들이(이동 샷, 카메라를 관찰자 캐리의 위치로부터, 원거리 보기 또는 온기와 환한 빛을 머금은 저 먼 내부에 대한 열쇠 구멍 엿보기의 위치로 수평 이동하기) 수반되는 것은 우연이 아니다. 그러나 영화적인 시점이 완전히 본격적인 형태로 나타남에 따라 욕망의 유토피아적 함의와 강렬성은 텍스트에 더욱 희미하게 등기된다. 유토피아적 충동 자체는 이제 사물화되어 단자 내부로 몰아넣어지며, 그 안에서 단지 심리적 경험, 사적인 감정, 또는 상대화된 가치의 지위만을 취하게 된다.

그렇지만 드라이저의 상황을 단지 상실과 제한의 상황으로만 성급하게 결론지어서는 안된다. 조셉 콘래드에 관한 다음 장에서 언급할 기회가 있겠지만, 사물화의 효과, 즉 정신의 밀폐, 정신 능력들의 분화, 신체적, 지각적 감각 기관의 파편화 들은 또한 새로운 경험의 영역을 열고 새로운 유형의 언어적 내용이 생산되는 데 결정적 작용을 한다. 사실, 드라이저에서 우리는 비할 수 없는 감각적 강렬함을 목격하는데, '영혼만이 아니라 육체에도 무한히 섬세한 느낌'은 발자크의 수사학에서 드라이저의 본격적으로 현대적인 문체 실천으로의 이행을 선명하게 보여 준다. 상품화된 언어의 언어학상 잡동사니로 짜인, 이상하고 낯선 신체적 말하기(speech)는 오늘날까지도 이 대 소설가의 독자들을 당혹스럽게 만들고 있다.[9]

이제 서사 장치의 작용을 검토할 때인데, 이에 대해 우리는, 중심화된 주체의 출현 이전이기 때문에, 그것이 좀 더 현대적인 심리학적 의미에서 독자가 공감할 만한 시점이나 주인공들과 같은 텍스트적 결정 인자들을 아직 발전시키지 않았다는 점을 시사했더랬다. 그러나 아무리 상상력을 확장한다고 해도 『노처녀』가 인물과 서사적 시간이 온통 해소되어 버리는 포스트-모던한 또는 '정신 분열적' 텍스트라 할 수 없음은 분명하다. 우리는 사실 발자크 서사의 '탈중심화'는, 만일에 이 말이 시대착오적인 용어가 아니라면, 돌아가면서 인물 각자에게서 특권적 지위를 박탈하는, 인물 중심들의 순환(rotation)에서 찾을 수 있다고 말하고 싶다. 이러한 순환은 분명히 『인간 희극(Comédie humaine)』 자체의 탈중심적 조직의 소규모 모델이다. 그러나 현재 맥락에서 흥미로운 것은, 이러한 순환 운동이 인물들의 의미소 생산, 또는 다른 말로 해서 우리가 인물 체계(character system)라 부르게 될 것을 얼핏 들여다보게 해 준다는 점이다.

우리는 이미 코르몽 영애의 구혼자들 중 가장 미미한 존재인, 시인 아타나즈에 대해 언급했는데, 그는 그의 복사판이지만 훨씬 유명한 뤼

---

9 역사적이고 시대 구분적인 개념으로서의 문체와 수사학 사이의 구별에 대해서는, Roland Barthes, *Writing Degree Zero*, trans. A. Lavers and C. Smith(London : Cape, 1967), 10~13, 41~52쪽을 볼 것. 이러한 구별은 러벅의 **묘사(picture**, 또는 '기록(report)')와 **장면(scene)**의 구별에 의거하여 주네트가 환기시킨 '고전적인 **추상(abstraction)**……과 '현대적인' **표현성(expressivity)** 사이의 대비'이기도 하다. Gérard Genette, *Figures III*(Paris : Seuil, 1972), 131쪽; Percy Lubbock, *The Craft of Fiction*(New York : Viking, 1957), 특히 251~254쪽을 볼 것.

시앵 드 뤼방프레*와는 달리 이러한 경쟁에서 벗어나려 감행하는 자살을 말려 줄 보트랭을 찾지 못했다. 이 불쌍한 낭만주의자와 나란히, 강력하지만 더 그로테스크한 두 사람의 인물들이 우리가 본 것처럼 단지 결혼(또는 돈)과 관련되어 있을 뿐만 아니라 유토피아적이기도 한 이 경품의 주요 후보자들로 출현한다. 하나는 나이 많고 돈은 한 푼도 없는 귀족으로서, 자신이 (이제는 사라진) 발로아 가의 후손임을 내세우며 그에 걸맞게 구체제적 우아함의 전통을 지켜 나간다. 그리고 부르주아인, '파르네즈의 헤라클레스'**는 이전에 혁명군에서 폭리를 취했다가 나폴레옹의 증오를 사 희생되기도 했던 인물로, 부르봉 가 복귀를 반대하는 자유주의자의 선봉으로서 코르몽 영애와의 결혼이 자신의 재정을 다시 확보해 줄 뿐만 아니라 무엇보다 그에게 정치적 권력(그는 알랑송의 지사로 임명되기를 원하고 있다.)을 다시 안겨 줄 것으로 생각하고 있다.

독자는 이 인물들의 사회적·역사적 형상화를 파악하기 위해 루카치의 전형 이론을 기다릴 필요가 없다. 발자크 자신이 밀도 있게 그리고 명확하게 그것을 강조하고 있기 때문이다.

한 사람〔자유주의자 뒤 부스퀴에〕은 무뚝뚝하고 정력적이며 품위 없고 노골적인 태도에다, 퉁명스럽고 거친 말투로, 안색과 머리카락과 눈이 다 검었으며, 외관은 무시무시해 보였지만 실상은 폭동이나 마찬가지로 무능하여, 공화국을 대표한다고 말하는 것이 아주 적절할 것이다. 다른 한 사람〔슈발리에 드 발로아〕은 온화하고 세련되었으며, 우아하고, 주의해서 옷을 입었으며, 느리지만 확실한 외교 수단을 통하여 목표에 도달하며, 끝까지 훌륭한 취미를 견지하는, 옛날 궁정 귀족의 이미지 바로 그것을 보여 주고

---

* 발자크의 『잃어버린 환상(Illusions perdues)』에 나오는 인물.
** 추기경 알레산드로 파르네즈가 소장했던 헤라클레스의 대리석상.

3장 리얼리즘과 욕망

있었다.[10]

이러한 문장에 의해 확증되긴 하지만, 그럼에도 불구하고 루카치의 전형 이론은 두 가지 점에서 불완전하다. 한편으로 그것은 인물들의 전형을 본질적으로 알레고리적인 현상으로 이해하지 못했고, 따라서 서사에 알레고리적 의미들 또는 층위들이 부여되는 과정에 대한 적절한 설명을 제공하지 못했다. 다른 한편, 그 이론은 개별 인물들과 그들의 사회적·역사적 지시 대상 사이에 본질적으로 일대일 관계를 설정하는데, 따라서 인물들의 체계라 할 어떤 것은 탐구되지 않은 채로 남게 된다.

사실, 독자가 우선 관심을 갖는 것은 여기에서 당연시되는 사회적 지위의 문제나, 나중에서야 개시되는 코르몽 영애에 대한 청혼 투쟁이라기보다 일단의 수수께끼들과 의혹의 해결이다. 뒤 부스퀴에의 비밀은 사실 독자에게는 비밀이 아닌데, 왜냐하면, 그가 성적으로 무능하다는 것이 매우 빨리 분명해지기 때문이다. 이러한 폭로는 우리의 독해에 체계적 움직임을 불러오는데 이로 인해 우리는 우리가 알고 있는 것(그리고 불쌍한 코르몽 영양은 결혼해서야 알게 되는 것)과 다른 인물들을 속게 만드는 그외 외양(그의 육체적 힘과 강력한 처신만이 아니라 새로운 산업적 부 및 부르주아 정치 체계의 자코뱅적 전통과의 연관) 사이를 왔다 갔다 하게 된다. 이 '비밀'은 의심의 여지없이 이러한 이상들과 전통들에 대한 발자크 자신의 견해를 거칠지만 효과적인 방식으로 강조하고 있다. 그러나 포(Edgar Allan Poe)의 이야기, 「소진된 사나이(The Man That Was Used Up)」*와는 달리, 이 작품의 '현실'은 뒤 부스퀴에가 아주 실제적인 사회적·정치적 중요성을 갖게 되고 또 그가 적수에 대하여 결국 승리

---

10 *La Vieille Fille*, 228쪽.

* 인디언들과의 전투에서 다 죽게 되었다가 인공 보철물들을 끼워 맞춰 완벽한 외양과 목소리를 갖추게 된 어느 사나이의 비밀에 관한 단편 소설.

함으로써 정말 신성 불가침의 것이 되고 마는 그 힘과 '외양'의 객관성을 결코 훼손하지 않는다.

적수의 경우, 슈발리에를 중심으로 한 다양한 수수께끼들(특히, 그의 작위의 정당성과 수입의 진정한 원천에 대한 것들)은 성적 약호의 방향으로 대체되는 경향이 있다. 그리하여 일련의 음탕한 인유들(예컨대, 슈발리에의 코의 크기)은 그의 '비밀'이 반대로 예기치 않은 잠재력과 연애 모험에서의 진정 귀족적인 능력에 관한 것임을 분명히 하기 시작한다.

이러한 처음 서사의 움직임 전체(외양과 현실 사이의 유희와 유보된 비밀 찾기에 관한, 바르트가 다소 부적절하게 '해석적 약호(hermeneutic code)'라고 부른 것의 작용)에 관하여 강조해야 할 것은, 이 움직임 자체는 주요 서사를 위한 준비로서, 결코 완전히 해소되지 않는다는 점이다. 달리 말해서, 성적 비밀의 폭로는 보카치오(Giovanni Boccacio)의 작품들이나 『우스운 이야기들』에서 그런 것처럼 결론으로 이어지는 것이 아니라, 좀 더 예기치 않은 종결을 위한 수단으로 기능하는 것이다.[11] 성적 희극은 본질적으로 우리의 관심을 성적 능력과 계급 제휴 간의 관계로 인도하는 기능을 갖는다. 이 특정한 서사적 술래잡기 놀이의 목적이 성적 희극이라는 우리의 가정은 사실은 눈 가리기 또는 핑계로서 이런 것이 없었다면 진부하고 경험적이었을 뿐인 사회적 지위 및 정치적 전사(前史)에 관한 사실들이 그 뒤에서 서사 해석의 근본 범주들로 변형되는 것이다. 그렇다면 서사로부터 알레고리적으로 이끌어낼 수 있는 사회적·역사적 해석들을 향하여 '맞추어진' 우리의 읽기는 성적 희극에 대해 우리가 처음에 가졌던 관심의 측면적 부산물과 같은 어떤 것이다. 그러나 이 알레고리적인 부산물은, 일단 확립되고 나면, 그 새로운 해

---

11 이 소설의 초반부에 대한 좀 더 자세한 읽기로는, 이번 장의 토대가 된 첫 원고인 "The Ideology of Form: Partial Systems in *La Vieille Fille*," *Sub-stance*, No. 15(Winter, 1976)을 볼 것.

석을 중심으로 서사의 방향을 재조정하고, 성적 소극으로 소급하여 돌아가 그것에 서사 구조 내의 주변적 장소를 할당하는바, 그 위치에서 볼 때 성적 소극은 이제 상대적으로 비본질적인 또는 임의적인 '즐거움이라는 보너스'로 여겨지게 된다.

그러면 이제 알레고리적 읽기가 지배적인 것이 되며, 코르몽 영애에 대한 구애 싸움은 프랑스를 둘러싼 권력 투쟁만이 아니라 혁명 이후 상황에서 전통과 유산에 의하여 가장 진정하게 그리고 전형적으로 '프랑스적인 것'으로 남아 있는 모든 것, 즉 알랑송의 집들과 정원들에서 구현된, 관습의 완만한 영원성을 지닌 지방 상인 귀족의 옛 귀족적 가치의 정당성 확보와 전유에 대한 불가피한 비유가 된다. 그러나 이것이 전부라면, 이 드라마의 결론(뒤 부스퀴에의 나폴레옹적 결단과 자신의 우월함에 대한 슈발리에의 자기 만족적인 확신에 의하여 가속화된 뒤 부스퀴에의 승리)은 경험적 사건, 즉 1830년에 자유주의 중산층 세력이 부르봉 왕조를 전복함으로써 왕정복고가 실패한 것에 대한 정확한 인유에 불과했을 것이다. 즉 비록 예언적인 것은 아닐지라도,(소설의 사건은 1816년에 일어나고 있지만 1836년에 집필되었다.) 이 소설은 분명히 루카치의 의미에서 역사적 현실에 대한 반영이 되었을 것이다. 물론 발자크에 대한 루카치의 일반적인 강조점은, 이 소설가의 역사적 현실 인식이 그 자신의(아마도 슈발리에게 쫓이었을) 개인적 소망들을 사회적·역사적 핍진성의 방향으로 (승리하는 것은 결국 뒤 부스퀴에이다.) 굴절시키고 있다는 것이다.

그러나 이 소설은 그보다 훨씬 복잡하다. 이 소설이 경험적 역사의 돌이킬 수 없는 냉혹한 사실들(7월 혁명, 발자크에게 이는 중산층 시대라는 세속적 타락으로 추락하는 것을 의미했다.)을 자신 안에 새겨 놓고 있다면, 그것은 그 사실들을 좀 더 확실하게 '관리'하고 그것들이 더 이상 그렇게 돌이킬 수 없는 것이 아닌, 더 이상 그렇게 결정적이지 않은 공간을 열어 놓기 위한 것이다. 『노처녀』는 사실 단순한 결혼 소극도, 더욱

이 지방 생활에 대한 사회적 기록만도 아니다. 이는 무엇보다도 교훈적인 작품이며 경험적 역사의 사건들을 다양한 사회 계급들의 전략들이 시험되는 하나의 선택적 시험장으로 변화시키고자 하는 정치적인 실물 교육이다. 서사의 사건들은 그대로이면서도 그 최종적 성격은 어떻게 해선가 비워져 있는 이러한 언어역에서의 특수한 변환은 아마도 '양상(modal)' 시학* 및 서사 텍스트의 표면에서 서사 내용이 서법으로 실현될 때의 다양성에 관한 토도로프(Tzvetan Todorov)의 개념화를 경유할 때 가장 잘 전달될 것이다.¹² 그레마스가 제시하듯이 하나의 서사가 개별 문장처럼 모델화될 수 있다고 가정한다면, 각각의 심층 서사 구조는 문장들처럼, 여러 가지 다양한 양상들을 통해 실현될 수 있을 것이다. 그리고 이때 전통적인 서사적 리얼리즘을 지배하는 지시적 양상은 그 중 가장 친숙한 형태일 뿐이다. 가정적인 것, 기원(祈願)적인 것, 명령적인 것 등, 가능한 다른 서사적 양상화(modalization)들의 존재는 서사 언어역들의 이질적인 유희를 시사하는 것이다. 그러나 다음 장에서 보겠지만, 이는 점차로 후기 본격 리얼리즘의 거대한 동질화 밑에서 봉쇄되

---

* 앞서 프라이의 양상(mode)과 마찬가지로, 여기에서의 양상도 서법(mood)의 일부를 이룬다. 제임슨은 토도로프를 따라 양상을 서법과 같은 의미로 쓰고 있다. 여기에서 양상화(modalization)는 서법의 실현, 혹은 서법 자체로 볼 수 있다.

12 Tzvetan Todorov, "Poétique," in F. Wahl, ed., Qu'est-ce que le structuralisme?(Paris: Seuil, 1968), 142~145쪽. 그리고 Languages의 'modalités' 특집호(No. 43, September 1976)를 볼 것. 궁극적인 철학적 토대들은 양상 논리(modal logic)에서 찾을 수 있다. George Henrik von Wright, An Essay in Modal Logic(Amsterdam: North Holland Publishing Co., 1951)과 An Essay on Deontic Logic(Amsterdam: North Holland Publishing Co., 1968)을 볼 것. 적절하게 정식화하면, 여기에서 제안하고 있는 이데올로기적 공리의 모델은 오스왈드 뒤크로(Oswald Ducros)가 개별 명제 또는 문장들의 전제들에 대해 한 설명을 서사와 거대 구조에 투사한 것이라고 말할 수 있다. 뒤크로는 수행적 행위 또는 말하기 행위의 개념을 그가 말하는 '사법 행위(the juridical act)'로 확대시키고 있다. 이는 모스(Mauss)의 선물 개념에 있어서처럼, 수신 행위가 일정한 발화가 전제하고 있는 이데올로기적 내용에 대한 수신자의 동의를 구조적으로 포함하고 있음을 의미한다.(Oswald Ducros, Dire et ne pas dire(Paris: Hermann, 1972), 69~80쪽)

3장 리얼리즘과 욕망

고 재통합되게 된다. 이러한 관점에서 볼 때, 『노처녀』의 교훈적 지위는 조건적인 것(만일에 이러하다면 이러하다)의 맥락에서 이루어진 하나의 양상화로 설명될 수 있는데 우리는 이제 그 내용을 결정해야 한다.

이제 이전 독해 구조의 순서 전체가 역전되어야 한다. 처음의 성적인 '해석 약호'와 뒤이은 일차적 싸움(결국 누가 이길 것인가?)에 대한 독해를 포함하는 이전 구조는 이제 새로운 종류의 흥미, 즉 책임을 할당하려는 노력, 그리고 (무능한) 뒤 부스퀴에가 그의 (능력 있는) 귀족 경쟁자에 대해 미처 규정되지 않았던 어떤 이점을 가질 수 있는지를 결정하려는 노력, 즉 새로운 종류의 독서 관심에 따라 소급하여 재구축된다. 이러한 원인과 책임의 확립은 궁극적으로 이제 역사의 교훈이 될 내용을 구성하게 될 것이다.

그러나 이러한 재구축은 해답이나 즉각적인 이데올로기적 해결이 아니라, 일단의 결정적인 모순들을 직면케 한다. 단순한 판단(혁명과 그 부르주아적 가치들은 본질적으로 불모의, 말하자면, 무능한 것이면서, 또한 에드먼드 버크가 말한 의미에서 인위적이며 비유기체적인 것이라는)처럼 시작된 것이 이제 하나의 문제 또는 이율배반으로 바뀌는 것이다. 섭정, 사슴 사냥터, 와토(Antoine Watteau),* 프라고나르(Jean-Honoré Fragonard),** 루이 15세 등의 상투적인 재현들을 통해 성적 연애로 약호화되는 구체제는 슈발리에의 초상에 긍정적인 성적 의미소를 제공한다. 그러나 결혼 시도의 실패 이전에도, 그의 초상을 구성하는 의미소들의 조합은 모순적인 것으로 보일 수 있으며, 독자는 마음 어느 구석에선가 다음과 같은 문제를 고민하게 마련이다. 즉 우아하고 여성적이며 나이 든 슈발리에가 조잡한 부르주아 투기꾼 뒤 부스퀴에보다 더

---

* 1684~1721. 로코코 양식의 프랑스 화가.
** 1732~1806. 로코코 양식의 프랑스 화가.

'능력 있다'는 것이 어떻게 가능한가? 다른 한편, 후자 역시 못지않은 역설을 보여 주는데, 그의 성적 무능과 준-군대적인 진취성과 결단력의 원리 간의 관계가 그것이다. 이 원리 덕분에 그는 승리할 수 있었는데, 텍스트는 그것의 역사적 지시 대상이 무엇인지에 대해 의심의 여지를 남기지 않는다. 그것은 바로 발자크가 나폴레옹과 그리고 발미 전투에서부터 워털루에서의 실추에 이르는 혁명군의 역사 전체와 연관시키고 있는 에너지인 것이다. 그러나 이 의미소는 역사적으로도 이미 양면적인데, 왜냐하면 이러한 군인적 진취성은 문화, 가치, 그리고 구체제의 관행들과 날카롭게 단절되어 있는 한편, 1830년 이후 도래하는 실무 사업 사회와 전적으로 동일시될 수도 없기 때문이다.

1장에서 윤곽을 제시한 프로그램에 따라, 우리는 이러한 특수한 비일관성을 모순으로 재구축하는 것과 독자의 정신에 이율배반으로 보이는 것을 정식화하는 작업을 구별하고자 한다. 우리는 1장에서 전자는 본래의 변증법적인 사유에 의해 지배되는 반면, 후자는 기호학적 방법에 의해서 가장 적절하게 구도지어질 수 있으며, 그런 의미에서 후자가 이데올로기적 봉쇄를 분석하는 데 있어서 특권적 도구임을 시사했다. 그레마스의 기호학적 사각형은[13] 이러한 이율배반 또는 이중 구속의 최초 정식화를 '성적 능력 + 무기력' 대 '에너지 + 무능력'이라는 형식으로 제시한다. 근저의 이데올로기적 모순은 여기에서 역사에 대한 성찰의 형태로 분명하게 표현될 수 있다. 즉 왕당파로서 그리고 본질적으로 유

---

13 간단히 말해서, 기호학적 사각형 또는 '의미화의 기본 구조'는 이항 대립 또는 두 대립항 (S와 -S)을, 이 두 항의 단순 부정들 또는 모순들(이른바 하위 모순들인 -s̄와 s̄)과 함께 표현한 것이다. 이 항들의 다양한 가능 조합들에 의해서 의미상의 끼움 자리들(slots)이 구성되는데, 가장 주목할 만한 것은 '복합'항(또는 두 대립항의 이상적 종합)과 '중립'항(또는 두 하위 모순들의 이상적 종합)이다. A. J. Greimas and François Rastier, "The Interaction of Semiotic Constraints," *Yale French Studies*, No. 41(1968), 86~105쪽; F. Nef, ed., *Structures élémentaires de la signification*(Brussels: Complexe, 1976). 또한 나의 *Prison-House of Language*, 162~168쪽을 볼 것.

3장 리얼리즘과 욕망

기체적이고 탈중심적인 구체제의 옹호자로서의 발자크는, 그럼에도 불구하고 구체제의 명백한 군사적 실패들과 행정상의 비효율성을 직면해야 했는데, 이러한 점은 나폴레옹 시대(비록 그 시대 자체가, 쟈코뱅적 가치와 군주제적 치장 사이의 일종의 이종 교배로서 막다른 곳임이 입증되긴 했어도)가 가진 힘과의 불가피한 병치에 의해 강조된다.

완강한 이율배반, 해결할 수 없는 논리적 역설로밖에 생각될 수 없는 이러한 종류의 모순과 직면하여, 그럼에도 불구하고 역사적인 야생의 사고(pensée sauvage) 또는 우리가 정치적 무의식이라 불렀던 것은 그 참을 수 없는 한계 상황(closure)을 벗어날 길을 찾고 '해결책'을 산출하고자 시도하는데, 이는 위에서 정식화된 최초의 대립 안에 이미 함축된 의미소의 분리 덕분에 시작될 수 있는 어떤 것이다. 이렇게 해서, '에너지'의 의미소를 '무능력' 또는 '불모성'의 의미소(부르주아 물질주의와 사업을 일반적으로 지칭하는 더 큰 이데올로기소의 일부)에서 분리하는 것이 가능해진다. 이 대립의 다른 편에서도, 높이 평가되는 '구체제'의 의미소를 아마도 '교양(culture)'이라는 주제 아래 요약할 수 있는 전반적인 허약함(예의, 전통, 형식, 귀족적 가치들 등)에서 분리하는 것이 가능할 것이다. 이 지점에서 우리는 이러한 항들과 이 항들이 시사하는 새로운 조합의 가능성들을 다음과 같이 구도 지을 수 있다.

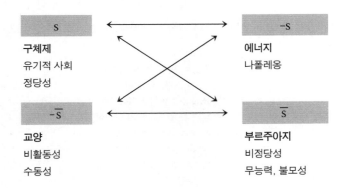

그렇다면 사용 가능한 네 개의 주된 논리적 조합들 가운데 지금까지 겨우 두 가지를 확인한 셈이 된다. 그리고 이런 관점에서 보면, 우리는 의미소 체계가 의인화된(anthropomorphic) 조합들, 즉 서사적 인물들을 생성하는 방식을 알게 된다. 이 경우에는 s와 -s̄라는 의미소들이 어떻게 '슈발리에'의 표상을 산출하며, 다른 한편, -s와 s̄의 조합이 또 다른 고유 명사인 '뒤 부스퀴에'에게 어떻게 의인화된 내용을 부여하는지를 알 수 있는 것이다. 지금까지 다루지 않은 것은 그레마스가 각각 복합항(complex term)과 중립항(neutral term)이라고 지칭한 두 개의 조합들이다. 즉 최초의 이항 대립을 단일 통합체 아래 포섭함으로써 '해결할' 수 있을 이상적 종합과, 처음 이항 대립 상의 두 항들의 단순 모순 항들을 포섭하는 순전히 부정적이거나 결여된 항들의 통합이다. 만일 발자크 텍스트에서 이 부가적인 두 개의 논리적 가능성들에 대한 등가물을 찾아 제시할 수 있다면, 우리의 방법론적 가설은 정당화될 것이며, 인물 체계에 대한 우리의 논증도 완성되는 셈이다.

그러나 우리는 중립항 또는 중성항(neuter term)에 해당될 후보자를 이미 언급했다. 부르주아적 기원과 문화적 가치의 외양상 조화되지 않는 종합은 사실 불쌍한 젊은 시인 지망생 아타나즈에서, 그리고 그를 넘어서서 낭만주의 자체에서 실현되고 있는데, 발자크의 작품은, 낭만주의 운동에 대해 철저한 비판의 태도를 취한다.[14]

복합항 또는 이상적 조합과 관련하여, 이 소설의 위기를 고조시키고 뒤 부스퀴에로 하여금 최고의 결단을 내리도록 몰아붙이는, 뒤늦게 등장하는 에피소드를 우리는 아직 언급하지 않았다. 그것은 망명한 귀족 장교로서 러시아에서 돌아와 이 지역에 다시 정착하려는 트루아빌 백

---

14 발자크의 반낭만주의에 대해서는, Pierre Barbéris, *Balzac et le mal du siècle*(Paris: Gallimard, 1970), 특히 7장을 볼 것.

3장 리얼리즘과 욕망

작이 코르몽 영애의 저택에 도착한 에피소드이다. 달콤한 잠시의 시간 동안 코르몽 영애는 그를 자신의 문제들에 대한 '해결책'으로, 또 다른 경쟁자들 중 누구보다도 더욱 적당한 결혼 상대자로 상상한다. 불행하게 도, 백작은 이미 결혼한 몸이다. 확실한 귀족적 '정당성'과 나폴레옹 유형 의, 입증된 군인다운 용감성을 만족스럽게 결합해 줄 이 '해결책'은 그리 하여 서사에 의하여 분명하게 단지 '이상적인' 것에 불과한 것으로, 경 험적으로는 실현될 수 없다는 더 좁은 의미의 유토피아적 해결인 것으 로 확정된다.

이처럼 '트루아빌 백작'은 이 서사에서 우리가 지평-인물(horizon-figure)이라 부르게 될 것을 형상화한다. 그는 경험적 역사가 아니라 가 능한 대안적 역사의 자리를 대략적으로 그려 내고 있다. 그것은 귀족 계급이 이 특정한 실물 교훈, 즉 귀족적 가치들을 나폴레옹적 에너지와 결합시키고 있는 강력한 인물(소망 성취적 또는 환상의 층위에서, 발자크는 자신을 염두에 두고 있다.)이 필요하다는 것을 배울 수만 있다면, 진정한 왕정복고가 여전히 가능할 것으로 보이는 그런 역사이다. 그렇다면 이 야말로 이 소설의 희극적이지만 애처로운 종결(결혼한 여자이면서, 또한 동시에 노처녀인 코르몽 영애의 궁극적 운명! 이는 변증법적 해결에 대한 희화 화에 다름 아니다.)이 사실은 결정적인 것이 아니며, 단지 무시무시한 실 물 교훈일 따름이라는 사실의 궁극적 의미이다.

이런 자료들을 좀 더 어둡고 비극적인 언어역으로 옮겨 놓은 것 같 은 『농민들』 역시 이러한 견지에서 다시 읽을 수 있으며, 이를 통해 루 카치의 잘 알려진 해석이 조급한 예단임을 보일 수 있다.[15] 『농민들』의 불운한 주인공 몽코르네 백작은, 『노처녀』의 발로아처럼 의심스럽기만 한 귀족이다. 그의 작위는 사실 나폴레옹 시대에 얻은 것으로서, 성주

---

15 "Balzac; The Peasants," *Studies in European Realism*, 21~46쪽.

로서 그가 가진 '봉건적' 권위의 정당성은 서사의 주변 장소에 아직 진정한 귀족의 소유 아래 있는 다른 두 대영지, 롱크롤과 술랑주가 존재한다는 사실로 인해 더욱 의심스럽게 보인다. 이것은 몽코르네가 자신의 기원의 불완전함 때문에 실패한 곳에서 이 이웃한 지평 인물들, 보다 진정한 귀족의 대표자들은 모종의 성공할 기회를 갖는다는 것을 함축한다 ── 그들이 발자크 서사의 경고에 주의를 기울이기만 한다면 말이다! 이렇게 해서 서사 언어역은 『농민들』의 불행(『노처녀』의 그것처럼, 일정한 경험적 역사의 반영인)에서 그것의 최종적 성격, 역전 불가능성, 역사적 불가피성을 비워 내고 역사를 단지 조건부의 역사로 제시하며, 역사적 '사실'의 지시적 양상을 경고의 이야기와 교훈이라는 덜 구속적인 것으로 변형시킨다.

2

앞에서의 논증은 『노처녀』의 상이한 세 가지 특징들 사이의 구성적 관계를 제시했다. 즉 전기적인 것을 유토피아적인 것으로 해소시키는 소망 성취 또는 판타지 투여와 주인공(특권적인 '시점'이나 중심화된 주체의 의미에서) 없는 서사,(여기에서 그 서사의 인물들은 심층의 의미소 체계에 의하여 생성되는 것으로 이해된다.) 그리고 마지막으로, 서사 언어역에서의 모종의 표류(dérive)의 가능성이 바로 그것이다. 이 가능성으로 인하여 외양상 여전히 '리얼리스틱'한 재현이 더 이상 경험적 역사의 방식으로 구속적이지는 않게 된다. 물론 발자크의 '계기'와 상황이 갖는 역사적 특수성이 설명되어야 한다. 이때는 부르주아 주체와 거대한 사물화의 편재하는 효과들이 완전히 구성되기 이전으로 욕망과 주체의 탈중심화와 일종의 열린 역사가 여전히 함께 결합되고 있었다. 그러나 또한 발자크의 많은 소설들이 교양 소설 및 '시점'과 아이러니를 예견하고 있으며, 분명하게 주인공들을 포함하고 있다는 지적도 충분히 가능하다. 또한 마찬가지로 확실한 자전적 내용도 유토피아적 투여가 아니라 앞서 우리가 발자크에게는 부재한다고 주장했던 나중 시기의 단자적인 부르주아 주체성을 함축한 것이라는 반응도 있을 수 있다. 또한 그토록 온갖 종류의 대상에 대한 갈망으로 흠뻑 젖은 발자크의 작품에서 욕망의 상품화를 부인하려고 시도하는 것은 외견상 편벽되어 보인다는 언급도 있을 만하다.

따라서 우리는 서사가 『노처녀』보다 훨씬 관습적이고 발자크의 리얼리즘에 관해 일반적으로 수용된 의견과 더 잘 부합하는 두 번째 텍스트를 살펴볼 필요가 있다. 『물 휘젓는 여자(*La Rabouilleuse*)』에는 확실히 '주인공'이 있고,(사실 두 명인데, 서로 경쟁하는 조제프 브리도, 필리프 브리도 형제이다.) 그 본질적으로 발자크적인 갈등은 본질적으로 발자크적인 욕망의 대상인 돈(이 경우는 시골의 유산)을 둘러싼 투쟁에 기초해 있다. 그러나 후기 발자크에서는, 원자료들의 심오한 역사화만이 아니라 서사 틀의 거대한 확장이 이전의 전통적인 발자크 주인공들의 정태적인 욕망과 광적인 집착들을 대체하며 서사의 초점을 한편으로는 욕망의 원인론(etiology)과 같은 것으로,(그 기원과 전사는 무엇인가, 그것은 어떤 것으로 바뀌거나 승화될 수 있을 것인가?) 다른 한편으로는 이제까지 관행적으로 괄호 쳐 있던 욕망의 목적에 이를 수 있는 다양한 수단들, 전략들, 그리고 도구들의 구성으로 옮아가는 경향이 있다.

『물 휘젓는 여자』는 발자크적 투쟁의 원형적 구현이다. 여기에서 두 사람의 주된 적 또는 원수들은 동맹자 네트워크, 자신만의 특정한 무기들 및 이점들과 함께 구성된다. 마침내 급박한 충돌이 대단원을 불러오고 경쟁자들 중 하나가 불안정하고 역사적으로 잠정적인 상태로 승부의 목표물을 소유하게 된다. 이 소설에서, 두 주인공들은 유산을 둘러싸고 싸우는 루제 가문의 두 경쟁적 지파를 각각 대표하면서 옹호하고 있다. 그러나 젊은 지파가 파리에서 겪는 불행들에 대한 서두의 긴 설명(나폴레옹 치하 관리였던 남편의 한창때의 죽음, 뒤이은 궁핍한 환경과 자기 희생적 삶)은 이 노선 자체 내에 두 형제들 간에 미래를 예견케 하는 최초의 경쟁 관계를 구성한다. 즉 어머니의 맹목적 사랑을 받는 나폴레옹 군대 장교는 평화로운 시절의 일상에 적응하는 데 엄청난 어려움을 겪을 뿐이지만, 동생은 사랑받지 못할 추함에도 불구하고 위대한 화가가 될 싹을 보인다. 그다음에는 이 특정한 대립과 중심적 대립 사이의 이차적인 긴장이 출현하는데, 필리프가 이쑤덩에 있는 가문의 손위 지파 출신의 도전자(그 자신이 이전에 나폴레옹의 장교였고, 배경이나 광포함에서 실제로 적의 거울 이미지이다.)와 충돌하게 될 무렵에는 중심 대립이 이 특정 대립을 흡수하게 된다.

그러나 서사의 초점에서 바로 이런 긴장 또는 부조화가 『물 휘젓는 여자』에 그 독특한 힘을 부여하는데, 왜냐하면 이러한 축들 또는 투쟁들 각각은 그 주요 항목인 필리프라는 인물을 다른 언어역에서 그리고 아주 다른 서사적 목적들을 위해 제시하기 때문이다. 이 인물은, 발자크에서 가장 놀라운 인물들 중 하나로서, 여러 가지 점에서 예시적이다. 필리프는 '봉급을 반만 받는 장교(demi-solde)' 또는 운이 쇠퇴 일로에 있는 퇴역 군인에 대한 초기 문학적 재현들 중 하나이다. 그는 또한 물질적 퇴락에 있어 빅토리아 시대 가장 위협적인 모습의 룸펜 프롤레타리아의 판타지−이미지를 미리 형상화하고 있으며, 이를 넘어서서 사회적 긴장과 갈등을 다룰 수 있는 서사 도구로서 멜로드라마의 전적인 쇄신을 알리고 있다. 그렇지만, 필리프는 아직 그런 의미에서의 멜로드라마적 인물은 아니다. 그는 한편으로 악에 대한 우리의 본질적으로 이데올로기적인 인식을 강화하고, 다른 한편 사회적 무질서의 존재를 '설명해 준다'는 이중 의미에서의 악한이 아닌 것이다. 그는 분명 무질서와 폭력의 원리이다. 그러나 서사는 이러한 위험한 에너지를 윤리적이거나 신화적인 힘으로 실체화하려 하지 않는다. 오히려 서사는 그런 에너지의 출현과 왜곡을 필리프에 대한 본질적으로 역사적인 분석을 함축하는 방식으로 제시하고 있는데 이는 단순한 윤리적 판단을 넘어서 있다.

그러나 사실 『물 휘젓는 여자』는 일단의 인물의 특징들을 묘하게 겹쳐지고 중층 결정된 방식으로 설명하기 위해 상이한 두 개의 분석, 두 개의 독립적이며 상호 배제적인 설명 체계 또는 '심리학'을 사용하고 있다. 이러한 기묘한 중첩(본질적으로 객관적인 또는 사회학적인 분석과 본질적으로 주관적인 또는 원(原)정신분석학적인 분석의)과 더불어 우리는 소설의 핵심부로 인도되는데 바로 그곳이 작품의 한 쌍의 언어역이 상호 구별되는 장소이기도 하다.

'봉급을 반만 받는 장교'라는 명칭이 시사하듯이, 첫 번째 분석은 역사적인 것이며 실로 변증법적인 것이다. 발자크에서 에너지 신화의 전반적인 이데올로기적 지위가 어떤 것이든, 여기에서의 그 기능은 그 사회적 상황의 우선성을 전경화하는 것이다. 따라서 여기에서 필리프의 에너지의 질은 그에게 가능한 역사적 실천(praxis) 및 사회적 역할과 정비례한다. 나폴레옹 치하에서 그는 연대장이 된다. 왕정복고 기간에 그는 주위 사람들과 전체 사회에 하나의 위협이 된다. 루제 유산을 위한 싸움에 다시 적응해서 가문의 가치에 묶이고 그 기율에 봉쇄되면서, 그는 다시금 직관에 의한 행동이나 전략과 전술 모두에 있어 하나의 모델을 제공한다. 그러나 이미 언급했듯이, 후기 발자크의 확장된, 거의 무한한 역사적 전망 속에서 이런 투쟁들의 목적과 포상(prize)은 역사(History)의 간계에 의하여 알아볼 수 없을 정도로 괄호쳐지거나 평가절하되어 버린다. 승리자 필리프는, 자기 자신의 이미지와 동일하게 주조된 적들을 다루는 능력은 탁월하지만, 발생기 자본주의의 비인격적인 제도들에 의해서는 무장해제되고, 루이 필리프의 부르주아 왕정의 새로운 은행가 세력과 1830년 7월의 사건들로 인해 궁핍에 빠진다. 그러므로 그는 옛날 시골의 프랑스와 대도시의 시장 및 금융 역학 사이의 '소멸하는 매개자(vanishing mediator)'와 같은 것임이 입증되며, 그의 '객관적인 역사적 기능'은 전자의 축적된 부를 후자의 투기성 자금으로 전유하고 전환하게 만드는 것임이 드러난다. 남아 있는 그의 자질들은 이제 역사에 의하여 헌신짝처럼 버려진 그를 '문명 사회'의 변경으로 가게 하는데, 그곳에서 터키 수장으로부터 알제리를 빼앗는 침공 작전을 벌이던 그는, 마치 제국의 경계에 도착하여 얼굴 없는 그러나 절대적인 타자인 낯선 한 무리의 유목민들을 직면한 황금머리(Tête d'Or)*처럼, 근대 문학에서 재현된 최초의 제3세계 게릴라들에게 참살되고 만다.

그러나 역사적 변증법의 이러한 재현은 동시에 본질적으로 이데올로기 성찰의 장소, 또는, 우리의 이전 용어로 말하면, 개념상의 이율배반에 대한 숙고의 자리이다. 이렇게 볼 때, 문제는 '폭력'이라는 이데올로기적 범주의 문제인데 이는 아마도 다음과 같은 정식화에서 가장 잘 전달될 수 있을 것이다. 이 가문이 다른 지류에게서 부를 빼앗아 낼 만큼 폭발적인 힘을 생성하면서 그 과정에서 자신은 폭파되어 파괴되지 않는다는 것이 있음직한 일인가? 발자크적 보수주의의 규범적 논리에 의거하여, 여기에서의 가문을 사회의 형상이라고 이해하면, 이 텍스트의 '정치적 무의식'은 상징적 형식으로 사회 변화와 반혁명의 문제들을 분명하게 제기하고 있다. 그와 동시에 어떻게 구질서로의 복귀를 불러오는 데 필요한 힘이 그 과정에서 동시에 그 구질서 자체를 파괴할 만큼 지나치게 강력하거나 분열적이지 않은 채, 그 일을 해낸다고 상상할

---

* 프랑스의 시인, 극작가이자 외교관이었던 폴 클로델(Paul Claudel, 1868~1955)의 희곡 「황금머리」(1890) 참조.

3장 리얼리즘과 욕망

수 있을지를 스스로에게 묻고 있는 것이다.

『물 휘젓는 여자』에 함축된 또 다른 진단 또는 설명 체계를 살펴보면, 우리는 그것이 오늘날에도 여전히 친숙한 심리학적 체계임을 알게 된다. 이 체계에서 필리프의 '자기중심주의'는 어머니가 과도하게 아들을 받아 준 결과로 고발되며, 사회 및 가족 내에서의 '응석' 및 결과적인 무법성과 권위 무시도 어머니의 이러한 태도에 책임이 돌려지고 있다. 우리에게 중요한 것은 이 다소 진부한 이데올로기소가 아니라, 적어도 부분적으로는 지나치게 아이를 받아 주는 어머니에 대한 실물 교훈으로 생각할 수 있는 이 서사에서 그 이데올로기소가 가져온 구조적인 결과들이다. 동생의 인내심 있는 헌신은 아가트의 거의 범죄적인 맹목성과 편파성을 강조하는 반면, 그가 화가로서 얻기 시작하는 영광은 그녀가 보려고 하지도 않고 또 볼 수도 없었던 모든 것을 명백하게 드러낸다. 전통적인 비평 용어로 말해 보면 아가트는 배경 인물 이상이 되지 못하는 데다 부차적인 플롯에 속해 있다. 아마도 서술의 정신적 무게 중심이 서사의 표면적인 범주들과 재현의 책략들을 명시적으로도 징후적으로도 왜곡시키지 않는 서사에서 그 무게 중심을 판별하기 위해서는, 그리고 지각 있는 아들이 보고도 용인해 버리는 도덕적 맹목성(그는 사실 이것의 희생물이다.)이 자칭 우호적인 독자에게 하나의 볼거리(spectacle)로 제공되는 상황의 특수성을 등기하기 위해서는 우리에게 다른 유형의 서사 이론이 필요할 것이다. 다른 한편, 어머니가, 말하자면 하나의 주제 또는 모방적 성찰의 대상이 되고 있는 이러한 재현은 수용 상황에 의해 기묘하게 배가된다. 즉 표면상의 독자는 어깨너머로보다 근본적인 시선을 느끼게 되며, 이 볼거리가 이미 보여진 것이거나 또는 보다 본질적인, 그러나 부재하는 목격자인, 전기에서 보여지는 발자크의 어머니 자신의 교화를 목적으로 한 것임이 분명해지는 것이다. 그러나 이러한 범주, 부재하는 독자, 부재하는 목격자는 더 이상 또 하나의 개별성이 아니라, 상호 주관성의 한 극과 같은 어떤 것, 소통 회로 내의 하나의 공간 또는 항과 같은 것이어서, '아가트'라는 인물에는 단지 그만이 아니라 발자크 자신의 어머니도 분간할 수 없게 포함되어 있다. 이곳이 사실 명확한 전기적 참조가 적절하게 적용되는 지점이다. 즉 발자크와, 쓸모없는 인간이면서도 발자크 부인이 드러내 놓고 편애하는 그의 남동생(여기에서 나이는 전략적으로 뒤바뀌어 있다.) 사이의 경쟁 관계, (한참 나이 많은) 아버지의 가리워진 존재, 유년기부터 어머니의 이해할 수 없는 적의의 대상이었다는 의식.(전기 작가들에 의하면 이는, 사촌누이 베트*라는 인물을 통해 가장 잘 재현된다.)[16] 이러한 세부 사항들은 출처로서보다는 지금의 서사가 생산되고 위치지어지는 좌표들로서 흥미롭다. 독자의 어깨너머로 어떤 부재하지만 결정적인 어머니 목격자를 겨냥한 실물 교훈은 그렇다면 우리가 『노처녀』에서 판별해 낸 교훈적인 언어역보다 한 걸음 더 나아간 단계이다. 『노처녀』 역시, 정도는 덜하지만, 프랑스의 비유형상 자체인 여주인공에 대한 교훈으로서, 그녀의 잘못된 결정(뒤 부스쿼에＝1830**)이 여기에서 비난되고 있는 것이다. 그렇다면 이 지점에서, 주체는 텍스트 밖에 하나의 타자, 일종의 절대적 독자로서 위치하며 현실적인 또는 경험적인 독자는 이와 결코 일치할 수 없는 것처럼 보일 것이다. 이러한 재현에 대하여 현실적이고 경험적인 독자는 하나의 방관자 또는 우연한 관찰자와 같은 것이

＊ 발자크의 『사촌 누이 베트』(1846)의 주인공.

16 발자크의 부모 및 부모와 그의 관계에 대해서는 Barbéris, *Balzac et le mal du siècle*, 2장을 볼 것. 그의 동생 앙리와 『인간 희극』에서의 형제간의 경쟁 모티프에 관해서는 M. Fargeaud and R. Pierrot, "Henry le trop aimé," *Année balzacienne*(1961), 29~66쪽; P. Citron, "Sur deux zones obscures de la psychologie de Balzac," *Année balzacienne*(1967), 4~10쪽; P. Citron, "Introduction," *La Rabouilleuse*(Paris: Garnier, 1966)을 볼 것.

＊＊ 1830년은 프랑스 파리에서 노동자와 소부르주아지 등이 일으킨 7월 혁명이 실패하고 '은행가의 왕' 루이 필리프가 집권한 해이다.

3장 리얼리즘과 욕망

고, 서사 안의 어떠한 구조적 위치도(어떠한 제4의 벽도) 그 또는 그녀에게 열려 있지 않다.

그렇다면 사실상, 아가트의 하위 플롯과 두 형제 간의 경쟁을 다루는 서사 부분은, 소망 성취의 구조, 혹은 더 좋게 말하여 백일몽, 즉 주체가 자기 자신의 이미지를 투사하는 낮의 판타지의 구조를 가지고 있으며, 이에 대하여 독자 또는 관객은 완숙한 보편적 재현에서의 비어 있는 끼움 자리(언어의 바꿈 장치*의 순서에 따른 어떤 것)가 아니라 바로 백일몽 내 여러 인물들 중 하나의 자리를 갖는다. 이 특수한 서사 논리는 성인 주체의 발달에서 초기적 단계(라캉이 편리하게 상상적인 것(the Imaginary)이라 부른 단계)에 상응할 뿐 아니라 예술적 창조에 관해 근본적인 문제를 제시하고 있다. 프로이트에 의하면, 만일 예술 작품이 그 내용의 개인적인 소망 성취 요소들을 거기에 '거부감을 느끼는' 다른 주체들에게 예술로 받아들이게 하고자 한다면, 이 요소들을 어떻게 해서든 보편화하고, 대체하고, 감추어야만 한다.[17] 그렇다면 플로베르 문학 텍스트의 비인격화 기획은 어느 면에서는 프로이트가 지적한 딜레마에 대한 재인식으로, 그리고 서사 표면에서 소망 성취의 모든 흔적을 제거하려는 체계적인 시도로 볼 수 있다. 다른 한편, 발자크에게 두드러지는 것은, 이러한 정신적 메커니즘이 연속적으로 나타난다는 것뿐 아니라, 무엇보다도 그 과정에 대한 어떠한 수치심이나 자의식도 존재하지 않는다는 점이다.

이 소설은 준비 부분의 이러한 상상적인 또는 소망 성취적인 언어 역으로부터, 주 플롯의 아주 다른 서사 역학(사악한 필리프가 이쑤덩으

---

* shifter. 야콥슨의 용어. 발신자, 수신자, 시간, 장소와 같은 발화 상황에 따라 그 지시 대상이 다르게 결정되는 용어나 표현. '나', '어머니' 등.
17 Sigmund Freud, "Creative Writers and Day-Dreaming," *Standard Edition, IX* (London: Hogarth, 1959), 143~153쪽.

로 파견되는 것과 절정에 이르는 유산 투쟁)으로 움직여 간다. 이 제2의
언어역을 라캉이 상징적인 질서(the Symbolic order)라고 부른 것, 즉 주
체가 거울 단계의 본질적으로 '아날로그적'인 또는 소망 성취적인 사
유에서 벗어나서 그 디지털한 사유, 그 고유 명사들, 부정어들, 그리고
무엇보다도 '바꿈 장치들' 또는 일시적인 주체들이 연이어 머무를 수
있는 대명사의 끼움 자리들을 지닌 언어에 편입되는 것과 관련해서 특
징짓고 싶은 유혹이 있을 수 있다. 그러나 그럴 경우 우리는 그것이 상
징적인 것의 불완전한 또는 절단된 경험이라는 것, 그리고 발자크의
소설은 본질적으로, 성숙한 경험에서는(그리고, 아마도 구성된 주체가 나
타나는 '본격 리얼리즘'에서는) 분리될 수 없는 이 두 개의 질서, 즉 상상
적인 것과 상징적인 것이 분리되어 있다는 점이 특징이라는 사실을 덧
붙여야만 한다.

사실, 첫 번째 또는 상상적인 서사 언어역이 어머니의 부재하는 현
존으로 특징지어진다면, 두 번째 또는 주 플롯의 상징적 전개에는 죽은
아버지, 수수께끼 인물인 닥터 루제가 출몰하는데, 그가 이 텍스트 안
에서 인물로 단 한 번 등장하는 모습은 기원들에 대한 중요한 순간을
기록한다. 즉 꿈꾸는 듯한, 포크너(William Faulkner)적 순간으로서 이때
처음으로 이른 아침 나이 든 의사는 왕진차 말을 타고 들판을 가다가
시냇물에서 가재를 잡느라 물을 휘젓고 있는 벌써 황홀할 정도로 아름
다운 농가의 아이를 만난다.(이로부터 그 지방에서 그녀를 부르는 (고기 잡
느라) 물 휘젓는 여자(rabouilleuse)라는 별명이 생겼다.)

라캉에게 상상적 단계에서 상징적 질서로의 이행을 특징짓는 것은
그가 '아버지의 이름'이라고 부르는 것에 대한 유아의 경험이다. 이것
은 오이디푸스 콤플렉스 및 거세 불안에 관한 고전적인 프로이트의 설
명을, 아버지의 기능 자체('아버지'라는 용어)가 라캉이 상상적 양태로
설명해 온 개별적인 전기적 부모와 다른 것이라는 본질적으로 언어적

3장 리얼리즘과 욕망

인 발견과 결합시킨 것이다. 그렇다면, 이는,

> 오이디푸스적 계기로서, 여기에서 [상상적인 것의] 2원 구조를 배경으로 삼아 3원 구조가 출현한다. 이때 제3자(아버지)가 이원적인 상호 매료됨의 상상적 만족에 침입하여, 그 경제를 뒤엎으며 그 매료됨을 파괴하고, 라캉이 말하는 상징적 질서로 아이를 안내하게 된다. 그것은 객관화하는 언어의 질서로서 아이로 하여금 마침내 나, 너, 그, 그녀 또는 그것이라고 말하게 하고, 그리하여 조그만 아이는 제3자 성인들의 세계 속에 자신을 한 명의 어린 인간으로 위치시키게 된다.[18]

발자크가 『독신자들(Les Célibataires)』이라 부른 연작물의 세 번째 소설인 『물 휘젓는 여자』는 이런 측면에서 아버지 기능의 장기적이고 부자연스러운 공백의 이야기를 들려주고 있는 셈이다. 그리고 유산 싸움은 욕망의 대상 문제(프롭의 편력이라는 의미 또는 상품 형식의 의미에서)가 아니라 아버지 부재의 징후로 볼 수 있다. 연작 제목의 '독신자'는 사실 이 복잡한 갈등 속에 있는 주요 배우들 누구나를 지칭할 수 있다. 즉 이는 (어머니로부터 무시당하는) 조제프 또는 그 위협적인 에너지에 의미심장하게도 신체적인 퇴락이 따르는 필리프로부터, ('가족 로맨스'의 고전적인 프로이트적 메커니즘에 의하여, 닥터 루제의 사생아라는 소문이 있는)필리프의 적 막스와, 물을 휘젓는 여자 자신인 플로르 브라지에 모두를 지칭할 수 있는데 그녀가 결국 필리프의 승리 속에 결혼의 멍에를 지게 된 것은 기나긴 타락의 시작을 보여 주는 것이다.

그러나 재난을 당하는 인물들 가운데 가장 충격적인 것은 부유하고

---

18 Louis Althusser, "Freud and Lacan," in *Lenin and Philosophy*, trans. Ben Brewster(New York: Monthly Review, 1971), 210쪽.

허약한 친아들, 장자크이다. 그가 적절한 권위로 아버지를 계승하는 데 실패함으로써 만들어진 진공 상태 속으로 다른 인물들이 밀고 들어온다. 그리고 그의 다양한 임상적 특징들(성병과 연관된 유전적인 허약성, 성 불능만이 아니라, 마조히즘과 근친상간(그의 정부 플로르 역시 아버지와 '자리에 들었다.'))은 남자 동성애, 레즈비어니즘, 성 불감증, 수간, 성도착과 성욕 이상 항진증에 대한 요령 있는, 그러나 명시적인 환기들로 인해 발자크를 사드 계열 및 현대 정신병리학의 선구자들로 인정되는 다른 작품들과 어깨를 나란히 하게 한다. 마찬가지로 직업, 사회 계급, 그리고 지역이 끼치는 결정적인 영향들에 대한 관심은 그를 사적 유물론의 (그리고 못지않게 텐적 실증주의의) 선구자로 특징짓게 만든다.

조제프 서사가 소망 성취적이고 상상적인 기능에서 주체의 과도한 리비도 투여라는 특징을 갖는다면, 소설의 주 플롯인 필리프 서사는 정신적 리비도 투여의 부재라고 할 수 있는 것이 두드러진다. 즉 그 멜로드라마적인 자극은 특수하게 비멜로드라마적인, 편들기의 부재, 이들 불구적이고 혐오스러운 양 배우 집단들에 대한 일종의 매료된 무차별성(a kind of fascinated indifference)으로 특징지어진다. 장자크에 대한 작가의 분석은 상징적 질서의 핵심에 자리 잡은 이 이상한 공백에 대한 열쇠를 제공한다.

아버지가 죽었을 때, 장자크는 서른다섯 살이었는데, 열두 살 아이처럼 심약하고 부모의 명령에 복종적이었다. 그의 성격이나 이 이야기 안의 사실들을 믿을 준비가 안 된 사람들에게는, 이 심약함이 그의 어린 시절, 청년기 그리고 실로 전 생애를 이해할 수 있게 해 주는 열쇠다. …… 심약함에는 두 가지가 있다. 정신의 심약함과 신경의 심약함, 신체적인 심약함과 도덕적인 심약함이다. 각각은 서로 독립적이다. 신체가 두려워하고 떠는 반면, 마음은 평온하고 용감할 수 있다. 그 반대도 또한 사실이다. 이것이 많은 이상한 행동들을 설명해 준다. 두 가지 종류의 심약함이 동일한 개인에게서 발견되면, 그 사람은 전 생애에 걸쳐서 쓸모없는 인간이 될 것이다. 이러한 종류의 완벽한 심약함은 백치라고 불리는 사람들에게서 볼 수 있다.[19]

앞서 논했던 필리프에 대한 분석처럼 이 역시 근본적으로 중층 결정된 것으로, 장자크의 때이른 노쇠에 대하여 두 가지 상이한 설명을 제공한다. 즉 유전과 환경, 오염된 피와 부모의 억압이다. 두 설명 사이의 비일관성(필리프의 경우 가족 상황(장자크의 경우 아버지의 부재)은 장자크의 경우처럼 생리학적인 상황과 짝지어져 있는 것이 아니라 세계 역사적 상황, 즉 나폴레옹 제국의 흥망성쇠와 짝지어져 있다.)은 우리가 여기에서 단일한 이념 복합체와 관계해야 함을 시사하는데, 이 복합체 안에서 유전, 가족 상황, 그리고 사회 역사적인 계기는 상징적으로 등가적인 것이다. 결국, 장자크 루제의 이상한 경우에 대한 분석의 결과들은 둘 다죽은 가부장으로 귀결된다. 아들의 인격에 끼친 권위적인 아버지의 파괴적인 영향은 여기에서 발자크가 애호하는 (그리고 의미심장하게도 그자신의 아버지가 소중히 간직했던 생각들이기도 한) 생물학적 신화에 의해서 반복되는데, 이 신화에 의하면 인간의 에너지, 그리고 특히 인간의 성이란 고정 자본과 같은 것이어서 한번 소진되면 대체할 길이 없는 것이다. 이리하여 아버지의 과도함은 너무나도 '결정적으로' 아들의 불가사의한 무기력을 해명해 주게 된다. 이 지점에서, 이제, 주체가 스스로를 구성하지 못한 (혹은 아버지의 이름과 기능을 맡지 못한) 실패에 대한 책임이 권위주의와 성적 과도함이라는 두 겹의 주제화를 통해 죽은 아버지에게 귀결된다. 그리고 이제 이 주제화에 의해 부재하지만 서사적

---

19 Honoré de Balzac, *The Black Sheep*, trans. D. Adamson(London: Penguin, 1970), 171쪽.(*La Rabouilleuse*(*La Comédie humaine*: Paris: La Pléiade, 1952, 11 vols.), III, 971쪽)

으로 결정적인 이데올로기소를 판별해 낼 수 있게 된다.

사실, 이러한 의미소들의 특정한 조합('폭력'과 '방탕')이 갖는 역사적 메시지는 아주 분명하다. 이것은 분명 구체제를 지시하는 것이고, 죽은 의사는 사드의 글들에서 불후의 것이 된 18세기 방탕아의 원형으로 우리 앞에 출현한다. 그렇다면 그의 직업은, 방탕에 대한 17세기 본래 개념에 입각해, 과학적 지식(물질론과 무신론)과 성적 방종 사이의 밀접한 관계를 강조, 또는 사실상 복원하는데, 이 양자는 모든 과학적 탐구의 지평으로서나, 아니면 행복(bonheur) 추구의 지평으로서나 신체의 궁극적인 우선성을 확인하는 것이다.

그렇다면 이러한 의미에서 닥터 루제는 한 아들 또는 많은 사람들의 불구화보다 훨씬 큰 것에 대해 책임이 있는 셈이다. 그의 책임은, 그가 사라짐으로써 정당화된 돈을 둘러싼 잔인한 싸움을 훨씬 넘어서서, 볼테르적인 회의주의 및 국가의 자의성과 과도함이라는 한 쌍의 동인들에 의해서 전통적 군주제가 파괴되면서 출현한, 발생기 자본주의의 타락한 세계 전체에까지 확장된다. 그리고, 장자크가 고아가 되는 상황에 담긴 역사적 또는 알레고리적 의미에 상응하는 것을 필리프 이야기에서도 찾아볼 수 있다. 즉 대 제국 관료의 아들로서, 헌신과 자기희생으로 건강이 망가진 필리프는 나폴레옹 자신에게서 정신적 선배를 발견하는데 그러므로 나폴레옹의 소멸은 필리프에게 또 다른 종류의 공백을 뚜렷하게 남기는 것이다. 그리하여 나쁜 자코뱅 아버지가 남겨 준 세계이자, 아버지 찬탈자(나폴레옹)의 허위적인 자애로움이 폭로되는 세계 속에서 루제 가문과 왕정복고파 양자의 생존자들은 '처절하게' 정신적·정치적 지배를 위해 투쟁하는 것이다.

그러므로, 발자크의 소설이 이러한 사회적·정치적 함의를 기록할 수 있게 한 이질적인 서사 언어역들은 중심화된 주체가 아직 출현하지 않은 정신적 상황을 그 가능성의 조건으로 삼고 있다. 그러나 이러한 읽기가 이런 정신적 파편화가 비교 측정될 수 있는 정신의 통합, 정체성의 획득, 자아의 승리라는 어떤 이상을 전제하는 것은 아니다. 반대로, 조제프 브리도가 예술가로서 마침내 얻는 영광과 사회적 성공을 예고하는 소설의 마지막 전망은, 텍스트의 도입부에서 이미 순전히 상상적인 소망 성취임이 드러나 있다. 상징적인 것은 다시 한 번 상상적인 것 안으로 이완되어 들어간다. 그리하여 영예에 대한 꿈들은 해결할 수 없는 모순들로 고문 당하는 상상력을 위로하는 것이다.

3

이제 우리는 욕망과 이데올로기가, 사회적·역사적 '리얼리즘'임을 주장하는 특정 유형의 서사 장치가 지닌 가능성과 어떤 관계를 맺고 있는가에 대해 잠정적인 결론을 내릴 수 있게 되었다. 그러나 결론을 내리기 전에, 우리는 관련 문제로서, 앞 지면들에서 전기적 비평에 대한 터부를 반복적이고 체계적으로 깨뜨린 점에 대하여 제기되기 마련인 이의에 대해서 응답해야만 한다.

전기적 비평의 최초 유형은(이에 대해서는 신비평이 아주 적절한 반응을 보였는데) 본질적으로 발생론적인 것으로서, 그 목적은 이런저런 인물, 사건, 또는 상황의 원천, 모델, 또는 원래 모습을 적당한 기록 보관소에서 발견해 내는 것이었다. 실존주의적 정신 분석, 심리적 전기, 그리고 오늘날의 대부분의 훌륭한 문학 전기들을 포함하는 두 번째 계기에서 우리는 '삶'이 특정한 '작품'과 관련되는 방식에 있어서 중요한 변화를 발견한다. 최상의 모습일 때, 이러한 비평에서는, '삶' 자체가 같은 저자가 쓴 또 하나의 텍스트가 되어, 그의 다른 작품들보다 더 특권적이지도 덜 특권적이지도 않은 지위를 가지고 다른 작품들과 나란히 연구 총서에 더해진다.

그러나 현재의 틀에 있어서 전기적 지식의 위치는 이들과는 다소 다른 것이다. 앞 지면에서, 역사적인 개인 발자크의 '삶'은 일단의 경험적 사실들이나, 특징적인 행위의 텍스트 체계로서 사용된 것이 아니라 기본적인 가족 상황의 흔적이자 징후인 동시에 판타지 지배 서사로서 사용되어 왔다. 이러한 무의식적 지배 서사(우리는 영어의 '판타지(fantasy)' 라는 용어에서 피할 수 없는 백일몽 또는 소망-성취의 함의와 구별하기 위해서 프랑스 용어를 좇아 이를 판타즘(fantasm)이라 부를 것이다.)는 불안정한 또는 모순적인 구조로서 그 지속적인 행위항의 기능과 사건들(이들은 삶 속에서 다른 배우들에 의해 그리고 다른 층위들에서 몇 번이고 재연된다.)은 반복, 환치, 그리고 다양한 구조적 '해결책들'의 끊임없는 생성을 요구한다. 그러나 그 해결은 결코 만족스럽지 않은 것으로서 재가공되지 않은 처음의 상태에서는 상상적인 것, 또는 우리가 이미 말했던 깨어 있는 상태의 판타지, 백일몽, 그리고 소망-성취들의 형식으로 나타난다.

우리는 이미 발자크 삶의 '사실들'을 이러한 종류의 판타즘적 하부 텍스트 형식으로 재구축할 몇 가지 방식들을 스케치했다. 즉 발자크 그 자신이 오직 불완전하게밖에 동일시할 수 없는 나이 든 아버지(베르나르 프랑수아 발자크는 맏아들이 태어났을 때 이미 쉰세 살이었다.)와, 드러내 놓고 간통을 할 뿐만 아니라, 이러한 관계의 산물인 응석받이 남동생에게 집착하면서 자신에게 괴로움을 주는 어머니 사이에 끼어 있는 아이였던 것이다. 그러나 강조할 필요가 있는 것은, 이러한 모순적인 상황은 사적이고 가족적인, 또는 '정신 분석적인' 것만이 아니라 사회적인 것이기도 하다는 것이다. 사르트르의 『방법의 탐구(*Search for a Method*)』는 가족 상황이 사회 전반의 계급 관계들의 매개이며 부모의 기능은 사회적으로 약호화된 것 또는 상징적인 지위를 가진 것이라는 사실을 말해 주고 있다. 이러한 의미들을 포함하여 확대시킬 때, 혁명과 나폴레옹 시대

3장 리얼리즘과 욕망

에 땅 투기로 부유해진 과거의 농부와, 옛날의 상인 귀족 대표자 사이의 결혼으로 맺어진 결속은, 군주제와 토지 소유자의 보수주의를 결합하는 성숙기 발자크의 이데올로기적 판타지-해결책과 분명 관계가 있다. 그러나 다른 매개들도 여기에 삽입되어야 한다. 특히, 우리는 이미 경제에 관한 발자크의 신화가 아버지에 기원을 두고 있음을 지적했다. 가장 두드러진 것은 경제적인 또는 성적인 에너지의 축적과, 그 생기를 함부로 소비하고 낭비한 나머지 (『나귀 가죽(*La Peau de chagrin*)』*에서처럼) 결국 죽음에 이르게 되는 것 사이의 판타즘적 대립이다. 그러나 이러한 '위생학'에 관한 부계의 열정적인 채택은 비의적이고 종교적인 문학에 대한 어머니의 열정이 발자크의 '성숙기' 철학 형성에 미친 영향과 모순되는 것은 아니다. 그리고, 사실, 발자크의 철학은 이러한 의미에서 독창적인 상징적 행위, 일종의 상징적 해결책으로 읽을 수 있는데, 이에 의해 지연된 만족이라는 사업 윤리('프로테스탄트 윤리'에 관한 베버적 의미에서)가 낭만적이고 향수 어린 스베덴보리주의**라는 매개체를 통하여 신화적으로 투사되는 것이다. 그러나 발자크의 견해를 상징적 행위 또는 모순의 해결이라는 형식으로 다시 쓸 수 있게 해 주는 이런 설명 방식은, 기껏해야 아주 특수한 서사 생산, 즉 1830년대의 (『철학 연구(*Etudes philosophique*)』에서 하나의 유형으로 분류되는) 환상 소설들과 이야기들에만 적용될 수 있을 뿐이다.

그러나 본 장에서 다룬 발자크 성숙기의 두 작품들에서 우리는 정말로 상상적인 또는 소망 성취적인 언어역들을 분리해 낼 수 있었다. 즉 『노처녀』의 트루아빌이라는 지평-인물을 통해 구상은 되지만 서사

---

* 1831년 작. 나귀 가죽은 소망을 이루어 주는 마법의 가죽으로, 소망이 이루어질 때마다 가죽의 크기가 줄어들면서 소유자의 수명도 단축된다.
** 에마누엘 스베덴보리(Emanuel Swedenborg, 1688~1772)의 영적 세계론에 기초한 신비주의.

적으로 성취되지는 않은 채 남는, 토지를 소유하여 정착하는 꿈과 『물 휘젓는 여자』의 조제프 부분에서, 결국 어머니 눈에 다시 들고, 무가치한 형제 경쟁자에 대하여 승리를 거둔다라는 판타지가 그것이다. 이러한 상상적인 또는 소망-성취적인 텍스트들은 그렇다면 원래의 판타즘이 (불가능한) 해결을 찾는 과정에서의 첫 번째 단계들 또는 계기들이라고 할 수 있다.

그러나 프로이트에 의하면, 이러한 계기(소망-성취적인 텍스트 생산)는 '리얼리즘'(이 단어가 가질 수 있는 그 어떤 의미로든)은 고사하고, 아직 진정한 문학적·문화적 생산의 계기가 되지 못한다. 그러나 이런 텍스트 생산은 우리가 이데올로기라고 불리는 아주 다른 것, 알튀세르가 '주체가 그 또는 그녀의 현실적인 존재 조건과 맺는 관계의 상상적인 재현'이라고 정의한 것[20]의 생산을 설명할 수 있게 해 준다. 우리는 이제 이러한 '상상적인 재현'과 그 서사가 구성되기 위한 가능성의 조건을 구별함으로써 이 '정의'를 더 정교화할 수 있을 것이다. 전자는 분명히 『노처녀』와 『물 휘젓는 여자』가 그 단편들을 제공하고 있는 소망 성취의 백일몽 또는 판타지 텍스트인데, 이는 무한정 확대되어 발자크의 자신에 대한 비전까지 포함한다. 즉 그것은 월터 스콧 경의 모델을 따라, 지역적 권위만이 아니라 국민적 영향력도 지니는 대 토리당의 지주, 명문가의 수장이지만, 또한 귀족이자 재활성화된 상원의 의원, 귀족 엘리트의 이데올로기상의 대변자, 라스티냐크 또는 드 마르세* 같은 정치가이며 각료, 그리고 마지막으로, 아마도, 승리에 찬, 그리고 이번에는 결정적인, 반혁명을 성취하기 위하여 필요한 나폴레옹 같은 '강력한 인물'의 비전이다.

발자크의 이데올로기는 이제 이러한 판타지 텍스트의 공리(axiomatic)

---

20 Althusser, *Lenin and Philosophy*, 162쪽.
* 둘 다 발자크의 『인간 희극』 중 『고리오 영감』 등 여러 작품에 나오는 인물들.

3장 리얼리즘과 욕망

로 파악될 수 있다. 다시 말해서, 그의 이데올로기는 주체가 이 특정한 백일몽을 성공적으로 이야기하기 위하여 확보해야만 하는 경험적 전제 조건들로서, 가능성의 개념적 조건들 또는 '믿어야'만 하는 서사적 전제 조건들로서 이해될 수 있는 것이다. 예컨대, 장자 상속 제도는 대토지의 영지를 재확립하기 위해 필수적인 예비적 요구 조건이 되는데, 그 기반 위에서만 재활성화된 귀족 제도를 구상할 수 있는 것이다. 따라서 이것은 곧 중요한 정치적 '원칙'이 되고, 판타지 텍스트의 생산은 특정한 '무의식적' 반성을 거치게 되는데, 그것은 자신을 생산하는 과정에서 그것을 가능하게 할 이데올로기적 전제 조건들 역시 동시에 확보해야 하기 때문이다.

그러나 백일몽과 소망 성취의 판타지는, 생각만으로 언제 어디에서나 떠올려 볼 수 있는 그런 단순한 작용이 결코 아니다. 오히려 이들은 특정 메커니즘들을 포함하고 있어서 이 메커니즘들을 살펴봄으로써 달리는 파악할 수 없는, 소망 성취와 리얼리즘, 욕망과 역사 간의 연결 관계에 대해 우리는 뭔가 더 말할 수 있게 될지도 모른다. 실로, 특정 백일몽에 빠져들기 위한 전제 조건으로서의 전체 이데올로기의 생산은 뭔가 백일몽 내의 현실 원칙 또는 검열과 같은 것을 함축하고 있다. 이 특수한 변증법, 즉 욕망하는 주체가 그 또는 그녀의 상상적 만족을 백일몽의 차원에서나마 실현하기 위해서는 그 만족에 대한 장애물들을 열거해 볼 수밖에 없다는 사실이 프루스트(Marcel Proust)에서만큼 현저하게 드러나는 예는 없다. 프루스트의 화자는 자신이 반해 버린 무심한 소녀로부터 연애편지 받는 것을 상상하기가 쉽지 않음을 깨닫게 된다.

매일 저녁 나는 이 편지를 상상하는 데 몰두했고, 심지어 그것을 내 앞에 들고 읽을 수 있다고 느꼈으며, 한 줄 한 줄 한 문장 한 문장 낭독하기까지 했다. 그러나 갑자기 나는 두려움에 싸여 그만두었다. 질베르트로부터 편지를 받을 수 있다고 해도, 그것은 절대로 이런 편지는 아닐 것임을 나는 알고 있었다. 왜냐하면 나 자신이 방금 그 편지를 썼으니까. 그 뒤, 나는 생각 속에서 그녀가 나에게 해 주었으면 하고 바랐던 말들을 외면하려 애썼다. 그 말들을 발음함으로써, 바로 그 말들, 가장 애지중지하고 욕망하는 그 말들을 실현 가능한 장으로부터 사라지게 만들 것이라는 두려움 때문이었다.[21]

프루스트의 '해결', 일종의 욕망의 부정의 부정은, 판타지의 대상이 그것을 부인하는 바로 그 방식에 의해서 마술적으로 환기된다는 내용의 일종의 현대적 정식화라고 할 수 있다. 그러나 이는 발자크와 같은 작가들의, '더 강한' 다른 해결책들을 일별할 수 있게 해 준다. 왜냐하면 이데올로기적인 전제 조건들의 생성과 채택은 여전히 소망 성취의 첫 번째 층위라고 볼 수 있는 것의 문제들이기 때문이다. 주체는 이데올로기적인 공리의 실현을 소망하는데 이는 그다음에야 판타지 서사를 소망할 수 있기 때문이다. 그러나 자본주의 사회의 발생기 '현실 원칙'과 부르주아 초자아 또는 검열이 제기하는 반대들에 대하여 체계적으로 응답을 시도하는, 한층 필연에 따르는 욕망 행위를 상상해 볼 수 있다. 더 타락한, 그리고 쉽게 상품화될 수 있는, 상상적 층위의 텍스트들과는 달리, 이 새로운 두 번째 층위의 서사들(우리는 이들을, 앞서 해 놓은 구별을 따라 '상징적 텍스트들'이라 부를 것이다.)은 충분히 실현된 판타지에 관하여 한층 어렵고 가차 없는 구상을 한다. 이러한 구상은 애초에 서사적 궤도를 필요로 하지 않는 즉각적 만족이나 '리얼리스틱하지 않은' 전지전능함 같은 쉬운 해결책들에 만족하지 않으며, 반대로 극도로 밀도 있는 재현을 통해 가장 정교하고 체계적인 난관들과 방해물들을 설치하고자 하는데, 이는 보다 확실하게 이들을 극복하기 위한 것으

---

21 Marcel Proust, *A la recherche du temps perdu*(Paris: La Pléiade, 1954), I, 409쪽.

3장 리얼리즘과 욕망

로, 마치 철학자가 논쟁에서 승리하기 위해 반대 의견들을 미리 상상하는 것과 마찬가지이다.

그런데 때로 〔자신이 구성한 ― 옮긴이〕 난관들을 극복할 수 없거나, 소망-성취적 상상력이 예비 작업을 너무나 잘한 나머지, 소망 그리고 욕망 자체가 대응할 수 없는 실재(the Real)의 저항에 의해 좌절되는 일이 발생한다. 이 점이 루카치가 발자크에 대해 정확하게 지적한 부분이다. 그러나 그 이유들은 잘못된 것이었다. 결국 정치적·역사적 현실들에 대한 발자크의 심오한 의식이 아니라, 그의 치유 불가능한 판타지 요구가 궁극적으로 부재 원인으로서의 '역사'를 일으켜세워 발자크 자신에 맞서게 하고, 욕망은 그것에 부딪쳐 슬픔을 맛볼 수 있기 때문이다. 그리하여 실재는, 정의상 자본주의의 타락한 세계에서는 실제로 욕망에 저항하는 것이며 하나의 암반으로서, 욕망하는 주체는 그것에 부딪혀 희망의 분쇄를 경험하며, 마침내 욕망의 성취를 방해하는 모든 것을 측정할 수 있는 것이다. 그러나 이러한 실재(근본적으로 재현될 수 없으며, 그 자신은 서사가 아닌 것으로서, 오직 그 효과들로만 간파할 수 있는 이러한 부재 원인)는 오직 욕망 자체에 의해서만 밝혀질 수 있는바, 그 소망-성취의 메커니즘들은 이 저항하는 표면을 정밀하게 탐사할 수 있는 도구들인 것이다. 발자크의 판타지가 사라진 플로베르에게 그 자리는 한 쌍의 보바리즘 현상들, 즉 욕망의 대상들이 허상의 이미지들이 되어버린 '욕망하고자 하는 욕망', 그리고 더 이상 무엇인가를 욕망할 힘이 없는 최초의 반(反)주인공(anti-hero), 프레데릭 모로*의 의욕 부진에 의하여 대체되며, 이 지점에서 실재는 응답하기를 그치게 된다. 왜냐하면 더 이상 실재에 대해서 어떤 요구도 행해지지 않기 때문이다.

이러한 서사 과정은 이제 다음과 같이 도식으로 재현될 수 있다.

----

* 플로베르의 소설 『감정 교육』의 주인공.

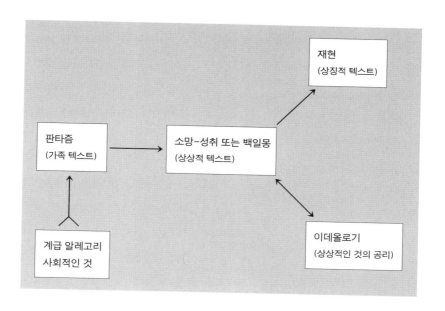

4장 진정한 분한

——조지 기싱의 '실험적' 소설들에 나타난 장르적 불연속과 이데올로기소

이데올로기는 필연적으로 개별 주체의 리비도적인 투여를 내포한다. 그러나 이데올로기의 서사는(우리가 상상적이고 백일몽적인 소망-성취의 텍스트라 불러 온 것조차도) 동시에 재료와 형식 면에서 필연적으로 집단적이기도 하다. 이 장에서는 문화 또는 주어진 시기의 '객관적 정신'이 단순히 물려받은 말들과 개념적 잔존물들만이 아니라, 우리가 이데올로기소라고 명명한 사회적으로 상징적인 형태의 서사적 통일체들로 가득 찬 환경이기도 하다는 사실을 주장할 것이다.

그러한 이데올로기소들은 전승된 서사적 패러다임이자 원재료인데, 과정으로서의 소설은 그것에 작용하여 다른 질서를 가진 텍스트로 변형시킨다. 그러므로 우리는 이데올로기가 다양한 흔적을 남긴 텍스트들과 자유로이 부동(浮動)하는 서사적 대상들을 구별할 수 있어야만 한다. 후자는 결코 일차적인 언어적 형식으로 직접 주어지지 않으며, 작업 가설과 하부 텍스트 상태로 항상 사후적으로 재구조화될 수밖에 없다. 주어진 시기의 이데올로기소가 이른바 대중 문학이나 대중문화(여기에서 이데올로기소는 보다 고유하게 '문학적인' 텍스트가 겪는 변형을 덜 겪으리라 추정된다.) 속에서 우리에게 더욱 직접적으로 다가올 수 있으리

라 결론짓는 것은 실수이기 쉽다. 한편, 어떤 파생적인 문학은 분명 그러한 이데올로기들의 잠재적 보고일 수 있다. 물론 그것들을 '영향'의 문제로 너무 성급히 해소하지 않을 경우라고 가정되어야 하겠다.

기싱의 초기 소설 『밑바닥 세계(*The Nether World*)』와 같은 책은 충분히 디킨스적이다. 디킨스적 패러다임이 기싱을 사로잡는다는 사실이 기질적 또는 예술적 종류의 카리스마적 힘이 불러일으킨 결과로 이해되지 않고, 이 패러다임이 후배 작가 기싱이 봉착한 동일한 객관적인 이데올로기적 문제들에 객관적 '해결들'을 (또는 상상적 해결들을) 제공했다는 사실에 대한 증거로 이해된다면 말이다. 그러나, 흔히 영국 자연주의 소설가 중 가장 '프랑스적'이라고 평가되고, 그의 독특한 소설들이 최근 10년 동안에 재발견되기 시작한 비교 불가능한 작가인 기싱의 경우, 초기의 디킨스적 '해결들'은 결국 새로운 문제와 모순들을 생산하게 되었고, 이에 대해 디킨스적 해결과는 다른 해결, 즉 기싱의 성숙한 서사적 장치에 맞는 해결책이 발명되어야만 했다.

디킨스적 패러다임들, 특히 디킨스 식 감상주의나 알렉산더 웰쉬(Alexander Welsh)가 '벽난로의 천사'라고[1] 적절히 이름 붙인 디킨스적 여주인공의 서사적 패러다임 등은 아마도 더 큰 체계의 한 부분으로 볼 때 가장 잘 파악될 것이다. 이 더 큰 체계를 이루는 또 다른 서사적 선택인 멜로드라마는 디킨스의 동시대 작가 외젠 쉬(Eugène Sue)의 작품에서 더 잘 구현되어 있다. 감상적인 것과 멜로드라마적인 것, 두 서사 패러다임들은 이데올로기의 관점에서 두 개의 구별되는 (그러나 상호 배타적이지는 않은) 서사 전략들로 볼 수 있는데, 이는 각각 19세기 중산 계급이 하층 계급들을 도덕화하는 당근과 채찍이었다고 말할 수 있다. 그러므로 두 가지 서사 전략의 흔적이 모두 발견되는 『밑바닥 세계』와 같

---

1 Alexander Welsh, *The City of Dickens*(London : Oxford, 1971), 9장.

은 책은 빅토리아조 빈민굴의 생활 조건에 대한 다큐멘터리적 정보로서가 아니라, 그 빈민굴에 대한, 그리고 산업 노동 계급과 도시 룸펜-프롤레타리아의 존재에 의해 야기된 명백한 계급적 불안을 해소하고, 관리하며, 또는 억압할 수 있는 '해결책'에 대한 중산 계급의 환상들을 조직하는 서사적 패러다임의 증언으로 독해되는 것이 가장 적절하다.

나는 앞 장들에서 특정한 서사적 패러다임이 그 본래 내용이 역사적으로 낡아 버린 한참 뒤에도 장르적 형식 속에서 이데올로기적 신호들을 발산한다고 주장해 왔다. 농민들의 춤이 귀족의 미뉴에트로 변화하고, 이제 이 이중으로 침전된 형식은 다시 부르주아 살롱 음악의 자코뱅적 그리고 민족주의적 동기에 의해 재전유되어 (고전적 소나타 형식의 3악장에서처럼) 이 과정의 극적인 표준구로 자리 잡는 것이다. 이 과정에서 내용의 가장 오래된 층위는 그 이후의 전혀 다른 상징적 기능에 계속하여 활기와 이데올로기적 정당성을 제공한다.

이데올로기소에 있어서도 유사한 잔존적 효과를 관찰할 수 있다. 『밑바닥 세계』의 경우, 오만하고 아름다운 클라라와 겸손하고 디킨스적인 제인의 전통적인 이항 병치는 독자로 하여금 두 서사 각각을 자신이 암묵적으로 파악하고 선의식적으로 이해하고 있던 기존의 이데올로기소들에 대한 신호와 인유들로 받아들이게 한다. 클라라의 사회적 열망을 비난하는 문제에 있어서, 그녀의 여배우로서의 의심스러운 지위 정도로는 분명 핵심을 찌르기에 충분치 않다. 시기심에 가득한 라이벌이 그녀의 얼굴에 황산을 끼얹을 필요가 있는 것이다. 도덕적 교훈은 실제 드러난 것보다 오히려 명료하고 단순하며, 그 윤리적 형식은 사회적 환상, 더 정확히 말해 정치적 환상을 감추고 있다. 판에 박은 행위는(여기에서는 마치 서사상의 속기 부호처럼 단지 암시만 되고 있는) 이데올로기소의 더욱 명료화된 표현들을 참조할 때에만 이데올로기적 '기호'로 제대로 읽히고 탈약호화될 수 있다. 이 텍스트를 쉬의 『파리의 비밀

(*Mystères de Paris*)』과 함께 논의하는 일은 그러므로 어떤 직접적인 문학적 영향 관계를 강조하는 것이 아니라, 오히려 여기에서 활성화된 더 거대한 집단적 환상을(이 환상에 대해 쉬가 가장 빛나는 표현을 제공했는지는 의문이다.) 복원하기 위함이다. 그러므로 우리는 치명적인 황산을 끼얹는 손길을 외젠 쉬에서 파리의 하룬 알라쉬드(Hárun al-Rashid)*라 할 수 있는 로돌프 왕자와 같은 보복적이고 훈계적인 인물에서 더욱 알기 쉽게 드러나 있는 서사적 행위와 이데올로기적 환상에 대한 도식적이고 속기록적인 재현과 같은 것으로 간주할 것이다. 그의 일생의 임무는, 마르크스가 자신의 가장 긴 문학 비평에서 언급한 대로,[2] 주로 가난한 계급 출신인 범법자들, 악인들, 악당들을 단죄하는 것이었다. 예방적 정의의 효과적인 본보기인, 왕자가 교장(『파리의 비밀』에서 가장 악명 높은 악당의 별명)의 눈알을 뽑는 그 원형적 장면은 실로 19세기 소설의 멜로드라마적 충동을 잘 보여 준다. 이 룸펜-악당의 역사적 의미는 발자크의 인물 필리프와 병치해 볼 때 선명하게 드러난다. 필리프의 경우, 그 반사회적 경향에도 불구하고 이런 유형의 행위항상의 지위(actantial status)를 획득하지는 않는다. 또는 콘래드의 젠틀먼 브라운**과 비교해도 마찬가지다. 브라운의 경우 '악독함'은 더 이상 산업 자본주의의 이면을 표현하는 것이 아니라, 선진 자본주의 세계의 핵심 지역들과 그것이 침투하려고 하는 낡은 사회 구성체 사이의 낯선 진공 지대를 표현한다. 교장이란 인물 속에 결정화된 불안은 군중들에 대한 19세기 중산 계급의 원초적 공포다. 이 군중들은 바로 프랑스 혁명의 여러 결정적 '나날들'의 주된 행위자로서, 만초니에게는 물리적 공포의 대

---

* 766~809. 아라비아 아바스 왕조의 5대 칼리프. 아라비아의 번영을 이끌었으며, 학문과 예술의 옹호자로서 명성을 누림. 아라비안 나이트의 많은 이야기들에 등장한다.

2 Karl Marx, *Die Heilige Familie*, 8장, Werke(Berlin, 1962), II, 172~221쪽.

** 콘래드의 소설 『로드 짐』에 나오는 악당.

상이었다. 이 불안은 스콧이나 만초니, 그리고 초기의 디킨스 작품에서 중요한 폭동 장면들이 표현하는 주제이기도 하다. 그 장면들은 멜로드라마나 그 윤리적 이원론에서는 진정성이 없이 재봉쇄되고 상징적으로만 표현되고 말았을 사회적·역사적 두려움을 아주 공공연하게 진정성 있게 표현한다. 그리하여 교장에 대한 처벌은 전산업적 도시 군중이 영원한 룸펜-프롤레타리아로 제도화되는 순간에 노출된 불안들에 대한 음울한 '해결'로 기능하면서 공포에 찌든 유산 계급이 기꺼이 취할(실제로 1848년 6월 학살과 코뮌에 대한 유혈 탄압 당시에 이들이 취했던) 행동의 정도를 보여 준다. 클라라의 하위 플롯은 바로 이 이데올로기적·도상학적(iconic) 복합체 전체에 맞추어 조율된 채로, 그것의 배음을 희미하게나마 발산하고 있는 것이다.

한편 디킨스적 패러다임 역시 사회적·정치적으로 상징적인데 이때 이 패러다임이 디킨스에게 가졌던 의미는(사회적 계급이라는 악몽으로부터의 유토피아적 피난처인, 가족과 어린 신부가 있는 목가적 공간) 여기에서 후기 빅토리아조에 편재하는 다소 상이한 '의미소', 즉 체념(renunciation)으로 수정되어 나타난다. 실로 기싱의 모든 초기 여주인공들 중 가장 빛나며 참을 수 없을 정도로 디킨스적인, 동명의 소설에 나오는 불행한 티르자는 '벽난로'라는 피난처가 어떻게 기싱에게는 일종의 게토(ghetto)가 되어 버리는지 잘 보여 준다. 티르자의 사랑스러움과 순박함은 그녀의 가난, 무지, 그리고 계급적 상황에 구체적이고도 본질적으로 연결되어 있다. 그리하여 정의상 그녀는 디킨스적 상징으로서의 속성을 상실하지 않고는 그 상황의 한계를 벗어날 수 없다. 그러므로 지위와 교육, 부에 있어 삼중으로 우월한 남자와 결혼하는 것을 막기 위하여 그녀를 죽여 버릴 수밖에 없다.[3] 그러나 기싱의 다른 작품들

---

3 독자들을 돕기 위해, 이 이유 없는 전개에 대한 안내로서 기싱의 최악의 수사학을(그러

과 그의 전기는 이 대단원이 중층 결정된 것이며, 또한 계급 경계를 넘어선 결혼이라는 그의 개인적 악몽에 의해 동기화된 것임을 보여 준다. 그의 첫 부인은 중산 계급과의 결혼으로 인해 고통당하고 결국 술에 찌들어 죽어 간 프롤레타리아 여성이었던 것이다. 『밑바닥 세계』에서 디킨스적 패러다임을 사용하는 방식은 이보다 훨씬 덜 전격적이지만, 이런 이데올로기적 함의는 조금도 상실되지 않는다. 실로 이 '민중 소설'에서 제인 스노던은 부유한 할아버지에 의해 강요된 박애주의 활동 도중 목가적 여주인공으로서의 자신의 자격이 사회적·계급적 불편함에 의해 쓰라린 시험대에 오름을 알게 된다. 아무짝에도 쓸모없는 아버지가 유산을 탕진함으로써 그녀를 기질적으로 너무나 부적합한 임무에서 해방시켜 줄 때, 체념은 그리하여 축복과도 같은 위안으로 그녀에게 다가온다.

그러므로 이 두 이데올로기소들은 하층 계급들에게 동일한 궁극적 전언을 정곡을 찌르며 전달하고 있는데 이는 바로 '제자리에 머물 것!'이라는 것이다. 쉬의 패러다임에서의 위협은 디킨스적 패러다임에서 약속으로 복제되어 있을 뿐이다. 후자에서는 우아하게 체념할 줄 아는 자에게 아름다움과 매력이란 보너스가 부여된다. 그러나 『밑바닥 세계』의 경우, 이 이데올로기소들은 우리가 이미 말했듯이 그 변형의 생산 과정이 작업하는 원재료이다. 그것들은 최종 결과물이 아니라 어떤 과정의 출발점일 뿐인데 이 과정은 여기에서 성공하지 못한, 모

나 그로서는 디킨스의 것이라 믿는 목소리로 말하고 있다.) 인용하면 다음과 같다. "그녀 스스로 (죽음을) 원하지 않았던가? 인간이 간구할 수 있는 것 중 더 축복받은 선물이 어디 있겠는가? 그녀는 안식에 들었다. 순수한 채, 온화한 자로, 처녀인 채 영면했다." (이후에 티르자의 귀족 후원자가 그 소식을 들었을 때) "우리가 단일한 감정을 경험하는 일은 드물다. 처음에는 믿을 수 없었던 말들이 그녀의 마음에 의미로 자리 잡았을 때, 오몬드 부인은 자신의 인간적 비탄 속에 경외스러운 감사의 기분이 섞여 듦을 알았다." *Thyrza*(Cranbury, N. J.: Fairleigh Dickinson Univ. Press, 1974), 473~475쪽.

순적이며 폭로적인 과정으로 나타난다. 『밑바닥 세계』는 몇몇 등장인물들이 가진 명목상의 직업들, 즉 금형(金型) 제조, 보석 세공, 조화 만들기 등에도 불구하고 프롤레타리아 소설이라고 말할 수는 없다. 사회계급은 『밑바닥 세계』의 개념적·조직적 틀이 아니다. 그것은 사뭇 다른 19세기의 이데올로기적 개념에 기초하고 있는데, 이 개념은 '민중(the people)'을 온갖 종류의 가난하고 '혜택받지 못한' 사람들로 이루어진 일종의 총괄적 집단으로 간주해 혐오 속에 뒷걸음질할 대상으로 보는가 하면, 다른 한편 어떤 정치적 민중주의가 그러하듯이 마치 대지의 힘의 원천과도 같은 향수적 '회귀'의 대상으로도 본다.[4] 이후에 살펴보겠지만 '민중'에 대한 기싱 자신의 감정에는 혐오와 매료가 독특하게 섞여 있다.

『밑바닥 세계』의 민중주의에 대해 우선 살펴보아야 할 것은 그것이 젊은 루카치가 서사적 총체성의 위기라고 부름직한 특정의 형식적·서사적 문제에 대해 제시하고 있는 (혹은 시도된) 해결책이다. 발자크의 서사가 지닌 그 거대하고 계속 확장되어 가기만 하는 갈등(agon)조차 그 도정에서 이런 어려움에 봉착하는 것 같지 않다. 당혹해하는 수많은 인물들과 그들의 이력을 아무렇게나 벌어 가는 런던의 '총체화할 수 없는 총체성' 속으로 짜넣고 있는 후기 디킨스의 광대한 공간적 그물망도, 그 자체의 조직적 장치가 위험스레 자신을 의식하게 되고, 그럼으로써 그 자체의 원재료 또는 '사회적 등가물'에 모종의 객관적 위기를 등기해 넣는 그 극한에는 결코 접근하는 것 같지 않다. 그러나 기싱의 경우, 디킨스적 도시는 점차 그 활기를 잃고, 개개인 간의 왕래와 답답한 방들과 아파트로의 방문, 빈민 구역을 되는 대로 어슬렁거리는 막간

---

4 이 이데올로기 복합체에 대한 19세기의 고전적 표현은 Jules Michelet, *Du Peuple*(1846)을 볼 것. 민중주의 분석의 현대적 고찰로는 Ernesto Laclau, *Politics and Ideology in Marxist Theory*(London: New Left Books, 1977), 4장 참조.

만이 있는 공허한 격자망으로 축소되어 버린다. 그러므로 도시는 더 이상 이 서사들의 전체적 통일성으로, 그 '총체성'의 외면적 표상으로, 그 사회적 내용의 의미심장한 통일성을 지시하는 외면적 기호로 작용하지 않는다.[5] 자연주의적 서사가 이전의 총체화하는 구도를 전문화 또는 노동 분업에 따른 서사 재료의 새로운 분류 방식으로 대체하게 되는 것이다. 루공-마카르(Rougon-Macquart) 시리즈의 '주제들(topics)'을 철도, 금융, 농민, 전쟁, 의학, 종교, 도시 프롤레타리아 등등의 다양한 제재들 (themes)로 구도짓고 있는 졸라(Émile Zola)의 기획을 보라. 그러나 강조되어야 할 것은 이 새로운 '해결책'이 실상 문제의 한 부분에 지나지 않는다는 점이다. 사회적 총체성의 위기도 동일한 현상들(사물화, 사회의 파편화, 노동 분업, 테일러리즘[6])의 결과이며, 이 현상들이 자연주의적 조직화 전략의 조건들을 지정해 준다.

기싱의 '민중' 소설 개념은 그 자체 사회적 총체성에 대한 지도가 되고자 하는 전성기 자연주의적 전문화의 한 형태이다. 이 이데올로기적 개념에 문학적 재현을 체계적으로 부여하려 하는 시도는 결과적으로 그 내적 모순을 드러내게 된다. '민중'이 단순한 분류적 개념으로서 제대로 기능하면 소설의 인물들은 이미 존재하는 본질의 예시물로 추락하게 되며, 소설은 기껏해야 앞서 설명한 계급적 경고, 서사 역학의 현맥락에서는 행위항적 금지 명령(actantial injunction)이라 다시 쓸 수 있는 그 경고를 거듭거듭 반복하게 될 뿐이다. 이미 되어 있는 인물과 다른

5　기싱의 도시는 존 구디(John Goode)가 지적하듯이 디킨스 이후의, 그리고 보들레르 이후의 도시이다. 근대 도시의 이 계기에 대해 논의하는 레이먼드 윌리엄스의 빛나는 글도 참조할 것. *The Country and the City*(New York: Oxford Univ. Press, 1973), 215~247쪽.

6　필수적으로 참고해야 할 저작은 Harry Braverman, *Labor and Monopoly Capital*(New York: Monthly Review, 1974)이다. 고안자 프레드릭 윈슬로 테일러(Fredrick Winslow Taylor)의 이름을 본뜬 테일러리즘은 데카르트가 개념에 대해 하고자 했던 것과 흡사하게 가장 능률적인 최소 단위로 생산을 분할함으로써 노동 과정을 합리화하고자 한다.

종류의 인물이 되려고 시도하지 말 것! 한편 '민중'이란 개념이 자신도 모르게 계급적 함의를 띠게 될 경우 그것은 필연코 관계적인 것이 되며, 그 재현의 장 속으로 다른 계급들을 끌어들인다. 그것은 반드시 다른 계급들과의 대비에 의해 정의되며, 명시적이건 암시적이건 그 계급들과의 투쟁 관계 속에 놓일 수밖에 없는 법이다. 이 현상 또한 서사의 이음새를 파열시킬 뿐만 아니라, 원래의 구도를 초월하는 단계, 즉 '민중'이라는 개념 자체에 대한 자아비판과도 같은 단계에까지 이를 수 있다. 곧 보게 되겠지만, 특히 그러한 전개 과정은 '민중'이라는 개념의 '타자성'을 피할 수 없게 만들며, 그 개념이 특권적이지만 제자리는 갖지 못한 관찰자, 이 서사의 원재료를 편안하게 그러나 열정은 없이 수집하고 있는 관찰자에게 의존하고 있다는 사실을 불안하게 강조하게 된다.[7]

『밑바닥 세계』의 독창성은 그 내용 속에 이 모순을 등기하는 방식, 그리고 그 모순에 대하여 독특한 잠정적 해결책을 찾아내는 방식에 있다. 이것이야말로 플롯의 중심을 이루는 박애주의적 임무가 갖는 궁극적 중요성이다. 자신의 거대한 이상에 대한 늙은 스노던의 설명은, 개인의 행위와 무차별적인 배경적 대상 사이의, 즉 서사적 인물과 추상적 관념에 지나지 않는 것 사이의 기묘한 결합을 보여 준다.

> 내가 죽을 때 이 돈 전부가 가난한 이들에 속하는 한 여성에 의해 그들의 이익을 위해서 쓰일 것이라는 확신을 가질 수만 있다면 하고 생각했

---

7 나는 이것이 존 구디가 그의 글 "George Gissing's *The Nether World*," David Howard, et al., *Tradition and Tolerance in Nineteenth-century Fiction*(London: Routledge & Kegan Paul, 1966), 207~241쪽에서 주장하는 요점이라고 생각한다. '밑바닥 세계'는 사회적 계급이 아니라 일종의 '궁핍의 문화'라는 것이다. "책 속의 유일한 악한은 결핍이라는 객관적 사실이다. …… (기싱에 따르면) 노동 계급이 개선될 수 있는 유일한 희망은 그들의 도덕적 기준이 높아지는 것인데, 그들이 처해 있는 경제적 상황이 도덕성을 미리 낮게 결정해 버리기 때문에 향상이란 있을 수 없다."(234, 236쪽)

4장 진정한 분한

네. 자네 이해하지? 그 돈을 흔히들 그러듯 자선 단체에 맡기면 편할 거야. 그러나 내 생각은 그 이상이었지. 제인을 교육시켜 숙녀로 키울 수도 있었고, 그러면서 그녀가 그 돈을 선용하기를 바랄 수도 있었어. 그러나 내 생각은 그보다 더 나아갔네. 오늘날 불쌍한 사람들에게 관심을 기울이고, 자기 재산을 사리사욕 없이 쓰는 귀부인들이 많아. 내 바람은 가난하고 못 배운 자들을 위해 그들 가운데서 나온 친구를 키워 내는 것이었어. 그들이 겪는 모든 것을 경험한 이, 그들처럼 자기 손의 노동으로 생계를 꾸려 가는 데 익숙한 여성, 그들보다 자신이 우월하다고는 결코 생각해 보지 않았고, 그들처럼 세상을 보고 그들의 온갖 욕망을 익히 아는 여성을 말이야.[8]

늙은 스노던이 갑작스레 자기의 인생 목표를 드러내는 것과 기싱이 자신의 서사를 조직하는 (그리고 서사적 총체성의 위기를 해결하는) 방식의 발견이 동일하다는 점에서 박애주의 모티프는 자기 지시적이다. 이런 일치가 단순한 요행이 아님은 '박애주의적 실험'이 기싱의 성숙한 서사 장치에서 중심 메커니즘이 된다는 사실을 확인함으로써 즉시 명백해질 것이다.

박애주의의 이데올로기적 내용을 장황하게 열거할 필요는 없을 듯하다. 그것은 사회 제도에 구조적으로 내재하는 착취를 비정치적이고 개인적인 방식으로 해결하려 하는데, 교양의 증진과 교육이라는 그 특징적 모티프는 너무나 낯익은 것이다.[9] 기싱에게 있어 흥미로운 점은 그가 이런 박애주의적 강령에 갇혀 있으면서도 그것을 꿰뚫어 보며 또

---

8 *The Nether World*(Cranbury, N. J.: Fairleigh Dickinson Univ. Press, 1974), 178쪽.
9 영국에서 제도로서 자리 잡은 박애주의의 역사적 특수성에 대해서는 David Owen, *English Philanthropy*, 1660~1960(Cambridge: Harvard Univ. Press, 1964)를 볼 것. 관련된 연구로 Alexander Welsh, *The City of Dickens*, 86~100쪽 및 Norris Pope, *Dickens and Charity*(New York: Columbia, 1978)도 참조.

한 그것을 격렬히 비난하기도 한다는 점이다. 그는 개량주의적 박애주의자들을 통렬히 비난하는가 하면 그런 식으로 구제되거나 향상되지 못하는 '빈자들을' 한결같이 고발하기도 하는 등 양극 사이에서 동요하고 있다.

그러나 박애주의적 임무는 그것이 서사적 현상으로 나타날 때 실로 가장 시사적이다. 이 개량적 기획을 사실주의적 재현 한가운데로 끌어들이는 일은 경험적 존재의 성격과 그 문학적 원재료로서의 적절성에 대해 암묵적인 평결을 내리는 일이다. 발자크에서 우리가 서사 언어역의 양상적 이질성(modal heterogeneity)이라 부른 것이 이제 새로운 모티프와 선명하게 대비될 수 있다. 발자크에서 경험적 존재의 무게, 역사와 집적된 사건의 무게는 대안적 역사를 상상할 수 있을 만큼 외양상 여전히 가벼운 것이었으며, 다양한 서사적 양상들로 표현되었다. 우리는 본격 리얼리즘에 이르면 그런 대안적인 서사 언어역은 사라지기 시작하고, 거대한 동질적 서사 장치(일종의 강제적인 '직설법' 영역)가 대신한다고 주장했다. 심지어 대안적 사회상조차도 경험적 존재의 질식할 듯한 결정적 무게 아래에서 그 재현상의 표현을 찾아내야만 했다. 그 결과가 바로 유토피아 또는 공상 과학 소설인데, 이중 체르니솁스키(Nikolai Chernyshevsky)의 『무엇을 할 것인가(What's to Be Done?)』는 기념비적 작품이다. 그것은 마치 늙은 스노던의 기획이 성공하여 삶 자체를 다시 기술한 듯한 텍스트이다.[10]

이것이 바로 위대한 리얼리즘 소설가들, 아주 특별한 이데올로기

---

10 또 다른 적절한 참고 문헌은 물론 모리스의 『유토피아로부터의 소식(News from Nowhere)』(1891)이다. 존 구디는 "Gissing, Morris, and English Socialism," Victorian Studies, 12(December, 1968), 201~226쪽에서 『민중(Demos)』의 결점이 미래를 등기해 넣을 수 없는 구조적 무능에서 기인하며, 그러므로 그 결점들은 모리스가 유토피아 또는 공상 과학 소설 형식을 재발명하도록 만드는 상황(경험적 현재가 그 현재를 변혁하고자 하는 사회주의적 세력들을 재현하기에 불충분한 상황)과 동일한 것이라고 지적한다.

적 유형의 '존재의 목자들'이 그들 자신의 서사적·미학적 기득권에 의해 혁명적 변화를 부인하고 현상태에 마지막 내기를 걸게끔 강제된 상황이다. 재현의 대상(유기적이고 자연적이며 버크적인 영속성*을 지닌 것으로 이해되는 사회)이 지닌 공고성에 대한 그들의 환기는, 세계는 자연적인 것이 아니라 역사적인 것이며 급진적으로 변화될 수도 있다는 주장에 의해 필연적으로 위협받는다. 실로, 리얼리즘의 특이한 하위 형식인 프롤레타리아 소설은 재현적 장치가 그 궁극적 사건과 직면할 때, 즉 사회적 '존재'와 사회적 총체성 자체에 질문을 던지며, 그럼으로써 총체성의 기본적 전제 조건들을 약화시키는 사회적 혁명의 형상으로서의 봉기와 직면할 때 무슨 일이 일어나는가를 보여 주고 있다. 그러므로 성공하면 실패하는 것이며 실패하면 성공하는 셈이 되는 이 형식의 스캔들은 '위대한 리얼리즘'으로부터 물려받은 문학적 평가의 범주들을 비켜가 버린다. 한편, 리얼리스트 자신들은 필연적으로 일단의 봉쇄 전략들에 개입하게 마련인데, 이 전략들은 비-존재(not-being), 욕망, 희망, 그리고 변혁적 실천 등을 자연의 상태로 되돌려 접어넣고자 한다. 미래와 급진적 변혁에 대한 충동들은 체계적으로 사물화되어야 하며, '느낌들'이나, 심리적 특성들, 유기체 또는 존재의 형식으로 파악된 '인물들'의 속성과 사건으로 변형되어야 하는 것이다. 의식적인 정치적 혁명가의 경우, 그 또는 그녀는 아주 특별한 종류의 자연화 작업의 대상이 되어야 하는데, 우리는 이를 곧 검토해 볼 것이다.

박애주의 기획은 바로 이런 서사적 전략의 단층선상에 서 있다. 이는 돈키호테적 이타주의, 괴벽, 또는 무해한 광기로 가장 잘 재자연화된다. 이런 해석에서 총체성의 딜레마를 해결하기 위한 시도로서의 박

---

*『프랑스 혁명에 대한 성찰』에서 드러나듯, 에드먼드 버크는 인간의 심성과 제도의 영속성을 거스르는 급진적 변혁은 필연적으로 무정부 상태나 독재로 귀결된다고 주장했다.

애주의적 과업은 변증법적 철학의 거대한 주제들 중 하나와 교차한다. 헤겔에 의한 윤리적 명령의 파기가 바로 그것인데, 이는 루카치의 『소설의 이론』에서 다시 다루어진다. 루카치의 진단에 따르면, 당위(Sollen), 즉 의무와 윤리적 책임에 대한 매혹은 필연적으로 실패에 대한 숭배와 실현되지 않은 순수한 의도의 물신화를 영속화하게 된다.[11] 왜냐하면 도덕적 책임이란 존재와 의무 사이의 간극을 전제하는 것이며, 하나의 의무를 수행했다고 해서, 또는 그 결과 의무가 존재로 변형된다고 해서 만족되는 것이 아니기 때문이다. 그 자체의 특정적인 만족을 유지하기 위해서 윤리는 항상 실현 불가능한 것과 획득 불가능한 것을 자신에게 제시해야만 한다. 그러나 서사는 루카치에 따르면 경험적인 것을 그 원재료로 취할 수밖에 없다. 그러므로 윤리적 추상에 의해 종용되는 인물은 어떤 '영혼의 협소화'에 의해서만, '그것이 유일하고 가장 정상적인 현실이라고 단정하는 기존의 관념에 악마적으로 탐닉하는 모습'을[12] 부여받음으로써만 적절히 재현될 수 있는 것이다. 이 대목에서 루카치가 모델로 염두에 두고 있는 예는 분명 『돈키호테』이다. 루카치가 19세기 박애주의 소설의 독특한 개화를 예상하지 않았다면, 이는 그가 윤리적 충동을 전통적 의미에서 윤리적 개인과 개인적 사유(事由, casus) 사이의 대립으로 보았기 때문이다. 그러나 박애주의 기획은 하나의 개인이 아니라 전체 계급 또는 집단성을 대상으로 삼음으로써 윤리적 행위를 그 궁극적 한계로까지, 즉 그 한계를 넘기만 하면 필연적으로 정치적이 될 수밖에 없는 지점까지 확장시킨다.

그러나 『밑바닥 세계』는 제2의 방식으로 그 서사적 구조를 탈구축(deconstruct)하는데, 이 또한 후기 기싱에 있어 전략적인 것이다. 여기에

11   Georg Lukács, *The Theory of the Novel*, trans. A. Bostock(Cambridge: MIT Press, 1971), 65~66쪽.
12   같은 책, 97~111쪽.

서의 서사적 징후는 단일한 인물의 불균형 속에서 탐지될 수 있다. 『밑바닥 세계』의 주인공이랄 수 있는 시드니 커크우드의 명상적인 수동성과 애잔한 우울함은 그를 나머지 인물들로부터 구분시켜 주며, 그에게 독특한 자의식을 부여해 준다. 이 표면상의 프롤레타리아로부터 전혀 다른 종류의 인물 출현이 시도되고 있으며, 그를 둘러싼 서사가 흐릿해진다는 느낌은 기교상의 무능력에서 야기된 문제가 아니라, 기싱의 후기 작품에서 대단히 특징적인 소외된 지식인의 캐릭터가 이 특이한 서사적 구실 위에 중첩됨으로써 생겨난 문제라는 인상을 실로 지우기 어렵다. 이것은 마치 서사적 실체 자체(사물화되고 추상적인 소재로서의 '민중')가 그 자신의 구조적 결함을 치유하고, 정의상 다른 계급에 속하는 어떤 특권적 중심 또는 목격자를 중심으로 그 자체를 재조직하려는 시도처럼 보인다. 그러나 그도 또한 이 사회적 세계의 현실 속에 한 행위자로서, 또 참여자로서 남아 있어야만 한다. 다시 한 번, 문제가 그 자체의 해결을 언명하는 셈인데, 문제의 주인공은 아주 특별한 방식으로, 즉 탈계급화(déclassment)에 의해, 그리고 계급 구분선의 반대편에 있는 이들의 지위에 매료되고 동경하는 저 계급적 반역의 형식에 의해 소외된 인물이 되어 가리라는 것이다.

기싱의 앞선 다른 두 작품들, 『민중』과 『티르자』가 실로 이 서사적 해결의 기본적인 구조적 변용을 보여 준다. 후자는 램버스에 문화를 옮겨 오겠다는 일에 열중하는 이상주의적 젊은 신사의 고충을 추적하고, 전자는 재능 있는 젊은 프롤레타리아, 예기치 못한 재산을 상속받아 공장을 소유하게 되는 프롤레타리아 청년의 운명을 서술한다. 이런 플롯들은 박애주의 '양상류(modality)'의 문제를 독창적인 방식으로 해결하면서 기싱에게 성숙한 서사 장치의 가능성을 제공하는데, 이는 『독신녀들(The Odd Women)』과 『새로운 삼류 문사 거리(New Grub Street)』 등에서 가장 풍요로이 실현된다. 이런 해결은 앞선 장에서 제시한 발자크 소설들의 서사적 양상화의 가능성에 대한 우리의 역사적 해석이 옳음을 확인해 주는데,[13] 실로 기싱의 '계기'에서는 발자크적 양상화가 지닌 상대적 자유가 더 이상 가능하지 않은 것 같다. 다시 말하면, 본격적으로 사물화된 세계, 그리고 점점 더 대규모로 상품화되는 세계에서 사물 및 제도들의 '존재'와 그 속에서 점점 더 사물화되는 인간 주체의 위치와 역할이 서사적 상상력에 너무 큰 압력을 가한 결과, 서사 언어역의 이동이나 운명의 양상적 변용들이 진지한 예술가에게 더 이상 언어적으로 가능하지 않은 일이 되어 버린 것이다. 이런 점에서 박애주의 전략은 내용이 결여된 것이며, 결코 진정한 서사적 해결책이 될 수 없다. 그것은 이제 (이는 모더니즘과 대중문화라는 쌍둥이가 출현하는 계기이기도 하다.) 유토피아 소설이라는 새로운 (혹은 재발명된) 하위 장르를 낳게 되는데 유토피아 소설은 이 시기 내내 되살아난 활기를 보여 주고 있다. 비슷한 방식으로, 상상적인 것, 소망–성취 또는 욕망의 양상류가 부상하는 대중문화에 의해 생산된 하위 장르들, 즉 고딕 소설, 모험담과 신화, 공상 과학 소설, 탐정 소설들 속에서 새로운 제도화를 맞이하게 된다.

그리하여 기싱은 자신이 일종의 직설법에 한정되어 있음을 알게 된다. 발자크에게 가능했던 '의무에 관한(deontic)' 서사 언어역이 더 이상 기능하지 않았던 것이다. 그러나 발자크 인물 체계의 일부는 크게 수정된 형식으로 살아남는다. 기싱이 부분적으로라도 개인적 운명의 최종적 성격을 상대화하기 위해 사용하는 구조들 중 한 가지는 중심 플롯과 반향하는 하위 플롯을 사용하는 방법이다. 하위 플롯의 주인공들은 이 점점 닫혀 가는 세계 속에서 아직은 가능한 객관적 변수들의 조합(combinatoire)을 보여 준다. 그러나 이러한 가능성들은 더 이상 발자크의 체계에서처럼 단일한 소망–성취 충동에 의해 서로 연관되지는

---

13 앞의 3장, 주 12 참조.

않는다. 말하자면, 그것들은 단지 경험론적 변수들일 뿐이며, 그들 간의 관계를 결정짓는 것은 앞서 논의한 자연주의 패러다임에 대한 기성식의 전유인 것이다. 이는 공식적인 '주제들'에 대한 일종의 전문화된 분업의 모양새로 드러나는데, (앞에 거론한 두 소설의 경우라면) 페미니즘이나 프리랜스 저널리즘 등이 그 예가 되겠다. 이것들은 여기에서 한 묶음의 운명들이 연결되는 일종의 렌즈 또는 굴절의 매개물이 된다. 반면 프랑스 자연주의에서는 주제에 의한 조직화가 다양한 서사들의 내용을 변별하는 수단이었다. 그러나 기싱의 본격 자연주의적 전문화는 궁극적으로 단지 간계일 뿐이다. 실로 그의 성숙기 작품에서는 결혼과 문학 생산이라는 거대한 두 주제와 세 번째 '소재'인 독립적 수입의 문제가 서로 깊이 연관되어 있다. 그 방식은 아래에서 설명될 것이다.

그러나, 개인적 운명의 최종성을 변화시키기 위한 이 구조적 가능성은 그 자체가 초기 소설에서 이미 개진된 더 근본적이고 독창적인 '해결책'에 의존하고 있다. 그 해결책이 기싱의 서사를 졸라의 것보다 더 엄격한 의미에서의 '실험 소설'로 특징짓게 만든다. 성숙기의 기싱에게 소설은 일종의 실험 공간처럼 여겨지는데, 거기서 주어진 인물들은 통제된 환경 속의 실험에 응하게 된다. 그 환경 속에서 변수들의 조정이 체계적으로 시험되고, 또(졸라가 예견한 소설적 실험과는 달리) 특정의 실험 과정이 반복 또는 역전되기도 하며, 문제의 실험이 시험 변수에 맞추어 재연되는 것 역시 가능한 것이다.

그러나 이것이 단순한 중립적 과정이 아니라는 사실은 서사로 현실화된 『민중』이 제공하는 '실험'이 보여 준다. 여기에서 젊은 노동 계급 투사인 리처드 뮤티머는 삼촌의 공장을 운영할 기회를 부여받는다. 리처드의 운명에서 이 예기치 않은 전적으로 '실험적인' 수정은 정상적이라면 순전한 유토피아적 서사를 생성하게 될 것이며, 그 속에서 오웬

(Robert Owen)* 식의 고립적인 협동 지역의 가능성이 탐구될 것이다.(이런 맥락으로 보면, 그러한 유토피아적 서사에서 일반적인 부정적 결말은, 협동 지역이 존재하지 않는 기존의 '직설법적' 세계의 경험적 현실 속에 유토피아적 언어역을 재정박시키려는 시도라고 말할 수 있을 것이다.) 그러나 이것은 결코 기싱의 관심사가 아니다.

우리는 이미 계급적 재료에 대한 기싱의 개념이 관계적인 것이며, 더 정확히 말해 갈등적인 것임을 보았다. 노동 계급 소설은 외견상으로만 프롤레타리아의 생활 방식에 대한 '기록'일 뿐이며, 그에 상응할 만큼 부르주아나 상층 계급의 삶만을 떼어 내어 다룬 서사적 재현물 또한 존재하지 않는다. 오히려 이 사회적 공간의 겉보기에 분리되고 동질적인 지역은 다른 계급의 인물들, 계급적 침입자들, 피난자, 탈주자, 사절들에 의해 가로질러질 때에만 소설가에게 흥미로워진다. 『민중』의 서사적 실험 정신 자체도 그러한 가로지름에 의해 근본적으로 달라지며, 우리가 '과학적으로' 관찰하고자 하는 바는 웨인리가 보여 주는 경영적, 기술적 변화보다 리처드 자신이 본질적으로 부르주아적인 상황에 밀어 넣어졌을 때 보여 주는 순전히 사회적이고 계급적인 변화인 것이다. 제철-광산 복합체인 공장은 사실 소원하게 지내던 삼촌의 재산이었다. 삼촌은 한때는 프롤레타리아였지만 현재는 토리당원으로서, 자신이 후원해 주던 젊은 귀족 청년에게 공장을 넘기려고 했다. 그러나 귀족 젊은이의 방탕한 연애 사건 추문으로 갑자기 계획이 바뀌고, 삼촌 뮤티머가 유언 없이 갑작스러운 죽음을 맞게 되자 기회는 리처드에게 넘어오는데, 이는 결국 '자신보다 신분이 높은' 젊은 여성과의 불행한 결혼으로 이어진다. 『민중』은 그리하여 속물 근성에 대한 실물 교훈

---

* 1771~1858, 영국의 유토피아 사회주의자. 스코틀랜드에 라나크(Lanark) 공동체를, 미국 인디애나에 뉴 하모니(New Harmony) 공동체를 건설했다.

4장 진정한 분한

을 주는 셈인데, 이는 노동 계급 인물이 얼마나 구제 불능의 존재인지, 다른 계급적 위치의 사회적·문화적 조건에 얼마나 적합하지 않은지를 체계적으로 보여 주고 있는 것이다. 이 계급적 태도의 추악함은 실험이 역전되고 종결되는 과정의 야만성과 우연성에 의해 재확인된다. 삼촌 뮤티머가 쓰러진 바로 그 의자에서 리처드의 불행한 귀족 출신 신부는 갑자기 종잇조각 하나를 발견하는데, 그것은 바로 사라진 유언장이다. 원래의 상속자가 결국 유산을 물려받고(실상 소문처럼 자격이 없는 것은 아니었다.) 리처드는 새로운 삶의 방식뿐만 아니라 자신의 유토피아적 기획 전부를 포기해야만 한다. 새 주인이 그 지역의 자연 경관 복원을 위해 그 기획을 땅바닥에 내동댕이치기 때문이다.

『티르자』의 실험은 좀 덜 급진적이며, 덜 충격적인 결과를 가진 것처럼 보일 것이다. 그러나 이는 단지 결과가 치환되었기 때문이며, 기성의 실험이 결코 대칭적이지 않기 때문에 그렇게 보일 뿐이다. 그래서 노동 계급에게 문화를 전달하겠다는 에거먼트의 실패한 시도는 자신에게가 아니라 그가 돌본다고 생각했으나 희생되고 마는 사람들에게 역효과를 가져온다. 개혁주의 교육 전략의 환상에 대한, 특히 에거먼트가 램버스 노동 계급의 갱생과 '미적 교육'을 위해 제안한 연속 강연과 대출 도서관 제도에 대한, 극히 적절한 비판이 계급간 관계의 가능성에 대하여 잠재적으로 훨씬 더 손상을 가하는 비판 속으로 굴절되어 들어온다. 그리고 그 굴절은 에거먼트가 이 작품의 제목을 제공한 프롤레타리아 여주인공 티르자에게 자신도 모르게 느끼는 열정 바로 그것에 의해서 이루어진다. 그러나 그녀의 죽음(너무나 양식화되고 꾸며져 있어 라파엘 전파가 그리곤 했던 천사의 온갖 장식적인 비현실성을 떠올릴 정도다.)도, 에거먼트의 일시적인 실의(기성의 후기 소설들에 등장하는 더 강렬한 우울과 정신적 죽음을 예견케 하는 것이긴 하지만)도 사실 적절한 참조 대상은 아니다.

이 특별한 실험의 대상으로서의 주된 '주체'는 실상 이런 인물들이 아니라, 분명히 더 군소 인물인, 에거먼트에게 최초로 귀기울이는 노동 계급 인물들 중 하나인 길버트 그레일이다. 그는 독서와 문화에 열정적으로 몰두하는 인물인데, 개혁가 에거먼트의 계획 속에서 그는 도서관 사서로서, 또 노동 계급 독자와 중산 계급 실험가 사이의 주된 중재자로서 자리 잡게 된다. 에거먼트의 계획은 연장자인 그의 삶에 마치 벽력처럼 개입해서는 하나에서 열까지 변형시켜 버리며, 그레일의 운명이 지금껏 속박되어 있던 그 계급 체제 아래에서는 결코 생각할 수 없었던 종류의 기대를 그에게 불러일으킨다. 티르자에 대한 그레일의 청혼은 사회적 지위의 이 실험상의 변화를 가장 극적으로 표현하고 있는데 이는 에거먼트와 티르자 사이의 (양측 모두에게 바람직하지 않은) 사랑에 의해 역전되고 파괴되어 버린다. 이 과정에서 그 새로운 열정은 노동 계급의 어떠한 고집스러움이 그랬음직한 것보다도 더 효과적으로 에거먼트 자신의 기획을 잠식하고, 에거먼트의 평판을 떨어뜨리게 하는 결과를 낳는다. 한편 그레일의 희생은(그의 결혼과 새로운 직업은 일격에 모두 무너진다.) 그에게 특별히 호감 갈 만한 것을 덧붙이지 않음으로써 보다 객관적으로 처리되어 있다. (실로 이는 기성의 후기 인물들, 이를테면, 미스터 율*이나 위더슨**과 같은, 고약한 아버지들, 불운한 남편들, 어찌 할 수 없는 비운과 악의적 운명에 희생되는 인물들의 원형이다.) 이번에도 역시, 서사적 실험의 갑작스러운 종결은 자의적인 그만큼 고의성 짙은 감정적 논리를 시사한다.

　그레일의 운명은 실로 밧세바 원형이라 부름직한 것을 시연하는 것으로, 다음과 같은 말씀의 형상적 완성이라 할 만하다. "없는 자는 가진

＊『새로운 삼류 문사 거리』의 등장인물.
＊＊『독신녀들』의 등장인물.

것마저 빼앗길 것이니라."(「마태복음」, 25장 29절) 다윗 왕이 불행한 우리야에게서 밧세바를 빼앗고, 그를 죽이기까지 하는 이 이야기는 도덕적 교훈을 전달하기 위한 도구인 동시에 또한 계급적 경고이기도 하다. '그 부자는 대단히 많은 양 떼와 가축을 가졌으나, 가난한 사람은 사다가 기른 어린 암양밖에는 가진 것이 없었다. 그 암양은 그와 함께 살았고, 그의 아이들과 더불어 자랐으며, 그와 같은 음식을 먹었다.' 그러고는 짐작할 수 있는 결론까지 이어진다.(「사무엘기 하」, 12장 2~3절) 실로, 그레일이 갖지 못한 모든 것, 즉 출생과 돈, 지위, 교육, 여가, 젊음, 이상들 등을 이미 갖고 있는 에거먼트가 그럼에도 불구하고 그레일에게서 그의 소박한 보물인 '어린 암양'마저 빼앗으려 열중한다는 느낌을 지우기가 어렵다. 여기에 작동하고 있는 것은 가난한 사람들에 대한 에거먼트의 관심 한가운데 뿌리박은 어떤 원초적 질투가 아닌가, 그가 영원히 배제되어 있을 수밖에 없는 계급적 연대감을 전유하고 싶다는 갈망이 아닌가 하는 인상을 지울 수가 없는 것이다. 『티르자』의 파국은 에거먼트의 박애주의적 이타주의가 지닌 무의식적 의미에 대한 엄혹한 진단이자 비평으로, 자선의 충동 속에 감춰진 적대성의 몸짓을 실로 니체적으로 폭로한 것으로 읽을 수 있다.

다른 한편, 기성 작품이 지닌 양가성을 온전히 평가하기 위해서는 또 다른 관점에서 그것을 이해할 필요가 있다. 그레일은 자기 자신 외에는 아무도 탓할 사람이 없다. 그의 궁극적 비극은 순전히 자신의 지위 너머로 이동하려는 욕망이 부른 결과이고, 그에게 합당한 계급을 떠나고자 하는 충동에 의해 야기된 것이며, 이런 의미에서 에거먼트의 충동을 보완하는 것이기도 하다. 이런 관점에서 보면, 그의 서사적 '실험'(사물화된 존재와 경험적으로 변동 불가능한 운명으로 가득 찬 질식할 듯한 조건들 속에서는 실현 불가능한 공간을 열어젖혔어야 할)은 자체의 시도에 대한 처벌을 동반하며 그 안에서 계급 이탈(déclassment)이 적절히, 그리고

258

상징적으로 징벌되는 일종의 소름 끼치는 제의와도 같은 것으로 파악될 수 있다.

이런 견지에서 보면, 우리가 '실험적 상황'이라 부른 새로운 서사 장치는 그야말로 이데올로기적인 동기에 의해 동기화, 아니 더 나은 표현으로, 중층 동기화되었거나 또는 중층 결정되었음이 명백해 보인다. 이 초기 '실험적' 소설들의 주인공, 뮤티머와 에거먼트, 심지어 길버트 그레일까지도 모두 어떤 면에서 우리가 『밑바닥 세계』에서 그 존재를 확인한 바 있는 소외된 지식인의 인물 유형이다. 이제 우리는 이 동기를 더 구체화해야 한다. 왜냐하면 『새로운 삼류 문사 거리』에서 기싱은 그러한 지식인의 '소외'를 비즈니스 사회의 속물적 주인들에 대항하는 저주받은 시인(poète maudit)이라는 낭만주의적 의미로 이해하지 않으며, 글쓰기와 언어적 생산 속에 내재하는 구조적 소외라는 말라르메적 의미로도 이해하지 않기 때문이다. 정반대로 여기에서의 소외란 두 개의 사회 세계 사이에, 그리고 계급적 가치와 의무라는 두 가지 설정 사이에 영원히 지체되어 있는 지식인의 계급적 소외와 '객관적 배반'을 의미한다. 그리고 디킨스의 어린 시절 트라우마처럼, 추문과 추방, 절도 혐의, 안정된 중산 계급의 삶을 보장해 주었을 공립학교로부터의 축출 등을 포함한 기싱의 개인적 '상흔'이 그를 기묘한 사회적 형태인 헤겔적인 불행한 의식에 고착되게 해서 어떠한 계급과도 성공적이고 결정적인 동일시를 할 수 없게 되었음이 분명하다.

그러나 소외된 지식인이라는 주제는 하나의 이데올로기소로서 충분한 표현적 가치를 의미론적으로 복원할 때 올바로 이해될 수 있다. 이 장의 앞 부분에서 다룬 재료들의 경우처럼, 나는 이 특정의 '주제'와 그것을 극화하는 인물들 자체는 더 기본적인 이데올로기적 '기호'에 대한 그만큼의 인유들에 지나지 않는다고 주장하고자 한다. 이 기호는 동시대 독자라면 누구나 파악하고 있었으되, 우리는 그로부터 문화적·역사적으로 다소 멀어져 있다. 이 기호 또는 이데올로기가 그 자체로는 어디에도 존재하지 않는다는 것은 사실이다. 그 시대의 '객관적 정신' 또는 문화적 상징 질서의 일부로서 그 기호는 그 시대와 더불어 과거 속으로 사라지고, 단지 그 흔적들인 물질적 기표들, 어휘 목록들, 불가해한 단어들과 어구들만을 그 뒤에 남긴다. 과거 텍스트의 재구성이 그러한 사라진 어휘적 의미와 함의, 그리고 그것들을 생성해 낸 의미론적 체계들의 재구성이라는 작업을 필연적으로 거쳐야만 하듯이 과거의 서사적 텍스트를 재구성하기 위해서도 모종의 작업이 필요하다. 아직 어휘에 대한 어의학적(lexicological) 연구에는 미치지 못하고 있지만 이 작업은 바로 해당하는 역사적 시기의 이데올로기소들을 재구성하고 그 목록을 작성하는 일이다.

지금의 예에 대해서는 우리는 이 특정 이데올로기소를 분한이라고 확정지을 수 있다. 분한이라는 이데올로기소에 관해서라면 니체가, 물론 그가 분한의 형이상학자는 아니지만, 일차적 이론가라고 할 수 있다. "윤리학에서 노예들의 반란은 분한이 창조적이 되어 그 자체의 가치를 낳게 될 때 시작된다. 유일하게 진정한 반응의 방식, 즉 행위의 방식에 접근할 수 없는 사람들, 그리고 상상적 복수를 실행함으로써 스스로를 해를 끼치지 않는 존재라고 여기는 사람들의 분한 말이다."[14] 니체의 전체 역사관, 그의 역사적 지배 서사는 바로 이 명제를 중심으로 조직되어 있다. 그것은 윤리학 일반, 그리고 특정하게는 유대-기독교적 전통을 주인에 대한 노예의 복수로, 또 이데올로기적 간계로 진단한다. 이를 통해 노예들은 주인들에게 노예 정신(자선의 에토스)을 감염시켜 그들로부터 그 본성적 활기와 공격적이고 진정 귀족적인 오만함을 박탈한다는 것이다.

---

14 Friedrich Nietzsche, *The Genealogy of Morals*, I. 10쪽.

표면적으로 볼 때 니체의 서사나 신화는 빅토리아조의 도덕주의와 위선을 비판하는 심리적 기제로 제안된 것이다. 그러나 이 이데올로기소의 이차적인 적용은 그것이 더욱 근본적으로 정치적인 기능을 가진 것임을 보여 준다. 그리하여 텐은 미슐레(Jules Michelet)를 뒤따라 『현대 프랑스의 기원(Origines de la France contemporaine)』에서 혁명 현상을 '설명'하면서 분한이라는 모티프를 사용하는 것이다. 그 설명은 이중적 방식으로 행해진다. 우선, 공개적이고 통속적인 의미에서 분한의 이데올로기소는 못 가진 자들이 가진 자들에 대해 느끼는 파괴적 질투를 '심리적'이고 비물질적인 의미로 설명해 내는 것으로 보인다. 그리하여 다른 방식으로는 설명하기 어려운, 위계적 체제에 대한 민중의 집단적 반란을 설명해 내는 것이다. 물론 이 경우 그 위계적 체제의 본질적 건강성과 유기적 또는 공동체적 미덕을 보여 주는 것이 역사가의 관심사이다. 다른 한편, 두 번째의 그리고 보다 비의적인, '중층 결정된' 용법에 의하면, 분한은 그렇지 않았다면 기본적으로 만족하고 있을 민중의 무리들을 그러한 '부자연스러운' 무질서로 선동해 낸 사람들의 행위를 설명해 준다. 그리하여 분한의 이데올로기소는 니체가 말하는 '금욕적 사제들'로서, 특히 지식인들, 이를테면 성공 못 한 작가나 시인들, 삼류 철학자들, 강퍅한 저널리스트들, 그리고 갖가지 실패자들 등이 사적인 불만 때문에 정치적 혁명 투사라는 천직으로 뛰어드는 현상을 설명해 주는 것이다. 분한을 진단하는 이 두 가지 기준은 도스토옙스키로부터 콘래드, 오웰로 이어지는 반혁명적 프로파간다 전통에 내적 역학을 제공한다. 아울러 그것은 프롤레타리아 지식인 리처드 뮤티머의 이중으로 불길한 지위에 직접적으로 연관되며, 이 인물이 구조적으로 처벌되는 까닭 없는 잔인성을 정당화해 주기도 한다.

분한에 대한 이론에서 가장 눈에 띄는 것은 그것이 지닌 회피할 수 없는 자기 지시적 구조이다. 『민중』의 경우, 그 결말은 분명 피할 수 없는 것이다. 기싱은 리처드에게 분한을 품는데, 그가 가장 분한을 품는 대상은 다름 아닌 리처드의 분한이다. 우리는 이제 이 특정한 이데올로기소로부터 충분히 논의를 진전시킨바, 하나의 추론을 이끌어내게 되었다. 즉, 이 외견상의 '이론'은 겉보기에 근거 없어 보이는 하층 계급 선동에 대한 분노의 표현에 다름 아니며, 표면상 진정 불필요해 보이는 사회라는 배 흔들기에 대한 분노의 표현에 지나지 않는다는 것이다. 그러므로 다음처럼 결론지을 수 있겠다. 분한의 이론은 그것이 어디에서 나타나건 그 자체가 항상 분한의 표현이자 생산물이라는 것이다.

그러나 우리는 기싱의 경우를 이 정도로 마무리할 수는 없다. 발자크 식의 간섭이나 발자크 식의 스노비즘(리비도적 투사와 유토피아적 소망-성취의 매개체로 작용하는)과는 달리, 초기 기싱에게서 자주 보이는 작가의 분노한 계급적 입장과 계급적 의견들의 표현은 뭔가 대단히 설득력이 떨어지는 면이 있다. 마치 사물화된 언어의 세계에서는 작가 자신의 개인적 언어조차도 더 이상 진정성을 가질 수 없으며, 따라서 그것들은 탈구되어 떠도는 기성 개념들에 대한 플로베르적 모방으로 우리에게 다가오는 것처럼 보인다. 그러한 표현이 일종의 타자(the Other)의 언어로 포착될 수 있는 상황을 이해하기 위해서는 바흐친이 '대화적 언어'[15]라 부른 좀 더 복잡한 모델이 필요하다. 이 타자의 언어는 결코 단지 상층 계급의 태도들과 동일화하고자 하는 동기만을 가진 것이 아니다. 기싱 자신의 양가성 체제를 고려할 때, 이것은 또한 그들에게 적대적인 분한의 행위이기도 하며, 그들을 위해 증언하는 그 언어가 다른 한편 그들을 당혹스럽게 만들고, 또 그들의 입지를 위태롭게 만들기도 하는 그런 언어인 것이다.[16]

---

15 1장의 각주 63을 볼 것.
16 "거의 자기 자신도 모르게, 작가가 그 독자들에게 겸손하게 제공하는 거울은 마술적이다. 그것은 매혹시키고 또 위태롭게 한다. 비록 그들에게 듣기 좋고 편안한 이미지를 제공하

그러한 언어는 기싱 성숙기의 소설들, 그 양식의 특성이 충분히 알려지지 않은 소설들에서는 자취를 감춘다. 사실 무엇보다도 기싱의 후기 양식이 지닌 정전기가 될 듯 무미건조한 메마름이, 그리고 이 소설들의 대화가 지닌 기지(wit)라고 불릴 수 있을 것이 어떻게 그 정신적·물질적 내용들의 한없는 황량함과 부합하는지를 이해하는 일도 만만찮게 어렵다. 그러나 기지가 반드시 긴장과 양립할 수 없는 것은 아니다. 정반대로 기지의 효과는 대체로 일부러 표현하지 않은 강력한 감정과 정서적인 침묵을 내포하고 있으며, 이것들은 겉보기로는 분명 무관심한 듯한 간결한 문구들에 자체의 비밀스러운 강렬함과 절박함을 부여하는 것이다.

기싱 서사의 문체를 살펴볼 때 형용사를 거의 수사적 차원에서 사용한다든가 하는 그 구성적 특질들은 3단계 비교급, 수식구 분해, 이성 자체의 갑옷인 듯한 구문의 정교한 굴절, 특히 18세기 형용사의 매우 분석적인 추세 등, 전승된 도구를 뭔가 엄격하고 몰개성적인 방식으로 사용하고 있음을 시사한다. 더욱이 이 도구를 후기 조지 엘리엇(George Eliot)이 재발명한 유려하고 탁월하게 정서적인 수사적 장치와 대조해 볼 때, 또한 고전학 장학생이었으며, 이미 언급한 대로 사회적, 계급적 굴욕의 치유할 수 없는 상처로 평생 동안 고통을 겪은 기싱의 과거 이력을 떠올려 볼 때, 그는 실제로 사멸해 버린 언어적 재료로 작업하고 있으며, 그의 문체가 지닌 비밀이 그의 '영어'가 라틴어처럼 죽은 언어라는 가설 속에서 찾아질 수 있다는 결론을 피하기 어려워진다. 더 나

기 위해 모든 것이 이루어졌지만 …… 미적 거리는 그 이미지를 손이 닿지 않는 곳에 위치시킨다. 이미지에 의해 즐거움을 얻거나, 그 안에서 어떤 편안한 따뜻함이나 은근한 너그러움을 찾기는 불가능하다. …… 자연 발생적 행위는, 반성적인 상태로 이행하여, 그 순진성 및 직접성의 핑계를 상실하게 된다. 그것은 그리하여 그 행위를 스스로 떠맡거나, 변화시킬 수밖에 없는 것이다." J. P. Sartre, *What is Literature?*, trans. Bernard Frechtman(New York: Harper & Row, 1965), 89~90쪽.

4장 진정한 분한

아가, 우리는 기싱의 언어를 롤랑 바르트가 에크리튀르 블랑쉬(écriture blanche),[17] 즉 백색 또는 표백된 글쓰기라 부른 것의 일찍 출현한 예로 볼 수 있는바 바르트가 뒤이어 진단하고 있는 바로 그 이유 때문에 그랬다고 볼 수 있다. 즉 이런 언어적 실천은 극단적인 몰개성화를 통해 (일종의 사전 예방적 자살을 통해) 말의 생생한 사용이 어쩌면 즉각적으로 환기하고 재생하는 사회적 갈등을 중화해 버리려 한다는 것이다.

이러한 언어적 관점으로부터 우리는 기싱 후기의 작품들이 도달한 서사적 장치와 인물 체계를 더 잘 규정지을 수 있다. 이 글에서 설명한 초기의 서사적 기제를 기싱의 위대한 소설들에 변환해 넣기 위해서는 두 가지의 전략적 치환이 필요하다. 우선 소외된 지식인은 작가라는 더 국지적인 인물로 구체화되어, 앞서 제기된 탈계급의 문제가 바로 돈벌이라는 문제와 연결된다. 또 다른 한편, 초기의 작품들에서 환기된 계급 갈등은 이제 대체로 성적 차별화와 '여성 문제'라는 맥락에서 다시 쓰인다. 이것은 우리가 기술한 '실험적' 상황을 결혼이라는 보다 전통적인 소설적 구도 속에서 상연되도록 만들며, 결과적으로 그 구도는 여지껏 없던 계급적 의미의 반향을 획득하게 된다.

후기 작품들에 나타나는 낯익은 인물 체계는 욕망과 관련시켜야 제대로 이해될 수 있는데, 그 체계를 구성하는 인물상들은 고전적인 멜랑콜리의 전형(icon)이 추악하기 이를 데 없고 치유 불가능한 영혼의 병으로 변형된 결과인 나이 든 남성 실패자, 일종의 플로베르적인 반(反)주인공의 변덕스러운 화신이긴 하지만 플로베르적 반주인공에게 끝까지 남아 있던 그 희미한 '욕망하고자 하는 욕망'마저도 망각해 버린 무기력한 젊은 재산가, 체념이라는 대가를 치러야만 독립을 얻게 되는 분투하는 젊은 여성 등이다. 그러나 발자크와는 달리, 기싱은 욕망의 전

---

17 Barthes, "Writing and Silence," *Writing Degree Zero*.

반적인 상품화로 인해 어떠한 성취된 욕망이나 소망도 진정하지 않은 것으로 낙인찍혀 버리고, 기껏해야 애처로운 모습으로 드러나는 진정성은 실패의 이미지에 매달려 있는 상황에 직면한다. 기싱이 돈에 대한 걱정에, 하루 벌어 하루 먹고사는 비참함에, 자신만의 재산이나 고정 수입의 결핍이라는 문제에 집착하는 현상은 이 참을 수 없는 대안을 피해 가는 한 방식이다. 왜냐하면 그것을 통해 진정성 있는 욕망의 실현을 미래 속에, 궁극적으로 글 쓸 수 있는 여가를 갖게 될 유토피아적 판타지로서의 삶의 상황 속에 위치시키기 때문이다.

그러므로 기싱에게 수입을 찾는 편력은 결코 상품화된 욕망이 아니다. 그것은 오히려 일종의 선(先)욕망으로서, 미리 체계적으로 평가 절하된 욕망하기를 가능케 하는 전제 조건이다. 따라서 그것이 성공(부유한 여성과의 결혼)하든 실패하든 간에 작품에 본격 자연주의의 멜로드라마적인 그림자를 드리우지는 않는다. 그의 후기 작품에서 좌절의 불가피성은 애초에 목적을 위한 수단에 지나지 않는 것의 본질적인 사소함과 가치 없음에 의해 은밀히 고려의 대상에서 제외되고, 대상이 되기를 멈춘다. 결코 오지 않을 자기실현을 위해 필요 불가결한 선행 요건이 이 모든 인물들을 집착과 걱정으로 내모는데, 이것들이 어떤 진정한 이상적(개인적) 삶으로부터 주의를 돌리게 하거나, 그것을 대체해 버리는 것이다. 그러므로 기싱의 욕망의 변증법은 부정의 부정과도 같은 것이다. 그의 인물들은 결코 욕망할 수 있는 지점에 도달하지 않기 때문에, 성공과 실패의 전 체계는 그 시작부터 서사적 전략에 의해 훼손되어 버린 것과 마찬가지인데, 이런 서사적 전략이야말로, 분한 자체의 최종적 형태라고 할 수 있는 것이다. 그런 관점에서 보면 체념도 변증법적으로 변형된다. 그것은 이제 프티 부르주아지의 옥죄는 상황과 객관적인 가능성의 축소라는 현상에 반응하거나 적응하는 것이 아니라 상품화된 욕망 자체에 대한 전반적 거부로 일반화되는 것이다.

4장 진정한 분한

이처럼 보편적 원칙으로 확장되고, 기싱 서사의 원동력 자체로 절대화된 분한은 이제 단순히 이데올로기적인 이미지만을 생성해 내는 것을 멈추고, 이데올로기적 입장 표명(commitment)을 넘어 분열성의 보증인이 된다. 상투적인 속물주의에 안주하기에는 너무나 절대적으로 불행한 의식이 이제 역사·사회적 현실을 등기하도록 요청받은 것이며, 그 의미심장한 '혼합 감정'은 편재하는 계급 의식을 생성시켜 부르주아 독자들이 잠시라도 편안히 머물기 어렵게 만든다. 실로 이것이야말로 우리가 최초에 기싱의 특성을 설명하기 위해 사용한 모순 어법을 정당화해 주는 지점이며, 분한(물론 인간의 열정들 중 사르트르의 나쁜 신념(bad faith)*에 의해 가장 깊이 추동됨이 분명한)이라는 현상이 유일하게 어떤 진정성을 획득한다고 말할 수 있는 지점이다.

---

* 상황을 직시하지 않고 되는대로 자기에게 맞게 이용하는 자기기만의 형태. 원어는 mauvaise foi.

5장 로맨스와 사물화

— 조셉 콘래드에서 플롯 구성과 이데올로기적 봉쇄

　　조셉 콘래드의 작품들처럼 본격 자연주의라는 숨막힐 듯한 폐쇄 공간과 이질적인 것은 없다. 그리고 아마도 바로 그런 이유 때문에 80여 년이 지난 지금에도 그의 위치가 불안정하고 결정하기 어려우며, 그의 작품 또한 분류하기 어려운 듯하다. 그의 작품은 본격 문학으로부터 가벼운 읽을거리와 로맨스로 흘러 들어가는가 하면, 오락과 기분 전환의 거대한 영역을 지난한 문체 및 글쓰기 실천에 의해 개간하기도 하면서, 프루스트와 로버트 루이스 스티븐슨(Robert Louis Stevenson) 사이의 어느 지점에서 불확실하게 떠돌고 있다. 콘래드는 실로 현대적 서사의 부상에 있어서 전략적인 단층선을 표시하는 작가이다. 바로 그가 서 있는 지점으로부터 20세기의 문학적·문화적 제도들의 구조가 보이기 시작하는 것이다. 발자크 언어의 이질성(heterogeneity)에서도 그렇지 않았고, 기성에서 점차적으로 통일되어 가던 서사 장치에 재료들을 제공했던 패러다임들의 불연속에서도 보이지 않던 것이다. 콘래드에서 우리는 오늘날의 모더니즘(그 자체가 이제 문학 제도가 되어 버린)이 될 것의 출현을 감지할 수 있을 뿐 아니라, 나중에 팝 문화 또는 대중문화 등 다양하게 불리게 될 것이 손에

잡힐 듯이 나란히 부상하는 모습을 감지할 수도 있다. 즉 후기 자본주의 시대에 미디어 사회라고 종종 불리는 것의 상품화된 문화 담론이 출현하는 모습을 감지할 수 있는 것이다. 이 출현의 가장 극적인 형태는 『로드 짐(Lord Jim)』의 서사에서 대부분의 독자들이 분명한 '단절'로 느껴 온 현상에서 찾아볼 수 있다.[1] 즉, 파트나호에 얽힌 이야기 및 유기된 배라는 수치스러운 일의 '진실'을 찾고자 하는 복잡하고 원(原)텍스트적인 탐구로부터, 그 후 파투산에서의 짐의 이력에 대한 좀 더 직선적인 이야기로 옮아가면서 우리가 느끼게 되는 질적인 전환과 서사적 강렬성의 약화라는 현상에서 말이다. 후반부 이야기는 로맨스 장르의 진정한 하나의 패러다임인데, 그것은 대중문화가 분절화되어 갈 여러 '타락한' 하위 장르들(모험 소설, 고딕 소설, 공상 과학 소설, 베스트셀러, 추리 소설 등등)의 원형으로 우리에게 다가온다. 그러나 이 제도적 차원의 이질성(그것은 단순히 두 서사적 패러다임 사이에서의 이동도 아니며, 두 종류의 서사화 또는 서사적 조직화 사이의 불일치도 아니고, 분명히 나뉜 두 문화 공간, 바로 '고급' 문화와 대중문화 사이에서의 이동이다.)만이 『로드 짐』이 징후적으로 노출하는 유일한 균열이거나 불일치인 것은 아니다. 실제로 우리는 이 작품의 문체를 그 자체로 사실상 자족적인 '심급', 즉 이 책의 다른 다양한 서사적 심급들 또는 층위들과 긴장 관계에 있거나 모순적인 관계에 있는 심급으로 떼 내어 논의할 기회를 가질 것이다. 또한 우리는 노동과 역사의 세계 및 원정치적 갈등과 관련된 억압된 공간을 역설할 것인데, 지금의 관점에서 보면

---

1 "이 소설의 앞부분에서 제시되는 로드 짐의 모습, 파트나호의 유기와 심문에 대한 묘사, 프랑스 중위와의 대화 등등은 콘래드가 성공한 부분이다. 그러나 뒤이은 로맨스는 짐의 사건에 대한 지속적 개진으로는 그럴듯하지만 그 자체로 필연성을 갖고 있지는 않다. 또한 그것은 중심적인 관심거리를 발전시키거나 풍요롭게 만들지도 못해서, 결과적으로 소설의 실질을 제공하기 위해 늘려진 것임에도 불구하고 결정적으로 빈약해 보이고 만다." F. R. Leavis, *The Great Tradition*(New York: New York Univ. Press, 1969), 190쪽.

그것은 옛 리얼리즘 내용의 흔적과 잔존물이되, 이제는 부상하는 모더니즘 담론에 의해 치환되고 효과적으로 주변화된 것으로 볼 수 있다. 이제 전제되어야 할 형식의 역사적 패러다임은 우리가 이미 다룬 발자크적 리얼리즘으로부터 본격 리얼리즘으로의 움직임이라는 구도보다 분명 더 복잡한 것이다. 다소 도식적으로 제시하자면 그것은 구리얼리즘의 구조적 붕괴로 기술될 수 있는데 이로부터 모더니즘만 출현한 것이 아니다. 제대로 분석해 내기 위해서는 필연적으로 서로를 전제하고 변증법적으로 서로 연관된 것으로 파악해야 하는 두 개의 문학적·문화적 구조들이 부상하는 것이다. 이 양자는 이제 뚜렷이 구분되어 일반적으로는 서로 양립 불가능한 고급 문학 제도의 공간과 프랑크푸르트 학파가 편리하게 '문화 산업'이라 부른 것,[2] 즉 '팝 문화' 또는 대중 문화 생산을 위한 장치(apparatus)들의 공간으로 자리매김되었다. 후자의 용어가 새로운 것이라는 사실은 아마도 발자크의 상황이 극적으로 보여 줄 듯하다. 그를 기꺼이 '베스트셀러' 작가라 부를 수 있지만, 그의 시대에는 베스트셀러의 생산과 나중에 '고급' 문학이라 간주되는 작품의 생산 사이에 아무런 모순도 존재하지 않았다는 점에서 이런 명칭은 시대착오적이다.

이 별개의 그러면서도 불완전하게 차별화된 문화적 '공간들'이 공존하고 있다는 점에서 콘래드의 작품은 넓게는 문화 형식 좁게는 문학 형식을 역사적으로 분석하기 위한 독특한 계기를 제공한다. 그것은 또한 이 책이 지향하는 유형의 탐구, 이른바 '메타코멘터리' 또는 상충하는 해석 방법들에 대한 역사적·변증법적 재평가를 위해서도[3] 마찬가지로

---

2 T. W. Adorno · Max Horkheimer, "The Culture Industry," *Dialectic of Enlightenment*, trans. J. Cumming(New York: Herder & Herder, 1972), 120~167쪽. 그리고 나의 글 "Reification and Utopia in Mass Culture," *Social Text*, No. 1(Winter 1979), 130~148쪽도 참조.
3 나의 글, "Metacommentary," *PMLA*, 86(1971), 9~18쪽 참조.

독특한 계기를 제공해 준다. 왜냐하면 콘래드의 서사에 객관적으로 존재하는 불일치는 다른 현대 작가들의 경우에는 거의 찾아보기 어려운, 당혹스러울 정도로 다양하고 경쟁적이며 통약 불가능한 해석적 선택들을 투사했기 때문이다. 이들을 평가하는 일이 물론 앞으로 우리가 수행해야 할 과제다. 우리는 이미 은연중에 이들 중 두 가지를 언급했다. 그 하나는 콘래드를 모험 소설, 해양 소설, '통속적' 이야기의 작가로 보면서 그를 '로맨스' 작가로 분석하거나 또는 대중문화적으로 읽는 방법이고, 또 다른 하나는 간략히 표현해 그를 진정 '인상주의적인' 문체에의 의지를 실천한 작가로 보아 그의 문체를 분석하는 방법[4]이다. 그러나 이와 더불어 이들과 직접적인 방식으로 관련된 것은 아닌 다른 영향력 있는 읽기들도 생각해 볼 수 있다. 이를테면, 『노스트로모(Nostromo)』를 숨겨진 보물 이야기 원형이 분절화된 것으로 보는 신화 비평적 읽기가 있고,[5] 콘래드의 두 아들-영웅들(짐과 노스트로모)이 정신적 아버지들에 의해 소름 돋는 제의적 처형을 받는 데서 오이디푸스적 해결의 실패를 확증하는 것으로 읽어 내는 프로이트적 독해,[6] 콘래드의 텍스트를 문자 그대로 영웅주의와 용기, 명예와 비겁 등에 관한 '쟁점'을 제기하는 책으

---

4 예컨대 J. Hillis Miller, *Poets of Reality*(Cambridge: Harvard Univ. Press, 1965), 24~29, 46~51쪽에 있는 '특질(qualities)'에 대한 언급을 보라. 또한 Norman Holland, *Dynamics*, 226~237쪽도 참조. '인상주의' 논쟁은 물론 콘래드의 작품을 넘어서서 진행된다. 비판적 평가로는 Ian Watt, *Conrad in the Nineteenth Century*(Berkeley: Univ. of California Press, 1980), 169~200쪽 참조.
5 Dorothy Van Ghent, "Introduction," to Joseph Conrad, *Nostromo*(New York: Holt, Rhinehart, & Winston, 1961), vii~xxv쪽.
6 Bernard Meyer의 *Joseph Conrad: A Psychoanalytic Biography*(Princeton: Princeton Univ. Press, 1967)는 콘래드 작품의 모성적 극단을 지나치게 강조한다. 아마도 이 자리가 고전적인 프로이트적 가족 관계 콤플렉스가 그 정신분석학적 알맹이가 빠져 버린 채 종종 자의적인 종결(closure)의 형식으로 기능한다는 점을 지적할 곳일 듯하다.(예컨대, Edward Said, *Beginnings*(New York: Basic Books, 1975), 137~152쪽 참조)『노스트로모』와 『로드 짐』을 마감하는 프로이트적 행위는 그리하여 진정한 징후라기보다 이 두 서사 담론을 봉인하는 장식적 소곡들(arabesques)로 보여지기도 한다.

로 간주하는 윤리적 읽기,[7] 짐의 이야기를 정체성 또는 정신적 통일성의 추구로 해석하는 자아–심리학적 읽기,[8] 인간 존재의 부조리와 무의미함이라는 편재하는 주제를 '전언' 또는 '세계관'으로 전경화하는 실존주의적 읽기,[9] 그리고 마지막으로 이들보다 훨씬 강력한 읽기로서 콘래드의 정치적 비전을 분한에 대한 투쟁으로 읽는 니체적인 읽기와 콘래드의 형식을 서사적 시작의 불가능성에 대한 내재적 극화로, 또한 직선적 (linear) 서사에 대한 점증하는 성찰 및 문제 제기로 읽어 내는 구조주의적 텍스트 읽기가[10] 있다.

　이 다양한 해석들의 상호 경쟁적인 주장과 충돌들은 『로드 짐』과 『노스트로모』의 독해에서 반복되는 라이트모티프의 그물망을 형성하며, 이는 형식적 층위에서의 일종의 점진적 재구성 형식으로 제시될 것이다. 이 책 어디에서보다도 이곳에서 메타코멘터리가 가진 이중 초점이 분명히 드러날 것이다. 우리는 한편으로 콘래드 텍스트의 모델을 구성해 내는 일이 그 자체로 흥미로운 일임을 전제하면서, 그 모델을 구성해 내려고 노력할 것이다. 그러나 동시에 다른 관점에서, 이 모델은 다른 비평적 방법론에 대한 코멘터리가 가능해질 수 있는 구실(선

7　Tonny Tanner, *Conrad: Lord Jim*(London: Arnold, 1963).

8　징후적으로 'The Secret Sharer'에 토대를 둔 정전적인 읽기로는 Albert Guerard, *Conrad the Novelist*(Cambridge: Harvard Univ. Press, 1958)가 있다. 그러나 또한 Dorothy Van Ghent, *The English Novel*(New York: Rhinehart, 1953), 229~244쪽도 참조할 것. '짐의 이야기는 정신적 풍요함의 경험이며, 분열과 황폐화의 시기에 영혼 그 자체의 의미에 대해 일깨워 준다.' Van Ghent의 소포클레스와의 공들인 비교는 그 증거를 대기 위해 필연적으로 소설의 후반부에 의존할 수밖에 없다.

9　예컨대 Murray Krieger, *The Tragic Vision*(New York: Holt, Rhinehart, & Winston, 1960)을 보라.

10　실로 콘래드의 작품은 두 가지 의미심장한 그리고 전형적으로 미국적인 형식의 탈구조주의에 주된 진술 계기를 제공했다. Said, *Beginnings*, 100~137쪽에서의 『노스트로모』, 그리고 J. Hillis Miller, "The Interpretation of *Lord Jim*," Morton W. Bloomfield, ed., *The Interpretation of Narrative*(Cambridge: Harvard Univ. Press, 1970), 211~228쪽에서의 『로드 짐』 논의가 그렇다.

텍스트, pretext)로 기능하게 될 것이다. 그렇지만 우리의 읽기가 이미 획득된 계기를 활용하는 것이 바람직하기 때문에 우리는 우선 앞 장들에서 발전시킨 서사적 총체성, 구조화 장치 또는 봉쇄 전략(strategies of containment)의 문제로 되돌아가서 논의를 시작할 것이다. 물론 이 논의들이 콘래드의 작품을 통해 새롭고 독창적인 양상으로 전개되리라 기대함직하다.

1

콘래드에게 봉쇄 전략의 특권화된 장소는 바다이다. 그러나 그 장소가 바다라는 사실 자체가 예시되는 텍스트들에서 살펴볼 '발생기 모더니즘'과 정전화된, 더 완전히 성취되고 제도화된 모더니즘 사이에 상대적인 구조적 차이가 있다는 사실을 우리에게 보여 준다. 왜냐하면 바다는 봉쇄 전략을 위한 장소인 동시에 현실적 실무의 장소이기도 하기 때문이다. 그것은 경계이며 장식적 극한이지만, 또한 세상 밖으로 향하면서도 그 안에 있는 대로(大路)이기도 하며, 일의 억압(시골 별장에서의 주말을 다루는 고전적인 영국 소설과 유사하게, 여기에서는 인간관계의 구체적 내용이 나머지 주중의 날들에 소속된다는 바로 그 이유 때문에 인간관계가 전적으로 이상적인 순수한 형식으로 제시될 수 있다.)인 동시에 부재하는 노동의 장소이기도 하다.

그리하여 바다는 짐이 황량한 산문적 세계, 즉 자본주의라 불리는 보편적 공장 속에서의 일상을 다음처럼 관조할 수 있게 해 주는 장소이다.

그의 위치는 앞 돛대의 망루였고, 그리로부터 종종 그는 위험 한가운데서 빛나도록 운명지어진 인간이 가질 수 있는 경멸감을 느끼며, 하천의 갈색 물

줄기에 의해 둘로 나뉜 평화로운 지붕의 무리를 내려다보았다. 둘레 평원의 외곽에는 공장의 굴뚝들이 흩어져 침침한 하늘을 배경으로 연필처럼 가는 모습으로 수직으로 솟아, 화산처럼 연기를 뿜어내고 있었다.(5쪽)[11]

이 세계에 대해 짐이 가지는 외재성, 이 세계에 대해 그가 유지하는 절대적인 구조적 거리는 우리가 곧 다시 언급할 과정에 의해, 즉 이러저러한 현실들을 인상의 자국들로 변형시키고자 하는 콘래드 문장의 충동에 의해 측정될 수 있다. 짐에게, 그리고 이 소설적 기획의 차원에서는 콘래드에게, 이들 멀리 보이는 공장 굴뚝들은 마르텡빌의 첨탑들을 바라보는 위대한 프루스트적 일별의 등가물로 간주될 수 있다.(단한 가지 감안해야 할 분명한 사실은 후자는 이미 순전한 인상으로서 미학적변형도 구조의 밖에 위치한 아르키메데스적 지점도 필요로 하지 않는다는 사실이다. 프루스트적 문체의 모든 에너지는 대상 자체에 대한 명상에 투여되고있다.)

이 지형학적 봉쇄 전술에 대해 그 역사적 양가성을 평가하기 이전에 두 가지 논평을 해 둘 필요가 있다. 우선, 어떤 의미에서 짐은 마르크스의 고전적인 이데올로기적 모델(구체적인 사회 현실을 순수 사유 속에서 반복하는 일)을 역전시키려 하며, 그의 아버지가 말과 이념을 통해 상징적으로 성취한 것을 현실 속에서 재연하고자 한다. 영국의 특징적인 계급 체계 내의 이데올로기 수호자(ideologue)인 아버지의 직업(성공회 교구 신부)은 앞의 인용부 직전 문단에서 용의주도하게 강조되고 있다.

짐의 아버지는 착오 없는 신의 섭리가 저택에 살 수 있도록 해 준 이들의 마음의 평화를 깨뜨리지 않으면서도 오두막집에 사는 사람들을 정의롭게 만

---

11 쪽수는 다음의 판본들에 의거해 본문 속에 밝힌다. *Lord Jim*, ed., T. Moser(New York: Norton, 1968); *Nostromo*(Harmondsworth: Penguin, 1963).

5장 로맨스와 사물화

드는 것 같은 알 수 없는 존재에 대한 어떤 지식을 소유하고 있었다.(4쪽)

우리의 입장에서, 그리고 콘래드 텍스트 안에 삽입되는 논리에서 보면, 종교의 이 이데올로기적 기능 또한 봉쇄와 총체성에 근거해 파악될 수 있다. 오두막, 저택, 그리고 '자그마한 교회'(그들을 조화시키는 이데올로기를 생산하는 장소)의 지형학적 비전은 어떠한 계급적 입장도 다른 계급을 부각시키거나 심지어 보는 일조차 가능하지 않다는 점을 전제하고 있다. 이데올로기적 맹목에 의해 조화를 이룬 이런 지형을 짐이 살아 내는 방식은 흔치 않은 것이다. 그는 세 개의 계급 환경을 완전히 벗어나 멀리 떨어져서 그들을 봄으로써 그것들이 동등하게 또 그림 같은 풍경으로 보일 수 있는 직업을 선택한다.

그러나 짐이 공간으로 또 직업으로 바다를 선택하는 것이 이데올로기를 체현하고 또 역전시킴으로써 무의식적인 이데올로기 비판이 된다면, 그에 못지않게 그 실현은 다소 다른 차원의 이데올로기적 생산, 즉 미학적 차원에 의존하고 있다. 진실로 우리는 이들 예비적인 서술들에서 콘래드가 하고 있듯이 짐의 보바리즘을, 그의 일과 그것을 그에게 처음으로 알려 준 '휴일용 오락 문학의 경로' 사이의 관계를 주의 깊게 강조해야만 한다.

아래 갑판 위, 이백 명의 잡다한 음성들 속에서 그는 자신을 잊고 오락 문학에서 본 해양 생활을 마음속으로 앞질러 살곤 했다. 침몰하는 배에서 사람들을 구조하는 자신의 모습을, 허리케인 속에서 돛대를 자르고, 구명 밧줄을 가지고 파도를 가로질러 헤엄쳐 가는 자신의 모습을 보았다. 또는 외로운 조난자로, 맨발로 벌거벗은 채, 배고픔을 달래기 위해 조개를 찾아 드러난 모래톱을 휘적이며 걷는 자신을. 그는 열대 해안에서 야만인들과 조우했으며, 먼바다에서 선상 반란을 진압하고, 드넓은 바다 위 조그마한 구명선 위에서 사람들의 용기를 북돋웠으니, 항상 본분에 헌신하는 모범이었고, 책 속의 영웅처럼 불요불굴의 인물이었다.(5쪽)

콘래드 작품 어디에서도 이 부분처럼 플로베르적인 어조가 강한 대목은 찾아보기 어렵다. 이 부분은 로맨스에 대한 에마*의 젊은 시절 백일몽에서나, 또는 외부 세계에 대한 펠리시테**의 명상에서 드러나는 플로베르의 서정적 환상이 지닌 위대한 운율을 보다 낮은 차원의 언어적 강렬성으로 재생하고 있다. 플로베르의 문체만이 그에게 흥미를 느끼게 한 유일한 것이라는[12] 콘래드의 언급을 우리는 진지하게 받아들여야 한다. 그러나 정확히 여기에서 우리는 외부 세계에 대한 리얼리즘의 천진한 명명으로부터 이미지 제시로의 이행을, 모더니즘과 인상주의(그 자체가 이미지와 감각적 인식에 대한 이데올로기에 의존하고 있으며, 정신과 감각들의 기능성을 믿는 실증주의의 모든 유사 과학적 신화에 근거하고 있는)로의 이행을 보게 된다. 우리는 또한 이미지를 통해 사고를 완전히 구현할 수 있는 서사 재료들이 사전에 선택되는 현상을 보게 된다. 즉 백일몽과 환각이라는 자연주의의 두 위대한 정신적 그리고 서사적 텍스트를 위하여 개념적 텍스트는 거부되는 것이다. 콘래드가 '진

---

* 『보바리 부인』의 주인공 에마 보바리.
** 『세 개의 짧은 이야기』 중 「순박한 마음」의 주인공.
12 "당신은 내 소설이 『보바리 부인』의 영향 아래 형성되었다고 말합니다. 사실 나는 그 책을 플로베르의 다른 작품 모두와 마찬가지로 『올마이어의 집』을 완성하고 난 후에 읽었습니다. 어쨌건 나의 플로베르는 『성 앙투안의 유혹』과 『감정 교육』의 플로베르이며, 거기에서 내가 주목하는 것은 구체적 사물들과 시각적 인상들을 처리하는 그의 방식입니다. 그 점에서 그는 경이로운 존재라 생각합니다. 나는 그에게서 무엇인가를 배웠다고 생각하지 않습니다. 그가 내게 기여한 바는 내 눈을 열어 주고, 경쟁심을 불러일으켰다는 사실입니다. 발자크에게서는 배울 수 있지만, 플로베르에게서 무엇을 배울 수 있습니까? 그는 찬양을 강요합니다. 한 예술가가 다른 예술가에게 해 줄 수 있는 최대의 예우를 말입니다." H. Walpole에게 보낸 1918년 6월 7일자 편지. G. Jean-Aubry, *Joseph Conrad: Life and Letters, II*(New York: Doubleday, Page, 1927), 206쪽.

전'(이 용어가 이러한 역사적 과정을 지칭하기에 적당한 것이라면)을 이룩하는 대목은 바로 그러한 이미지와 백일몽에 그 자신이 매료되는 모습이다. 『보바리 부인』은 그 자신의 고유한 '리얼리즘' 언어를 다른 리얼리즘 언어들과 날카롭게 차별화하기 위해 인상주의적 백일몽의 언어역을 고안해 내고, 처음의 언어역을 제2의 언어역에 의해 탈신비화되는 대상으로 만든다. 즉, 그것은 자체의 외부가 아니라 그 자신의 체계 속에 탈약호화의 대상을 지니고 있는 탈약호화 장치를 창조해 낸다. 또한, 그것은 발자크나 스탕달의 주인공들이 지닌 '환상'과 이상들처럼 순전히 추상적인 어떤 것이 아니라, 문체적이고 분자적인(molecular), 텍스트 및 개별 문장들이 지닌 생명력과 일체가 된 존재를 창조해 내는 것이다. 플로베르의 강점은 이미지를 비현실화하는 데에 있다. 이런 점은 『성 앙투안의 유혹(La Tentation de Saint Antoine)』의 마지막 장면들이나 『세 개의 짧은 이야기(Trois Contes)』의 다양한 일화들, 즉 종교적 이데올로기로의 후퇴가 우리에게 충만한 발화(parole pleine) 또는 충일한 신비적·비전적 경험을 제시하는 그런 계기들에서 특히 강렬하게 드러난다. 그러나 우리가 『로드 짐』과 관련해서 전개하고자 하는 요점은 콘래드가 자신이 여기에서, 그리고 그의 위대한 선배가 문체상의 혼성 모방에 의해 암시적으로 희화화한 바로 그 로맨스를 소설 후반부에서 써 나가고 있다는 사실이다.

그리하여 바다라는 비-장소(non-place)는 또한 로맨스와 백일몽의 타락한 언어를 위한 공간이자, 서사 상품과 '오락 문학'의 순전한 기분 전환을 위한 공간이 된다. 그러나 이것은 절반에 대한 진술이자, 양의성의 한쪽 극일 뿐이다. 그 반대쪽 극에 대해 우리는 이제 정당한 평가를 내려야 한다. 왜냐하면 바다는 노동과 삶의 구체적 장소들 사이에 있는 텅 빈 공간이면서도, 동시에 그만큼 분명한 노동의 현장이며 제국주의적 자본주의가 자신의 흩어져 있는 교두보들과 전초 기지들을 연결하는 장이기도 하기 때문이다. 제국주의적 자본주의는 바다를 통해 지구상에 펼쳐져 있는 전(前)자본주의적 영역들을 때로는 폭력적으로, 때로는 소리 없이 잠식해 가며 침략하는 것이다. 또한, 바다는 사업의 장소인 동시에 노동의 현장이다. 우리가 바다에서의 노동하는 삶에 대한 '리얼리스틱한' 표현들을 무시해 버린다면 『나르시서스호의 검둥이(The Nigger of the "Narcissus")』와 『태풍(Typhoon)』, 『밧줄의 끝(The End of the Tether)』 등의 작가에 대해 중요한 것은 아무것도 말하지 않는 격이 되고 말 것이다. 이 서사들은 모두 바다에서의 노동하는 삶을 특징적으로 조명해 준다. 그러나 봉쇄 전략은 단순히 배제의 양식만을 띠는 것은 아니다. 그것은 억압의 형식을 띨 수도 있는데 이는 이전의 내용이 억압된 채 차후에 형식화되는 표면 아래 존속한다는 엄밀히 헤겔적인 의미에서 그러하다. 사실 나는 다른 지면에서 그러한 수직적 억압과 겹쳐 쌓기(layering), 또는 침전이 고전적인 모더니즘 텍스트의 지배적 구조라고 주장한 바 있다.[13] 이 점에서도 콘래드는 그러한 전략이 부상하는 계기인 만큼 이에 대한 시사적이고 상징적인 사실들을 보여 준다. 그 플로베르적인 삼중화가 사실상 텍스트의 표면적 층위와 잠재적 층위에 대한 알레고리가 되는 다음의 극히 자의식적인 예술적 문장을 보면 이 점이 분명해질 것이다.

잠든 사람들의 무리 위로, 희미하고 지속적인 한숨이 간혹 떠올랐으니 이는 불편한 꿈이 뱉어 낸 것이었다. 배 깊숙한 곳으로부터 갑자기 터져 나오는 짧은 금속성의 쨍그랑 소리, 삽 긁는 거친 소리, 격렬하게 화로 문 닫는 소리 등은 마치 아래에서 이상한 물건들을 다루는 선원들의 가슴이 맹렬한 분노로 가득 차 있기라도 한 것처럼 야만적으로 폭발해 나왔다. 그

---

13 "Modernism and Its Repressed: Robbe-Grillet as Anti-Colonialist," *Diacritics*, vi, No. 2(Summer 1976), 7~14쪽.

러는 와중에도 날렵하고 높다란 기선의 동체는 벌거벗은 돛대 하나 흔들림 없이, 다가갈 수 없는 고요한 하늘 아래 바다의 거대한 고요를 끊임없이 가르며 매끄럽게 앞으로 나아갔다.(12쪽)

이데올로기, 생산, 문체의 세 층위를 보자. 한편으로 '잠든 사람들'에 대한 도덕적 문제라는 『로드 짐』의 표면적 층위의 내용이 있는데, 이는 이 책의 '주제'가 용기와 비겁이라고 믿게 만들어 우리가 이 작품을 윤리적이거나 실존주의적 용어로 해석하게 한다. 다른 한편으로, 최종적인 소비용의 언어 상품인 배의 모습이 있는데, 이는 우리가 모더니즘의 인상주의적 전략이라 부를 작용으로서 모든 현실들을 문체 속으로 변형시켜 들이며, 내용을 탈현실화하고 순전히 미학적인 층위에서 소비하게 만든다. 반면, 이 둘 사이에 배를 추진시키는 보일러실로부터 들려오는 짧은 쨍그랑 소리가 있으니, 이는 이데올로기와 외양 아래에 세계 자체를 생산하고 또 재생산하는 바로 그 노동이 현존함을, 버클리의 관념론 체계에서 기술되는 하느님의 관심처럼 현실의 전체 조직을 지속적으로 지탱해 주는 노동이 현존함을 표시해 주고 있다. 이는 마르크스가 『독일 이데올로기』의 가장 극적으로 열변을 토하고 있는 대목들 중 하나에서 포이어바흐에게 일깨워 주는 내용과 흡사하다.

이를테면 포이어바흐는 맨체스터에서 공장과 기계들만을 보게 되는데, 백 년 전엔 그곳에 단지 방추차와 직조기가 있었을 뿐이며, 오늘날 캄파냐 디 로마에서는 목초지와 습지만을 보게 되지만 아우구스투스 시대에는 로마 자본가들의 포도원과 별장들만을 볼 수 있었을 것이다. 포이어바흐는 특별히 자연과학적 인식을 거론한다. 물리학자와 화학자들의 시선에 의해 드러나는 비밀들을 언급하는 것이다. 그러나 산업과 상업이 없다면 자연과학이 어찌 존재할 것인가? 심지어 이 '순수' 자연과학조차도 그 재료가 그렇듯이 교역과 산업을 통해서만, 인간의 감각적 활동을 통해서만 목적이 부여되는 것이다. 이 행위, 이 간단없는 감각적 노동과 창조, 이 생산이 바로 현존하는 감각 세계의 기초이기 때문에, 이것이 단 1년간만 중단된다 해도 포이어바흐는 자연 세계에 엄청난 변화가 야기되는 것을 보게 될 것이며, 곧장 인간 세계 전체와 인간의 지각 능력, 아니 그 존재 자체가 실종되는 것을 보게 될 것이다.[14]

마찬가지로 물적 생산의 기저음은 모더니즘 텍스트의 새로운 형식적 구조 이면에서도 엄연히 계속되고 있으며, 실로 계속될 수밖에 없지만, 다만 편리하게 숨죽여진 형태, 단속적(斷續的, intermittent)인 형태로, 무시하기 쉽게 (또는 미학적이거나 지각적인 인식의 용어로, 이 작품의 경우처럼 개념화하기를 원치 않는 현실에 대하여 소리 또는 음향적 기록으로 다시 쓰기 쉽게) 처리되어 있어, 그 영속성은 정치적 무의식과 형식의 이데올로기라는 정교한 해석학적 가이거 계수기에 의해서만 궁극적으로 간파될 수 있다.

이 생산이라는 현실은 물론 바다의 경제적 기능에 대한 단속적인 비전과 일치하며, 자연 및 제국주의적 침탈의 역학에 대한 콘래드의 의심할 바 없이 날카로운 감각과도 일치한다. 그러나 심지어 역사적·경제적 형태인 이 후자의 인식마저도 텍스트 자체 속에서 어떻게 '관리'되는지를 우리는 곧 보게 될 것이다. 자연과 인간 존재 사이의 생산적 관계에 관해 말하자면, 숨죽여진 소리들의 '광포한 분노'이자, 자본주의 아래에서 계급적 내용을 지닐 수밖에 없는 사회적 현실을 형성해 내는 이 궁극적인 건축재에 대한 콘래드의 의식은 두 가지 상이한 방식에 의해 체계적으로 전치돼 있다고 주장하고 싶다. 첫 번째 방식은 노동 과정의 한

---

14 Karl Marx·Friedrich Engels, *The German Ideology*(Moscow: Progress, 1976), 46쪽.

극인 인간을 우리가 앞 장에서 개괄한 바 있는 분한이라는 이데올로기적 신화로 재약호화하는 것이다. 실로 『나르시서스호의 검둥이』의 서사는 이런 점에서 강력한 호소력과 이데올로기적 열정이 담긴, 분한에 항의하는 기나긴 장광설로 규정될 수도 있다. 작품은 분한적 인물의 결정판인 악당 돈킨이 노동 운동 조직원(그는 '물론 살기 위해 노동할 권리가 있음을 저속한 웅변으로 주장하면서 생계를 꾸려 가는'[15] 인물이다.)으로 변신하면서 종결된다. 노동 과정의 다른 한 극이면서, 그 물질적 대상이며 토대인 자연은 그 시대의 가장 거대한 개념적 봉쇄 전략을 중심으로 전략적으로 재구성된다. 그 봉쇄 전략은 우리가 실존주의라고 부르게 될 것으로서, 새로운 형이상학 생산의 전제 조건이 되는데, 이는 바로 악의적인 자연에 직면한 인간 존재의 부조리성과 삶의 '의미'에 대한 새로운 신화에 다름 아니다. 이 두 전략, 즉 분한과 실존주의 형이상학에 의해 콘래드는 자기 서사를 재봉쇄할 수 있게 되며, 멜로드라마적인 어휘로 다시 쓸 수 있게 된다. 선과 악이 존재하는 하위 체계, 그리하여 다시 또 악당과 영웅이 존재하는 하위 체계 속에서 말이다. 그러므로 바다의 폭력성에 대한 짐의 첫 경험이 실존주의적 용어로 약호화되어 있는 것은 결코 우연이 아니며, 부조리성에 대한 카뮈의 비전이 본질적으로 비인간적인 자연을 신인동형적인 성격의 복수의 신("우리를 죽어야만 하는 존재로 창조했기에, 최초의 암살자인")으로 다시 쓰는 방식과 똑같이, 이 무정한 폭력의 원천인 바다가 인간의 크나큰 적이 되어 가는 현상도 결코 우연이 아니다.

그 시간 내내 단 한 번 그는 다시 바다의 분노 속에 들어 있는 진지함을 일별할 수 있었다. 그 진실은 사람들이 생각하듯이 자주 드러나는 것이 아

---

15 Joseph Conrad, *The Nigger of the "Narcissus," Typhoon and Other Stories* (Harmondsworth: Penguin, 1963), 143쪽.

니다. 모험과 강풍의 위험에는 여러 그림자가 있으며, 사실의 표면에 사악한 의도의 폭력이 드러나는 것은 단지 가끔 있는 일이다. 정의할 수 없는 무엇인가가 인간의 정신과 마음을 압박해 오며, 이 복잡한 사건들 또는 이 자연력의 분노가 그에게 악의적인 목적을 지닌 채 다가온다. 통제할 수 없는 힘으로, 고삐 풀린 잔혹함으로, 자신으로부터 희망과 분노, 무료함의 고통과 휴식에 대한 갈망을 박탈해 버리려는 의도를 가지고 다가온다. 자기가 보아 왔고, 알아 온, 사랑했고, 즐겼고 또는 증오했던 모든 것, 필수적이고 값을 매길 수 없는 모든 것들, 이를테면 햇빛과 기억들, 미래 등을 부수고, 파괴하고, 박살 낼 의도로 다가온다. 그의 생명을 앗아 가는 간단하면서도 경악스러운 행위에 의해 그의 시야로부터 그 귀중한 세계를 완전히 쓸어가 버리려는 의도로 말이다.(7쪽)

만약 텍스트의 이런 형태, 즉 콘래드가 텍스트의 진행 과정을 봉인해 버리려는 의도를 가진 이러한 특정한 다시 쓰기 전략을 그대로 믿어 버린다면, 그다음은 뻔하다. 『로드 짐』은 진정 우리에게 그 책이 그렇다고 줄곧 말하는 것, 즉 용기와 비겁에 관한 이야기, 도덕적 이야기, 실존적 영웅이 되는 일의 어려움에 대한 실물 교훈이 되고 마는 것이다. 꿈에서 막 깬 사람이 꿈에 대해 갖는 인상이 바로 그 꿈의 의미는 아닌 것처럼 나는 이 표면의 또는 현시적인 소설의 '주제'를 액면 그대로 받아들여서는 안 된다고 주장할 것이다. 그러나 이것은 복잡한 논의이고, 이 장의 나머지 부분을 통해서 최종적으로 증명될 수 있는 것이기에, 여기에서는 간결하게 다음처럼 제안하고 싶다. 즉, 독자 그리고 문화 비평가로서의 우리 책무는 이 외견상의 주제를 브레히트적인 방식으로 '소격'시키는 것 그리고 자본주의의 한가운데에서 왜 우리가 전혀 다른 생산 양식에서 생긴 사회적 가치(명예라는 봉건적 이데올로기)의 문제틀을 미학적으로 시연해 보는 것이 당연하고도 흥미로운 일이라고 가정

5장 로맨스와 사물화

해야 하는지를 우리 스스로에게 질문하는 일이라는 것이다. 예의 주제
는 다른 어떤 것을 의미함에 분명하다. 이 점은 다른 생산 양식의 가치가
살아남은 현상을 우리가 '불균등 발전'으로, 콘래드 자신의 가치와 경
험에 있어서의 비동시적인 겹침(봉건제 폴란드, 자본제 영국)으로 해석하
기로 해도 그렇다.

　어쨌건, 실존주의나 자연의 악의적인 부조리에 영웅적으로 직면하
는 것 같은 문제들은 분명 우리가 맨 처음 접했던 생산 과정과는 대단
히 거리가 있는 것이다. 그러므로 원치 않는 현실을 치환해 내는 새로
운 전략의 능력은 명백해진다. 분한 이데올로기의 전략적 기능에 대해
서는 나중에 다시 다룰 것이다. 당장은 노동과 예의 비-공간(non-space),
즉 (바다와 같은) 전략적인 서사적 봉쇄의 장소들 사이의 역설적인 관계
에 대해 생각해 보는 것이 적절할 듯하다. 이 장소들은 프랑크푸르트학
파가 대중문화의 '타락'(이전에는 현실적이던 재료들이 지배 체제에 특별한
위험이나 저항을 제기하지 않는 반복적인 기분 전환용 재료로 변형되는 것)이
라 부른 현상에 아주 필수적이다. 역설은 (순전한 육체적 힘쓰기와 자연
력에의 노출, 고독과 성적 궁핍 등을 강요하는) 바다라는 특별히 불쾌한 서
사적 원재료와 예의 '기분 전환'이 겨냥하는 대중들의 백일몽적인 환
상 사이의 연관성 속에 자리한다. 미학 이론에서 그러한 역설이 새로운
것은 아니지만(예컨대, 비극의 미학적 즐거움, 즉 죽음이나 인간 삶을 붕괴시
키는 것에 대한 엄격한 명상의 미학적 즐거움이라는 고전적 문제를 생각해 보
라.) 소비 문화에서 이는 더욱 큰 중요성을 지닌다. 한 예로 나는 비교
적 최근의 대중문화 장르 중 하나인 '우주 오페라(space opera)'를 염두에
두고 있다. 인간이 직면할 수 있는 육체적으로 가장 제약적인 상황에
대한 상상에서 독자들이 이끌어내는 그 순전히 상상적인 흥분 및 모험
감의 역학을 우리가 이해할 수 있다면, 그 텍스트들의 독서에서 독자가
얻는 리비도적 만족의 경험과, 우주 항해 경험의 내용이자 '체험된 진

실(lived truth)'인 상상할 수도 없이 황량한 지각적 궁핍 사이에 존재하는 긴밀한 연관성을 우리가 감지할 수 있다면, 우리는 대중문화의 역학과 이 특정한 서사 형식이 발휘하는 이데올로기적 작용에 대해 대단히 많은 것을 이해하게 될 것이다. 어쨌건 은하계를 항해하는 우주선은, 콘래드에서의 상선들의 새로운 화신으로서, 이미 오래전부터 자본주의 세계 체제로 재조직되어 비어 있는 장소들이 없는 세계 속에 투사된 것이다.

그러므로 『로드 짐』 텍스트의 장르적 불연속성을 분명하게 하려 할 때마다 유사한 문제들이 대두된다. 즉, 우리가 그 문체상의 모더니즘을 전체 서사 속에서 표현되는 동시에 재봉쇄되거나 관리되기도 하는 보다 총체적인 리얼리즘이 억압되어 나타난 현상으로 이해할 것인가, 아니면 정반대로 이것을 파트나호 이야기와 같은 전혀 다른 고급 문화 담론 또는 텍스트 담론으로부터 발생기의 대중문화 담론이라 할 만한 타락한 로맨스가 출현하는 현상으로 볼 것인가 하는 것이다. 장르에 대한 2장에서의 논의가 시사했듯이, 이러한 읽기에 활용되는 시대 구분 범주들은(이런저런 '단절'이나 '출현'이 언제 확립되는가에 대해 늘상 답할 수 없는 문제들을 야기하는 직선적 통시성의 실행으로 간주한다면 실로 곤란한 일이므로) 다음과 같이 이해한다는 조건에서만 의미를 지닌다. 즉, 그 범주들은 레이먼드 윌리엄스가 '잔존하는', 그리고 '출현하는' 내지 예기적 담론이라 부른 바 있는 것들이[16] 구체적 텍스트 구조 내에서 공존, 비공시적 발전, 시간상의 중첩, 동시적 존재를 이루는 양상을 공시적 모델로 구축하려는 목적을 위해서만 직선적 허구 또는 통시적 구축물에 의존한다고 말이다.

그러나 『로드 짐』 텍스트에 대한 이런 식의 해체와 재구축은 내재적

---

16 Raymond Williams, *Marxism and Literature*(Oxford: Oxford Univ. Press, 1977), 121~127쪽.

으로 그 텍스트 내부에서가 아니라, 짝이 되는 텍스트 『노스트로모』를 더불어 읽어, 그것이 보여 주는 더 충분히 성취된 가능성과 병치해 볼 때 궁극적 정당성을 얻게 된다. 『노스트로모』의 새로운 집단적 구도, 그 서사적 비전의 명백히 사회 경제적인 맥락들, 그리고 무엇보다도 바다와 고립된 선박이라는 아직 협애한 물리적 지형으로부터 민족적, 정치적 지형학으로 봉쇄 전략을 변환시킨 것은 『로드 짐』에서의 서사적 실험의 구조적 한계를 대비에 의해 더 구체적으로 정식화할 수 있게 해준다. 우리는 이 점을 곧 살펴볼 것이다.

2

콘래드를 초기 모더니스트가 아니라 텍스트성, 에크리튀르, 포스트-모더니즘, 또는 정신분열증적 글쓰기 등으로 불리는 이후의 그리고 전혀 다른 어떤 것에 대한 예기적 현상으로 읽을 수도 있다. 『로드 짐』의 전반부는 분명 우리 문학이 보여 주어야 마땅한 중단 없는 텍스트 생산의 가장 놀라운 실험이다. 서사나 화자는 단지 구실일 뿐인 자기 생성적인 문장의 연속, 이전의 세부 사항이나 일화의 재료로부터 새로운 세부 사항 및 일화의 재료가 우연적이고 통제 불가능해 보이며 확증 불가능한 상태로 생성되는, 거의 무작위적으로 보이는 서사적 자유 연상 메커니즘의 실현(그 과정에 설명이 충일하여 서사 내용이 어떤 재현의 미학에 의해서보다도 더 철저하게 제시되는)은 이 텍스트 자체만 보아서는 온전히 파악하기 어려운 그 자체의 논리에 따라 움직인다. 그러나 우리 시대에 출현한 텍스트 미학에 대해 알고 있는 이후의 관점에서 보면 콘래드에게서 충분히 성숙한 상태의 텍스트성이 탄생하고 있음을 분명히 알 수 있다. 이 관점에서 보면, 따라서, 콘래드는 포스트-모던하거나 동시대 작가들에 비해 훨씬 모던하면서도, 동시에 너무 고색창연하고, 퇴행적이며, 구식이다. 헨리 제임스 식의 시점을 우선시하는 서사 범주로부터 그 이전의 이야기꾼과 이야기하기 상황을 중시하는 소설로 되돌아가는 것은 인쇄된 책, "일단 쓰이고 나면 …… 그들을 이해하건 이해하지 못하건 아무한테서나 나뒹굴고, 누구에게는 반응해야 하고 누구에게는 반응하지 말아야 할지도 알지 못한 채, 푸대접받거나 오용되어도 보호해 줄 부모도 없고, 자기 자신을 보호하거나 방어할 능력도 없는"[17] 저 제본된 휴대용 소설들의 객관적인 그리고 더욱 강화되는 소외현상을 견딜 수 없어 하는 모습임이 분명하다. 말로[*]를 중심으로 조직된 이야기하기 상황으로서의 이 재현적 소설은 문학 제도가 이전에 가지고 있던 통일성을 불러내려는, 그리고 서사적 전승이 그 한 부분이며 대중과 음유 시인 또는 이야기꾼이 내재적 구성 부분으로 존재하는(꼭 가시적이거나, 직접적으로 존재하지 않더라도) 이전의 구체적인 사회 상황으로 되돌아가려는 공허한 시도를 나타낸다. 한때 사회적 관계의 진정한 또는 구체적인 형태였던 그러한 문학 제도는 이미 오래전 시장 관계의 부식 효과에 의해 파괴되었으며, 다른 전통적이고 유기적인 전(前)자본주의 제도들이 그랬던 것처럼 막스 베버가 합리화(rationalization)라는 이름으로 기술한 자본주의의 특징적 재조직화 과정[18]에 의해 체계적

---

17 Plato, *Phaedrus*, 275 단락, Benjamin Jowett, trans., *Dialogues*(New York: Random House, 1937). 이 대목의 가장 영향력 있는 현대적 주석은 Jacques Derrida의 "La Pharmacie de Platon"이다. *La Dissémination*(Paris: Seuil, 1972), 특히 164~179쪽 참조.

* 『로드 짐』의 중심 화자이며 시점 인물.

18 예컨대 Max Weber, *The Theory of Social and Economic Organization*, trans. A. M. Henderson and Talcott Parsons(New York: Free Press, 1947)을 보라. 우리는 이미 이 개념과 이를 포함하는 루카치의 사물화 개념(*History and Class Consciousness*, 특히 83~110쪽) 사이의 연관성을 주목한 바 있다. 그러나 합리화 현상에 대한 진정으로 유물론적인 유일한 재정초는 그것이 노동 과정과 맺는 기능적 관계를 드러내는 작업이다.(Braverman, *Labor and Monopoly Capital* 참조)

으로 파편화되고 말았던 것이다. 예로부터 내려온 일처리 방식은 부분으로 쪼개져 분업화되고, 수단과 목적이라는 도구적 변증법에 의거해 더 큰 효율성을 얻는 방향으로 재조직된다. 그것은 사실상 목적 자체의 괄호 치기 또는 중지(中止)에 이르는 과정이며, 그리하여 세계의 완벽한 도구화라는 제한 없는 관점을 열어 가는 과정이다. 주체를 객체로부터 분리시키고, 각각을 분할하여 구조적으로 식민화하며, 기술적 효용에 따라 기능들 간의 위계를 만들어 내는(그리하여 계량화하는 정신의 '합리적' 부분은 발전, 아니 실로 과잉 발전하게 되고, 감각들, 또는 어떤 유형의 사유 같은 보다 오래된 기능들은 일종의 정신계의 외지 속에 겨우 생존하고 있는 것이다.) 이 보편적 과정에 대하여 문화 제도들은 저항할 희망조차 가질 수 없었다.

책이나 인쇄된 텍스트는 제 기능을 다하는 사회적 의사소통 상황으로부터 그렇게 뜯겨져 나와 자유로이 부동하는 객체가 된다. 플라톤이 말하듯이 그것은 "삶에 대한 태도를 가졌으나, 그대가 질문을 던지면 엄숙히 침묵을 지킬 뿐 …… 그대는 〔그러한 인쇄된 텍스트들이〕 지능을 가졌다 상상하지만, 무엇인가 알고 싶어 그중 하나에 질문을 던지면 말하는 자는 항상 하나의 변함 없는 답변만을 내놓을 뿐이다."[19] 엄격한 의미에서의 사물화라는 용어가 지시하는 이러한 전개에서 특권적 위치를 점하는 인물은 플로베르다. 텍스트의 탈개성화, 작가 개입의 제거, 독자들 — 모더니즘에서는 만날 수 없는 독자(public introuvable)가 된다 — 이 지평에서 사라지는 현상, 이 모든 특징들을 양분으로 삼고, 플로베르의 미학적 사명을 그 실현 도구 및 실현 양식으로 사용하여 사물화 과정은 증식해 간 것이다.

이러한 상황을 염두에 두면, 헨리 제임스 식의 시점의 창안은 (또는

---

19 Plato, *Phaedrus*, 275단락.

더 적절히 말해, 기왕에 존재하던 테크닉을 헨리 제임스가 약호화하여, 그것을 서사 범주의 가장 근본적인 요소로 변형시킨 것, 그리고 그것을 중심으로 전체 미학을 발전시킨 것은) 진정으로 역사적인 행위임이 매우 분명해진다. 사회 발전의 논리에 의해 주체가 그 객체인 텍스트로부터 분리되었기에 후자는 이제 그 자체 내부에 전자의 장소를 간직하는 방식으로 구성되어야 한다. 그 주체라는 극과 주체의 수용에 의한 조직화가 서사 자체 속으로 흡수되어 버렸기 때문에, 서사는 사람 없는 빈 숲에서 여전히 들려오는 나무 찍는 소리와 같은 것이 된다. 제임스 식의 미학과 관련해 아마 오늘날까지도 잘 알려지지 않은 점은 시점 또한 전체 이데올로기의 한 부분이라는 사실이다. 자아 심리학에 대한 오늘날의 논쟁들, 주체에 대한 갖가지 철학들, 정신분열증적 텍스트의 반미학과 더불어 상승하는 정신적 파편화의 대항 가치, 이 모든 경향들은, 미적 담론의 구축이라는 층위에서, 사물화의 사후 효과로 고통받고 있는 19세기 후기 부르주아 계급의 보다 더 전반적인 봉쇄 전략 중 한 부분으로 제임스의 작업을 파악하게 하는 관점을 제공해 준다. 개별 주체라는 허구(이른바 부르주아 개인주의)는 물론 항상 부르주아 문화 혁명의 주요한 기능적 요소였고, 순전히 시장의 등가성에 근거한 '자유'와 평등에 맞추어 개인을 다시 프로그램하는 열쇠였다. 이 허구를 지탱하기가 더욱 어려워지자 (또는 프랑크푸르트학파의 다소 신화적 용어를 사용하자면, 부르주아 주체의 낡은 '자율성'이 분열과 물신화의 효과 아래 점차 상실되자) 자아에 대한 더 필사적인 신화들이 생성되었고, 이들 중 많은 것들이 오늘날에도 여전히 남아 있다. 헨리 제임스의 시점은 사물화에 대한 저항과 방어의 방식으로 탄생했지만 결국은 주관화와 심리화가 점증하는 세계를 영속화하는 강력한 이데올로기적 도구를 제공하고 만다. 그 세계의 사회적 비전은 공존하는 단자(monad)들의 완벽한 상대성에 관한 것이고, 그 세계의 정신(ethos)은 아이러니와 신프로이트파의 투사 이론과 현실 적응

요법이다. 이것이 바로 19세기의 이류 문인으로부터 1950년대의 가장 위대한 미국 소설가로 바뀌게 되는 헨리 제임스의 괄목할 만한 변신을 가장 잘 파악할 수 있게 해 주는 맥락이다.

이러한 전개 과정에서 콘래드가 차지하는 역사적 위치가 불안정한 이유도 이제 더욱 분명해졌을 것이다. 비록 텍스트 내에서일지라도, 빅토리아조의 매너리즘보다는 향수에 찬 재현인바, 작가 개입을 옛날식으로 온존하는 방식을 다시 부활시키는 일은 불가능한 해결책을 제시하는 것인데, 이것을 가능하게 하는 조건이 바로 상인이라는 직무의 양면적인 상황과 바다와 관련된 직업이다. 한편, 콘래드의 공들인 서사적 해석학(정말 무슨 일이 일어났는가? 도대체 이 모든 것을 아는 사람은 누구인가? 퍼즐의 이 조각, 저 조각만을 가진 사람들은 어떤 인상을 받게 되는가?)은 앞서 환기시킨 바 있는 개별 단자들의 상대성이라는 바로 그 이데올로기를 강화하고 그에 대한 강력한 서사적 예시를 제공하는 경향이 있다.(실로 『기회(*Chance*)』에서처럼 콘래드가 '주류의(mainstream)' 주제를 따라가기 위해 노력할 때 그 결과는 제임스를 열등하게 모방한 모양새가 된다. 이는 마치 콘래드의 여성들이 제임스의 서사 담론이 지닌 빛나는 강렬함은 조금도 지니지 못한 채, 제임스의 '여성 내시들'에 관한 온갖 불만스러운 점들만을 재생산하는 경향이 있는 것과 같다.)

그래서 포드(Ford Madox Ford)보다도 훨씬 쉽게 이류 헨리 제임스로 다시 씌어질 수 있는 모더니스트 콘래드가 있는 셈이다. 그러나 전성기 자본주의 시대의 거대한 서사적·미학적 딜레마 속에는 제임스 식의 해결 방향으로 발전하지 않는 객관적 경향들이 있었다. 사실 시점은 흔히 상정하는 것처럼 플로베르의 서사적 실천 중 그렇게 안정된 부분은 아니었다. 오히려 플로베르의 고전적인 시점의 사용조차도 우리가 제임스에게서 발견하는 것과는 전혀 다른 문제틀을 생성해 낸다. 나는 지금 플로베르의 예술이 이행(transitions)의 예술이라는 장 루세(Jean Rousset)

의 언급을[20] 특별히 염두에 두고 있다. 여기에 근본적인 치환이 존재하는데, 플로베르의 텍스트 생산에서 필수적인 것은, 제임스의 경우처럼 누군가가 잠시 동안 머물 수 있는 중심적인 관찰적·심리적 관점을 구축하는 것이 아니라, 오히려 우리가 한 시점에서 다른 시점으로 미끄러져 갈 수 있게 해 주는 음조 변환과 반음계의 중간 악절, 영화 기법의 페이드아웃이나 몽타주 등을 창안해 낸다고 하는, 전혀 판이한 문제인 것이다. 플로베르 서사의 이런 경향을 포착해서 사진처럼 그 입자가 보일 때까지 확대해 보면, 전혀 새로운 서사의 결(texture)이 나타난다. 바로 전반부의 『로드 짐』에서 그런 식의 새로운 표면, 즉 에크리튀르가 나타난다. 그것은 그 서사적 현전, 그 일화의 중심에 접근해 가면서 동시에 그러한 현전의 가능성을 부정해 버리고, 우리를 또 다른 문장 생산 과정으로, 그리고 긍정되었다가 부정된 현전의 더 심한 좌절로 쏟아 넣는 것이다. 그렇다고 이 텍스트의 결이 포스트-모던한 것도 아니다. 곧 보겠지만 이 문장들의 자유로운 유희가 이데올로기 층위에서 투사하는 내용은 보다 전통적으로 실존적인 것이기 때문이다. 서사적 충일성과 서사적 현전을 추구하는 것은 본질적으로 행위의 통일성을 찾는 일이며, 좀 더 분석적으로 말하면 행위의 통일성을 문제 삼는 일이다.

이런 독특한 텍스트화 과정(다른 종류들도 많이 있다.)의 역학은 아마도 우연적이고 우발적인 것(적어도 이 면에 있어서는, 콘래드가 블룸스베리 그룹과 나아가 조이스와도 공유하는 점이 있다.)의 서사 논리에 의해 가장 잘 설명될 수 있을 것이다. 그것의 자유로운 유희는 원재료의 선행된 파편화에 의해 확보되는데, 그로 인해 전경과 후경의 상대적 독립성이 허용되고, 문제의 서사적 계기에서 완전히 이질적이고 심지어 별개인 재료들 사이의 공존이 가능해진다. 이런 요소들이 텍스트 생성의 관

---

20 Jean Rousset, *Forme et signification*(Paris: Corti, 1963), 117~122쪽.

5장 로맨스와 사물화

계 속에서 함께 재배열될 때 알튀세르의 중층 결정과도 같은 충격적 효과가 발생한다. 예컨대 짐의 청문회 전에 일어난 그 마을 내 한 가족에 대한 재판은 그에 대한 심문과 아무 상관이 없지만, 그 가족의 개는 짐이 말로를 만나는 데 서사적 중간 다리 역할을 하고 있다.(짐은 "저 불쌍한 개 좀 봐."라는 언급이 자신을 지목하고 있다고 상상한다.(43쪽)) 그러한 구조적 재조정 과정에서 처음에는 이차적이고 비본질적이었던 것이 다음 순간 중심이 되고, 지배적인 것이 되며, 배경 속에 우뚝 선 형상이 된다. 블룸스버리 그룹 작가들, 특히 포스터(E. M. Forster)와 울프가 이 어려운(계획적으로 광고 전단과 반대로 기획되었기 때문에 어렵다. 세부 사항은 처음부터 중요하지 않은 것처럼 보여야 할 뿐 아니라 실제로도 완전히 중요치 않아야 한다.) 미학 원칙으로 어떻게 어떤 처연함(pathos)의 전체적 효과, 나아가 아마도 어떤 윤리까지도 만들어 내는지는 익히 알려진 사실이다. 예컨대, 이차적인 인물들이 실제로는 서사의 주인공이거나, 분명 중심적인 인물들이 갑자기 죽어 버리는 현상 등등을 통해서 말이다. 그러나 콘래드의 경우, 이 원칙은 더 선명하게 생성적인 원칙으로 기능하며(그래서 중심 인물인 말로 자신이 법정을 둘러보는 짐의 시선에 의해 불려 나온다.(20쪽))[21] 이는 우리가 나중에 『노스트로모』에서 보게 되듯이, 양상류의 사용에 의해 언어학적으로도 다양하게 되어 있다. 『노스트로모』에서는 세부 사항의 이차적 배치뿐만 아니라, 특히 그 양상(예컨대 기원문, 조건문, 또는 그 밖의 무엇이건)이 최초의 '우연 형성 작용(accidentalization)'을 작동시키는 것이다. 텍스트의 역전은 그 위에 기초하고 있다.

그러나 언어의 관점에서 보면 텍스트의 이 자기 생성은 수많은 일

21 흥미로운 유비가 카뮈의 『이방인』의 재판 장면에 제시되어 있다. 뫼르소의 시선은 젊은 저널리스트 알베르 카뮈 자신을 이상적 증언자로 불러낸다.

시적 중심들이 비등하면서 출현했다가 사라지는 것으로 바뀌는데, 이 중심들은 더 이상 시점들이 아니라 언어의 원천들이다. 각각의 새로운 세부 사항, 일화에 대한 각각의 새로운 관점들은 그 소용돌이의 중심으로 새로운 화자를 불러오고, 그는 당분간 서사적 관심의 일시적 중심이었다가, 곧 그 관심에 의해서 또다시 쓸려 나간다. 그리하여 콘래드의 의고적인(archaic) 측면이 어떻게 이제 고전적인 것이 되어 버린 제임스의 계기를 뛰어넘어 포스트-모던한 것이 되는지가 명료해진다. 콘래드에게서 보이는 다중적 서사 이동이 시점에 대한 교과서적 실행으로 여겨질 수밖에 없다 하더라도, 우리는 그 모든 것을 바꾸어 놓을 무언가를 덧붙여야만 한다. 즉 이때의 시점은 말하기(speech) 및 언어의 물질성과 불가분의 관계를 맺고 있는 것으로 인식되어야 한다는 점이다.[22] 이 역사적·변증법적 역전 과정에서 콘래드의 이야기 짜기는 상징적인 것을 발견해 내는 사유의 요약판이 된다. 한편 제임스는 비록 그가 다른 모더니즘과 더불어 상징적인 것과 언어적 창안에 대한 강력한 실천을 보여 준다 해도 이론적으로는 여전히 비상징적이고 본질적으로 '표현적인' 범주들에 갇혀 있다. 그에게 시점은 여전히 심리적인 문제, 의식의 문제이다. 그러나 넓은 의미에서의 상징적인 것의 발견(소쉬르에서부터 기호학으로 이르는, 또는 비트겐슈타인으로부터 한편 워프(Benjamin Lee Whorf)*에게로, 또 다른 한편 데리다에게로 이르는 그 모든 길)은 '의식'이니 '심리'니 하는 개념들을 완전히 파기하게 만든다.

---

22 콘래드 문학에서 말하기와 글쓰기 사이의 변증법에 대해서는 Edward Said, "Conrad: The Presentation of Narrative," Novel, 7(Winter, 1974), 116~132쪽 참조.
* 1897~1941. 미국의 인류학자이자 언어학자. 언어가 그 사용자의 사고방식이나 정신 구조에 영향을 미친다는 사피어-워프 가설을 주장했다.

5장 로맨스와 사물화

3

물론 콘래드가 19세기 후반의 소설가이기는 하지만, 이는 이제까지 다루어진 것과는 다소 다른 방식에서 그러하다. 이 특별한 콘래드는 헨리 제임스보다는 프루스트와 더 친연성이 있다. 그리고 이런 관점에서, 그가 플로베르에게 받은 영향 역시 동일하게 수정되는데, 관련 텍스트들은 이제 저 환각적 이미저리를 구사하는 것들로서 실증주의적 지각 이론이 이름을 얻기도 전에 예견되고 정당화된 것으로 여겨진다. 여기에서 강조되어야 할 것은 감각 자료의 순전히 실증주의적 이데올로기와 이에 동반하는 '의식'이라는 개념(이는 하나의 과학적 또는 의사과학적 이론으로서, 주체-객체 관계에 대한 전체 개념 체계 및 그 자체 하나의 정치학이며 역사철학이기도 한 '인간 본성'에 대한 전체적 비전을 투사하는 만큼 이데올로기적이기도 한 개념이다.) 그리고, 원래는 실증주의와 대척적인 위치에 있다고 생각된 일련의 미적 운동,(실상 그 정신에 있어서 대단히 반실증주의적이다.) 즉 인상주의 사이에 존재하는 긴밀한 변증법적 관계이다. 나는 우선 이데올로기적 생산으로서의 실증주의와 미적 생산으로서의 인상주의가 그들이 같이 반응한 구체적 상황, 즉 19세기 후반의 자본주의적 합리화와 사물화의 상황 속에서 이해되어야 한다고 주장하고자 한다. 아울러 나는 콘래드의 문체적 실천은 회화에서의 인상주의 전략에 비견되는 문학적·텍스트적 등가물로(여기에서 문학적 인상주의자 중 가장 위대한 프루스트와 친연성이 있게 된다.) 이해될 때 그를 역사적으로 가장 잘 자리매김할 수 있음을 보여 주고자 한다. 그러나 이는 인상주의 전략이 분명 고전적 모더니즘의 지배적인 전략이긴 했지만, 이것은 모더니스트들에게 구조적으로 허용된 전략들 중 하나에(다른 하나는 훨씬 더 드문 것으로서 바로 표현주의다.) 지나지 않는다는 점을 이해할 때에만 유용한 주장이다. 문체의 생산을 이런 식으로 이해함으로써 우리는 모더니즘의 이데올로기에 의해 투사된 천편일률적인 형식의 역사(새로운 문체들은 매번 과거와의 단절이며, 문체의 역사는 단지 이 모든 급진적인 변화와 혁신의 총합일 뿐이다. 라는.)로부터 우리 자신을 해방시키며, 그 대신에 어떤 주어진 문체를 일상의 구체적 사회생활 내의 진정으로 모순적인 상황에 대한 미학적 내지 상상적 차원의 해결로 읽어 낼 수 있는 가능성을 제시할 수 있게 된다.

콘래드의 '문체에의 의지(will to style)'를 사회적 상징 행위로 읽어 내기 위해서는 매개(mediation)의 실행이 필요하다. 우리는 이 작업이 구조적으로 별개인 둘 또는 그 이상의 존재 대상들이나 영역들에 동일하게 적용될 수 있는 분석 용어, 또는 약호를 발명하는 것이라고 이미 (1장에서) 그 특징을 설명했다. 그곳에서 이미 논의했듯이, 이 분석들이 상동적일 필요는 없다. 즉 문제의 대상들이 동일한 작용을 행하고, 동일한 구조를 지니거나 동일한 전언을 발신하고 있다고 볼 필요는 없다는 것이다. 매개의 방법에서 핵심적인 것은 아주 뚜렷하게 구별되는 이 각각의 대상들, 또는 대상의 층위들에 대해 동일한 언어를 사용함으로써, 적어도 방법론적으로는, 우리가 사회적 삶의 잃어버린 통일성을 회복할 수 있고, 서로 먼 거리에 있는 사회적 총체성의 요소들이 궁극적으로는 동일한 전 지구적 역사 과정의 부분임을 예시할 수 있다는 사실이다.

지금의 경우라면 이는 콘래드의 문체 실천을 (그리고 인상주의 회화를) 설명할 방법을 창안해 내는 일이 될 것이다. 그것은 그 자체로 정합적이어야 하며, 미학적 언어의 자율성 또는 반(半)자율성을 정당히 평가해 낼 뿐만 아니라, 더불어 전혀 다른 유형의 현실(궁극적으로 산업자본주의의 제국주의적 전성기에 일어난 일상적 삶의 조직화와 경험)에 대한 설명을 명료화함으로써 우리로 하여금 두 가지 상이한 현실을 의미심장한 방식으로 한꺼번에 사유할 수 있도록 해 주어야 한다.(인과율은 오랫동안 사람들을 이런 종류의 사회적 매개로부터 쫓아내는 허수아비 역할을 해 왔다. 인과적 의미는 가능한 의미들 중의 하나일 뿐이며, 인과적 관계 역시 별개의 항들 사이에서 찾아낼 수 있는 가능한 관계들 중 하나에 지나지 않는데도 말이다.)

이 대목에서 내가 가장 유용하다고 생각하는 매개적 약호는 베버에 의해서 합리화로, 루카치에게서는 사물화로 불리는 바로 그것임이 이미 독자들에게 의심의 여지 없이 분명해졌으리라. 그러나 독자들은 마르크스주의에 그런 매개적 약호들이 다수 더 있음을 상기해야 하는데 가장 두드러진 것들로는 사회 계급, 생산 양식, 노동의 소외, 상품화, 다양한 타자성(성 또는 인종)의 이데올로기들, 그리고 정치적 지배 등이 있다. 콘래드 문체를 읽고 해석하기 위한 약호로 사물화를 선택하는 것이 다른 마르크스주의들에 앞서 한 가지 마르크스주의(이를테면 루카치적 마르크스주의)만을 선택하는 것은 아니다. 오히려 그것은 모든 지성적인 마르크스주의들에 열려 있는 선택이며, 마르크스적 체계 자체의 풍요로움의 한 부분이다.

자본제 아래에서 점증하는 일상적 삶의 표준화에 사물화 및 합리화의 언어를 적용할 수 있다는 점은 이미 논증했기 때문에, 이제 문학의 경우나 회화의 경우에 그것이 스타일의 설명에 어떻게 유용한가를 예증하는 일이 남는다. 우리는 즉시 우리가 그 개념을 사용하는 방법과 루카치가 모더니즘에 대한 다양한 후기 논의들에서[23] 전개한 내용 사이에 적정의 거리를 두어야만 한다. 루카치는 사물화라는 용어를 가치 판단을 위한 약어로, 더불어 다양한 현대적 문체들을 거부하기 위한 약어로 사용한다. 모더니즘과 일상적 삶의 사물화를 연관시킨 점에 있어서

---

23 예컨대 Georg Lukács, *Writer and Critic*, trans. A. D. Khan(New York: Grosset & Dunlap, 1970)의 "Healthy or Sick Art?," "Narrate or Describe?" 참조. 더욱 정연한 논의로서 *Realism in Our Time*도 참조.

루카치는 틀리지 않았다. 그의 오류는 그것을 비역사적으로 연관시켰으며, 자신의 분석을 역사적 인식보다는 윤리적 판단의 방편으로 만들어 버렸다는 데 있다. 곧 살펴보겠지만 진보적(progressive) 또는 반동적(reactionary)이라는 판단의 용어들도 잘못된 것이 아니다. 이것이 역사에 대한 교조적 단순화가 아니라 역사의 복잡성과 변증법적 양가성에 대한 더 큰 깨달음으로 이어진다면 말이다.

앞서 시사했듯이, 합리화 과정은 무엇보다도 여러 전통적이고 '자연발생적(naturwüchsige)' 형태의 통일체들(사회 집단, 제도, 인간관계, 권위 형태, 생산적 성격의 행위뿐 아니라 문화적, 이데올로기적 성격의 행위들)을 '테일러화'의 관점에서 그 구성 부분들로 분해하는 과정, 즉 구성 부분들을 도구적이고 이원론적인 수단/목적 논리에 따라 기능하는 더 효율적인 체계로 재편하는 과정으로 묘사될 수 있다. 우리는 또한 이 과정에 내재하는 상실에 대해서도 언급했는데, 자본주의의 본고장에서부터 시작하는 전통적 제도들과 사회적 관계의 대대적인 해체(엔클로저에 대한 토머스 모어의 글*을 보라.)는 궁극적으로 지구상의 가장 미미해 보이는 외지 속에 마지막으로 남아 있는 전자본주의적 사회 관계들에까지 확산된다. 우리가 다룰 『로드 짐』에서는 이를 파투산 마을들을 통해 그려 내며, 『노스트로모』는 이 과정을 코스타구아나라는 영역 전체를 배경으로 더 일관되게 사유하려 한다. 이전의 사회 형태들에 돌이킬 수 없이 치명적인 결과를 야기하는 자본주의의 파괴적 효과가 특별히 사업가들의 의식적인 계획에 의해 야기된 것은 아니라는 사실이 강조되어야 하겠다. 그들은 개인적으로 사악한 것도 아니고, 적어도 이 과정의 초창기에는 자의식적인 효율성의 전문가들도 아니었다. 오히려 그

---

* 토머스 모어는 『유토피아』에서 목양 사업을 위해 농토에서 농민을 쫓아내고 울을 둘러치는 것을 두고 "양이 사람을 잡아먹는다."라고 표현했다.

과정은 객관적인 것으로서, 화폐 경제의 침투에 의해, 그리고 그 결과 돈이라는 토대에 기초해 부분적 제도들을 재조직해야 할 필요성에 의해 비개인적으로 달성된, 또는 적어도 촉발된 과정이다.(발자크는 그 과정의 이런 특징을 시장 관계 속에서 붕괴되는 시골 귀족 계급의 초상을 통해 향수적으로, 그러면서도 진보적 관점에서 강조하고 있다.)

그러나 우리가 아직 명시하지는 않았지만, 사물화와 문체 사이의 관계에 적용하고자 하는 매개적 분석에는 결정적인 제3의 용어가 존재한다. 그것은 낡은 제도 또는 공동 사회(Gemeinschaft)도[24] 아니며, 이를 대체한 새로운 기계적·도구적 체제도 아니다. 그것은 이행의 과정 중에 떨어져 나온 부산물과 이차적 형성물에 의해 구성된 것이다. 이런 화학적 유비는 실로 이런저런 이차적 폐기물을 동반하지 않은 분자 변환은 그리 많지 않았음을 암시해 준다. 파편화(fragmentation)라는 용어가 대안적인 정식화를 제시해 준다. 이전의 통일체들이 체계적으로 분해되고 편린화하는 현상은 새로이 부상하는 구성 부분들의 점증하는 자율화 또는 적어도 반자율화를 동반하기 마련이다. 그리하여 우리가 앞서 예시했던 정신 영역의 노동 분화(물론 애덤 스미스와 실러가 이 역사적 사건에 대한 첫 번째 이론가들이다.)를 계속 추적해 보면, 정신의 '합리적'이고 양화하는 기능이 특권화되어 오래된 기능들에 대하여 구조적 우위를 점하며 그 결과 새로운 형태의 불균등 발전이 영

---

24 Avrom Fleischman, *Conrad's Politics*(Baltimore: Johns Hopkins Univ. Press, 1967), 48쪽에서 콘래드에게 부여된 이데올로기이다. "어떤 이데올로기 또는 계급의 배타적 정당성에 대해서는 회의하지만 그것들이 통일된 전체, 국가의 유기적 공동체 내에서는 서로 보완할 것이라는 희망에 있어서는 맹목적인"이라는 표현은 마르크스주의의 입장에서 보면 실로 대단히 모호하다. "사태는 **사회적** 가치가 사라진 것이다."라고 말하는 레이먼드 윌리엄스의 유사한 『노스트로모』 읽기도 납득하기 어렵다는 점이 아래에서 분명해질 것이다. Raymond Williams, *The English Novel from Dickens to Lawrence*(London: Chatto & Windus, 1970), 150쪽. 『노스트로모』의 역설은 우리가 애초에 에덴을 경험해 보지도 못한 채 **타락**을 목격하게 되어 있다는 점이다.

속화된다. 전자의 '기술적 진보'(예컨대 특별한 종류의 과학 정신이 재생산되고 발전하는 현상)는 오래된(archaic) 정신 능력의 체계적인 과소 발전과 나란히 진행되는 것이다.(산업화하는 미국에서 진행된 미적인 것에 대한 억압, 이와 무관치 않은 것으로 영국과 미국에서 진행된, 미각 리비도라고 부름직한 요리 감각에 대한 억압 등이 분명한 예이다.) 이제 우리가 강조해야 할 것은 이 정신의 영역들이 각기 제 갈 길을 걸어, 반자율화되면서 그 자체의 역사적 발전 과정을 밟아 간다는 점이다. 그리하여 수량화하는 기능의 자율화는 비약적으로 새로운 형식화를 생산해 내며, 이제까지 상상하기도 어려웠던 추상화(abstraction)의 수준이 존재하기 위한 전제 조건이 된다. 현재의 맥락에서 더욱 중요한 점은 우리가 정신의 비도구적 또는 오래된 기능들이라 불러 왔던 것들에도 동일한 현상이 일어난다는 사실이다. 여기에서 가장 주목할 만한 것은 감각들 자체, 특히 시각에 발생한 현상이다.

마르크스가 언젠가 말한, 감각이 역사를 가졌다는 일견 기괴한 생각은 우리 자신의 역사성을 검증하는 하나의 시금석이 될 수 있다.[25] 역사에 대한 우리 자신의 사유에도 불구하고, 그리스인 또는 더 좋은 예로 원시인들은 우리와 별로 다르지 않으며, 특히 그들의 몸이나 감각들이 우리와 동일한 방식으로 작동했다고 생각한다면 우리의 역사적 사유에는 별 진전이 없었다고 볼 수 있다. 시각의 경우, 과학의 탈지각화 과정(예컨대, 연금술과 같은 지각적 의사과학으로부터의 분리, 데카르트의 일차적 감각과 이차적 감각의 구분, 육체적으로 지각 가능한 연구 대상들을 관념적 수량으로 대체하는 과학의 더 전반적인 기하학화 현상 등)이 어떻게 지각적 에너지의 해방과 동시에 진행되었는지를 이해하기는 어렵지 않다. 과학이 관념적 수량들을 다루는 세계에서 감각 지각(sense perception) 행위

---

25 1장의 주 41 참조.

그 자체는 갈 곳을 상실하고, 계산과 측정, 이윤 등에 대한 고려가 지배하는 화폐 경제 속에서 충분한 교환 가치를 거의 갖지 못하게 된다. 따라서 감각 지각의 이 사용되지 않은 잉여 능력은 자신을 새로운 반자율적 행위로 재조직할 수밖에 없다. 그것은 고유의 특별한 대상을 생산하는데, 이 새로운 대상은 그 자체가 추상화 및 사물화 과정의 결과물이라서, 이전의 구체적 통일체는 이제 예컨대, 한편으로는 측정이 가능한 차원으로 그리고 다른 한편으로는 순수 색상(또는 순전히 추상적인 색상의 경험)으로 분할된다. 이른바 외부 세계의 객관적 파편화와 그 효과를 강화하는 정신의 파편화가 짝을 이루고 동시에 진행된다는 점에서, 그러한 과정은 알튀세르의 용어인 중층 결정(overdetermination)이 적절히 적용될 만한 것이라고 할 수 있다. 새로운 반자율적 대상들과 행위들의 그러한 파편화와 사물화, 그리고 그 생산 자체가 바로 풍경화 같은 장르의 출현에 분명한 객관적 전제 조건이 된다. 풍경화의 경우, 풍경화로 그려지지 않는다면 (또는 적어도 전통적으로는) 무의미한 대상일 인물 없는 자연을 바라보는 일을 정당한 행위로 보이게 한다. 더욱 적절한 예가 인상주의와 같은 스타일이다. 이는 자연계의 구성물에 대한 약간의 관심이라는 효과적인 허구조차 폐기하고, 지각의 연마 및 감각 자료의 지각적 재조합만을 목적으로 삼는다.

이상이 콘래드 문체 생산의 특징을 미학화 전략(aestheticizing strategy)이라 부르는 내 견해에 대한 정당화이다. 그 용어는 도덕적 또는 정치적 비난을 위한 용어가 아니다. 오히려 그것은 문자 그대로 받아들여져서, 무슨 이유에서였건 세계와 그 자료들을 반자율적 행위인 지각에 의거해 재약호화 또는 다시 쓰고자 하는 전략을 지칭하는 용어로 간주되어야 한다. 우리는 이미 주요 대목에서 이 과정이 작용하는 모습을 목격했다. 즉, 배와 텍스트의 하부 구조(보일러실)를 청각의 언어로 분절화하는 문장에서 말이다. 그럼으로써 그 문장은 하부 구조를 지시하는 작용을 은밀히 해소하는데, 그것은 삼층 구조로 된 이 문단의 마지막 항, 즉 이미지의 영역으로 흡수해 들이고 결국 그것을 예술-상품으로 변형시킴에 의해서이다. 우리는 그것을 그 자체의 역학에 맞추어, 즉 이미지와 감각 자료로 '지각'함으로써 소비하는 것이다.

그 가장 강렬한 순간에 콘래드의 감각 중추는 하나의 감각으로 전일화된 매개 과정을 통해, 나아가 그 이상으로 그 감각만의 순간적인 '조명' 또는 채색 과정을 통해 대상들을 굴절시킴으로써 실로 그것들을 다시 만든다. 이런 종류의 감각적 추상화가 이루어지기 위한 가능성은 분명 애초에 대상 속에(바다가 이 세상 것 같지 않다는 점) 주어져 있었지만 추상화는 그 대상으로 되돌아가 그것을 하늘과 땅 그 어디에서도 꿈꾸지 못한 무엇인가로 새로이 다시 만든다. 이런 강렬함의 극단적 계기에 작용하는 콘래드 문체의 유토피아적 소명을 의심하는 사람이라면 누구라도 다가오는 폭풍우를 묘사하는 『태풍』의 다음 대목을 읽어 보기만 하면 된다.

해 질 무렵 태양은 마치 아침 이후 수백만 세기가 지나 거의 종말에 이르른 것처럼 짧아진 직경과 꺼져 가는 갈색의 광채 없는 타오름만을 지니고 있었다. 북쪽으로 두꺼운 구름의 둑이 보이기 시작했다. 그것은 불길한 어두운 올리브색으로, 바다 위에 꼼짝 않고 낮게 드리워 있어 마치 배의 항로를 가로막는 견고한 장애물 같았다. 배는 마치 사지로 끌려가는 탈진한 동물처럼 비틀거리며 그쪽으로 나아갔다. …… 멀리 배 앞의 암흑은 지상의 별이 빛나는 밤을 통해 본 또 다른 밤 같았다. 지구를 핵으로 하는 반짝이는 천체의 아래쪽 균열을 통해 섬뜩한 적막 속에서 드러난, 창조된 우주 너머에 있는 광활함 자체인 별 없는 밤이었다.[26]

26 Conrad, *The Nigger of the "Narcissus," Typhoon and Other Stories*(Harmondsworth:

이러한 대목들은 실제로 순전히 색채로부터 새로운 공간과 새로운 관점, 새로운 깊이의 감각을 만들어 내며, 그런 점에서 서양 인상주의 보다도 슬라브 문화에서의 그 등가물들, 특히 우크라이나 화가 쿠인치(Arkhip Ivanovich Kuindzhi)의 작품에 가깝다. 19세기 후반의 실증주의적 또는 웰즈(H. G. Wells) 식의 엔트로피의 형이상학(축소된 태양, 다가오는 우주의 종말, 지상의 밤 너머에 있는 우주의 밤)에서 작업상 가져온 모티프들의 존재는 이데올로기적이지 않다. 여기에서는 서사와 이데올로기 사이의 관례적인 관계가 역전되어 있기 때문이다. 그러한 '더욱 순수한' 묘사적 대목에서는 문학적 재현의 기능이 어떤 이데올로기 체계를 강조하거나 영속화하는 것이 아니라 오히려 새로운 재현적 공간에 권위를 부여하고 그것을 강화하기 위해서 그 이데올로기 체계가 인용된다. 이 역전은 이데올로기를 마치 장갑 뒤집듯이 뒤집어서, 그 너머의 이색적인 공간을 깨워 내고, 뒤집힌 안감 위에 낯선 신천지를 정초시킨다. 이데올로기와 재현 사이의 이 은밀한 투쟁, 서로가 서로를 자신의 계획과 목적을 위해 비밀스레 이용하고 전유하려는 투쟁 속에서, 죽음의 길에 접어든 문명 세계에 대한 이데올로기적 알레고리인 배는 생소한 감각 중추에 의해 전복된다. 밤하늘에 나타난 새로운 혹성과도 같이, 그것은 마치 또 다른 새로운 감각들의 소유나 스펙트럼상의 지상의 것이 아닌 색채들의 현존처럼 우리가 상상하기 어려운 리비도적 향유의 감각과 형식을 제시해 준다.

이 미학화 전략은 콘래드가 제임스와 공유하고 있는 것처럼 보이는 바로 그 시점의 구축 과정에 정확히 작용한다. 그러나 그것은 제임스 미학의 특징적 전략을 잠식시키는 방향으로 작용하는데, 그 방식은 우리가 지금까지 밝혀낸 어떤 것보다 더 이 두 종류의 텍스트 사이에 존재하는

Penguin, 1963), 168, 171쪽.

역사적 거리를 측정할 수 있게 해 준다. 제임스 식의 시점을 형성하는 이차적 모델은 연극적 재현에 대한 은유이자 또 그것을 이상형으로 한다. 그 자체 연극적 은유의 최종 생산물인 시점의 발전사에서 볼 수 있는 것처럼, 관객 시점의 구조적인 논리적 귀결은 극의 공간과 극적 장면의 통일적 구성이다. 19세기 소설에서 연극 용어인 '장면', '광경', '극적 장면' 등이 계속하여 강박적으로 반복되는 이유도 바로 이 때문이다. 서사 내용과의 관계에 있어 이들은 독자들에게 연극 관람자의 위치를 강요한다. 그러한 용어들은 콘래드의 문학에서도 풍부하게 발견된다. 그러나 그것들은 그의 문체가 지닌 지각적 사명에 의해 재전유된다. 그의 문체는 마치 이런저런 연극 생산물의 색상 조합에만 주목하는, 귀가 먼, 또는 외국의, 또는 정신분열증적인 방문객의 주의력처럼 연극적 은유의 통일성을 붕괴시키고 만다. 콘래드는 연극적 은유를 감각 지각의 문제로, 실로 영화적 체험으로 변형시킴으로써 치환시키는 것이다. "이 모든 일이 말하는 데 걸리는 시간보다 훨씬 더 짧은 순간에 일어났어. 지금 나는 시각적 인상의 그 순간적 효과를 자네들에게 느린 말로 설명하려 하고 있는 중이니까."(『로드 짐』, 30쪽) 이는 플로베르 이전의 작가들이 기껏해야 단지 간헐적으로만 구상했고, 그것도 소설가가 때때로 자신의 등장인물을 놀래키는, 순간적인 극적 장면(momentary tableau)이라는 연극적 범주의 매개를 통해야만 했던 야망이다. 그러나 『나르시서스호의 검둥이』의 서문("내가 성취하려는 과제는 쓰인 글을 통해 당신들이 듣게 하고, 느끼게 하고, 무엇보다도 보게 하는 일이다. 그 이상도 그 이하도 아니다. 그것이 전부다.")은 결코 드라마적인 것에 대한 옹호도, 나아가 제임스 식의 '연출'에 대한 옹호도 아니다. 그것은 이미지 자체의 독립 선언이다.[27]

지금까지 우리는 합리화의 주체와 객체를 나누어 제시하는 방향으로

---

27 이 서문에 대한 해제로는 Ian Watt, *Conrad in the Nineteenth Century*, 76~88쪽 참조.

5장 로맨스와 사물화

논의를 전개해 왔다. 그리하여 한편으로는 시각의 자율화, 이미지에 대한 새로운 이데올로기를, 다른 한편으로는 외부 세계의 객관적 파편화 또는 지각 대상의 파편화를 구분할 수 있다고 시사했다. 그러나 이 두 현상은 엄밀하게 동일한 것이다. 이미지로 읽히거나 보이기 위해서 또 이미지를 생산하는 또는 사르트르의 표현대로 탈현실화(derealization) 작용을 수행하는[28] 상징적 행위로 파악되기 위해서, 세계를 이미지들로 바꾸는 그러한 변형 과정은 항상 본래 혼돈스럽고 파편적인 데이터들을 재통합할 수밖에 없다. 그 작용의 양쪽 항들, 즉 애초의 원재료와 최종적으로 재통합된 번쩍이는 지각적 산물 모두는 이미지 속에 현전하기 마련이다.

내가 걸어갈 때, 맑은 햇살이, 위안을 주기에는 너무 강렬한 밝음이 빛났고, 거리들은 망가진 만화경처럼 뒤범벅된 색상의 편린들로 가득했지. 노란색, 녹색, 눈부신 흰색, 실올 하나 걸치지 않은 갈색의 어깨, 붉은 덮개의 소달구지, 흙투성이 끈 달린 구두를 신고 행진하는 일단의 황갈색 피부와 검은 머리의 원주민 보병, 칙칙하고 몽땅한 경찰복을 입고 검정 에나멜 가죽 허리띠를 두른 원주민 경찰관 등.(96쪽)

---

28 "그러므로 상상적인 것의 인과율이 있을 수 있다. 무는 무이기를 그치지 않은 채 현실적 효과를 생산할 수 있다. 그렇다면 왜 탈현실화의 태도를 일반화하지 않겠는가? …… (주네는) 현실적인 것을 상상적인 것 속에 끌어 들여 익사시키려 했다. 몽상가는 자신의 꿈으로 남들을 오염시켜야 하며, 남들이 그 꿈 속에 빠져들도록 만들어야 한다. 타인들에게 작용하기 위해서 그는 바이러스처럼, 탈현실화의 행위 주체처럼 작용해야 한다. …… 시간이 역전되었다. 회전목마를-출발시키기-위해 망치가 울리는 것이 아니라, 장터와 주인이 헤아리고 있는 미래의 수입과 회전목마, 이 모든 것이 망치의 울림을 불러오기 위해 존재한다. 현재를 생산하기 위해 미래와 과거가 동시에 주어진 것이다. 주네가 살아온 이 퇴행적 시간과 진행적 시간이 갑자기 간섭하고, 그는 영원 속에 산다. 한편, 공중전화, 집들, 땅, 모든 것이 무대 배경이 된다. 야외 극장에서 배우가 등장하자마자 나무들은 판지가 되고, 하늘은 칠한 캔버스가 된다. 행위가 제스처로 바뀌면서, 존재의 거대한 덩어리를 제스처와 함께 비현실의 세계로 끌고 들어간다." J. P. Sartre, *Saint Genet*, trans. Bernard Frechtman(New York: New American Library, 1963), 368~369, 375~376쪽.

어떤 의미에서, 이 이미지의 '망가진 만화경'은 플롯의 층위에서 진행되는 더 큰 텍스트 생산 과정의 축소판이다. 또는 반대로, 개별 문장들의 층위에서 진행되는 이 분자적이고 현미경적인 문체 생산이 플롯의 층위로 투사된 것이 텍스트 생산 과정이라고 볼 수도 있다. 강조할 점은 이 두 층위 사이의 연관성이 단순히 정적인 상동 관계만이 아니라는 사실이다. 그것들은 오히려 동일한 전체 과정의 독립적인 두 갈래라고 이해되어야 한다. 사건들의 대대적인 파편화와 재구성은 이 장의 후반부 절들에서 다룰 것이다. 마치 직접적이고 감각적인 것으로부터 의미와 지적 사고가 분리되는 것과 같은, 지금 문제 삼는 경험에 관한 한, 온몸으로 이것을 경험한 첫 번째 사람은 누가 뭐래도 니체다. 바르트는 이를 특히 현대적인 것에 대한 경험에서 지배적 특징이라고 일반화한다.

'현실적인 것'의 순수하고 소박한 '재현', '존재하는 것'(또는 존재해 온 것)에 대한 적나라한 서술은 그러므로 의미에 저항하는 것으로 드러난다. 그러한 저항은 살아지는 것(the vécu)[경험적인 것, 또는 '살아내는 경험'](또는 살아 있는 것)과 지적인 것 사이의 엄청난 신화적 대립을 재확인해 준다. 우리는 단지 우리 시대의 이데올로기 속에서 '구체적인 것'(우리가 인문학과 문학, 사회적 실천으로부터 웅변적으로 요구하는)을 강박적으로 환기시키려 하는 행위가 얼마나 항상 의미에 대한 공격적 무기로 연출되는지를 상기하기만 하면 된다. 마치 합법적(de jure) 배제에 의해, 살아 있는 것은 구조적으로 의미를 담지할 수가 없는 것처럼, 또 그 반대도 성립하는 것처럼 말이다.[29]

이러한 설명의 문제점은 후기 루카치가 보여 주는 문제점과 동일

---

29 Roland Barthes, "L'Effet de réel," *Communications*, No. 11(1968), 87쪽.

하다. 실로 각각의 '진단'은 상대방의 역전된 모습이며, 변증법적 거울 이미지다. 사실 양자 모두는 이미지라는 문화적 경험을 (또는 오늘날 미적 담론에서 감각 자료와 의미 사이의 분열이 취하는 어떠한 다른 형태들도) 현대의 '하부 구조적' 현실의 반영으로만 읽는다. 바르트-니체의 입장은 동시대 작가들이 이 특정한 상황(그들이 이것을 역사적 시기와 관련해 파악했는지 — 루카치의『소설의 이론』에서 볼 수 있는 삶(Leben)과 본질(Wesen) 사이의 비슷한 분열은 바로 이 경우다 — 아니면 그것을 실존주의적 방식으로 풀어 존재의 기반 자체로 보았는지는 분명치 않다.) 속에서 살아가며 대처하는 데 있어서의 밝은 투명성을 강조한다. 반면, 리얼리즘 논문에서의 루카치는 이 현대의 미적 담론을 그 담론에 의해서 표현되는 경험(사물화)을 강화하는 것이라고 혹평한다. 그는 대신에 다른 종류의 미적 담론(진보적 또는 비판적 리얼리즘)으로, 주의주의적(voluntaristic)으로 대체해야 한다고 주장한다. 그리고 새로운 담론의 미덕은 아마도 자본주의하의 일상적 삶의 현상학을 반영하거나 표현하지 않는다는 점이 되어야 할 것이었다.

예술 작품에게 세상을 바꾸어 달라거나, 스스로 정치적 실천이 되어주기를 요청할 수 없다는 점은 분명하다. 대신에, 반영 또는 표현이라고 느슨하게 정의된 과정의 복잡성과 양의성을 더 예리한 의미로 발전시켜 보는 것이 바람직할 듯하다. 그러한 과정에 대해 변증법적으로 사유한다 함은 질적 평가들 또는 가치 판단들을 폐기하지 않은 채, 그들 사이의 상관 관계를 이해함으로써 '선과 악을 넘어서' 나아가는 사유를 창안해 낸다는 말이다. 간단히 말해, 니체가 우리에게 일깨워 준 대로, 다음처럼 제안할 수 있다. 모든 것을 선과 악(또는 그에 준하는 이항 대립들)의 적대적인 범주로 분류하는 윤리적 사고의 판단 습관은 단지 오류에 지나지 않는 것이 아니라, 객관적으로 모든 개별적 의식 또는 개별 주체의 불가피하며 피할 수 없는 중심성에 뿌리박고 있는 것이다. 선한 것은 나에게 귀속된 것이고, 악한 것은 타자에 귀속된다.(혹은 이 비변증법적 대립 위에 생겨난 온갖 변증법적 변형도 존재한다. 예컨대 니체는 기독교적 자선이(여기에서는 선한 것이 타자와 연결된다.) 첫 번째 대립의 단순한 구조적 변주임을 논증해 주었다.) 개인 주체의 이러한 체질적인 윤리적 습관에 대해 니체가 제시하는 해결책(영원 회귀)은 너무 가혹해서 대부분의 보통 사람들은 그것을 감당할 수 없지만, 불가능한 것을 가능하게 만드는 그의 교묘함은 믿기 어려울 정도로 독창적이다. 정작 사람들이 잘 모르는 사실은 변증법 또한 이 문제에 관여하고 있으며, 순전히 윤리적인 성격의 이중 구속을 초극할 수 있는 다른 입장을(이번에는 주체 외부의 초개인적 것 속에서, 환언하면 역사 속에서) 제시하고 있다는 점이다. 모더니즘 논쟁은 바로 이런 변증법적 사유의 소명을, 그리고 윤리적 범주와 개별 주체 범주들을 역사화하는 그것의 독창성을 잘 보여 줄 수 있는 기회다.

'진보적'이라거나 '퇴행적'이라는 개념은 명백히 정치적이고 역사적인 현상들 위에 단순하게 투사된 윤리적 범주들이다.[30] 고전적 마르크스주의에서도 (또한 헤겔에서도) 이 범주들은 유지되지만, 역사적 필연성이라는 개념에 의해 전혀 다른 새로운 질서 속에 용해되어 있다. 그래서 마르크스는 『공산당 선언』에서 ('고작 백 년밖에 안 되는 지배 기간 동안 앞선 세대 모두보다도 더 거대하고 대규모의 생산력을 창출한'[31]) 부

---

30 이 소설을 제국주의에 대한 비판으로 읽으려는 설득력 있는 시도로는 Stephen Zelnick, "Conrad's Lord Jim: Meditations on the Other Hemisphere," Minnesota Review No. 11(Fall 1978), 73~89쪽 참조. 1977년 7~8월, 미네소타의 세인트 클라우드에서 개최된 마르크스주의 문학인 모임 1차 하계 대회에서 젤닉이 발표한 논문은 내가 이 장을 구상하는 데 큰 자극을 주었다. 나는 젤닉의 논문이 그러하듯이 고전 작품의 '진보적' 내용을 명료화하려는 마르크스주의 비평의 어떤 시도도 그 작품이 지닌 본질적으로 '반동적인' 내용(콘래드의 작품도 의심의 여지 없이 많이 지니고 있다.) 역시 동시에 환기시켜야 한다고 생각한다. 왜 그런지는 「결론」에서 설명할 것이다.(이는 더 일반적인 원칙으로서 플레시먼이나 심지어 레이먼드 윌리엄스의 일부 해석에도 적용될 수 있을 듯하다. 앞의 주 24 참조)
31 Marx · Engels, "Communist Manifesto," On Revolution, ed., Padvoer, 83쪽.

르주아 계급의 역사적으로 혁명적인 역할이, 오래된 사회 형태들의 파괴로부터 개인의 가치 및 활동의 품격을 떨어뜨려 순전한 교환 가치로 변형시켜 버리는 일에 이르기까지 온갖 황폐화의 항목들과 동전의 양면 같은 관계에 있음을 보여 주었다. 변증법적으로 사유한다는 것은 이 동일하면서도 적대적인 두 특질들을 동시에 함께 사유할 수 있는 공간을 창안하는 일이다. 그런 점에서 변증법적 사유는 비극적 사유와 관련되어 있다. 아니, 더 적절히 표현하면, 그것은 비극적 사유의 집단적이고 '희극적인' 역전인 셈이다.

문화 분석이라는 현재의 맥락에서는 주어진 현상의 부정적, 긍정적인 이 한 쌍의 특질들을(정치적 힘의 장에서 마르크스주의는 이를 전통적으로 반동적, 진보적이라 불러 왔다.) '이데올로기적', '유토피아적'이라는 두 용어와 동일시하고자 한다. 물론 여기에서 '이데올로기'는 그 가장 제한적이고 경멸적인 의미(그것은 다른 의미들도 지닐 수 있다.)로 사용되며, 반면에 '유토피아적'이란 용어는 엥겔스와 마르크스가 이른바 공상적 사회주의(Utopian socialism)로 비난했던 마르크스 이전의 의미가 아니라, 마르크스주의의 미래관을 반향해 내는 에른스트 블로흐 식의 의미로 의도된 것임을 이해해 주어야 하겠다.[32]

모더니즘 자체가 자본주의, 특히 자본주의에서 일상적 삶이 사물화되는 현상의 이데올로기적 표현이라는 사실은 국지적 타당성을 지닌다고 할 수 있다. 적어도 콘래드 모더니즘의 객관적 전제 조건이 합리화된 외부 세계와 식민지화된 정신, 두 측면의 점증하는 파편화임을 예증하는 일은 가능한 일이었다. 자본주의 아래 일상적 삶의 기저 논리에 대한 그러한 충실한 '표현'이 우리를 거기에 맞게 프로그램화하며, 달

---

32 이하의 「결론」 참조. 이 책, 그리고 다른 글에서도 밝혀 왔지만, 이 정식(이데올로기와 유토피아)에 대해서, 전혀 의도한 바가 아니며 적용하기도 어려운 만하임 식 사용법의 여운이 있었다면 지금쯤은 대부분의 독자들 염두에서 사라졌기를 바란다.

리 보면(이를테면 다른 사회 구성체로부터 온 시간 여행자에게는) 비참할 정도로 소외적인 현실 속에 점차 우리를 익숙하게 만드는 데 일조한다는 사실 역시 일리 있는 말이다. 이런 면에서 우리는 모더니즘을 부르주아 문화 혁명의 후기 단계로 볼 수 있으며, 옛날의 사회 구성체에 살던 사람들을 문화적·심리적으로 시장 체제의 삶에 맞도록 재교육시키는 엄청난 상부 구조적 변형 과정의 최종적이고 지극히 특별한 국면으로 볼 수 있는 것이다.

그러나 모더니즘은 동시에 사물화가 동반하는 온갖 현상에 대한 유토피아적 보상으로 읽힐 수도 있다. 우리는 앞에서 파편화된 감각들의 반자율성과, 이후 생겨난 색채 또는 순수 음향과 같은 추상적 대상들의 새로운 자율성과 내적 논리를 강조했다. 바로 이 새로운 반자율성과 자본주의적 합리화의 황량한 산물들의 존재가 그러한 합리화에 대한 반대와 부정을 적어도 상상적으로라도 경험할 수 있는 삶의 공간을 열어젖힌다. 그러므로 시각 예술의 점증하는 추상화 현상은 파편화와 사물화를 전제하면서 일상적 삶의 추상화를 표현하는 동시에 자본주의 발전 과정에서 상실한 온갖 것에 대한 유토피아적 보상물을 형성한다. 즉 점차 수량화하는 세계 속에서 질(質)의 자리를, 시장 체제의 탈신성화 한가운데에서 옛스러움과 감정의 자리를, 계량 가능한 확장과 기하학적 추상성의 회색 세계 속에서 순전한 색상과 강렬성의 자리를 형성해 내는 것이다. 이런 의미에서 지각적인 것도 역사적으로 새로운 경험이 되는데 이전의 어떠한 사회적 삶에서도 그 등가물은 찾아보기 어렵다. 한편 지각적인 것의 이 소명, 점차 메마르고 억압적으로 되어 가는 현실을 리비도적으로 변형하는 유토피아적 사명은 1960년대의 대항 문화 운동 속에서 마지막으로 정치적 변전을 겪게 된다.(그 시점에 이 충동의 양의성도 더욱 두드러지며, 정신적 파편화로서의 지각적인 것에 수반되는 '이데올로기적' 가치에 주의를 촉구하는 일이 정치적으로 다시 한 번 시의적

절해진다.) 지금 우리의 관심은 콘래드 인상주의의 양면적 가치를 제대로 평가하는 일인데 그 양가성이야말로 문체에 대한 그의 의지의 핵심에 자리한 것으로서 그것만으로도 그의 인상주의를 복합적이고 흥미로운 역사적 행위로 만들며, 문화 박물관 밖에서도 생명력을 유지하도록 만들어 준다. 이데올로기적인 측면과 유토피아적인 측면을 동시에 바라보면 콘래드의 문체적 실천은 상징적 행위로 파악될 수 있다. 그 행위는 그 자체 사물화된 저항 일체 안에서 실재(the Real)를 포착하는 동시에 그 자체의 독특한 감각 중추를 투사해 내고, 분명 역사적으로 결정된 것이지만 그러면서도 역사 너머에 서리는 그 시도 속에 그 궁극적 양의성이 내재하는 리비도적 반향을 투사해 내는 것이다.

콘래드 문체에 대한 이런 특별한 역사적인 그리고 역사화하는 '읽기'를 주장하면서, 우리는 아마 콘래드 자신은 자신의 언어적 실천이 지닌 상징적인 사회적 가치를 의식하지 못한다고 암시해 버렸는지도 모르겠다. 그렇다면 이것은 우리가 지금 수정해야 할 오류이다. 왜냐하면, 실제의 콘래드가 무슨 생각을 했고 무슨 의식을 가졌건, 이 상징적 과정의 본질인 자기반성성, 자의식성이 텍스트 자체에, 특히 『로드 짐』에 가장 극명하게, 각인되어 있기 때문이다. 이것은 짐에게 있어 일련의 아버지 형상들 중 하나로 파트나호 이야기의 장대한 전개와 파투산에서의 로맨스적 모험담 사이에 전략적으로 삽입된 스타인이란 인물을 통해 드러난다. 파투산에 영향력과 이권이 있었던 스타인은 낙인찍힌 짐을 그곳에 정착시키며, 그리하여 그가 운명과 부딪칠 마지막 기회를 부여한다.

서사의 관점에서 보면 그러므로 스타인은 중추적 인물(pivotal man)이다. 그러나 나는 이 특별한 플롯상의 기능이 그 자체 전혀 다른 가치에 대한 하나의 비유 형상에 지나지 않으며, 그 이차적 또는 상징적 가치가 우리에게 순간적으로 가시화될 수 있도록 하는 것이 스타인이라는 인물을 만들어 낸 방식이라고 주장할까 한다. 실로 스타인에 대한 이야기는 자본주의 확장의 영웅적 시기가 지나가고 있음을 보여 주는 부분이다. 그것은 개인 사업가가 거인이 될 수 있었던 시기의 종말을 표시하며, 독점 단계의 전 세계적 자본주의 체제가 출범함을 표시해 주고 있다. 콘래드가 이 특별한 이야기를 다시 말해 줄 것인데, 그 이야기야말로 실로 『노스트로모』의 서사가 전달하는 핵심적 정보이기도 하다는 사실을 나는 곧 예증할 것이다. 그러나 이 단계에서는 왜 그러한 상황이 콘래드를 매료했는지를 이해하기 위해서 19세기 후반의 특징적인 용어들인 개인주의, 영웅주의 등을 상기하는 것으로 충분하리라 본다.(콘래드는 자기 자신의 역사적 '불균등 발전'과 폴란드 태생이며 러시아 국민이라는 개인적 배경을 대영 산업 제국에 대한 탐색에 활용한 작가다.)

실상 우리에게 흥미로운 사실은 스타인의 경력상의 징후적 단절(영웅적 식민주의의 화려한 모험에 뒤이어 축재에 갈수록 성공하는 상인이라는 조용한 직업)만이 아니라 그러한 삶의 변화가 동반한 보상적 형성이다. 왜냐하면 스타인은 나비 수집가, 말하자면, 본질적으로 이미지의 수집가가 되기 때문이다. 그 수집가의 열정이 내포한 잔잔한 멜랑콜리는 분명 뤼시앵 골드망이 『숨은 신』에서 17세기 계급 분파 법복 귀족에 의해 창안된 얀센주의의 상징적 의미로 설명한, 체념의 몸짓, 삶으로부터의 퇴각, 그리고 세계에 대한 거부의 행위로 간주되어야 한다.

나는 그가 나비를 관찰할 때 보여 주는 그 강렬한, 거의 열정적인 몰입을 존경했지. 그 청동색 광휘 어린 연약한 날개들, 백색의 선들, 찬란한 무늬들에서 마치 다른 무엇을 보기라도 하듯이, 죽음으로 손상되지 않는 광채를 발휘하는 이 섬세하고 생기 없는 날갯잎처럼 한편 소멸되기 쉬우면서도 또한 파괴에 저항하는 어떤 것의 이미지를 보기라도 하듯이 말이지.(126쪽)

5장 로맨스와 사물화

그러나 우리에게는 이 '죽음'의 주제와 유한함에 대한 수사학이 단지 역사로부터 배제됨으로써 발생되는 더 예리한 고통의 변장에 지나지 않은 것처럼 보인다. 마치 나비 수집을 향한 열정이 이미지의 이데올로기에 대한, 또한 콘래드 자신의 열렬한 인상주의 선호에 대한 우화와 알레고리로 읽혀야만 하듯이 말이다. 인상주의에 대한 그의 선호는 살아 있는 삶의 원재료를 포박하고, 그 안에서만 변화가 의미를 지닐 수 있는 원래의 역사적 상황으로부터 그것을 뜯어냄으로써, 살아 있는 삶을 시간을 넘어 상상계 속에 보존하는 천직을 받아들이는 일이다.

그러나 내가 보기에, 전기상의 콘래드 자신은 아닐지라도 그의 텍스트는 이 점까지도, 즉 그 자체의 문체적 열정의 기원에 대해 의식하고 있다. 『로드 짐』을 서사 층위에서 다루기 전에 이런 자의식을 제시하면서 우리 논의의 이 특별한 주제를 종결함으로써, 우리는 앞 소설의 역사적 내용과 서사 구도를 결정적으로 확장시키는 다음 책에 대한 논의를 미리 제시하는 셈이 된다. 인상주의라는 문제는 실로 우리가 콘래드의 감각 중추라고 부른 것의 수정 과정과 『노스트로모』에서 나타나는 그 결정적 진화까지를 제대로 파악할 수 있는 유일한 맥락일 것이다. 우리는 지금까지 감각을 현실이 그것을 통해 이미지로 바뀌는 매개물, 계량화된 세계의 부서진 자료들과 사물화된 파편들이 리비도적으로 약호 전환되고 유토피아적으로 변용되어 들어가는 항으로 설명해 왔다. 이제 처음으로 감각이 그 자체로 고유한 주제가 되어, 형식이라기보다 내용으로 전경화된다. 때마침 이야기의 하부 구조로서 말로 같은 인물의 받침점 역할이 제거된 텍스트 『노스트로모』에서, 이전에 시각적인 것("무엇보다도 당신들로 하여금 보게 하겠다."*)이 차지했던 중심적 지위가 아도르노가 '감각들 중 가장 추상적인 것'이라 부른 청각적 요소에

---

* 『나르시서스호의 검둥이』 서문 참조.

게 주도권을 넘겨주는 것도 결코 우연이 아니다.

『노스트로모』는 독특하게 순수한 형태의 청각적 지각을 기입하기 위한 텍스트 장치이다. 그래서 영국 철도 간부는 '시에라 산맥의 고봉들 사이로 석양이 노래하는 그 장엄하고 알아듣기 힘든 가락을 듣기에는 너무 늦게' 도착한다.

> 높은 위도의 투명한 대기 속에서 모든 것은 가까워 보였고, 깊이를 알 수 없는 액체 속 맑은 정적 속에 잠긴 것 같았다. 기다리고 있는 합승마차 소리를 놓치지 않으려 애쓰면서 주임 기사는 거친 돌로 지은 작은 집 앞에 서서 거대한 산의 측면에서 일어나는 색조의 변화를 관찰했다. 그는 이런 경치에서는, 마치 영감 가득한 음악에서처럼, 극도로 섬세한 음영 드리운 표현과 엄청나게 장엄한 효과를 동시에 찾을 수 있겠다고 생각했다.(45쪽)

냉담한 독자들에게 이런 수사학적 시도가 받아들여지지 않는다면, 이에 대한 책임은 콘래드의 재능에 있는 것이 아니라, 이 문장 내부의 드라마에 있다. 충분히 발전한 상태에서 수동적으로 계승된 순전한 시각적 인상주의가 이제 청각적 이미지라는 새로운 이상에 의해 도전받고 훼손되고 있기 때문이다. 이 새로운 도전자는 그 문체상의 경쟁자를 파멸시키면서, 그 자신('영감 가득한 음악')은 실현되지 않은 죽은 글자로 남아 있다.

이 문체 층위의 간섭은 텍스트의 절정 부분에서 더욱 현저히 눈에 띈다. 예컨대 찰스 굴드가 아버지의 부음을 접하고 나서, 고전적인 투스카니 지방의 풍경 속에서 이루어지는 청혼 장면을 생각해 볼 수 있다.

> 그때 그들은 멈추었다. 어느 곳에나 기다란 그림자가 드리워 있었다. 언덕과 도로, 울타리 친 올리브 나무 밭에도. 사시나무들의 그림자, 널찍한

밤나무 그림자, 농가 건물의 그림자, 돌담 그림자. 공중의 만종 소리는 가늘지만 날카로워 마치 타오르는 석양의 고동치는 맥박 같았다.(63쪽)

미래의 굴드 부인(콘래드 작품에서 유일하게 흥미로운 여성 인물)에게는 청혼(코스타구아나에서 갖게 될 새롭고 판이한 삶의 전망)이 시간 속에 구멍을 내고, 현실의 한가운데에 공허함을 열어 보이는 사건이다. 우리는 이 현상이 『로드 짐』의 주된 분석적 관심사였음을 곧 살펴볼 것이다. 어쨌든 그녀를 순간적 일식 속의 이 세계에 붙들어 매는 마지막 끈은, 마치 외딴섬의 고독 속에서 데쿠드를 삶에 묶어 두는 마지막 끈처럼,("낮 시간에 그는 끊어질 듯 팽팽히 당겨져 정지된 밧줄 같은 정적을 바라볼 수 있었다. 그 자신의 삶, 그의 허무한 삶은 추처럼 거기에 매달려 있었다." (410쪽)) 청각이라는 끈이다.

이제 그가 유일하게 알고 싶은 것은 그녀가 자신을 충분히 사랑하는지 아닌지라고, 자신과 함께 그렇게 멀리 떠날 용기가 있는지라고 그는 말했다. …… 그녀는 그를 충분히 사랑했고, 함께 떠날 용의도 있었다. 술라코에서 모든 유럽인들에게 장차 안주인 역할을 할 그녀는 그 즉시 자기 아래 땅이 무너져 내리는 것을 몸으로 느꼈다. 땅은 심지어 멀리 종소리 근처까지 완전히 사라졌다. 그녀의 발이 다시 땅을 밟았을 때, 종소리는 아직 골짜기에 울리고 있었다. 그녀는 손을 올려 머리칼을 매만졌고, 숨을 몰아쉬며, 돌 포장길을 아래위로 훑어보았다. 그리고 그것이 텅 비어 있어 안도감을 느꼈다. 그때 찰스는 말라붙은 먼지투성이의 배수로에 한쪽 발을 내딛고는 전장의 북 치는 소리를 내며 그들에게서 굴러갔던 펼쳐진 양산을 집어 올렸다.(64쪽)

그러나 이런 대목들은 기껏해야 콘래드의 주제가 수정되었음을 보여 주는 부분일 뿐이다. 이런 대목들이 결정적인 의미를 지니기 위해서는, 우리가 이 작품에서 전체 감각 장치가 어느 정도로 전경화되었는지를 파악해야 하며, 지각 경험 자체가 자체를 외곽 한계선까지 밀고 나가 지각 불능의 영역에 있는 바깥 자락을 우리 앞에 드러내 보이고 있다는 것을 감지할 수 있어야 한다.[33] 이와 유사한 그 무엇이 이미 앞선 대목들에 나타나기는 한다. 여기에서는 소리뿐만 아니라 정적도 청각의 한 작용이 된다. 그러나 그것은 단순한 지각의 실패가 아니며 외부 세계를 보지 못하거나 듣지 못하는 것도 아니다. 감각들이 작용하지 않는 것도, 단지 다른 무언가에 대해 비감각적으로 몰입하고 있는 것도 아니다.(몰입한다 해도 무엇에 대한 것인가, 추상적 사고에 대한? 숫자적 계산에 대한?) 이런 형태의 박탈은 그 어느 것도 지각을 거부하는 형상(이를 배경으로 해야만 지각은 선명해지고, 그 위에 그 자체의 강렬성을 각인할 수 있다.)을 형성해 내는 데 적절치 않다. 비지각의 영역은 지각이 그 자체의 힘으로 고양된 형태여야만 하고, 고양되었으나 비어 있는 강렬성의 영역이어야만 한다.

이자벨 군도가 어딘가 가까이 있었다. "전방 왼편입니다, 선생님." 노스트로모가 갑작스레 말했다. 그의 말소리가 멈추자 빛도 소리도 없는 엄청난 적막이 마치 강력한 약처럼 데쿠드의 감각에 영향을 끼쳤다. 심지어 그는 종종 자신이 잠들었는지 깨어 있는지도 분간할 수 없었다. 꿈결에 빠진 사람처럼 아무것도 들을 수 없었고, 볼 수 없었다. 코앞에 쳐든 손마저도 그의 눈에는 존재하지 않았다. 그 소동, 열정, 위험, 해안의 광경과 소리들로부터 너무나 다른 정적이라서 자신의 생각이 남아 있지 않았더라면

---

33 진작에 이루어진 콘래드에 대한 Hillis Miller의 실존주의적 읽기는 여기에서처럼 '암흑'을 지각 및 '세계성'의 한계로 보지 않고 세계 내적 현상으로 간주하고 있다. *Poets of Reality*, 27쪽 이하 참조.

그는 마치 죽은 것과 같았을 것이다. 영원한 평화를 이렇게 미리 맛보면서 그들은 선명하게 그리고 경쾌하게 떠내려갔다. 죽음에 의해 후회와 희망으로 뒤엉킨 안개 짙은 대기로부터 해방된 영혼들에게나 찾아올, 지상의 사물들에 대한 천상의 명료한 꿈결처럼. 그를 지나쳐 흐르는 대기는 따뜻했지만 데쿠드는 몸을 떨었고, 약간 오한을 느꼈다. 땅과 바다, 하늘, 산, 바위들이 존재하지 않는 듯한 사방 암흑 천지로부터 자신의 영혼이 자기 몸속으로 막 되돌아온 것 같은 지극히 이상한 느낌이 들었다.(220쪽)

안개에 싸인 플라시도 만이 세계 너머의 공간을 열어젖히는 이 마술적인 대목은 콘래드의 인상주의가 그 자신의 한계점에 이르렀으며, 감각 영역들의 변증법을 통해 그 감각 영역들이 사실상 그 자신을 폐기하는 지점에까지 도달했음을 보여 주고 있다. 지각의 미학은 우리가 지금까지 서사적 리얼리즘과 연관시켜서만, 그리고 서사적 모더니즘의 구도 짜기 및 봉쇄 전략과 연결해서만 거론했던, 바로 그 동일한 구도와 총체성의 내적 역학과 관계가 있기 때문이다. 따라서 감각들은 서로 조율되어야만 하며, 감각들은 그 자체 그 속에서 자신들이 움직이는 장이며, 물질적 존재의 차원이 아니라 덧없이 사라지는 구조의 신기루이며, 사라져 가는 효과이고, 자기 자신마저 봉쇄하는 봉쇄 전략인 동시에 독서의 주의력을 이미지 쪽으로 향하게 치환하는 이데올로기적 기능을 행사한다. 『노스트로모』라는 거대한 역사 드라마 속에서 오직 이 삽화에서만 이전 소설들의 주된 지형학적 구도 또는 경계였던, 그리고 그 소설들에 은연중 총체화하는 리얼리즘을 부여했던 그 독특한 장소 밖의 장소, 즉 바다라는 대상을 대면하게 되는 것은 결코 우연이 아니다. 그러나 이전 소설들에서의 바다가 리얼리즘적이면서 동시에 모더니즘적인 그 무엇을 생성하는 도구였다면, 여기에서의 바다는 콘래드 인상주의의 종국과 완성을 불러오는 한계점이며, 역사 자체를 기입할 수 있는 기회를 열어 주는 종착점이다.

4

그러나 우리는 아직 『노스트로모』를 다룰 수 있는 지점에 도달하지
못했다. 우리는 이제 인내심 있게 발걸음을 되짚어 가며, 『로드 짐』의
또 다른 경사면을 재구성하기 위해 돌아가야 한다. 우리가 이제 다룰
그 차원은 (문장 생산의 분자적 차원과는 양립 불가능한) 서사 본연의 차원
으로 서사의 기본적 범주들이 존재하는 곳이며, 인물과 사건, 플롯, 서
사적 의미 등등으로 불리는 피할 수 없는 거짓 문제들이 기다리고 있는
지점이다. 옐름슬레우의 구분을[34] 활용해 표현하면, 형식의 내용(상징적
행위 및 이데올로기로서의 콘래드의 문체)을 검토한 지금, 이제 내용의 형
식으로 나아가야 하는 것이다.

텍스트에 대한 첫 인상들로부터 우리는 그 소설이 기본적으로 영웅
주의에 '대한' 것이라고 해석하기 쉽다. 또는 적어도 그 소설이 한 영웅
을 '가지며' 또한, 짐이란 인물에 대한 이야기라고 생각하기 쉽다. 아울
러 이런 생각은 텍스트 그 자체가 권장하고 있는 것이기도 하다. 그러
나 서사적 '인물'이란 범주에 대해 논의한 이 책의 앞 장은 아마도 이
러한 유혹들에 저항할 수단들을 제공했을 것이다. 실로 우리는 거기에
서 문학 작품의 '인물'이 라캉의 자아보다도 덜 실체적이며, 그 자체로
충만한 재현적 정체성이 아니라 오히려 어떤 '체계의 효과'일 가능성을
고려해 보는 것이 바람직하지 않은지를 질문한 바 있다. 이것은 주어진

---

34 Louis Hjemlslev, *Prolegomena to a Theory of Language*, trans. F. J. Whitfield
(Madison: Univ. of Wisconsin Press, 1961), 13장.

5장 로맨스와 사물화

'인물'들이 의미를 갖게 하는 그 체계들, 즉 선의식적인 야생적 사고의 그물망을 탐구하기 위함이었다. 그 의미가 지금 여기에서 밝혀지는 콘래드의 경우처럼 이율배반의 형태를 띠든지, 아니면 발자크에게서처럼 더 안정적인 의사-알레고리적인 내용의 담지자 형태를 띠든지 간에 말이다. 인물 체계에 대한 가설은 또 다른 가설을 전제하는데, 이를테면 그 또는 그녀의 의식이라는 직접성의 형태에서 주체는 아무런 의미가 없지만, 일단 주어진 주체가 의미를 부여받을 때는,(예컨대 그것이 다른 주체의 한 재현태가 되거나, 또는 또 다른 주체가 우리 자신의 개인적인 환상들이 만들어 낸 배역의 일부가 될 때) 우리는 그 특수한 의미를 생성한 체계를 추적해 낼 수 있다는 가설이 그것이다. 이에 대해서 우리는 그레마스의 의미론적 또는 기호학적 사각형이 가장 유용한 전범 중 하나라고 간주한 바 있다.

지금의 경우라면 짐이라는 인물의 핍진성을 어떤 더 큰 의미화 체계의 단순한 효과 또는 한 극으로 해체함으로써 우리는 분명 이미 불평한 바 있는 영웅주의 및 개인적 죄의식과 속죄라는 주제 전체를 즉시 의문시하고 비평가의 호사 취미로 치워 버릴 수 있을 것이다. 그러나 다른 한편 이렇게 완벽하게 한 개인의 운명을 중심으로, 단일하고 독보적이면서도 더 넓은 의미에서 중요성을 가지며 사회적으로도 의미심장한 생의 경험("그는 우리 중 하나이다."*)을 중심으로 조직된 책을 그 자체의 조직 원리와 달리 읽음으로써 그것을 손상시킬 위험 역시 존재하는 것이 사실이다.

'짐'이 어떤 체계 속의 끼움 자리에 대한 이름이 되도록, 그리하여 '여실한' 인물이라기보다는 서사의 부재하는 중심이었음이 판명되도록 이 서사를 다시 쓰고 또 다시 읽을 방법은 어떤 것인가? 유형학은 그러

---

* 『로드 짐』 앞에 붙인 '작가 노트' 참조.

한 과정의 출발점으로 종종 안성맞춤이다. 물론 적절한 시점에서 그 유형학으로부터 빠져나온다는 전제 아래서 말이다. 되풀이되는, 그러면서도 수수께끼 같은 '우리 중의 하나'라는 표현은 짐의 체계에서 이항 대립항을 말로나 그의 청자들 쪽이 아닌 다른 곳에서 찾아야 한다는 점을 암시하고 있다. 예컨대, 사고가 발생한 후 항구에서 어쩔 수 없이 빈둥거리는 동안 인간 및 직업 유형에 대해 짐이 하는 명상 속에서 말이다.

기다리는 동안 그는 자연스레 항구의 같은 직종 사람들과 어울렸다. 그들은 두 종류로 갈렸다. 아주 수가 적고 잘 눈에 띄지 않는 한 축은 불가사의한 삶을 영위하고 있었다. 그들은 해적 같은 성깔을 지녔고, 몽상가의 시선들을 한 채, 사그라지지 않은 활력을 유지하고 있었다. 그들은 문명 이전의 상태로, 바다라는 어두운 장소에서 갖가지 계획과 희망들, 온갖 위험과 기획들이 미친 듯이 뒤얽힌 미궁 속에서 살아가는 듯했다. 환상적인 그들의 존재에 어느 정도 확실한 사건은 오직 그들의 죽음뿐이었다. 그 외 대다수의 축은 그와 비슷하게 어떤 사고 때문에 그곳에 던져진 자들로서 현지 선박의 항해사로 남았다. 그들은 이제 힘든 조건에다, 의무 규정도 엄격하며, 폭풍우 치는 대양의 위험이 도사리고 있는 본국에서의 복무를 끔찍하게 생각했다. 동양의 하늘과 바다가 주는 영원한 평화에 그들은 익숙해져 있었다. 그들은 짧은 항로와 편안한 갑판 의자, 덩치 큰 원주민 선원들, 그리고 백인으로 대접받는 것을 좋아했던 것이다. …… 그들의 말 속에서, 그들의 행동과 표정, 몸에서도 흐물흐물한 구석을, 썩어 가는 부위를, 안전하게 어슬렁거리며 생존해 가겠다는 결심을 간파할 수 있었다.(8~9쪽)

짐이 애초에 자신을 이 두 가지 범주들과 견주어 볼 수밖에 없다는 것, 그리고 사실 그가 속하기에 어느 쪽도 적절치 않다는 사실은 인물 체계(만약 어떤 인물 체계가 여기에 작용하고 있다면)가 결코 완전하지 않으며, 어떤 주된 자질 또는 의미소를 결핍하고 있다는 점을 암시하고 있다. 우선 짐은 갑판 의자에 앉는 선장들 중 하나가 아니다. 다른 관점에서 보면 그들은 비서사적 항목이며, 어떤 이야기나 운명도 지니지 않는 '인물들'이다. 짐이 첫 번째 부류와 같은 몽상가의 눈길을 지녔다고 할 수는 있지만, 적어도 이 단계에서 이 유럽인들의 인물상은 그가 속하기에는 아직 너무 희극적이고 풍자적이다. 이 인물상의 장르적으로 완성된 형태는 결국 구아노 제국의 삽화에서 처음으로 나타난다.("갑자기, 텅 빈 종이 위로, 펜촉 바로 아래에서, 아주 분명하고 완전한 모습으로, 체스터와 그의 오랜 동료 두 인물이 마치 광학 장난감이 전개하는 광경에서 재생된 것처럼 성큼성큼 걸어 손짓하며 뛰어 들어왔어. 나는 잠시 동안 지켜볼 참이었지. 안 될 일이지! 남의 운명에 끼어들기에는 그들은 너무나 허상들이고, 엉뚱한 인간들이었어."(106쪽)) 그러나 그러한 몽상가들은 소설의 후반부에서 더 사악한 모습으로 다시 등장한다.

그러나 반 단락이 지나지 않아 짐은 새로운 거처(파트나호의 일등 항해사)를 얻고, 다시 또 얼마 지나지 않아 그 배를 탈 여행자들 속에서 새로운 인간형과 새로운 범주의 인간 존재를 대면한다.

그들은 세 개의 현문을 넘어 물결처럼 승선했다. 믿음과 천국에 대한 희망에 떠밀려 흘러들었다. 맨발을 끊임없이 쿵쿵거리거나 질질 끌며, 한마디 말도 없이, 중얼거리지도 않고, 되돌아보지도 않은 채 밀려들었다. 갑판 위를 빙 둘러 쇠줄이 쳐졌을 때, 그들은 이리저리 물결쳤고, 입 벌린 선실 문 안으로 넘쳐 들어 배의 안쪽 구석구석을 가득 메웠다. 마치 물통을 채워 가는 물처럼, 빈틈과 갈라진 틈새로 스며드는 물처럼, 소리 없이 가장자리까지 부풀어오르는 물처럼. 믿음과 희망으로, 사랑과 기억으로 가득 찬 팔백 명의 남자와 여자들, 그들이 거기에 모였다. 남에서, 북에서, 동양의 변두리에서부터 몰려온 그들, 정글의 작은 길을 밟아 오기도 하고, 강줄기를 따라 오기도 한 그들, 물 얕은 연안을 따라 돛단배를 타고 오고, 섬에서 섬으로 작은 카누를 타고 건너온 그들, 어려움을 겪거나 기괴한 광경을 보기도 하고, 낯선 공포에 사로잡히기도 하면서 단 하나의 욕망으로 지탱해 온 그들이었다. 그들은 황야의 외딴 오두막에서도 왔고, 사람깨나 있는 촌락에서도, 바닷가 마을에서도 왔다. 한 이념의 부름에 맞추어 그들은 자신의 숲을 떠났고, 개간지를 버렸으며, 통치자의 보호와 자신들의 부를, 자신들의 가난과, 그들이 젊음을 보냈던 환경을, 그리고 선조들의 산소를 떠났던 것이다……

"이 소 떼들을 보게."라고 독일인 선장은 새로 고용한 일등 항해사에게 말했다.(9~10쪽)

앞 쪽에서 분석한 유럽인들과 이 순례자들을 구별해 주는 아주 분명한 자질이 노골적인 반어법에 의해 강조되고 있는데 그것은 바로 그들이 '개인주의'를 결여하고 있다는 점이다. 그러나 이 가장 표면적인 차원에 대해서도 변별적 체계의 초기 활동이 작용한다. 우리는 이 익명의 다수들로부터 바로 앞 쪽의 똑같이 얼굴 없는 '갑판 의자 선장들'로 돌아가게 된다. 그들 또한 개별성이 완전히 결여된 인물들인데, 그런데도 각자 자신들의 익명성을 잘 살아가는 이들이다. 이 대목에서처럼 집단적으로가 아니라 자신의 부르주아적 편안함이 보장되는 고립 속에서 말이다.

한편, '한 이념의 부름'과 같은 곧이곧대로 일러바치는 듯한 표현들은 유럽 선원들의 또 다른 범주, 즉 '몽상가의 시선들'을 지닌 불가사의한 삶을 영위하는 자들과는 의미소적으로 공명되는 것을 경계하는 한편으로, 멀리 20세기 후반의 소비 사회라는 우리의 시점에서는, 이러한 용어들 자체('이념'이나 나중에 『노스트로모』에 나오는 '감상주의' 등과 같은)에 대한 의미론적 재구성이 필요하다는 점을 시사해 준다. 이 용어들은 역사적 이데올로기 전반을 담지할 만큼 충분히 충전되어 있는데, 그 거대한 몸집의 이데올로기가 뚝뚝 떨어지는 모습이 백일하에 분명히 도

출되었을 때에만 텍스트가 제대로 독해되었다고 생각할 수 있다. 콘래드의 담론(정신분석학적으로 충전된 용어들과 이데올로기적인 공적 강령들의 중첩물인)은 우리가 어떤 사전이나 문법도 없이 배워야 하는 외국어로 생각해야 한다. 우리 스스로 그 통사론을 재구성해야 하며, 우리 자신이 오늘날 어떤 등가물도 가지고 있지 않은 이런저런 어휘 항목들의 의미를 조합할 가설들을 재구성해야 하는 것이다.

그러나 이 중심적 대목의 의미론을 재구성하기 이전에 먼저 다른 것을 논의해야 한다. 즉 단순한 서사적 장치 또는 구실(짐이 위기에 봉착하기 위해서 그는 많은 인명을 위험에 빠뜨려야 하는데 그들이 어떤 사람들인가는 그리 중요치 않기 때문에, 메카로 향하는 순례자들은 말하자면 남아프리카로 향하는 인도의 이주민들이나 일련의 화교 가족들로도 쉽사리 대체될 수 있는 것이다.)에 지나지 않는 것이 그 자체로 실체적 의미를 띠며, 그 의미가 텍스트에서 구성적 요소가 되는 현상이 그것이다. 이 지점이 알튀세르의 '중층 결정' 개념이 유용하게 적용될 수 있는 부분이다. 이처럼 순례자들을 특별히 소환한 것이 지니는 중요성을 서사 메커니즘의 내적 필연성에 근거해 논하는 것은 불가능하다. 그러나 서사적 구실에 불과한 이 내용이 스스로를 강요하여, 피할 수 없는 것이 되게 하는 제2의 결정 요인을 제안할 수는 있다. 다시 말해, 그것의 필연성은 서사 구성의 층위에서는 찾을 수 없고, 서사의 외부, 즉 그 내용의 객관적 논리속에서, 이 특정한 끼움 자리를 메울 어떤 다른 '예'를 구할 수 없다는 사실 속에서 찾을 수 있는 것이다. 앞서 나열한 다른 가능성들 중에 유럽인 혈통의 여행객들이 포함되지 않는다는 점은 의미심장하다.(한 가지 이유만 들자면, 유럽인들은 선원들이 배를 버릴 때 가만 있지 않았을 것이다.) 또한 다른 아시아인의 경우도 적합하지 않다. 왜냐하면 그들은 둘다 여기에서 묘사된 종교적 성지 순례보다는 상업 및 사업상의 동기를 대표하게 될 것이기 때문이다. 이들의 목적이 종교적 성지 순례라는 점은 순례자가 아닌 말레이 물길 안내원들의 태도에 의해서도 강화(또는, 원한다면 다시 한 번, '중층 결정'된다고 표현할 수도 있겠다.)되는데, 그들은 순전히 믿음만을 근거로 자신의 위치를 고수하며 버려진 배를 계속 안내한다.("그 당시 그의 마음에 백인들이 죽음의 공포 때문에 배를 버리려 한다는 생각은 결코 떠오르지 않았어. 그는 아직도 그렇게 생각하지 않아. 다른 비밀스러운 이유들이 있었을 것이라고 생각한 것이지."(61쪽))[35] 짐의 주된 시련을 구성하기 위해서 마찬가지로 필수적인 플롯상의 이 이차적 회로에서도(예술에서 단지 필요하달 수 있는 것은 결점이 허용되는 자리이며 나쁜 글쓰기가 가능한 만만한 구석이라고 발언한 사람이 발레리였던가?) 맹목적 믿음이라는 외견상 이차적인 내용이 하나의 '장치의 동기화'로, 그리고 플롯 메커니즘의 재전유가 되어 전혀 다른 주제 및 의미 체계에 기여하는 것이다.

그래서 결국 우리는 종교와 종교적 믿음이라는 분명 이차적이고 주변적인 현상이 마치 이 해양 소설과 모험 이야기에서 가장 중심적인 관심사인 것처럼 논의하는 우리 자신을 발견하게 된다. 우리는 일반적으로 콘래드를 19세기 심미적 종교의 이데올로기와 연결시키지 않지만 그 주된 발전 계기들은 다음처럼 간략하게 정리할 수 있다. 그 계기들

---

35 주제상 이슬람교의 선택은 분명 역사적 우연이 아니다. 역사적·문화적 타자(the Other)에게 부여된 이 충일성의 신기루가 동시에 바로 그 타자를 체계적으로 주변화하는 도구, 즉 '오리엔탈리즘'이 된다는 것은 역설적이다. Edward Said, *Orientalism*(New York: Pantheon, 1978) 참조. 문제의 대목이 장차 쓸 소설에 대한 콘래드의 오래된 스케치 속에 단어 하나 다르지 않게 이미 실제로 존재한다는 사실은 주목할 만하다. "Tuan Jim", Conrad, *Lord Jim*, ed. Thomas Moser(New York: Norton, 1968), 283~291쪽 참조. 파트나호에서 만나는 두 '공동체' 중 하나(또 다른 지배적 공동체는 영국 제국주의의 관료주의를 대변하는 무리이다.)의 의미론적 내용에 대한 이러한 읽기는 본질적으로 알레고리적인 구도에 또 다른 내용을 부여하는 읽기를 배제하지 않는다. 특히 Gustav Morf가 파트나호를 폴란드와 동일시하며, 짐의 죄를 가족과 언어, 조국을 저버린 것에 대한 콘래드 자신의 모호한 의식으로 해석해 내는 것은 분명히 최근 비평의 더욱 극적인 해석 태도들 중 한 갈래를 형성한다고 볼 수 있다. Gustav Morf, *The Polish Heritage of Joseph Conrad*(London: Sampson Low, Marston, 1930). 149~166쪽.

은 우선 창시자 샤토브리앙(François-René de Chateaubriand)의 『기독교의 정수』(1802)에서 시작해서, 『성 앙투안의 유혹』(1874)이나 『세 가지 짧은 이야기』(1877)에서 플로베르가 보여 주는 사라진 종교들에 대한 고고학적 열정, 또 종교적 비전을 환기시키기 위해 앞서 언급한 바 있듯이 지각 이데올로기와 전체 감각 자료, 환각 상태를 전유하는 작업을 거쳐(르낭(Ernest Renan)에게서 가장 잘 볼 수 있는, 종교적 믿음에 대한 동시대 실증주의자들의 매료는 물론 두말할 필요도 없다.) 마지막으로, 2차 세계대전 후 회화와 조각에 관한 앙드레 말로의 책들 같은 후기 변종들로 이어진다. 말로의 이 책들은 마르크스주의로부터 드골 식의 민족주의로의 그의 퇴행이 지나간 인류사 속의 온갖 죽은 종교들과 절대적인 것의 다양한 구현들에 대한 명상을 거치는 지적 우회로를 강요한 것처럼 보인다. 현재의 우리에게는 상대적으로 낯선 이 이데올로기적 매료의 계보에(19세기 후반의 종교적 부흥 운동, 특히 신가톨릭 운동과 같은 현상들은 이 종교에 대한 이와 같은 외부로부터의 심미적 명상과는 전혀 다른 문제임을 언급하고 넘어가야 하겠다.) 분명 지적으로 가장 예시적이며 생산적인 기념비를 첨부해야만 한다. 그것은 바로 콘래드와 사실상의 동시대인인 막스 베버가 착수한 종교의 역학과 기능에 관한 연구들이다. 『프로테스탄트의 윤리』에서뿐 아니라 무엇보다도 사후에 발간된 정교한 『종교사회학』에서 이룬 베버의 성취들을 고려해야만 하는 것이다. 자신을 '종교적 음치'라고 묘사한 비꼬인 베버의 표현은 실로 종교에 수반되는 불가지론의 매력을 신앙의 문제에 있어 무능한 이의 비밀스러운 동경과 결합시키는, 이 비신앙인들 모두의 기묘한 지적 입장에 걸맞는 좌우명이 될 수 있을 것이다. 영국 전통에서는, 국교회의 제도적 입지와 그에 대한 다원주의의 암묵적인 도전으로 야기된 역사적 충격으로 인해 종교적 믿음이라는 주제가 대륙에서 최고조에 이른 부르주아적 도시 생활 속에서 지니는 것과는 다소 다른 상징적·정치적 의미를 갖게 된다. 콘래드는 아직 진정으로 영국적이지 않았다. 그리고 흔히 그를 파악하는 맥락들, 즉 포드/가넷 유형*의 영국 지식인들, 낭만적 폴란드 인텔리겐치아, 상선 무역의 세계 등과는 다른 맥락 속에 그를 배치해 보는 잠정적 분리가 유용할 수 있을 것이다.

베버의 이름은, 종교적 심미주의의 진정한 이데올로기적 기능을 감지하기 위해서는 가치에 대한 연구이자 탐구로서의 더 광범위한 지적·이데올로기적 작업 속에 그것을 배치해야만 한다는 점 분명하게 해 준다. 이 작업은 베버보다는 그의 스승인 니체의 이름을 연상시킨다.[36] 이런 관점에서 보면, 니체의 '모든 가치들의 가치 전도'나 베버의 잘못 명명되고 또 오해되기도 한 '가치에서 자유로운 과학'의 이상은 모두 세계 내적 가치 자체를, 그리고 세속 사회의 시민들이 스스로 설정한 행위들을 추구하게 되는 그 혼돈스럽고 다양한 이유와 동기들 전체를 연구할 수 있는 지적 영역을 기획하고자 하는 시도이다. 이 이상들은 지적 행위를 역사적으로 조건지어지고 계급적 기반을 지닌 것으로 파악하는 마르크스주의의 강력한 입장을 암묵적으로 또는 명시적으로 피해 가려는 시도이다. 마르크스주의의 상반된 주장은 가치를 연구하는 과업이 그 자체 이데올로기적인 것이 되거나, 또는 니체의 공식을 빌려 표현하면 또 다른 권력에의 의지가 되지 않고는, 그 어떤 세계 내적 가치(지식에 대한 열정? 사심 없는 순수 과학?)도 구체화할 수 없음을 명백히 보여 주고 있다. 이런 식의 구도로는 그 문제(이는 나중에 막스 셸러(Max Scheler)와 카를 만하임에 의해 통상 '지식 사회학'이라 분류되는 '하위 학문'으로 밋밋하게 정립된다.)를 해결할 수 없다. 그러나 이 문

---

* 매독스 포드는 콘래드와 세 작품을 공동 집필할 정도의 절친한 사이였고, 가넷(Edward Garnett, 1818~1937)은 영향력 있는 비평가로서 콘래드의 친구이자 조언자였다.
36 Eugène Fleischmann, "De Nietzsche à Weber," *Archives européennes de sociologie* 5(1964), 190~238쪽 참조.

제와 관련해서 우리에게 흥미로운 점은 그것의 전제 조건들, 즉 그것이 없고는 그러한 '문제'가 애초부터 명료화되지도 않았을 객관적·역사적 발전들이다.

이것들은 다른 무엇보다도, 프랑스 혁명과 시장 체제의 확산 양자에 의해 야기된 결과인, 자본주의 아래에서 진행된 삶의 세속화이며, 이전의 신분 제도와 세습적 직업으로 이루어진 전통-지향적 체제의 와해(또는 오늘날의 완곡한 표현으로 '근대화')임이 분명하다. 실로 오늘날, 그 선례를 찾아볼 수 없을 만큼 전반적이고 불가역적인 방식으로 가치의 영역은 문제적인 것이 되었는데, 그 결과 가치의 영역이 최초로 독립된 영역으로 분리될 수 있고, 또 독립적 연구 대상으로 탐구될 수 있게 되었다. 가치가 반자율적 대상이 되었기 때문에 새로운 중산 계급 문화 속에서 사람들이 (그러나 주로 남성들이) 처음으로 다양한 행위들을 서로 비교해서 자신의 직업을 선택해야만 하게 되었다. 이른바 개인적 삶 또는 개인주의의 새로운 주관성이라 불리는 것은 객관적으로 보면 단지 사람들이 일정 정도 거리를 두고 직업적 선택의 자유를 누릴 수 있을 때의 그 공간적 거리에 다름 아니다. 소설의 영역에서 '어떤 직업을 선택할 것인가?'(Quel metier prendre?)를 주제화한 스탕달의 독창성 역시 이로부터 생겨난다. 그의 작품은 이를테면 선택할 수 있는 삶의 형식으로서 다양한 직업들과 정치 체제들이 지니고 있는 원자량을 탐구하고 있다.

베버의 구도에 따르면, 모든 사회 제도들은 전통적인 것에서 합리적인 것으로 이행하는 운명적 궤적을 그린다. 도중에 결정적인 이행의 단계인 이른바 카리스마의 계기(소멸하는 매개 단계(vanishing mediation))를 거치게 된다. 이전 사회들 속의 활동들은 대부분 세습되었고,(대장장이의 아버지와 할아버지는 대장장이였다.) 가치에 대한 질문(이런저런 방식으로 이런저런 삶의 과업을 추구하는 이유에 대한 질문)은 모든 전통적 사회의 고전적 응답에 의해 미연에 차단되었다. 항상 그렇게 해 왔기에 또는 그것이 우리가 항상 살아온 방식이니까라는 식으로 말이다. 그러므로 이런 상황에서는 가치의 문제가 발생하지 않는다. 달리 표현하면, 전통적 촌락이나 부족 문화의 세계에서는 각각의 행위들이 상징적으로 고유한 성격을 지니고 있어, 결코 서로를 비교할 수 있는 추상화의 층위가 성립되지 않았다. 쇠를 용접하는 일 또는 독약 제조업을 바구니 짜기와 빵 굽기 또는 도자기 만드는 일과 비교할 수 있는 그 어떤 유용한 최소한의 공통분모도 존재하지 않았던 것이다. 마르크스의 용어로 바꾸어 보자면, 그러한 사회들에서는 구체적 노동 또는 생산적 행위의 질적으로 상이한 형식들이 비교 불가능한 다양성 속에서만 사고될 수 있었던 것이다. 왜냐하면 이 모든 행위들의 형식을 가늠할 공통분모(등가적 노동력)가 사회 내에서 작용하는 객관적 추상화 과정에 의해 가시화되는 것이 아직 이루어지지 않았기 때문이다.

베버에게 카리스마적 계기는 일종의 의미의 신화화 단계에 해당한다. 즉, 이런저런 행위의 가치에 대한 신화가 일반적으로 예언가와도 같은 카리스마적 인물의 개인적 능력과 권위에 의해 잠깐 동안 유지되는 현상이라고 할 수 있다. 그러나 이 계기는 곧 우리가 이미 묘사한 바 있는, 모든 행위들을 무차별적으로 합리화하고 재구조화하는 체제에 길을 내주고 만다. 그렇다면, 베버적 합리화의 계기는 결국 마르크스의 등가적 노동력의 보편화 또는 모든 노동의 상품화라는 개념과 등치될 수 있다. 만약 우리가 후자의 지하에서 진행되는 하부 구조적 과정을 생산 관계 및 상부 구조 전반을 통하여 전자가 전개될 수 있는 발전의 객관적 전제 조건으로 간주한다면, 두 진술 사이에 특별한 불일치가 존재할 이유는 없다.

우리가 여기에서 강조하고자 하는 것은 가치 개념 자체의 역설이다. 가치는 가치로서 존재하기를 멈추는 바로 그 순간에 추상태의 모습으로, 망막 위의 이상한 잔영처럼 가시화되기 때문이다. 합리화의 특징적 형식은 실로 수단과 목적이라는 이항 대립 체계에 의해 여러 활동들을 재조직하는 것이다. 수단/목적의 이항 대립은, 비록 그것이 가치라는 항목을 유지하고 그것에 특정한 자리를 부여하고 있는 것같이 보여도, 사실은 가치 자체를 폐기하는 객관적 결과를 목표로 삼는다. '목적'을 괄호 치거나 또는 순전한 수단의 체계 속에 다시 끌어들임으로써 그것을 단지 일련의 수단들을 실현시키려는 공허한 목표쯤으로 만든다. 수단/목적의 표면적 이항 대립이 지닌 이 비밀스러운 일차원성을 프랑크푸르트 학파는 도구화(instrumentalization)라는 유용한 개념으로 정식화한다.[37] 이에 의해 합리화가 모든 사물을 순전한 수단으로 변형시키는 과정을 내포하고 있음이 분명해진다.(여기에서 마르크스주의 휴머니즘의 전통적인 정식화가 성립된다. 즉 자본주의는 전적으로 합리화된 것으로서, 사실상 비합리적 목적에 봉사하는 합리적인 수단의 체계이다.)[38]

그리하여 가치의 연구, 가치라는 관념 자체는 도구화라는 보편적 과정에 의해 가치 그 자체가 소멸되는 순간에, 실질적으로 모든 가치

---

37 특히 Max Horkheimer, *Eclipse of Reason*(New York: Seabury, 1947), 1장 "Means and Ends", 3~57쪽 참조. 그리고 호르크하이머와 아도르노의 『계몽의 변증법』 및 이 주제들을 실증주의 비판으로 발전시킨 아도르노, 하버마스, 그리고 다른 이들의 논의도 볼 것. *The Positivist Dispute in German Sociology*, trans., G. Adey · D. Frisby(New York: Harper & Row, 1976) 참조.

38 이런 설명은 아리스토텔레스 철학의 4원인(질료인, 작용인, 형상인, 목적인) 체계에 의해 제시된 더 오래되고 더 정교한, 그리고 구체적 가치의 자리를 여전히 분명하게 유지하고 있는 실천 분석과 대비시켜 볼 만하다. 그러나 아리스토텔레스 체계 자체도 근대적 생산의 발전 과정에서 생겨난 과도기적 계기를 반영하고 있는 과도기적 개념이다. 이는 흔히 지적되었듯이 그것이 본질적으로 장인 또는 수공업 문화를 이론화하고 있기 때문일 뿐 아니라, 다루고자 하는 노동 개념으로부터 인간 행위의 전체 영역(특히 농업 생산 및 전쟁 행위)을 체계적으로 배제하고 있기 때문이다. 그러므로 그리스 고전 문화의 여러 가지가 흔히 그렇듯이 그것도 우리에게 긍정적인 해결책을 제시하거나, 구체적인 사회적 또는 정치적, 경제적 이상형을 구현하고 있다고는 할 수 없다. 그럼에도 이는 근대 사회에서 진행된 비인간화의 그 경악할 만한 속도와 정도를 측정하는 기준으로서 예리한 진단적 가치를 지닌다 하겠다. Jean-Pierre Vernant, "Travail et nature dans la Grèce ancienne," "Aspects psychologiques du travail," *Mythe et pensée chez les grecs*(Paris: Maspéro, 1965) 참조.

가 지워지는 바로 그 순간에 존재하기 시작하는 것이다. 말하자면(다시 니체의 상징적인 경우가 잘 보여 주듯이) 가치의 연구는 니힐리즘 또는 가치 부재의 경험과 쌍생아인 셈이다. 이러한 경험과 관련해 분명 역설적인 점은 그것이 인류 역사상 가장 활동적인 시기와 동시적으로 발생했다는 사실이다. 후기 빅토리아 시대 도시 생활이 보여 주는 갖가지 기계 문명의 활성화, 새로운 삶의 조건과 상공업의 비약적 발전에 따른 수송 수단의 발달과 매연의 분출, 실증과학의 실험 정신이 거둔 승리와 대학 제도 정복, 새로운 중산 계급 체제가 수립한 의회제 및 관료제의 온갖 부산스러운 활동, 인쇄 매체의 보급, 독서 능력의 확산 및 대중문화의 발흥, 점차 소비자 중심으로 되어 가는 문명 속의 새로운 대량 생산 상품들이 제공하는 손쉬운 구입 가능성 등, 이 모든 양상을 지닌 시대와 동시적으로 발생했다는 것이다. 가장 철저하게 인간화된 환경 속에서, 즉 인간의 노동 및 생산, 변형 활동의 가장 완전하고 선명한 최종 생산물 속에서 삶이 무의미해지는 이 기현상, 자연 또는 비인간적 또는 반인간적인 것이 사라지는 정도에 정확히 비례해서, 인간 생명을 위협하는 모든 것이 점차 사라지고 외부 세계에 대한 거의 무제한적인 통제의 전망이 고조되는 것과 정확히 비례해서 실존적 절망이 처음으로 고개를 드는 이 기현상을 우리는 숙고해야만 한다. 그러한 시기의 가장 흥미로운 예술가와 사상가들은 무의미성의 경험 자체에 집착하는 이들이며, 궁극적 현실, 실존의 어떤 궁극적 기반에 대해서 환상이나 '처럼 철학(philosophies of as-if)'*에 속지 않으려고 한다. "인간은 아무것도 바라지 않기보다는 차라리 무(das Nichts)

---

* 독일의 신칸트주의자 한스 파이잉거(Hans Vaihinger, 1852~1933)의 저서 『처럼 철학: 인간의 이론적, 실천적, 종교적 허구의 체계』(1911)에서 출발. 그는 "인간의 감각이나 감정은 현실적이지만 다른 인간 지식들은 허구로 구성되어 있어서 객관적인 진리치를 따지는 것은 의미가 없다. 단지 옳은 것'처럼' 행동할 때 가치가 있는가 없는가만이 중요하다."라고 주장했다.

5장 로맨스와 사물화

를 바란다."라고 니체는 외친다. 사람들은 권태보다는 니힐리즘에, 자본주의적 사회 조직의 새로운 논리에 의해 '가치'가 체계적으로 사라졌다는 너무나 황량하고 불쾌한 느낌보다는 관현악적인 비관주의와 우주적 엔트로피의 형이상학적 비전에 집착하는 것이다.

이것들이 바로 콘래드 자신의 개인적 비관주의와 명백하게 '가족 유사성'을 가지고 있는 절대적 입장들이다.(물론 다음 부분에서 우리는 형이상학으로서의 원형적 실존주의(비관주의, 니힐리즘, 존재의 무의미성, 부조리)와 행위와 사건들을 엄격히 분석적으로 해체하는 전문적 철학으로서의 실존주의를 구별할 필요성을 확인할 것이다.) 그 관점은 또한 심미적 종교의 이데올로기적 의미를 파악할 수 있게 해 준다. 불신의 멜랑콜리, 이제 더 이상 가능하지 않은 믿음의 '전체성(Wholeness)'에 대한 19세기 지식인의 향수 등은 그 자체가 실제로는 집단적 체계와 사회 형태 사이의 관계와 관련된 문제를 개인적 실존의 문제로 변형하기 위해 마련된 일종의 이데올로기적 우화인 것이다. 물론 종교는 전체성이라는 상징적 가치를 가지고 있다. 그러나 종교가 시사하는 것은 이전의 유기적 사회 또는 이익 사회(Gesellschaft)의 전체성이지 어떤 경우든 분명 하나의 신기루에 불과한 어떤 완전히 통합된 단자적 개체의 전체성이 아니다. '종교적 음치'가 되어 버린 시장 체제 속의 주체들에게 종교란 외부로부터 인식되는, 이전 시대의 사회적 삶의 통일성에 지나지 않는다. 이런 점에서 그 이미지 자체와 환각 상태 사이의 구조적 유사성도 생겨난다. 종교는 생산 양식의 상부 구조적 투사다. 종교는 생산 양식이 언어적·시각적 인공물과 사고 체계, 신화와 서사들의 형식 속에서 유일하게 잔존하는 흔적으로서, 이는 우리의 의식이 편안히 거주하는 형식들과 관련된 것처럼 보이지만, 동시에 우리의 의식에 대하여 엄격하게 닫혀 있는 것이기도 하다. 우리는 더 이상 신성한 것의 형상을 내부로부터 사유할 수 없기 때문에, 그 외부적 형식들을 미적 대상물이나 기념물, 피라미드, 신전

등, 어떤 내면성을 지녔다고 간주되는 사물들로 변형시킨다. 그러나 거기에 임하는 권능은 우리에게 영원한 불가사의로 남게 된다.[39]

그러므로 이런 특별한 의미에서의 종교는 19세기 사람들이 보편적 도구화의 새로운 세계에 직면하여 그것을 탐구하고, 그 세계가 포함하는 것뿐 아니라 배제하는 현상들을 보고 느낀 당혹감을 표현하기 위해 요구된 이데올로기적 주제와 용어들의 복합체 속에서 생겨난다. 다른 모티프들로서는, 앞서 인용했던 순례자들의 예에서 일부 나타나기도 했는데, 수단과 목적의 참을 수 없는 이중 구속을 초월할 수 있게 해 주는 것으로서 '이념(idea)' 또는 '이상(대체로 예술 또는 사랑)'이 있다. 다소 저급하긴 하지만 더욱 명백한 사회적 개념인 '박애주의적인 것'은 앞선 장에서 본 바와 같이 순전히 '이해관계'에만 근거한 행위이기를 거부하는 사회적 행위 형식, 달리 표현해 순전히 도구적인 것에 불과한 반(反)가치를 초월하고자 하는 사회적 행위 형식이다. 마지막으로 콘래드의 용어 '감상주의'는 이해관계에 근거한 동기로 환원될 수 없는 행위들, 그리하여 비실무적이고 즉흥적이며 진지하지 않은 변덕으로 간주될 수 있는 행위들을 지칭하는 용어다. (앙드레 지드의 무보상 행위*는 대단히 유한 계급적인 이 속성의 더욱 영웅적이고 최종적인 화신이라 하겠다.)

이제 우리는 『로드 짐』의 언어에 그 본래의 이데올로기적이고 의미론적인 내용을 다시 부여하고, 우리가 이미 명료화하기 시작한 인물 유형학의 생성 '체계'를 풀어낼 수 있으며, 나아가 서사에 그 궁극적 목적지와 역학을 부여할 수 있을 듯하다. 나는 방금 약술한 딜레마의 주된 주제들, 특히 행위와 가치의 대립이라는 주제에 의거해야 이 체계를 가

---

39 앞 장들에서 우리가 이미 제시했듯이, 해석 및 해석학적 모델에 가해진 이제 정전이 되다시피 한 공격들이 주로 비난한 것은 바로 이 안과 밖의 변증법(라블레의 실레누스 상자)이다.(예컨대 Derrida, *Of Grammatology*, 30~65쪽에서처럼.)

* acte gratuit, 동기에 대한 관습적인 설명 방식을 거부하는 행위. 지드의 『교황청의 지하도』에서 이유 없이 한 노인을 기차 밖으로 밀어 떨어뜨리는 라프카디오의 행위 같은 것.

장 잘 파악할 수 있다고 생각하는데, 그것은 루카치의 『소설의 이론』에 깔려 있는 대립과 다르지 않다. 『소설의 이론』에서 이 대립은 'Leben', 즉 삶, 순전히 우연적인 세계 내적 경험과 'Wesen', 즉 본질, 의미, 내재적 전체성 사이의 괴리라는 형식을 띠고 있다.[40] 그러한 대립의 내적 동력은 두 항 사이의 통약 불가능성, 두 가지 비교 불가능한 현상들이 서로 무게 중심이 다른 점(ec-centricity)에서 기인한다. 한편에 진정으로 타락한 그러면서도 실존하는 세계 내적 경험이 있고, 다른 편에 순전한 이상, 노스탤지어가, 실존하는 현실 속에서 꿈꾸어지고 이 특수한 현실 세계에 의해 투사되었다는 의미에서만 그것의 한 부분일 뿐 결코 다른 실체를 지니지 않는 상상된 전체성이 있는 것이다. 그러나 우리가 보았듯이 콘래드의 경우에는 자본주의와 전자본주의적 사회 형태가 제국주의의 주변부에 공존하고 있기 때문에 가치라는 용어가 여전히 진정한 사회적·역사적 실체를 담지하고 있다. 그것은 아직 당분간은 존재하면서 주류의 종교적 심미주의가 보여 주는 표상과 우울한 이미지들로 환원되지 않은 그러한 공동체와 삶의 방식들을 표시해 주고 있는 것이다.

그러나 이 이항 대립과 관련된 논의의 요점은 비교 가능한 실체들만을 비교하고, 적절한 범주의 항목들만을 서로 대립시키는 사고에서와 같은 논리적 정확성이 아니다. 오히려 이 논의의 핵심은 이항 대립의 존재 자체가 징후적이라는 사실이다. 행위와 가치의 대립은 단순한 논리적 모순이라기보다는 정신에서의 이율배반이자 어떤 딜레마 또는 아포리아로서 그 자체가 (이데올로기적 봉쇄의 형식으로) 구체적인 사회적 모순을 표현하는 것이다.[41] 그것이 뒤틀린 사고방식, 이중 구속과 개념상의 스캔들로 존재하는 현상은 체계 속의 불안한 삶을 설명해 주며,

---

40 Lukács, *Theory of the Novel*, 특히 40~55쪽.
41 1장의 55~59, 103~104쪽, 3장의 213~214쪽 참조.

불가능한 것을 가능하게 하려는, 그리고 당면한 딜레마를 궁극적으로 '해결할' 새로운 항목들을 그 자체로부터 생산해 내려는 필사적인 시도를 설명해 준다. 그리하여 우리가 그레마스의 의미론적 사각형에 따라 표시할 수 있는 일차적 운동에서는, 각각의 항이 그 논리적 부정 또는 '모순 항'을 생성해 낸다. 다음의 도표에서 분절화되듯이 우리의 이데올로기적 체계의 핵심은 결과적으로 행위와 가치, 비행위와 비가치라는 네 개의 항목들을 포함하게 된다.

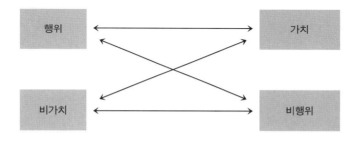

아직까지 이들은 분명 의미소 또는 개념적 특징이지, 어떤 의미에서도 서사적 인물 또는 다른 서사적 범주들의 끼움 자리가 아니다. 인물들과 인물 체계의 장소는 이 다양한 의미소들의 조합을 시도하여 정신이 그 이데올로기적 봉쇄(closure)에서 한층 더 벗어나는 지점에서야 열리게 된다. 따라서, 여러 가지 가능한 조합을 만들어 내는 것은 그렇지 않으면 추상적이고 억압된 상태로 남아 있을 이러한 모순들을 구현하고 드러낼 수 있는 삶의 형식들, 또는 인물학적 유형들을 구체적으로 상상해 내는 일이다. 그리하여, 이 사각형을 오른쪽에서부터 시작해서 시계 방향으로 따라가면서 가치와 비행위의 종합이 오직 순례자들에 의해 구현되고 있다고 제안하는 것이 특별한 아전인수는 아닐 것이다. 그들은 숨 쉬며 살아 있는 존재들이지만, 어떤 특별한 행위, 행동, 투쟁들, '목적 지향적인 행동' 속에서 자신을 외면화하지 않는다. 순례 여행조차도 단지 자기 존재의 발산일 뿐이다. 마치 어떤 자연의 원소, 말레이시아의 거대한 지하수면을 빨아들여, '소리 없이 가장자리까지 부풀어오르는' 물의 발산과도 같은 것이다.

하단의 수평적 대립, 비행위와 비가치 사이의 대립(의미심장하게도 그레마스 역시 중립항이라 명명한 종합)으로 옮겨 가면, 판단의 용어들이 '갑판 의자 선원들'이라는 콘래드의 경멸적인 표현 속에 실제로 노출되어 있음을 알게 된다. 이들은 일신상의 편안함을 추구하는 것 외에는 어떤 이상도 가진 바가 없고, 그들의 활력은, 설령 있다 한들, 가능하면 행위를 회피하기 위해 전적으로 투여된다. 이들이 실로 콘래드 세계의 '중립자들,' 얼굴 없는 익명성의 존재들이다. 이들을 배경으로 해서 열정들이 그 온전한 구체성을 띤 모습으로 나타날 수 있게 된다.

행위와 비가치를 결합하는, 그다음으로 가능한 종합은 콘래드의 텍스트보다 니체가 환기시킨 내용을 통해 우리에게 더 익숙하게 다가온다. 현재의 맥락에 맞추어 읽자면, 이는 '아무것도 바라지 않기보다는 오히려 무를 바라는 사람들이 있게 마련이다.'라고 정리된다. 이 표현이 지시하는 대상은 단순히 남방 바다 항구의 '별종들'(잠깐 동안 짐 자신도 그 부류의 일원이 된다.)이라는 상궤를 벗어난 인물들이 아니라, 바로 니힐리즘 자체다. 인간의 활력을, 양심적 가책의 완전한 결핍을 넘어서, 무를 향한 열정 바로 그것과 결합시킨 그 엄청난 조합 말이다. 우리의 가설이 옳다면 텍스트는 결국 그런 인물을 생성해 내게 될 것이며 실제로 텍스트는 그런 인물을 생성해 내는데, 짐에게 복수의 여신 역할을 하는 젠틀먼 브라운이 바로 그 인물이다.(그에 대해서는 다음 부분에서 더 자세히 논할 것이다.)

마지막으로 우리는 그레마스가 '복합항'이라 부른 곳에 이른다. 이는 모순의 두 주요 항들 사이의 이상적인 종합이며, 그리하여 그 모순의 상상하기 어렵고 불가능하기도 한 해결과 지양(Aufhebung)의 형태를

제시하는 항이다. 행위와 가치의 통합, 서양 자본주의의 활력과 전자본
주의적 사회의 종교가 제공하는 유기적 내재성 사이의 통합만이 짐 자
신의 위치를 그려 낼 수 있다. 이때의 짐은 소설 전반부의 실존적 짐,
반영웅적 짐이 아니라, 후반부의 이상적 짐, '로드 짐'이 되겠다. 이 후
반부는 소망-성취적 로맨스로서, 모순을 '해결'했으며 불가능한 영웅
을 생성해 냈다고 내세우는 바로 그 점 때문에 타락한 서사의 흔적을
지니게 된다. 루카치가 『소설의 이론』에서 진정한 소설의 주인공이라
면 그러해야 한다고 언급한 바와 같이 이 불가능한 영웅은 이 책의 파
트나호 부분에서는 문제적이었음에도, 이제 와서는 이 마지막 전설의
분출을 승인하기 위해 우리의 현실 원칙을 낮추는 것이 필요함을 간청
하고 있다.[42] 그러므로, 완결된 인물 체계를 도표화하면 다음처럼 될 것
이다.

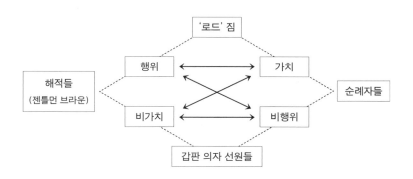

---

42 『로드 짐』의 결말이 지니는 '의미'에 대해서는, 특히 짐이 그의 죽음으로 자신을 '구원'했
다고 말할 수 있는가에 대해서는 많은 논란들이 있어 왔다. 결말의 의기양양한 음조는 긍정
적 답을 암시하고 있지만, 서사를 다시 한 번 찬찬히 읽어 보면 이는 받아들이기 어려운 답이
다. 결말의 이 '결정 불가능성(undecidability)'은 분명히 우리의 분석을 뒷받침하는 것으로,
실로 '실제 모순의 상상적 해결'이라는 개념의 교과서적 예시와도 같다. 물론 이때 상상적 해
결이란 결코 해결일 수 없다는 점이 명확히 이해되고 있어야 할 것이다. 콘래드의 온갖 기교
가 이 결말 부분에 총집결되어 애초에 당혹스러운 질문이 제기되지 못하도록 일종의 요술을
부리고 있다.

5장 로맨스와 사물화

이 도표는 '해결'되어야 할 모순을 재현한다는 점에서, 또는 지워지거나 극복되어야 할 이율배반을 재현한다는 점에서 인물의 생성 과정을 명료화하고 있을 뿐 아니라 또한 이 서사의 생산이 궁극적으로 수행해야 할 이데올로기적 복무, 즉 이 특수한 결정적 모순의 해결을 암시하고 있기도 하다. 또는 더욱 정확하게는, 신화 서사에 대한 레비스트로스의 선구적 성격 규정을 따라, 이 특수한 규정적인 실제 모순에 대한 상상적 해결을 암시하고 있다고 표현할 수 있겠다. 그러한 모델들(종종 언어학의 '심층 구조' 및 표면 구조와의 유사성 차원에서 느슨하게 정식화되기도 하는)의 진정한 효용은 서사적 텍스트의 기본적 문제들을, 서사적 텍스트가 상상을 통해 처리해 버리는 이율배반들 또는 이데올로기적 봉쇄들을 무대에 올린다는 점이며, 또한 이런 상상적 해결을 위해 불러낸 서사적 해결 또는 일련의 잠정적 해결들을 평가하게 해 준다는 점이다. 그러나 이 모델들은 이데올로기적 심층 구조와 사건의 부단한 생성 및 해소로서의, 문장 문장에서 나타나는 서사적 텍스트의 삶 사이의 간극을 메워 주지는 못한다. 이 후자의 과정을 해명하기 위해 이제 우리는 다소 다른 종류의 렌즈를 들이대야만 한다.

5

『로드 짐』은 그러나 이런 측면에서 특권적 텍스트, 일종의 반성적 또는 메타 텍스트이다. 그 서사는 '사건'을 보다 평범하고 일상적인 소박한 의미에 있어서의 사건들에 대한 분석과 해소 과정으로 해석하고 있기 때문이다. 『로드 짐』 속의 '사건'은 바로 사건에 대한 분석과 해소다. 그 텍스트의 독창성은 아리스토텔레스의 플롯(plot)과 이야기(fable), 방브니스트(Émile Benveniste)의 언설(discours)과 이야기(histoire) 같은 관

습적 구분을 단순히 되풀이하거나, 서사적 사건의 전개 및 '연출' 과정
과 순수 자료들, 원재료 및 일화의 전제 조건으로서의 사건들 사이의
관습적 구분을 따르지 않고 이런 식의 구별을 훌쩍 뛰어넘는다는 점에
있다. 파트나호와 관련된 '실제 이야기'의 느릿한 풀어내기는 분명히
추리 소설식의 흥미진진함과 그 형식 특유의 전문화된 되추적 구조를
적지않게 가지고 있다. 그러나 그 '실제 이야기' 자체도 콘래드에게는
공허하고 텅 빈 것이며, 이 작품의 사건들과 행위들 한가운데에 공허
(이는 단순한 삽화적 신비화를 넘어서는 것이다.)가 존재한다는 점을 우리
가 인식하지 못한다면, 우리는 실상 이 서사에 대해 거의 아무것도 이
해하지 못한 셈이 된다.

예컨대 파투산 서사의 결정적 순간인 다음과 같은 대목을 고려해
보자. 도착해서, 짐은 자신이 공식적인 것은 아니지만 사실상 스타인과
그 동료들의 옛날 원수에 의해 투옥된 셈임을 알게 된다. 그는 폐쇄된
안뜰에서 추장의 고장 난 시계를 수리하는 일로 무료함을 달래며 소일
하다가 갑자기, 공포에 사로잡혀, 처음으로 자신의 곤경과 임박한 위험
을 생각하고는, 울타리를 기어오르고 개펄을 가로질러 자유를 향해 도
망친다. 흥미로운 것은 이 사건의 내적 구조이다. 그것은 짐의 입장에
서는 의심할 바 없는 하나의 행위이다.

위쪽의 굳은 땅은 약 육 피트 정도 그의 앞에 펼쳐져 있었어. …… 그
는 손을 뻗어 필사적으로 붙잡으려 했으나, 단지 그의 가슴팍에 닿는 끔찍
하고 싸늘한 빛나는 진흙더미를 한 무더기 턱밑까지 끌어모으고 말았지.
산 채로 자신을 묻고 있는 셈이었는데, 그리하여 주먹으로 진흙을 튀기며
미친 듯이 허우적댔지. 진흙은 머리에도, 얼굴에도, 눈 위에도, 입속으로
도 튀어 들었어. 그는 내게 말하기를 마치 당신들이 수년 전 행복했던 곳
을 떠올리듯이 갑자기 안뜰을 떠올렸다고 했어. 그는 말하기를 그곳에 되

돌아가 있기를, 시계나 수리하고 있기를 갈망했다고 했어. 시계 수리, 바로 그 생각이었어. 그는 온갖 노력을 다했어. 헐떡거리며, 숨 막히게 애를 써서 눈두덩 속의 안구가 터질 듯했고, 앞이 캄캄해졌어. 캄캄함 속에서 대지를 산산이 부수고 그것을 자신의 사지로부터 떨어내려는 강력한 최고조의 마지막 노력에 이르러서야 그는 자신이 강둑을 무기력하게 기어오르고 있음을 느꼈지. 그는 단단한 대지 위에 몸을 뻗고 누워 빛을, 하늘을 보았네. 그때 잠들고 싶다는 달콤한 생각이 떠올랐다네. 그는 실제로 잠들어 버렸다고 말하고 싶어 했어 — 아마도 일 분 동안, 이십 초 동안, 아니 단지 일 초 동안, 그러나 그는 그 격렬한 발작적인 깨어남이 시작됐던 순간을 뚜렷이 기억한다네.(155~156쪽)〔바로 그 순간에 짐은 다시 벌떡 일어나 탈출을 계속하며, 마을을 가로질러 안전한 곳으로 내달린다.〕

이런 류의 대목은 동시대 사람들에게도 그러했을 터인데 지금도 심리학적 호기심의 대상이 된다. 우리는 당시의 독자들이 '인간 마음'에 대한 이런 지식에, 인간 반응의 미묘함에 대한 이런 탐구에 경탄하는 소리를 들을 수 있을 듯하다. 제임스의 시점을 제약했던 '심리학적' 구도를 우리는 이미 언급했다. 이제 우리는 더 나아가 '심리학'이란 그 속에 정상적인 정신 기제에 대한 적절한 청사진과 더불어, 비정상적이고 정신병리학적인 현상들에 강하게 이끌리는 어떤 매혹 또한 포함하는 특수한 인식소(episteme)라는 점을 파악해야만 한다. 이 현상의 계열에 도스토옙스키와 크라프트에빙(Richard von Krafft-Ebing)*이 포함될 텐데, 콘래드의 이 특수한 '기록'(위기 상황 아래서 느끼는 졸음을 동반한 극단적 중압감) 역시 하나의 심리학적 '통찰'로서 가치 있는 주석거리가 될 것이다.

---

* 1840~1902. 오스트리아-독일의 정신병 의사. 사디즘/마조히즘, 페티시즘 등 성과 관련된 정신병 사례들을 처음으로 연구했다.

그러나 이러한 대목은 전혀 다른 방식으로도 읽힐 수 있다. 콘래드 작품이 사르트르 실존주의의 어떤 주제들과 공유하는 독특한 친연성을 기록해야 할 계기도 바로 이 순간이다. 그 주제들 중 반역과 배반에 대한 강박이나 고문에 매료되는 현상(『노스트로모』의 모니검 부분을 『무덤 없는 죽음(*Morts sans sépulture*)』의 유사한 전개와 비교해 보라.)은 가장 피상적인 것이라고 할 수 있다.[43] 그러한 주제들의 기원은 분명 니체의 니힐리즘의 공통된 상속물로서 양자 모두 만약 신이 죽었다면 어떤 종류의 일이 실제로 가능할 것인가를 상상해 보고자 하는 일련의 시도로 볼 수 있다. 이런 방식이 아니라면 전혀 다른 형태의 이 두 작품의 구조적 친연성의 비밀은 궁극적으로 그 작품들이 다루는 구체적 사회 상황의 특성 속에서 발견되어야 한다. 그럼에도 콘래드의 작품을 실존주의와 병치시키려면 더 많은 입문적 설명이 있어야만 하는데, 나는 이미 본연의 실존주의적 '형이상학'(바꾸어 말하면 '삶의 의미'에 대한 일련의 명제들로서, 심지어 그 삶의 의미는 실상 '부조리'로 선언되기도 한다.)과 실존 분석(existential analytic)이라고 불러야 더 적절한 것을 구별할 필요가 있다고 말했다. 후자는 주로 하이데거와 사르트르에게서 발견되는 것으로, 현상학적 탐구의 파생물이며 발전인데, 이는 살아지는 시간, 행위, 선택, 정서 등에 대한 전반적 분석을 시도하고 있다. 전자, 즉 형이상학은 이데올로기이다. 후자는 이데올로기적으로 사용될 수 있을지는 몰라도, 그 자체 필연적으로 이데올로기적이진 않다. 이는 기투(企投)의 핵심에 어떤 환원할 수 없는 시간적 현재 또는 현전도 결코 존재하지 않음을 보여 주는 것과, 행위 그 자체가 공허하며 비실제적임을 결론짓는 것과

---

43 특히 반역의 모티프는 종종 지식인들의 '고정되지 않은' 지위에 대한, 그리고 어떤 하나 또는 또 다른 기본적 사회 계급과의 유기적 연계가 결핍되어 있음에 대한 그들의 고전적 불안을 표현한다. 이런 반성적 의미는 사르트르의 경우에는 명시적이고, 콘래드나 보르헤스 같은 작가들에게는 함축되어 있다. 보르헤스 작품에서 반역의 의미에 관해서는 Jean Franco, "Borges," *Social Text*, No. 4(Fall, 1980) 참조.

　　　　　　　　　　　　　　　　　　　　5장 로맨스와 사물화

의 구별이다. 콘래드의 작품에는 두 가지 '실존주의'가 모두 존재한다. 그러나 우리가 이 부분에서 관심 기울이려는 대상은 실존 분석이다.

그러나 여기에서 내가 콘래드가 사르트르에게 영향을 미쳤다거나, 정반대로 콘래드가 이런저런 영역에서 사르트르의 선구자였다고 제시하려는 것이 아니라는 점은 분명히 해야 한다. 우리가 자신 있게 주장할 수 있는 것은 특정의 사고 체계와 주제들이 성립되기 위해서는 필요한 객관적 전제 조건이 있으며, 만약 전혀 별개의 두 작품들 사이에 표면적 유사성이 존재한다면, 우리는 맨 먼저 그 작품들이 그에 대한 상징적 행위로서 의미를 갖게 되는 사회적 상황과 역사적 조건들 사이의 유사성에 주의를 돌려야만 한다는 사실이다. 그러므로 우리는 실존 분석을 가능케 한 역사적 조건을 이해하기 위해 노력함으로써 이 작업의 첫발을 내디뎌야 한다. 그 기획이 콘래드에 대해 무엇을 알려 주건 간에, 이는 지금까지 사르트르의 작품들에 행해진 것보다 (이 특정한 작업에 대한 반면교사의 교훈을 주는 예로는 투박한 매개 과정을 통해 실존주의를 논하는 루카치의 저술을 볼 것)[44] 더 구체적인 역사적 재정초를 시도하는 일이 될 것이다. 그러나 전문적 철학을 징후적 또는 사회학적으로 재정초하는 일은 문화와 이데올로기 영역에서의 유사한 작업보다 훨씬 더 막대한 방법론상의 저항에 부딪힌다. 전문적 철학이 역사적 전제 조건을 가진다는 주장은 아직 결코 충분히 정립되지 못한, 철학사에 대한 한 관점으로서, 사실 다소 조야한 마르크스주의적 입장에서는 (막 언급한 루카치의 작업처럼) 불신하는 경향이 있어 왔다.

그러나 우리는 이미, 짐이 안뜰로부터 탈출하는 행위의 경우와 같이, 어떤 설명이 없다면 기이하게만 느껴질 경험을 자연스럽게 만들고, 보다 그럴듯하게 만들 어떤 역사적·사회적 하부 텍스트를 구축해야 하

---

44 Georg Lukács, *Existentialisme ou marxisme*(Paris: Nagel, 1948).

는 입장에 분명 처해 있다. 예시한 짐의 경우에 행위는 갑자기 입을 벌려 스스로 그 한가운데에 있는 공허를 드러내 보이는데 이는 주체의 순간적인 소멸과 같다. (다음과 비교해 보라. 『노스트로모』에서 굴드 부인이 청혼 장면에서 순간적으로 의식을 잃는 현상, 데쿠드가 편지를 쓰고 난 후 빠지는 무의식 상태: "그는 총알이라도 맞은 듯이 탁자 위로 비틀거렸다."(210쪽), 물론 그의 자살은 부언할 필요도 없다. "손가락의 마비 상태가 풀렸으며, 안토니아 아벨라노스의 연인은 플라시도 만의 고독 속에서 정적의 팽팽한 밧줄이 탁 끊어지는 소리도 듣지 못한 채 뱃전 너머로 굴러떨어졌는데, 그의 몸이 떨어졌어도 만의 반짝이는 수면은 흐트러짐 하나 없었다."(411쪽))

이러한 대목들에서 우리가 목격하는 것은 본질적으로 한때 헤게모니를 장악했던, 그러나 이제는 골동품이 되어 버린 시간성에 대한 근대적 경험이다. 이러한 재현의 가능성을 열어 준 역사적 전제 조건에 대해 질문하는 일은 그러므로 시간을 '끊어질 듯 팽팽히 당겨진 정적의 밧줄로' 경험하게 되는 사회적·역사적 전제 조건이 무엇이었는지를 묻는 일이다. 그 경험 속에서 '자연스러운(*naturwüchsige*)' 시간성은 처음에는 순전히 형식적인 '통각의 통일성(unity of apperception)'(칸트)으로 묶였다가, 뒤이어 미래와 과거를 지금 현재의 시간에 묶어 주는 예기적이고 회고적인 투사 작용 도중에 마치 어떤 설명 불가능한 근육의 이완으로 인해 갑자기 유리처럼 무작위적인 찰나들로 바스라지는 듯이 보인다. 사르트르와 하이데거가 시간에 대해 던지는 전문적 질문(전자는 본질적으로 기투와 선택 속에서 그 능동적 형식을 고찰하고, 후자는 유한성의 경험으로 그 수동적 차원을 사유한다.)의 하부 텍스트를 구축하기 위해서, 우리는 시간적 행위의 구체적 경험(이런저런 전문적 철학의 탐구가 발전하기 위해 요구되는 특정의 전제 조건)이 겪는 매개 과정을 확인하고 재정립해야만 한다. 그런 후에 그 시간적 행위의 구체적 경험 자체도 사회적·역사적 현상으로 연구될 수 있을 것이다. 그러므로 핵심은 철학적 기술(우리가 자유롭도록 저주받았다는 것, 시간의 불연속성, 그리고 나아가 궁극적으로는 자연적 또는 유기체적 삶과 존재 자체의 부조리성까지.)의 '진리' 여부가 아니다. 여기에 대해서는 모든 현대의 개인들이 분명 그 자체로 받아들일 준비가 되어 있다. 오히려 중요한 것은 이 참을 수 없는 존재론적 지반으로부터 갑작스레 장막이 걷혀, 그 지반이 궁극적 명징성의 형태로 의식에 부과되는 상황이다.(베버도 진리 추구라는 비슷하게 즐겁지 못한 소명에 대해, "내가 얼마나 견딜 수 있는가를 알고 싶다."라고 쓴 바 있다.) 그러한 묘사들과 마르크스주의의 관계에 대해서는, 교훈적 설교들로 그 철학적 묘사를 대체하지 않는 것이 분명 바람직하다. 삶이 무의미하다는 명제는 마르크스주의와 딱히 모순적이지 않은데, 왜냐하면 마르크스주의가 주장하는 것은 유기체의 삶이 아무리 부조리하다 해도 역사(History)는 의미로 차 있다는 전혀 별개의 주장이기 때문이다. 진정한 문제는 실존주의의 명제 자체가 아니라, 그것이 정서에 호소하는 위력이다. 미래 사회에서도 사람들은 늙어 가며, 죽어 갈 것이다. 그러나 마르크스주의의 파스칼적인 내기*는 다른 생각에 근거하고 있는 것이다. 즉 파편화되고 개별화된 사회에서의 죽음은 진정한 공동체 내의 죽음보다 훨씬 더 경악스럽고 불안에 찌든 것이며, 공동체 내의 죽음은 개인 주체보다는 집단에게 더 강렬하게 발생하는 사건이라는 점이다. 즉 마르크스주의의 가설은 미래 공동체의 사회적 삶에서도 시간은 구조적으로 못지않게 공허할 것이고 또 요즘 식으로 표현하자면 현전도 못지않게 구조적·존재론적 환상일 것이지만, 그러나 이 특별한 '실존적 무의 근원적 폭

---

* 『팡세』에 나오는 파스칼의 내기는, 일종의 기독교 변증론으로서 신이 있음을 증명할 수 없다 해도, 만일에 신이 있을 경우에 믿지 않아 지옥에 가는 것보다는 믿어서 천국에 가는 것이 이성적 인간으로서 합당한 선택이라는 것이다.

로'는 그 예리함과 통증을 상실하고 중요성도 감소하게 될 것이다.

어쨌든, 시간성의 이 추상적 구조가, 옛날의 전통적인 행위, 기획, 의식들(시간은 이를 통해 경험되었고, 또 그것들과 불가분의 관계에 있었다.)이 붕괴되기 전에는 등장할 수 없었다는 점은 명백하다. 우리는 지금 추상화의 한 과정을 논의하고 있는데 그 과정에 의해 무엇보다도, 시간 그 자체라는 최고의 추상적 형식이 천천히 등장하게 된다. 그리고 그 시간은 자체의 어떤 순수하고 직접적인 경험이라는 신기루를 펼쳐 보인다. 그러나 칸트가 보여 주듯이 (약간 다른 의미에서 흄 역시 그보다 먼저 보여준 바 있듯이) 그러한 시간성은 경험의 대상이 아니라 단지 순수한 형식일 뿐이다. 그리하여 추상이라는 시간의 성격(베르그송의 물리적 시간 또는 시계에 의존한 시간의 실재성)을 어떤 경험의 충일성(베르그송의 충만한 또는 살아지는 시간이라는 신기루)으로 대체하려는 시도가 실패하는 것도 그리 놀랄 일이 아니다. 비록 그 실패가 개인 주체에게 파국적인 결과를 야기한다 해도 말이다.

그러므로 내가 주장하려는 바는 짐의 외견상의 자기 인식 추구 속에서 제기된 여러 질문들, 즉 그는 겁쟁이인가 아닌가, 만약 겁쟁이라면 그 이유는 무엇인가, 또 이와 연관된 사르트르적 문제로서 비겁함은 그의 존재 자체를 특징짓는 그 무엇인가, 아니면 유사한 상황에서 다른 선택을 하는 것이 가능한가 등의 자유의 본성 주위를 맴도는 이 윤리적 질문들이 실로 (『존재와 무』에서처럼) 행위란 진실로 무엇이며, 시간상의 순간이란 진실로 무엇인가라는 전혀 다른 탐구에 대한 구조상의 구실과 같다는 것이다. 실로 행위는 언제 발생하며, 얼마나 많은 준비가 필요한가, 얼마만큼 행위 속으로 들어가야 그것이 불현듯 '발생하여' 번복 불가능하게 되는 것인가, 그것은 토끼가 경주한 또는 제논의 화살이 날아간 길이처럼 무한히 분할될 수 있는가, 만일 그렇지 않다면, (이는 제논의 역설이 가진 또 다른 역설인데) 행위의 순간이라는 그 단일하고 견고하며

5장 로맨스와 사물화

분할 불가능한 궁극적 원자는 맨 처음 어떻게 존재하게 되는가?

장차 짐에게 상징적인 의미로 가득한 채 특권화되어 다가올 그 상황(구명보트에 뛰어들어, 침몰할 것이 분명한 파트나호를 버리는 일)이 그 공허한 형식의 상태로나마 그에게 민감하게 감지된 상황이라는 점에 대해서는 아직 충분히 논의하지 못했다. 그러므로 그 삽화는 도덕적 예시를 위한 표본도 아니고, 욜레스(André Jolles)*가 카숨(casum)이라 부른 그 '단순한 형식' 또는 분자적 장르도 아니며,[45] 이 책이 지금까지 작품과 관련이 없는 것은 아니지만 일종의 주의 분산용으로 간주해 왔던 그 갖가지 윤리적 질문들을 토론하고 연습하기 위한 매개물도 아니다. 반대로 짐의 정신적 외상은 진정 축어적 의미에서의 정신적 외상이며, 앞부분에 등장하는 장면의 반복을 토대로 구축된 것이다. 사실 이 장면과 똑같은 요소들(구명보트, 절망에 빠진 사람들, 순간의 심연 앞에서 그리고 자유를 향한 도약의 가장자리에서 머뭇거리기)을 포함하는 초반부의 장면이 있었는데 여기에서 중요한 점은 그 부분에서는 짐이 뛰어내리는 데 실패했다는 사실이다.

짐은 누군가 자신의 어깨를 세게 붙잡는 것을 느꼈다. "너무 늦었네, 젊은이." 배의 선장이 물속으로 막 뛰어들 듯한 소년 위에 제어하는 손길을 내려놓고 있었다. 짐은 패배를 의식한 고통을 눈 속에 담은 채 올려다보았다. 선장은 공감하는 듯이 미소지었다. "다음에는 더 큰 행운을. 이번 일로 자네는 좀 더 민첩하게 행동하는 법을 배우게 될걸세."(6쪽)

그래서 구명보트는 짐이 빠진 채 구출된 생존자들을 태우고 돌아온

---

* 1874~1946. 네덜란드 언어학자. 민담이나 로맨스 연구를 통해 정신 구조와 장르의 연관성을 추적했다.

45 André Jolles, *Einfache Formen*(Halle: Niemeyer, 1929), 171~199쪽.

다. 다른 자아(alter ego)가 영광을 차지하고, 자신의 영웅주의를 찬양하는 만족감을 만끽한다.("짐은 그것을 안쓰러운 허영의 과시라고 생각했다.") 그렇다면, 파트나호가 위기에 처한 장면에서 결정적 결단의 순간에(구명보트가 저 아래 준비된 채 흔들리며, 사람들은 임박한 위험 속에 처해 있고, 짐은 '마치 마스트의 꼭대기에 서 있는 것 같은' 자세로 있었을 때(68쪽)) 짐이 이전의 실수를 '본능적으로' 수정하고, 이번에는 '제대로 일을 수행하는' 것이 당연하다. 제2의 기회에 대한 갈망, 이번에는 성공적으로 자신을 증명해 보일 상황이 다시 오기를 학수고대하는 심경 등이 파트나호 삽화와 짐의 재판 이후 그의 고뇌 속에서 밝혀질 때, 그것은 단지 반복의 반복일 뿐이다. 진정한 제2의 기회는, 그리고 결국 그것이 유일한 기회인데, 파트나호의 위기 자체인데 그때 짐은 자신의 오랫동안 중단된 행위를 완성할 예기치 못한 기회를, 앞서 그렇게 수많은 세월 동안 그 위에서 자세만 잡고 있던 구명보트 위로 뛰어내릴 예기치 못한 기회를 부여받게 된다.

물론 그것은 정확히 잘못된 결정이다. 그러나 내가 주장하고자 하는 바는, 이 '아이러니'(우리가 그렇게 이름 붙여야 한다면)는 풍자나 희극의 갖가지 '안정적 '아이러니'와 비교할 수도 없고, 제임스나 플로베르의 시점에서 발생하는 더 불안스러운 '불안정 아이러니'와도 등치시킬 수 없다는 점이다.[46] 만일 아이러니라는 용어를 쓸 수 있다면, 개인 주체의 범주에 (다소 객관적인 윤리적 판단이건, 더욱 유아론적인 단자 속의 '심리적' 경험들이건) 한정되어 있는 그러한 아이러니들과 초개인적이고 더 진정으로 역사적인 성격을 띠는, 그러나 어떤 이데올로기적 오해에 의해 개인적 경험 위에 투사된 이런 아이러니 사이에 분

---

46 이것은 웨인 부스의 구분법이다. Wayne Booth, *The Rhetoric of Irony*(Chicago : University of Chicago Press, 1974).

5장 로맨스와 사물화

명한 구별이 있어야만 한다. 이런 종류의 아이러니는 '역사의 교훈'의 아이러니인데, 예컨대 그 교훈은 우리에게 그 교훈이 아무 가르침도 주지 않는다는 점을 가르쳐 주는 것으로 되어 있다. 한탄스럽게도 그 토록 준비가 부족했던 이전의 전쟁을 잘 치르기 위해 스스로를 더 잘 재무장하는, 그러나 뒤의 전쟁을 치르기에는 또 다른 면에서 여전히 준비 미달인 결과를 빚어내는 그러한 아이러니인 것이다. 그러한 아이러니는 이를테면 헤겔의 '이성의 간지'의 부정적 판본이라고 할 수 있는데 이 형식에서는 비교적 순환적이고 내용을 결여한 것으로 나타난다. (그 내용은 우리가 특정의 역사적 상황 속에서 왜 프랑스 참모진이 1870년*의 교훈을 너무 잘 알았기 때문에 1914년에 그 교훈을 잊으려 했어야만 했는가 등을 질문할 때에만 드러나기 시작한다.) 그러나 『노스트로모』가 우리에게 지니는 가치는 그것이 이런 질문을 전부 다시 제기하려는 시도인 동시에 이번에는 구체적 내용을 지닌 채, 이 공허한 행위라는 전체 문제틀을 집단적 경험의 층위로까지 끌어올리는 괄목할 만한 형식-변형적(form-transfiguring) 노력이라는 점에 있다. 왜냐하면, 곧 살펴보겠지만, 『노스트로모』도 『로드 짐』처럼 시간 속의 구멍에 대한 탐구이고, 그 가장 내밀한 순간이 무너져 내리는, 그리하여 번복 불가능하며 동시에 실현될 수도 없는 행위에 대한 질문이며, 스캔들의 원천과 사유의 아포리아에 대한 질문이기 때문이다. 그러나 『노스트로모』의 사유는 역사(History)에 대한 명상이다.

『로드 짐』의 명상은 개인적 행위라는 문제틀에 완고하게 기울어져 있고, 그 자신에게 거듭거듭 답할 수 없는 질문들을 제기한다. 짐이 처한 결정적 순간에 대한 분석적 질문은 실로 거기에 아무 일도 없었음을

---

* 프랑스-프로이센의 전쟁. 프랑스가 패배함으로써 제2제정이 붕괴되고, 프로이센 중심의 독일 통일이 이루어진다.

보여 준다. "'나는 뛰어내렸어요……' 그는 머뭇거렸고, 시선을 피하더니…… '그런 것 같아요.'라고 덧붙였네."(68쪽) 행위의 현재 시제는 없고, 우리는 항상 그 앞 또는 그 뒤, 과거 아니면 미래 시제, 계획의 단계나 결과의 단계에 있게 된다. 실존적 탐구는 엄격하게 실행되었지만, 그 결과는 진실도 형이상학도 아니며, 단지 철학적 역설로 끝난다.

적어도 짐 자신에 관해서는 그렇다. 왜냐하면 개인 주체의 층위에서 행위의 문제가 아무리 불가능한 문제라 해도, 일단 한번 사회적인 것이 그것을 쓸고 지나가고 나면 문제가 완전히 변형되리라는 점이 분명하기 때문이다. 여기에서 실존적 문제틀에 대한 초점이 이동한다. 아니, 오히려 항상 두 개의 문제틀이 있어 왔음이 명백해진다. 그 하나는 우리가 실존 분석이라 불러 온 전문 철학의 문제틀이고,(『구토(La Nausée)』에서 로캉탱이 개별 주체로서의 자기 자신에게 다가올 피할 수 없는 온갖 결과들과 함께, 존재를 '발견하는 일') 나머지 하나는 전혀 다른 사안으로서 사회적 제도(부빌르*의 부르주아지) 및 그 합법화의 구조가 이 파괴적 발견 및 비사회적 개인의 스캔들과 갖는 관계다. 콘래드는 짐짓 공포 및 용기와 투쟁하는 개인의 이야기를 들려주는 척하려 하지만, 그는 진정한 쟁점이 다른 곳, 즉 짐이 제시하도록 마련된 사회적 표본, 그리고 사르트르적인 자유에 대한 짐의 발견이 지배 계급을 기능하게 하고 그 통일성과 합법성을 주장하게 만드는 이데올로기적 신화에 끼치는 탈도덕화의 효과에 있음을 잘 알고 있었다. 그리하여 짐의 판관인 브라이얼리의 자살은 사회적 행위이며 계급의 포기이지, 너무나 자주 그렇게 해석되어 온 것처럼 무의 실존주의적 발견이 아닌 것이다.

우리는 조직적 인간 집단이 아니오. 우리를 결속하는 유일한 요소는 그

---

* 로캉탱이 거주하는 암울한 해변 도시.

5장 로맨스와 사물화

런 유의 품위라는 명분이오. 이런 사건은 사람의 신뢰를 파괴한다오. 단호한 용기를 보여 줘야 한다는 요청을 받지 않은 채 평생 항해 생활을 잘 해낼 수도 있는 법이오. 그러나 그런 요청이 날아올 때면……(42쪽)

이 사건에 대한 말로의 해석도 그리 다르지 않다. 눈에 띄지 않는 교묘한 문장 전환을 통해 "내가 빛도 나지 않는 노역의 공동체라는 명분과 어떤 행동 기준에 충실해야 한다는 요소로 묶인 이름 없는 인간 집단의 한 구성원이라는 것 말고는 내게 상관없었던 사건"(31쪽)에, 자신이 흥미를 느낀다는 사실이 놀랍다고 부지불식간에 내뱉는 대목을 보면 그렇다. 그러나 계급적 가치의 이데올로기적 응집력(질문의 대상이 되는 순간 위험에 빠지는)으로 결속된 인간 집단은 단순히 바다의 선원 공동체만은 아니다. 그것은 또한 대영 제국의 지배 계급이며, 제국적 자본주의의 영웅적 관료주의이기도 하다. 상선 선단의 고급 선원들이 보여 주는 소영웅적인, 그러면서도 때로는 더 영웅적이기도 한 관료주의야말로 바로 이에 대한 한 형상이다.[47] 여기에서 콘래드의 작품은 궁극적으로 플로베르의 언어 미학보다 포드의 『행렬의 끝(*Parade's End*)』에서 볼 수 있는 영국의 귀족적 관료주의에 대한 정교한 재현과 자기-심문

---

47 "짐은 하나의 규약을, 항해에 대한 일련의 법칙들을 교육받았다. 그것은 기술적인 것일 뿐 아니라 본질에 있어 도덕적인 것이다. 구체적인 실천적 규칙인 동시에 일반적인 사회적 법칙인 책임감 및 의무에 대한 정의를 교육받은 것이다. 그는 그러한 법칙들이 확립된 또는 확립되었다고 추정되는 어떤 위계(선상의 고급 선원들)의 일부분이다. 그의 도덕적 갈등은 고독의 산물도 아니며, 사회나 공유된 믿음의 결핍이 낳은 산물도 아니다. 그것은 더 초기적인 형태, 역사적으로 더 초기적인 형태의 갈등이다. 거기에서 인간의 능력은 압박감 아래 시험된다. 남들은 합의된 규칙들을 깨뜨리지만, 그는 끝까지 고수하여 결국 불명예에 빠진다. 이때 합의된 가치 체계 속에서 실제로 관찰되는 것이 이를테면 **품행(conduct)**이다. 콘래드 소설에서 배는 이런 특별한 속성을 지니고 있는 공간이고, 대부분의 소설가들이 통상적으로는 더 이상 획득하기 어려운 공간이다. 그것은 투명한 종류의 알 수 있는 공동체(a knowable community)인 것이다."(Raymond Williams, *The English Novel*, 141쪽)

(self-questioning)에 접근하며, 다른 방식으로는 육안으로 인식할 수 없는 사회 제도를 가시화하기 위해 사회적 스캔들이라는 일화적 형식을 흡사하게 활용하고 있다. 그러므로, 두 작품 모두에서, 실존적 '극한 상황'은 (파트나호의 칸막이 벽과 1차 세계대전) 인간 행위나 시간적 순간의 내적인 분절화를 드러내기 위해 계획된 실험실 속의 실험이라기보다는, 이데올로기의 구조를 드러내기 위한 전제 조건이 된다.

6

그러나 만약 이것이 진실로 『로드 짐』이 말해 주는 전부라면, 왜 아무도 그렇게 생각하지 않는지, 누구보다도 콘래드 자신이 왜 그렇게 생각하지 않는지라는 의문이 제기되어야 한다. 마지막의 그러나 골치 아픈 외양의 현실성이라는 정식(formality), 오류인 동시에 객관적 현실인 오독의 구조적 기원은 무엇인가라는 문제가 남는 것이다. 이 소설에 대한 우리의 읽기는 모더니즘에 대한 한 모델에 근거한 것으로 지금까지 우리는 그 모델을 증명하고자 한 셈이다. 그 모델에 따르면 모더니즘은 취하된 리얼리즘(canceled realism)으로서, '리얼리즘적 내용'의 부정이며, 이는 헤겔의 지양(Aufhebung) 개념에서처럼, 그 내용을 지우면서 동시에 들어올려 그 자체에 담지(bear)하고 있는 것으로 파악된다. 요컨대, 우리가 종종 루카치의 주장으로 이해하는 바와 같이 모더니즘이 단순한 이데올로기적 왜곡이며, 독자의 주의력을 역사와 사회로부터 순수 형식과 형이상학, 개인적 단자의 경험들로 체계적으로 이동시키는 하나의 방식이라고 상상하는 것은 잘못인 것이다. 물론 이 모든 것이 모더니즘의 속성이기도 하지만, 그것들은 생각처럼 그리 쉽게 이루어지는 일이 아니다. 모더니즘의 기획이란 더 적절히 이해하자면 노먼 홀런드의 편리한 표현을[48] 빌려 역사적·사회적 충동들, 깊은 차원에서의 정치적 충동들을 '관리하고자' 하는 의도, 즉 그 충동들의 뇌관을 제거하고, 그 대리 만족을 준비하거나, 기타 유사한 작용을 하고자 하는 의도라고 말할 수 있다. 그러나 우리는 그러한 충동들이 관리되기 위해서는 우선 그것들이 촉발되어야 한다는 사실을 덧붙여야만 한다. 모더니즘은 자신이 깨워 낸 그 리얼리즘을 다음 순간 재봉쇄하기 위해서, 바로 그 때문에 리얼리즘적이 되어야 한다는 점이 모더니즘 기획의 미묘한 부분이다.

우리의 『로드 짐』 읽기가 내내 지고 왔던 부담은 19세기 후반의 합리화와 사물화라는 전체 사회의 구체적 하부 텍스트를 재구성하는 것인데, 이 소설은 그 현상에 대한 너무나 강력한, 그리고 너무나 다양한 형식적 층위에서의 표현인 동시에 유토피아적 보상이다. 이제 우리는 그러한 내용의 구조적 치환을 보장해 주며, 독자들이 욕망한다면(우리 모두가 욕망하는데, 그것은 바로 역사에 대해 알기를 회피하기 위해서인 것이다!) 텍스트를 더 무난한 방식으로 읽도록 해 주는 맞춤식 대체 해석 체계를 제공하는 기제로 돌아가야 한다. 이 목적을 위해 구축된 두 가지 봉쇄 전략들은 어떤 층위에서는 모두 명백하게 이데올로기이고, 또한 그런 것으로 분석될 만하다. 그러나 현재의 심급에서 보면, 그 전략들은 이데올로기의 서사적 투사이자 서사 전략으로서 다음과 같은 공통의 목적을 지니고 있다. 즉 자칫 윤리적인 범주와 개인 주체의 범주를 벗어나 버릴 동력을 지니고 있는 서사를 다시 쓰고자 하는 것이다. 그렇지만 우리가 보아 온 대로 『로드 짐』의 내용은 그 자체로 이질적인 것으로, 겉보기에는 서로 무관한 미시적 차원(사물화된 시간, 탈신성화된 행위)과 거시적 차원(역사와 실천)에서 유래한 것이다. 그러므로 이 두 상호 구별되는 스캔

---

48 Norman Holland, *Dynamics*, 289~301쪽.

들 및 이데올로기적 도전의 원천들을 관리하기 위해서는 하나가 아니라 두 개의 상이한 봉쇄 전략이 발전되는 것이 당연하다.

문제의 두 전략들은 그리하여 우리가 각각 형이상학적인 것과 멜로드라마적인 것이라고 특징지을 형식을 띠게 된다. 그것들은 '책임 당사자들'을 찾아내 그들에게 죄를 부과함으로써 짐의 서사가 제시하는 사건들의 내용을 재봉쇄하고자 한다. 우리는 사실 이들 중 첫 번째 형태인 형이상학적 전략에 대해서는 이미 논의했다. 그것은 자연(Nature), 특히 인간의 생명을 압살하는 바다를 선별해 내어 짐이 자신을 증명하기 위해 인격화된(anthropomorphic) 전투를 수행해야 하는 상대로서의 궁극적 악당역을 부여함으로써 원(原)실존주의적 형이상학을 투사해 낸다. 만약 짐의 탐색이 우리가 앞 절에서 제시하고자 한 바 있는 전혀 다른 종류의 것이 아니라 용기와 공포의 문제로 남으려면 이런 의인화된 의미의 자연은 근본적인 중요성을 띠게 된다. 물론 이 말은 사람이 익사하지 않는다거나 바다가 무섭지 않다는 뜻에서 하는 말이 아니라 진정한 실존주의라면 자연 그 자체를 해명해야만 하고, 만약 자연이 진정으로 무의미하다면 자체와 일관성을 유지하기 위해서라도 온갖 노력을 다하여 어떤 "사물의 경악할 얼굴 이면의 진정한 공포", "보이지 않는 그 무엇, 혐오스러운 육체 속의 악의적인 영혼처럼 내부에 거주하는 파멸을 지휘하는 정령"(19쪽)이라는 식의 표현이 가져다 주는 인격화된 인상들을 힘들여 해체해야만 한다는 것이다.

그러나 짐은 바다에서 파멸되지 않는다. 그리고 이런 의미에서 자신을 증명하는 일은 항상 인간을 적대자로서 요구하는 듯하다.(『밧줄의 끝』과 『태풍』에서 자연이 인간 행위자로 치환되는 비슷한 과정을 보라.) 그리하여 소설의 전반부에서 딜레마의 형식을 빌려 그렇게 무자비하게 펼쳐 놓은 문제를 후반부에서 수습하려면, 아니 이데올로기적으로 '해결'하려면, 오히려 또 다른 멜로드라마의 전략에 의존할 수밖에 없다. 그리하여 자연이라는 악의적인 행위자는 인간 행위자로, 젠틀먼 브라운이라는 이름의 인간 행위자로 대체되는 것이다.

문제는 이런 장치의 '동기화'가 어떻게 가능한가라는 점이다. 짐이 승리를 획득할 바로 그 순간에 후회 없이 계속 자신의 목표를 추구할 동기를 어떻게 상상해 내며, 독자들이 그 동기를 믿도록 유도하는가? 그러나 우리가 이미 4장에서 예시한 대로 그러한 동기화는 19세기 후반의 이데올로기 어디에서나 찾아볼 수 있다. 애초에 그 이데올로기는 군중 폭동뿐 아니라 지식인 불만 분자의 혁명적 소명 의식을 심리적으로 설명하기 위해 고안된 것이었고, 좀 더 넓은 범위에서는 일상적 삶 전반의 재현에 일반적으로 적용되었으며, 특별하게는 정치적 충동을 불신하게 만드는 데 활용되었다. 이는 물론 분한이라는 개념이다. 분한에 관한 한 콘래드는 서사시인이 되려고 작정한 것처럼 보인다. 그의 작품 중에(비록 이 점에서도 『노스트로모』는 독특하게 특권화된 작품이며, 거의 예외적인 것이지만) 까닭 없이 악의에 차 이 병적인 열정을 지닌 채로, 순진하고 의심 없는 인물들을 매복이라도 하듯이 기다리고 있는 인물이 등장하지 않는 작품은 단 하나도 없다.[49] 실로 『서양인의 시선 아래(Under Western Eyes)』와 『비밀 정보원(The Secret Agent)』(도스토옙스키 또는 오웰의 걸작들만큼이나 그 나름의 방식으로 강력한 반혁명 문헌들) 같은 위대한 정치 소설들은 분한의 메시지를 (또한 모든 혁명적 소명 의식의 진정한 원천으로서의 그 역할을) 너무나 강박적으로 분출하고 있기 때문에 그 자신의 내적 역학을 배반하고 있다. 앞서 언급했듯이 분한이라는 개념 자체가 바로 그 문제의 정서가 낳은 산물이기 때문이다.

---

49 그러므로 나는 플라이쉬만의 주장, 즉 "콘래드의 전체 작품 세계에서 사실 『로드 짐』의 젠틀먼 브라운과 『승리』의 끔찍한 세 인물만이 근본적 악의 유일한 전범들이다."(Conrad's Politics, 28쪽)라는 주장이, 그에게서 보기 드문 경우지만 부정확한 것이라 느낄 수밖에 없다. 다른 한편, 강박적인 분한 모티프를 인식하게 되면 그에 동반되는 '유기체'의 이데올로기를 필연적으로 새로이 그리고 덜 우호적인 시선으로 보게 될 것이라는 점도 명백하다.

그런데 비록 젠틀먼 브라운이 보여 주는 외곬의 니힐리즘적인 힘도 다소 복잡한 인물 체계에 근거하고 있긴 하지만, 그렇다고 해서 그가 강력한 인물형이 아니라는 것은 아니다. 이 인물 체계에 의해서 덜 분한적인 인물인 코넬리어스는 그 열정 중 자신에게 어울리지 않는 온갖 요소들은 떨쳐 버리고, 결과적으로 짐의 상대로 다음처럼 더 어울리는 절대적 악역이 지녀야 할 사악함과 에너지의 보다 순수한 모습으로 남는다.

나머지는 단지 저속하고 탐욕스러운 짐승 같은 인간들이었으나, 그만은 어떤 복잡한 의도에 따라 움직이는 것처럼 보였어. 그는 마치 인간이 형편없는 존재라는 자신의 견해를 과시라도 하려는 듯 사람을 강탈했어.(214~215쪽) 자신이 죽음의 손길에 붙잡혀 있다는 생각을 내비치는 그 사람의 토막토막 뱉어 내는 난폭한 언사에는 가장하지 않은 냉혹한 목적의식이, 자신의 과거에 대한 복수심 가득한 이상한 태도가, 모든 인간을 적대시하는 자신의 의지가 정당하다는 맹목적인 믿음이, 한 무리 떠돌이 살인자들의 우두머리가 스스로를 자랑스레 하느님의 채찍이라고 부르게 만드는 종류의 자신감이 배어 있었지.(225쪽) 그의 주름진 광포한 눈길 속에 가라앉아 있는 불길을 나는 견뎌야만 했어. …… 그 눈길은 사악함의 어떤 형태는 얼마나 광기에 가까운지를 잘 보여 주고 있었어. 강렬한 에고이즘에서 나와, 반항 정신으로 불 당겨져서, 영혼을 갈기갈기 찢고, 몸에는 이상스러운 기운을 부여하는 그 광기 말이야.(209쪽)

이러한 강력한 수사학 속에서 우리는 서사와 그 속의 행위항들(actants)에게 가해질 수밖에 없는 폭력적인 전치 과정을 감지할 수 있다. 그것은 멜로드라마의 효과라고 부를 만한 효과를 생성해 내고, 악당이 신화적 느낌을 풍기도록 만든다. 그 느낌은 너무나 고색창연하고 역사적으로 추악한 것으로서 그 계보학적 기원을 저 먼 옛날의 사형(私

刑) 제도와 학살, 희생양의 추방과 제의적 처벌에 두고 있는 것이다. 자신을 영속화하는 사악함의 이런 모습을, 일본 귀면극(鬼面劇)에 나오는 그 부풀어 오른 핏줄과 섬뜩하게 찌푸린 인상의 가면을 두고 쓴 브레히트의 시구와 병치해 보면 우리의 생각이 정돈된다.

> 이 모두가 보여 주고 있다네.
> 사악해지기 위해선
> 얼마나 혹독한 노력이 필요한지.

7

우리가 이미 시사했듯이 『노스트로모』는 『로드 짐』의 서사 장치가 변증법적으로 강화되고 변형된 작품이다. 콘래드가 보지 않으려 했던 모든 것은 이미 제시했기에, 이제 결론적으로, 사회적·역사적 상상력의 벅차고 야심적인 노력 속에서 그가 무엇을 볼 수 있었던가를 제시해 보는 것이 좋을 듯하다. 중요한 것은 1900년과 1904년 사이 콘래드의 개인적 발전의 문제가 아니라, 구조적 변형을 예증해 내는 일이고, 유사한 재료들이 개인 주체의 범주 및 영역에서 집단적 운명의 범주와 영역이라는 새로운 관점으로 옮겨졌을 때 완벽하게 변모되는 방식을 예증하는 일이다.

기본적 은폐 장치, 즉 근본적 '봉쇄 전략'(콘래드의 다른 작품들에서 바다가 수행하는 기능을 『노스트로모』에서 담당하는 것으로서, 이 서사 모델이 다룰 수 있는 온갖 사회적 총체성을 봉쇄해 격리시키는 경계를 동기화하고 합리화하는 장치)에 관해서라면 우리는 그 구조화의 메커니즘을 수직적으로보다는 수평적으로 찾아보는 것이 더 적당할 것 같다. 즉 영어권 등장인물들 또는 적어도 라틴 아메리카의 '실체(substance)'(헤겔의 용어를 쓰자면)라는 모호한 배경에 대비되어 전경화되는 외국인 등장 인물들이 처한 상황 속에서 말이다. 제3세계, 특히 라틴 아메리카가 그 자체의 문학적·정치적 목소리로 발언하는 오늘날, 우리는 콘래드의 코스타구아나 사람들 및 정치에 대한 재현이 지닌 모욕적이고 희화적인 제반 요소들을 더 잘 파악할 수 있는 입장에 있다.[50] 실로 이 작품에서의 이데올로기적 간섭은 세 겹의 층으로 이루어져 있다. 가장 일반적 층위에서, 우리는 게으르고 무기력하다는 등의 라틴 '인종'에 대한 '영국의' 고전적 초상을 만난다. 그리하여 정치적 질서와 경제 발전은 외부로부터 '들어와야만' 한다는 것이다. 이런 태도는 상당한 환상적 매력으로 덮여 있고, 목가적 이야기 쓰기의 재료를 제공한다는(이를테면 로런스의 『날개 돋친 뱀(The Plumed Serpent)』을 생각해 보라.) 점에서, 또 동시에 산업화된 서구의 자화자찬에 신빙성을 더해 준다는 점에서 단순한 인종주의보다 훨씬 복잡한 양상을 띤다. 이러한 관점이 지닌 양면성이 무엇이건 간에 그것은 분명 '타자'에 대한 사고방식이다. 비록 사실들과 일화들이 동일한 모습으로 남는다 하더라도 라틴 아메리카 소설가가 일종의 헤겔적 '불행한 의식'을 느끼지 않은 채 자신의 재료를 이런 방식으로 조망한다는 것은 생각할 수도 없는 일이다.

제2의 층위에는 물론 콘래드 본연의 정치적 견해와 태도가 존재한다. 콘래드는 자신이 토착인들 중 긍정적인 인물들인 이른바 블랑코파를 귀족적인 무리와 동일시하고, 사악한 몬테로파를 메스티조인들과 동일시하고 있다는 사실을 독자들이 눈치채지 못하도록 처리한다. 몬

---

50 Jean Franco, "The Limits of the Liberal Imagination," *Point of contact/ Punto di contacto* No. 1 (1979), 4~16쪽 참조. 콘래드 소설의 이국적 소재 활용에 대한 이글턴의 "이국적 경험들이 문명화된 구조에 대해 발본적으로 의문을 제기하게 되고, 후자는 역으로 그 대면으로부터 새로운 정당성을 획득한다."는 논평(Terry Eagleton, *Exiles and Emigrés* (New York; Schocken, 1970), 31쪽)은 여기에서 더 자세히 개진될 수 있을 것이다.

테로파의 정치에 대한 가장 명시적인 진술은 '제왕주의: 대중의 직접 투표에 기반한 제국적 통치'(335쪽)라는 정의이다. 그러나 『노스트로모』는 이런 두 정치적 이상들이 그 자체의 입지에서 서로 투쟁하도록 만든다는 의미에서의 정치 소설은 아니다.(그런 종류의 정치적 예술의 궁극적 모델은 헤겔이 잘 밝혀 주었듯이 『안티고네』이다.) 여기에는 이미 콘래드의 정치적 입장이 전제되어 있고, 그 입장은 윤리적이고 멜로드라마적인 표지들에(블랑코파는 선하고, 몬테로파는 사악하다.) 의해 수사적으로 강화된다.

그러한 표지들은 예상대로 우리를 제3의 층위, 즉 가장 깊은 이데올로기적 층위로 이끌어 간다. 그것은 다름 아닌 분한의 이론이 다시 한번 작용하는 층위이다. 그래서 몬테로 형제들의 모습과 그들의 동기들이 내로라 하는 반혁명적인 19세기 역사가들 사이에 상투 어구가 된 용어들로 묘사되고 설명되는 것이다. 그러나 『노스트로모』에서 이 동기가 불러오는 반향의 효과는 그것이 『로드 짐』의 구조에 미친 영향과는 전혀 다르다. 후자에서 그것은 모더니즘 텍스트를 대중문화적 텍스트(하위 장르 베스트셀러)로 변형시켰었다. 어느 경우이건 분한의 이론 및 비전이 필연적으로 콘래드에 의해 구상된 정치적 또는 역사적 성찰의 외부적 한계를 형성한다고 볼 수 있다. 이렇게 볼 때, 『노스트로모』는 그 효과를 구조적으로 최소화하도록 조직되어 있는 경우이다. 왜냐하면 여기에서는 분한 자체가 재봉쇄되어 텍스트 고유의 구조 또는 경계 속으로 밀어 넣어져 있기 때문이다. 결과적으로 콘래드의 전경화된 기본적 서사(순전한 배경 또는 구실로 작용하는 이 독특한 바나나 공화국을 무대로 펼쳐지는 (유럽 또는 북미의) 주요 인물들의 이야기)는 우리가 멜로드라마의 전략이라고 부른 것에 의해 재전유되지 않은 채 전개, 생산될 수 있게 된다. 게다가 『노스트로모』에는 형이상학적 전략, 즉 악의적 자연을 원(原)실존주의적으로 불러내는 전략도 빠져 있다는 점을 더불어 고려하면, 우리는 이데올로기와 형식 생산 간의 규정 관계를 조명하는 데 있어 대단히 흥미로운 콘래드 서사 라인의 형식적 변형을 기대해 볼 수 있다.

『로드 짐』서사 구조와의 차이점을 더 선명하게 드러내기 위해서는 유사성을 강조할 필요가 있다. 『로드 짐』전반부에서 우리가 느꼈던 텍스트화의 느낌은 이 작품에서는 덜 두드러진다. 왜냐하면 이야기 인물 (hommes-récits) 또는 이야기 중심이 뒤로 물러나고, 텍스트가 구식과 신식의 어중간한 타협인 삼인칭 화자의 목소리로 작용해야 하기 때문이다. 여기에서 이를테면 조이스의 서사나 심지어 플로베르의 서사가 보여 주는 초개인적 입지점(transpersonal standpoint)을 발견할 수 없다는 점에서 콘래드는 전모더니즘적이다. 그럼에도 불구하고, 세부 사항에서 세부 사항으로 옮겨 가는 텍스트의 연상적이고 우연적인 진행은 결코 『로드 짐』보다 복잡성이 떨어지는 것은 아니다. 그리고 우리가 이미 예견한 대로 그것은 중심적 행위의 주위를 돌며 느리게 분석해 나간다는 동일한 기본 원칙을 준수하고 있는데, 그 중심적 행위란 지나치게 깊이 질문해 들면, 우파니샤드 철학에서 존재의 상징으로 취급되는 양파처럼, 한 겹 한 겹 조심스레 벗겨 낸 결과 그 중심에 아무것도 없음이 드러나지 않을까 두려워지는 대상이다.

이 중심적 사건은 처음에 독자들에게 (또한 텍스트에서도) 몬테로파의 혁명으로 생각된다. 고전적인 텍스트화 과정의 치환에 의해 불운한 블랑코파 독재자의 당나귀를 이용한 도주는 처음에는 단지 이차적인 세부 사항으로, '보여 주기'보다는 '말해 주기'의 방식에 의해, 대화 도중에 언급되는 전혀 연관 없는 화제의 지나가는 한 이야기로 제시된다.(23쪽) 이 동일한 '사건'은 200쪽 가까이 지나서야 부재하는 감각 자료로, 즉 멀리 있는 호기심의 대상을 수많은 관찰자들의 시야로부터 차단시키게 만드는 암묵적 원인으로 다시 현실화된다.(192쪽) 물리적 및 서사적 측면 모두에 있어서 우리가 지닌 현전에 대한 관습적 개념은 소설의 이 두 번째 지점에서야 문제의 사건이 결국 '실제로' 발생한다고 가정하게 한다. 그러나 더 정확하게 말하자면 그 사건은 그런 의미에서 결코 실제로 일어나지 않는다고 볼 수 있다. 왜냐하면 그 사건에 대한 최초의 담론적 언급(장면으로서가 아니라 배경 또는 사실로서의)을 통해 콘래드는 이후에 그 사건을 온갖 살아 내는 현전의 형태로 '처리'해야 하는 작업을 면제받기 때문이다. 그러므로 이 중심적 사건은 가장 고전적인 데리다적 방식으로 현전/부재한다. 오직 최초의 부재 속에 현전하며, 가장 강렬히 현전한다고 상정되는 순간에 부재하는 것이다.

그러나 서사의 한가운데 위치하는 이 구멍 자체는 오히려 소설의 거대한 사건 체계가 맴돌고 있는 어떤 보이지 않는 중심축과도 같은 더 큰 구멍의 외면적 표상에 지나지 않는다. 달리 말하면 『노스트로모』는 실제로 정치적 변혁에 대한 소설이 아니며 정치적 변혁 자체는 가장 근본적인 사건의 한 구실에 지나지 않는데, 그것은 바로 데쿠드와 노스트로모가 대이자벨 섬으로 항해하는 일, 나아가 보물을 찾아내는 일이다. 그리고 그것은 분리파의 옥시덴탈 술라코 공화국의 설립과 동일한 사건이다. 이 층위에서는 플롯상의 전체 좌표들에 특별히 불가해한 요소들이라고는 존재하지 않는다.(『로드 짐』에서 우리가 발견한 종류와 같은 좌표들의 구조적 이동도 물론 존재하지 않는다.) 사실상 이 소설은 모든 서사는 자연으로부터 문화로의 이행이라는 구조주의적 언명을 교과서적으로 실행한 작품이다. 실제로 소설의 도입부는 만의 풍경을, 사람 하나 없는 풍경을 환기시키고 있고, 종결부는 (노스트로모의 죽음을 제외한다면) 신생 공화국의 새로 성취된 사회를 찬양하고 있다. 『로드 짐』의 경우, 개인적 행위 및 행위의 가능성에 대한 질문이 '전설적' 영웅주의의 타락한 형상에 대한 투사로 나아갔었다. 그러나 여기에서는 정반대로 유사한 질문이 집단성의 층위로까지 상승하며, 사회 자체에 관한 서사적 생산물을 생성하게 되는 것처럼 보인다.

　이것이 한 개인이 아니라 두 사람의 행위에 의해 이루어진다는 점은 명백하다. 즉 복합적인 역사적 효과성을 고려할 때 두 주인공의 결합된 행위로부터만, 더 적절하게는 그들이 어떤 새로운 집단적 행위항으로 종합됨으로써 생겨나는 단일한 행위에 의해 『노스트로모』의 서사 생산이 이루어지는 것이다. 그렇다면 우리는 처음부터 그러한 결합과 종합이 서사적 의미를 이끌어내는 의미소 체계의 존재를 미리 상정할 수 있겠다. 가장 명백한 층위에서, 즉 어떤 형태의 신화 비평도 쉽게 찾아낼 수 있는 층위에서 노스트로모와 데쿠드의 결속에 의해 형성되는 새로운 이중의 행위항은 몸과 마음, 행동인과 지식인, 개인적이고 거의 육체적인 허영을 지닌 자와 이상을 사랑하는 자(데쿠드가 자신을 압도하는 고정 관념(분리파 공화국)을 가지고 있고, 또 안토니아에 대한 사랑으로 '고무되어' 있다는 두 가지 의미에서)를 합친 행위항이다. 그러나 노스트로모와 데쿠드의 대립/결합 속에 이런 형태의 내용이 부여되어 있음을 인정하더라도, 몸과 마음의 이런 신화적 재결합이 어떻게 의미소적으로 충분히 사회를 정초할 수 있는지를 파악하기는 대단히 어렵다. 그 재결합은 기껏해야 변형된 개인적 행위의 새로운 통합 형식을 낳는 것에 불과하며, 그것을 보충하는 '역사적 작용성'은 여전히 유추되어야 할 상태로 남는다.

　우리는 텍스트의 움직임에 의해, 데쿠드와 노스트로모라는 두 인물이, 어떻게 서로 상이하고 동등하지 않은, 그리고 대체로 연관 없는 인물군과 운명 집단으로부터 천천히 출현하게 되는지를 관찰함으로써 이 작업을 시작할 수 있을 것이다. 프랑스 식 문화와 성장 배경으로 인해 순수 '원주민' 인물들과 거리가 있는 (그의 이름부터가 그렇듯이) 데쿠드는, 찰스 굴드와 광산 주변에 몰려 있으며 굴드 부인의 살롱에 의해 적절하게 조직되어 있는 인물 집단으로부터 느리게 등장한다. 이에 비해 노스트로모는 비올라 노인과 그의 카페 알베르고 주변의 훨씬 작은 무리로부터 등장한다. 플롯 및 조직상의 필연성이라는 관점에서 보면 비올라 노인에 대한 이야기는 엄밀히 말해 불필요하며, 그런 점에서 아마도 더 깊은 차원의 필연성에 부응하고 있는 것이라는 점을 알게 되면, 이러한 파생 관계가 기호학적 중요성을 지닌 것이라는 우리의 예감은 더욱 강화된다.

어쨌건 소설 속 인물 집단의 이 두 커다란 계보, 즉 광산 소유주 찰스 굴드와 이탈리아 이주민이며 가리발디 신봉자인 비올라로부터 유래하는 두 계보는 그렇게 대비되어, 곧바로 확연한 대립 구도를 형성한다. 이 계보는 19세기 역사의 두 거대한 힘과 일치하는데, 전자는 제국주의 단계로 진입하는 산업자본주의에, 후자는 고전적인 1848년 유형의 '민중'(엄밀한 의미에서 농민도 아니고 프롤레타리아도 아닌) 혁명*에 일치한다. 후자에서 가리발디라는 영웅적 인물상은 레닌인 동시에 체 게바라이며 독립 국가를 건립하는 성공적 혁명의 유일한 지도자이다. 액자 속의 가리발디 초상이 술라코 독립 공화국의 건립을 주재하고 있다는 사실은 이 소설의 정치적 명상이 자리 잡고 있는 기본적 공간을 분명하게 열어 준다. 왜냐하면 술라코는 1848년의 이상을 실현한 것도 아닐뿐더러, 피에몬테 중심의 이탈리아 통일**도 아니기 때문이다. 가리발디가 비올라 이야기의 전설적 후원자라면, 더욱 베일에 가린 찰스 굴드의 후원자이자 자본 보증자인 샌프란시스코의 홀로이드는 그의 구조적 대립물이자 평형추이다.

콘래드는 민족-민중주의적 이상에 대한 이런 우호적인 묘사 이외에 정치적으로 결코 더 이상 나아가지 않았다. 동시에 자신의 새로운 역사

---

* 북부 이탈리아에서 일어난 통일혁명 운동.
** 1861년 피에몬테 왕 비토리오 에마누엘레 2세가 이탈리아 왕국을 선포한다.

적 전망의 이 극단을 콘래드가 주의 깊게 제한하며 봉쇄하고 있다는 점
도 언급되어야만 한다. 그것은 일차적으로 순수한 라틴계(그러나 유럽식
이기도 한)의 혁명 충동(즉 이곳에서는 이국적이고 외국적인 이탈리아계의)
과 토착적인 몬테로파의 혁명 충동을 분리시킴으로써 이루어진다. 그
현상은 프로이트적 분열과 유사한데, 이런 종류의 현상이 새로이 출현
하는 인물 체계의 온갖 항목들을 복잡하게 만들고 또 실제로 제한하는
작용을 하고 있음을 관찰할 수 있다. 달리 말해 긍정적인 비올라/가리발
디 항목의 가치에 대한 인정은 사악한 닮은꼴인 몬테로 형제들을, 그리
고 가리발디 식 민중적 지도력의 사악한 거울 이미지인 '제왕주의'를 잘
라내 버리는 대가를 치름으로써만 허용되는 것이다. 또한 이 최상의 정
치적 가치를 육체와 허영, 자부심, 강인함, 개인적 행위 등의 요소를 지
닌 노스트로모 모티프와 결합시킨 점은 우리가 대립의 다른 극단을 주
시하는 순간 즉시 드러날 사실, 즉 콘래드에게 민중주의는 내재성(삶
(Leben)과 본질(Wesen), 우연과 의미의 어떤 실제적 일치)의 항목이며, 그리
고 그런 만큼 그의 서사 장치에는 접근 불가능한 것임을 시사하고 있다.
    이 점은 콘래드가 자본주의를 얼마나 초월로 이해하고 있는가를
우리가 파악할 때 더욱 분명해진다. 자본주의를 질서의 도래와 연결
시키는 관습적인 수사학(덧붙이자면, 이는 아주 오래된 자본주의 옹호론이
기도 하다.[51])은 술라코 같은 나라에서 자본주의는 자연 발생적이지 않
다는 느낌, 그리고 그런 만큼 그것은 인위적이며, 필연적으로 위로부
터 부가돼야 할 이념이나 이상, 또는 도덕적 명령 같은 것이라는 생각
과 나란히 공존하고 있다. 이는 마치 '박애주의' 모티프의 마지막 현
현과도 같은 것이다. 반복되는 세태 묘사어 '감상주의'(순전히 지적이
거나 철학적인, 또는 '이타주의적' 이유에 근거해 일들을 처리하는 인간들의

---

51 Albert O. Hirschman, *The Passions and the Interests*(Princeton: Princeton Univ.
Press, 1977) 참조.

설명 불가능한 변덕)는 이 주제에 공명하는 것인데, 은행가 홀로이드의 '상상력'을 찬양하는 아래의 대목에서 그 절정에 이른다.

백만장자가 된다는 것, 홀로이드 같은 백만장자가 된다는 것은 마치 영원히 젊은 상태로 남는 것과 같지요. 젊음의 오만함은 마음대로 쓸 수 있다고 상상하는 무제한의 시간에 근거하고 있지만, 백만장자는 무제한의 수단을 손아귀에 쥐고 있는 셈이죠. 그것이 더 멋진 일이에요. 우리에게 주어진 지상에서의 시간은 불확실한 분량이지만, 천금의 재산이 이룰 수 있는 것은 확실하죠. 이 땅에 순수한 기독교를 전파하는 일은 젊은 열성적 기독교인에게 어울리는 꿈이겠지만, 나는 지금 쉰여덟의 홀로이드가 인생의 문턱을 갓 넘은 젊은이 못지않을 뿐 아니라 더 대단해 보이는 이유를 설명하고 있는 것인데요. 그는 선교사는 아니지만 산 토메 광산이 그의 종교인 셈이죠. 그는 2년 전 존 경과 가졌던 코스타구아나의 재정에 대한 사업 회의석상에서 이 사실을 드러내고 말았어요. 정말이라니까요. 귀국하는 도중 샌프란시스코로부터 여기 나한테로 보낸 편지에서 존 경이 놀라움을 금치 못하고 그 점을 언급했었어요. 맹세컨대, 의사 선생, 사물들이란 그 자체로는 별 가치가 없는 듯해요. 나는 이제 사물들에 관련해 각자가 자신의 행위 방식 속에서 발견해 내는 정신적 가치만이 유일하게 확고한 것이라고 믿기 시작했어요.(265~266쪽)

비올라 집의 벽에 걸린 가리발디의 시각적 초상은 실체 없는 이상이며 추상물인 홀로이드와 이렇게 대칭적으로 일치하게 된다. 가리발디는 우리가 살펴본 대로 문체상 불가능한 내재성의 집약체였다. 그러므로 서사가 드러내는 역사적 힘들의 이 초월적 극단이 결국 고정 관념과 정치적 비전에 의해 추동되는 데쿠드라는 한 구체적 인물 속에 구현되는 것은 논리적 귀결이다.

이제 우리는 서사를 약호화하는 궁극적 대립으로부터 인물 및 텍스트의 국지적 사건들로 옮겨 가면서, 『로드 짐』에서 작용하고 있던 것과 유사한 체계, 그러면서도 더 복잡한 체계의 재구성을 시작할 수 있게 되었다. 도식적으로 정리하자면, 데쿠드와 노스트로모의 대립은 의미소적으로 이상(the Ideal)과 자아(the Self)(후자는 개인적 육체 또는 민중의 불가능한 내재성을 표현하는 것으로 간주된다.)의 대립으로 제시할 수 있다. 그 결과 우리의 다른 항목들은 반-이상(anti-ideal) 또는 냉소주의, 사심 없음 또는 헌신 등에 해당하는 자리를 차지하게 될 것이다.

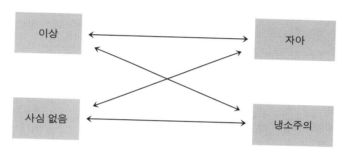

그러나 이런 새로운 항목들을 설정하고 보면 이미 적절한 인물들이 주어져 있음을 알게 된다. 왜냐하면 여성들, 즉 데쿠드의 정치적 알레고리이며 뮤즈인 안토니아("그의 나약함을 경멸적인 시선으로 내려다보는 알레고리적인 동상처럼 거대하고 사랑스러운 안토니아"(409쪽)), 그리고 그녀 배후의 굴드 부인은 남성 행위자들에게 사심 없이 헌신한다는 분명히 상대적으로 보상이 적은 기능을 부여받고 있기 때문이다. 한편, 냉소주의라는 새 항목의 체계에 의한 생성 작용은 다른 방식으로는 설명할 수 없는 새로운 인물인 의사 모니검이 데쿠드-노스트로모의 항해 이후에 등장하는 현상을 설명해 주며, 더불어 소설의 마지막 부분을 이 서사상의 사후적 사고(afterthought)임에 분명한 것이 지배하며 마무리하고 있는 방식도 설명해 준다. 조직 및 서사적 통일성을 중시하는 순

5장 로맨스와 사물화

수주의자들은 이 불균형을 아마도 소설의 결함이라고 판단해 버릴 것이다. 모니검은 거의 문자 그대로 이 텍스트에 의해 생성된다. 텍스트에 의해 그 체계의 새로운 순열로 생산되고, 던져 올려지는 것이다. 게다가 모니검의 냉소적 지혜 및 경험이 여성들의 사심 없는 헌신과 조합됨으로써 생겨나는 중간항(두 모순 항의 결합이며, 이전 소설들에서 말로가맡던 기능)은 정확하게 목격자의 자리인데, 그것은 바로 비행위의 자리이며, 체계를 가로질러 이상적 행위 또는 복합항(이상과 자아, 데쿠드와노스트로모의 결합)을 서사적으로 관찰 또는 진술할 수 있는 자리이기도하다. (이 항목에서도 '분열'의 과정을 찾아볼 수 있는데 적어도 냉소주의의나쁜 또는 부정적 형식이 단순한 사려 없음(mindlessness)이라는 의미에서 그러하다. 그 끼움 자리는 또 다른 주요 인물인 그러나 순전한 형식상의 역사적목격자인 미첼 선장에 의해 채워진다.)

이제 우리는 소설의 다른 차원들을 분류할 수 있게 되었다. 첫 번째로 실제 역사(우리가 지금까지 라틴 아메리카의 '실체'라고 불러 온, 영국인의 시선에 의해 타자성으로 외면화되어 있는 코스타구아나의 타락한 역사)의자리는 자아와 냉소주의가 결합한 자리, 즉 우연적 사건들의 간단없고기나긴, 무심한 연속으로서의 '역사의 악몽'이라는 자리이다. 또 다른의미소적 조합인 이상과 사심 없음의 조합, 즉 굴드와 굴드 부인의 결합이 지원하는 데쿠드와 안토니아의 이상적 결합은 단지 타락한 역사의 공적 영역 너머에 대조적으로 놓여 있는 궁극적인 사적 영역으로서의 결혼에 대한 어떤 상상적 비전에 지나지 않는다. 그리고 그 의미소적 가치 부여는 어느 정도 콘래드 여성들의 비현실성과 그들이 맡는 순전히 상징적인 기능을 설명해 내는 데 일조할 것이다.

역사라는 항목이 그 속에 아버지격인 인물〔비올라 — 옮긴이〕에 의해살해된 아들(노스트로모)과 고문당하고 불구로 남겨진 남자(의사 모니검)를 결합시키고 있는 구도라는 사실은 적어도 이 작가에 대한 정신분석학적 해석의 출발점을 제공하는 것으로도 볼 수 있을 것이다. 이 의미소적 공간은 그러므로 명백한 거세의 공간이다. 한편, 데쿠드와 굴드 부인의 경험을 함께 포함하며, 사랑과 결혼, 그리고 아마도 성적 경험의 장소이기도 한 그 구조적 대척물을 지배하는 것은 전혀 다른 정서적 경험인 순간적 기절 또는 의식의 소멸이라는 경험이다.

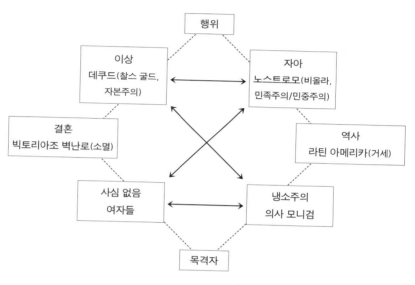

이러한 구도는 거의 모든 것을 다 설명해 주지만 정작 본질적인 것, 즉 이상적 행위 그 자체의 역학은 설명해 주지 못한다. 그것은 바로 우리를 타락한 역사로부터 구원해 줄 (그리고 아마도 빅토리아조 결혼이 지닌 이상적 면모를 동시에 통합해 들일) 새로운 사회의 창건이라는 불가능한 종합 또는 복합항의 역학이다.

『로드 짐』에서와 똑같이, 그것은 이 공허한 행위의 끼움 자리를 채워 넣는 문제라기보다는 우선 그 행위를 상상할 수 있는가에 대한 문제이다. 그러나 『로드 짐』의 로맨스 부분은 이러한 상상을 위한 노력이 문제적이지 않다고 가정함으로써 문학 텍스트로서의 지위를 상실해 버렸다. 『노스트로모』는 이 불가능성에 매달리며, 진정한 역사적 변화를 불러올 행위의 온갖 문제적인 요소들을 끝까지 추궁하려 한다. 실로 이 책 종결부의 두 가지 커다란 슬로건은 모두 제각각의 방식으로 그러한 변화를 구상하는 일의 불가능성에 대해, 진정한 역사의 본성에 대해, 사물의 한 상태(타락한 자연)로부터 다른 상태(진정한 사회)로의 결정적 이행을 표시할 역사적 사건의 본성에 대해 강조하고 있다. 그 사건은 서사화될 수 있는 것이 아니라 서사가 결코 그것을 자신의 구조 속에 완전히 통합해 들이지 못한 채 그 주위를 맴도는 일종의 아포리아(aporia)다. 이것이 바로 노스트로모가 자신에게 던지는 '천천히 부자가 될 것!'이라는 경고의 의미임이 분명하다. 그 표어는 통시적 사고의 온갖 역설과 수수께끼를 제기한다. 이를테면, 수도꼭지에서 물이 방울방울 떨어지듯이 진행되는 은전 한 닢 한 닢의 축적이 어떤 '시점'에 갑자기 부가 된다는 것인가? 계량 가능한 세계 속에서 시간이 궁극적으로 어떻게 가능한가? 사태란 어떻게 존재하며, 어떻게 '발생할' 수 있는가?

그러나 굴드 부인을 고민하게 만드는 구절 역시 인간 정신에 똑같이 문제를 야기하는 역설적인 것이다. 물론 이 특정의 아포리아는 공시적인 것인데, 이는 바로 '물질적 관심'이 무엇을 의미하는지를 정신이 정확히 받아들일 수가 없다는 문제이다. 가치와 추상화의 전체 드라마가 이 대립 명제적인 구절 속에 응축되어 있으며, 그 속에서 자본주의 역학의 이상적 감상주의가 급작스럽고 무자비하게 탈신비화된다. 만약 그것이 '물질적'이라면 우리가 앞서 사용한 의미에서 내재적이어야 하며, 단순한 이기심 및 이기주의와 동일한 것이어야 한다. 만약 그것이 추상 가능한 가치인 '관심'으로 분리될 수 있는 것이라면 그것은 더 이상 앞의 의미대로 물질적인 것이 아니며 오히려 초월적인 것이다. 그러나 자본주의의 독특성을 인식한다는 것은 이 양립할 수 없고 화해 불가능한 것들을 정신 속에서 동시적으로, 단일하며 불가능한 사유의 통합체 안에서 포착하는 일이다. 굴드 부인은 그 무의미한 이름을 두고두고 읊조리도록 운명지어져 있는 자신을 발견하게 된다.

불가능한 것임에도 불구하고 행위는 그렇게 발생한다. 자본주의가 술라코에 도달하는 것이다. 이 점을 가장 생생하게 볼 수 있는 대목은 바로 역사의 운동과 개인 주체에 의한 그것의 실연 사이에 존재하는 괴리 현상에서이다. 그것이 『노스트로모』 서사의 궁극적 전언이다. 왜냐하면 바로 이 층위에서도 행위 또는 사건은 결코 발생하지 않은 것으로 드러나기 때문이다. 그러나 『로드 짐』의 실존 분석의 구도에서와는 전혀 다른 방식에서 그러하다. 여기에서는 중심적 행위, 즉 영웅으로서의 위치, 개인 주체의 궁극적인 전설적 형식으로서의 지위를 정초했어야 할 데쿠드와 노스트로모의 영웅적 항해가 집단적 역사에 의해 전유되고 있다. 그 역사 속에서 그 행위는 존재하되 전혀 다른 방식으로, 즉 제도의 창건이라는 방식으로 존재한다. 고전적인 사르트르 식의 언어로 바꾸면, 데쿠드와 노스트로모의 역사적 행위는 심지어 그들이 성취하기도 전에 그들로부터 소외되고 도난당했다고 말할 수 있다. 또는 더 헤겔적인 용어로라면, 그들의 행위는 구조적으로 한시적인 매개 작용이라고 특징지을 수 있겠다. 그들은 실로 베버적인 '사라지는 매개자'의 자리에 서 있고, 예언적이고 카리스마적인 개인이라는 항목에 서 있는 것이다. 그런 개인의 역사적·초개인적 기능은 '역사의 간지'에 따라, 단지 자신이 사라진 후에 새로운 유형의 집단성이 존재하게 하는 것뿐이다. 데쿠드와 노스트로모의 행위는 개인 주체에 의한 행위의 계기인 동시에 그 행위가 필연적으로 성립하게 되는 제도의 안정성과 초개인성에 의해 다시 흡수되는 계기이다. 역사는 그들의 개인적 열정과 가치를 새로운 제도적 공간의 건설을 위한 도구로 활용하지만 그들은 그런 사실을 자각하지 못한다. 그들은 자신들이나 자신의 행위를 그 새로운 공간 속에서 인식할 수 없고, 그 공간으로부터 단지 서서히 또는 폭력적으로 지워질 수밖에 없다. 그들은 이른바 다른 시대의 잔존물인 것이다. 다른 시대란 이번에는 기원의 신화와 거인들의 황금시대가 아니라 오히려 또 다른 사회 형태로 이행하는 매개적 과도기의 순간이다. 물론 새로운 사회 형태 역시 그 나름의 전혀 다른 방식에서이긴 하지만 앞선 사회 형태와 마찬가지로 타락한 것이고, 초개인적이며, 서사화될 수 없는 것이다. 그리하여 이 위대한 역사 소설은 그 자체의 표현 수단을 해체함으로써 최종적으로 그 목적을 성취하며, 이 사유 불가능한 집단적 현실 차원의 서사 불가능성을 철저하게 보여 주는 방식으로 역사를 '연출(rendering)'해 낸다. 또한 계속할 수밖에 없는 이야기들 저 너머, 이야기하기 저 너머에서 진행되는 과정에 대한 개념을 투사해 내기 위해 바로 그 이야기하기라는 개인적 범주를 체계적으로 손상시키고 있는 것이다.

이것이 에드워드 사이드의 『노스트로모』 읽기에 의해 입증된 행위와 기록 사이의 변증법이 지닌 구체적인 역사적 내용이라고 나는 생각한다. 사건과 그 기원들에 대한 탐구는 곧 그것들의 지위가 '항상-이미-시작된' 것이라는 거의 알튀세르/데리다적인 인식에 부딪쳐 그 사건과 기원에는 미치지 못하면서 갑자기 자기 지시성 속으로 굴절되어 들어가고, 이 텍스트상 또는 재현상의 탐구 자체가 하나의 과정으로 전경화하기 시작한다. "『노스트로모』는 새로운 세계를 모방적으로 창출해 내는 대신에 소설로서의 그 시작으로 회귀하고, 현실의 허구적이고 환상적인 전유로 되돌아간다. 소설이 통상 구축해 내는 자신만만한 건축물을 그렇게 전복함으로써 『노스트로모』는 그 자체가 소설적 자기 반성의 기록에 지나지 않는다는 점을 보여 주는 것이다."[52] 그러나 이후 모더니즘의 대다수 작품들과는 사뭇 다르게, 콘래드의 경우 자기 지

---

52 Said, *Beginnings*, 137쪽.

시성의 운동은 이유가 없는 것도 자기만족적인 것도 아니다. 그의 책이 지닌 반향은 이 텍스트의 역학과 그 구체적인 역사적 내용 사이에서 발생하는 일종의 계획되지 않은 조화로부터 울려 나온다. 그 내용이란 바로 항상-이미-시작된 역학이자, 공시적 체계의 지고한 특권적 신비인 자본주의의 등장이다. 이 공시적 체계가 일단 자리 잡고 나면 그것은 '선적인' 역사의 시도들 또는 자본주의의 시원을 생각하려는 통시적 정신의 습관을 불신하게 만든다. 그러므로 『노스트로모』는 궁극적으로 더 이상 정치 소설 또는 역사 소설이 아니고, 역사에 대한 사실주의적 재현도 아니라고 할 만한 작품이다. 그럼에도 불구하고 그러한 내용을 억압하고 그러한 재현의 불가능성을 입증하려 하는 바로 그 운동 중에 어떤 경이로운 변증법적 전이에 의해 역사적 '대상' 자체가 바로 그 형식에 각인되게 된다.

콘래드라는 작가의 독특한 이질성의 계기 이후에는 본격 모더니즘이 자리 잡는다. 본격 모더니즘은 이 책이 다루고자 하는 대상은 아니지만, 그 완성된 시적 장치는 마치 본격 리얼리즘의 완성된 서사 장치가 채 중심화되지 않은 주체의 불규칙한 이질성을 성공적으로 억압한 것처럼, 역사를 성공적으로 억압한다. 그러나 바로 그 지점에서 정치적인 것, 부르주아 삶의 일상적 외양의 세계에서 더 이상 가시적이지 않은 것처럼 본격 모더니즘의 텍스트들에서도 더 이상 가시적이지 않은, 그리고 축적된 사물화 과정에 의해 사정없이 지하로 내몰린 정치적인 것은 결국 진정한 무의식이 되었다.

6장 결론

— 유토피아와 이데올로기의 변증법

과거의 모든 역사에서 그랬던 것처럼, 승리자로 등장하는 자는 누구라도 패자의 나뒹구는 시체들 위로 행진하는 오늘날의 지배자들의 개선 행렬에 동참하고 있다. 전리품들은 관례대로 그 개선 행렬 속에서 드높이 운반된다. 이것이 일반적으로 문화유산이라 불리는 것이다. 사적 유물론자들은 그 문화유산을 일정한 거리를 두고 탐색한다. 왜냐하면 그들이 탐색할 때마다 그러한 문화재들은 곳곳에서 공포심을 가지고 성찰하지 않을 수 없는 기원을 노출하기 때문이다. 문화재들이란 그것을 생산한 위대한 창조자들의 노고뿐 아니라, 그 동시대인들의 이름 모를 강요된 노동에 힘입어 존재하게 된 것이다. 문명의 기록치고 동시에 야만의 기록이 아니었던 것이 없다.

— 발터 벤야민, 「역사 철학 테제」, 7

앞 장들에서 지금까지 전개시켜 온 정치적 무의식이라는 개념은, 어떤 전략적 계기들에서는, 전통적으로 마르크스주의 이데올로기 분석과 연결되는 가차 없이 논쟁적이며 탈신비화하는 과정들로부터 거리를 유지하는 경향이 있었다. 이제 마르크스주의 이데올로기 분석을 직면하면서 수정 사항들을 상세히 풀어내야 할 때이다. 마르크스를 프로이트, 니체와 더불어 현대의 문화 및 사회적 삶에 대한, 위대한 그리고 부정적인 진단자들 중 하나로 자리매김해 주는 가장 영향력 있는 교훈은 물론 허위의식과 계급적 편향, 이데올로기적 프로그램화에 대한 것으로서, 특정 사회 계급들이 가지는 가치와 태도의 구조적 한계, 달리 말해 그 집단들의 실천과 그들이 가치 또는 욕망으로 개념화하고, 문화라는 형식으로 투사해 내는 것 사이의 구성적 관계에 대한 이러한 교훈은 대체로 올바르게 전달되고 있다.

마르크스주의에 정면으로 대결한 훌륭한 논쟁에서 인류학자 마셜 살린스(Marshall Sahlins)는 마르크스주의가 바로 그 철학적 구조 때문에 문화에 대한 접근에서 넓은 의미의 기능주의적 또는 도구주의적 입장에 빠진다는 점을 입증하려 했다.[1] 살린스에 따르면, 마르크스주의가 기본적으로 상부 구조를 토대나 생산 관계에 근거해 읽어 내거나 또는 탈신비화하는 것이 기정사실이라고 할 때, 문화 텍스트에 대한 마르크스주의의 분석은 아무리 정교하다 해도 필연적으로 항상 문화에 대해 일종의 구조적 기능성을 전제하게 된다. 즉 이때 문화는 항상 '궁극적으로'(훨씬 더 직접적인 방식은 아닐지라도) 부지불식간에 계급 지배와 그것의 합법화, 그리고 사회적 신비화의 도구로 간주된다는 것이다. 그러나 살린스는 마르크스가 자기 시대의 도구주의적 문화 이론이 지닌 고전적 형태인 공리주의를 비판하기 위해 가장 눈부신 공격을 준비해 두었다는 역설적인 사실에 전혀 구애받지 않는다. 또한 그는 자신의 과녁들(경제주의, 기술주의적 결정론, 생산력의 우선성)이 동시대 여러 마르크스주의에 의해서도 마찬가지로 정통 마르크스주의 정신을 일탈한 것으로서 강력히 비판받았다는 점을 의식하지 못하는 듯하다. 그러나 그

---

1 Marshall Sahlins, *Culture and Practical Reason*(Chicago: University of Chicago Press, 1976).

가 문화의 도구화라고 일컫는 것이 모든 마르크스주의가 빠지기 쉬운 유혹 또는 경향(그러나 물론 필연적이고 운명적인 귀결은 아니다.)임은 선선히 인정해야 할 성싶다.

이 특정한 문제가 거짓 문제임을 밝힐 수 있는 관점을 제안하기 이전에 우리는 그 문제 속에 놓인 개인 주체의 곤혹스러운 입장을 먼저 규명해야만 한다. 우리는 이 책의 첫 장에서 현대 비평의 대부분이 이상적 형태를 지향할 때 일종의 내재성의 모델로 나아가는 경향이 있음을 시사했다. 우리의 논의와 관련해 이를 이론적 차원에서 보면, 현상학 자체는 분명히 거부되었는데도 현상학적 이상(의식 또는 사유와 경험 또는 '객관적' 사실 사이의 어떤 이상적 통일성)은 여전히 현대 사고를 지배하고 있음을 말한다.[2] 우리가 이 책에서 진정한 정치적 무의식을 제안하는 데 하나의 모범적 선례를 제공한 프로이트의 무의식 모델조차도

---

2 문학 비평에 관한 한, 이 내재성의 신기루를 이론적 차원에서 비난하는 것은 실제 해석의 차원에서 발휘되는 그 장악력을 거부하는 것보다 쉽다. 이런 모순에 대한 교훈적이고 영향력 있는 예를 '구식의' 루카치적 '내용 분석'에 대한 오늘날의 반응에서 찾아볼 수 있다.(1970년 4월, 《라 누벨 크리티크(La Nouvelle Critique)》가 개최한 중요한 클루니 학술 대회 자료집 그리고 이것이 책으로 출판된 『문학과 이데올로기(Littérature et ideologies)』에서처럼.) 온갖 새로운 대안적 방법(재현과 서사적 봉쇄(closure), 중심화된 주체를 둘러싼 조직화, 또는 현전의 환상 등과 같은 순전히 형식적인 범주들의 총화 속에 이데올로기가 각인되는 현상을 탐구하는)의 약화화는 대체로 《텔 켈(Tel Quel)》 및 《스크린(Screen)》 그룹, 그리고 약간 다른 방식으로 자크 데리다의 작업과 연결된다.(특히 "Hors Livre", La Dissémination(Paris: Seuil, 1972), 9~67쪽 참조) 그러한 범주들 및 그 이데올로기적 결과에 대한 폭로는 이질성이나 산포, 불연속성, 스키조프레니아, 에크리튀르 등, 다양하게 불리는 새로운 미학적, 정신분석학적, 도덕적 가치들의 이름 아래 이루어진다. 즉 명백히 반(反)내재적인 (동시에 반(反)초월적인) 개념들의 이름으로 이루어지는 것이다. 그러나 그렇게 입론된 실제 비평의 이면에 숨겨진 충동은 종종 어김없이 내재적인 것이다. 그것은 텍스트들이 그 속에서 효과를 발휘하는 역사적 상황들을 괄호 치고, 텍스트 내적인 또는 순전히 형식적인 특질들을 확인함으로써 이데올로기적 입장들을 규명할 수 있다고 주장한다. 그러한 접근법은 그럼으로써 작업을 개별적인 인쇄 텍스트에 한정할 수 있게 되고, 그리하여 문제의 형식적 특질들이 항상 어디에서나 동일한 이데올로기적 함의를 지닌다는 비역사적 관점을 제시하게 된다. 결국 역설적이게도, 이 체계에 의해 거부되었던 외면적이고 '컨텍스트적인' 또는 상황적인 지시 대상은 정확히 그 체계에 **이질적인** 것으로 드러나고 만다.

궁극적인 치유를 갈망하는 신프로이트주의의 향수에 의해 곳곳에서 전복된다. 이에 의하면 무의식 본연의 역학이 의식의 환한 빛 속으로 떠올라, 어떻게 해선가 우리 자신과 우리의 욕망 및 행동이 규정되는 과정을 밝혀 주는 실제적인 명징성 속에서 '통합된'다는 것이다. 그러나 그런 의미의 치유는 신화에 지나지 않는다. 마르크스주의의 이데올로기 분석에 끼어드는 이와 유사한 신기루도 마찬가지이다. 즉 개인 주체가 그 또는 그녀 자신이 계급에 의해 규정된다는 사실을 어떻게든 충분히 의식하면서, 순전한 명징성과 사유의 힘으로 이데올로기를 조절한다는, 불가능을 가능하게 할 수 있는 그런 계기에 대한 비전은 한갓 신화인 것이다. 마르크스주의 체계에서는 오직 집단적 통일성(그것이 특정계급, 즉 프롤레타리아의 통일성이건, 또는 그 '의식의 기관'인 혁명적 당이 지닌 통일성이건)만이 이런 투명성을 성취할 수 있으며, 개인 주체는 항상 사회적 총체성 내부에 위치하게 된다.(이데올로기의 영속성에 대한 알튀세르의 주장이 의미하는 바도 바로 이것이다.)

이 내재성의 불가능성이 실천의 영역에서 의미하는 바는 변증법적 역전이 항상 개인 주체 의식의 고통스러운 '탈중심화'를 내포하게 마련이며, 의식적 경험에는 필연적으로 외재적 또는 외면적이라고 느껴질 수밖에 없는 어떤 규정성(프로이트적인 것이든 또는 정치적 무의식에 의한 것이든)을 가지고 개인 주체를 대면한다는 것이다. 어떤 사람이 이 이데올로기상의 '코페르니쿠스적 혁명'을 진실로 생활화했다고 생각하는 것은 정신 분석상 가장 명징한 의식의 주체가 항상 진정으로 명징성과 자아 인식의 습관을 성취하고 있다고 보는 것만큼이나 오류이다. 실재(the Real)로의 접근은 기껏해야 간헐적인 것이며, 그것으로부터 이런저런 형태의 지적 편안함으로 퇴각하는 일은 영원하다. 만약 사정이 그러하다면, 우리는 사회적 존재에 의한 결정이라는 마르크스주의의 원칙이 지닌 이 불쾌한 반성성(reflexivity)에 분개하여 쏟아져 나오는 비판이라면 그 비판의 전체 차원을 괄호 쳐야만 한다는 결론이 난다. 특히 이 책의 첫 장에서 개괄한 총체화의 과정은 이 '부정성의 노동과 고통'을 벗어날 방법을 결코 제시하지 않으며, 오히려 그 총체화의 과정이 진정으로 실현되려면 필연적으로 그 노동과 고통을 동반해야만 한다는 사실이 강조되어야 한다.

그러나 변증법이 경험에 불가피하게 붙어 다닌다는 이 사실이 일단 인정되면, 도구주의적 또는 기능주의적 문화 이론을 대신할 해석상의 대안이라는 이론적 문제가 더욱 적절히 제기될 수 있을 듯하다. 그러한 대안을 적어도 추상적으로라도 생각해 낼 수 있다는 점은 해석학적 과정의 이중적 성격에 대한 리쾨르의 선구적인 성찰이 잘 입증해 준다.

한 극단에서 해석학은 우리에게 전언의 형태나 선언, 또는 흔히 말하듯이 선포(kerygma)의 형태로 전달된 의미를 표명하고 복원하는 것으로 이해된다. 다른 극단에서는 탈신비화 또는 환상의 축소로 이해된다. …… 오늘날 언어가 처해 있는 상황에는 이 이중적 가능성이, 이 이중의 요청과 절박함이 모두 포함되어 있다. 한편으로는 담론에서 과잉 생성물을 제거하고, 우상을 청산해야 하며, 만취 상태에서 맑은 정신으로 옮겨 가, 최종적으로는 우리가 처한 궁핍 상태를 깨달아야 한다. 또 한편으로는 가장 '니힐리즘적이고', 파괴적이며, 우상 파괴적인 움직임을 따라, 한때 또는 각 시대마다, 의미가 새로이 나타났을 때, 또 의미가 충일했을 때 말해진(said) 것이 스스로 말하도록 해야(let speak) 하는 것이다. 해석학은 기꺼이 의심하고, 기꺼이 경청하는 이 이중적 동기에 의해 활성화된다. 그러므로 해석학은 엄정함에 대한 맹세이면서, 복종의 서약인 셈이다. 이 시대에 우리는 아직 우상을 척결하지 못했고, 상징에 귀 기울이기는 시작도 하지 못했다.[3]

---

3 Paul Ricoeur, *Freud and Philosophy*, trans. D. Savage(New Haven: Yale, 1970), 27쪽.

리쾨르의 사유와 비유의 기원이 종교적 해석의 전통과 기독교적 역사주의에 있다는 분명한 사실은 거듭 강조할 필요가 없다. 그러나 그의 정식화가 지닌 한계들은 특별히 신학적인 것이 아니라 그가 개인 주체의 범주들을 집요하게 고집하는 데서 생겨난다. 특히 선포 또는 호명(알튀세르의 이데올로기론에서 상용된[4])과 같은 그의 '긍정적인' 의미의 개념은 개인 주체들 사이의 의사소통 행위에 근거한 모델이다. 그리하여 그 자체로는 의미를 집단적 과정으로 보는 어떠한 관점에 의해서도 전유될 수가 없는 것이다.

리쾨르의 설명이 지닌 종교적 구도에 관한 한, 나는 내가 다른 곳*에서 명시적으로 제시했던 입장을 이 책 전체를 통해 견지해 왔다. 즉 마르크스주의와 종교의 비교는 쌍방향적인 것이어서, 전자가 후자와 결부된다고 해서 반드시 불신되어야 할 이유가 없다는 것이다. 반대로, 그런 비교를 통해 어떤 종교적 개념들(가장 두드러진 것으로는 기독교적 역사주의와 섭리라는 '개념', 그리고 동시에 원시적 마술과 같은 신학 이전의 체계들)은 과학적 사유를 접하기 어려웠던 전자본주의적 사회 구성체 내에 존재했던 사적 유물론의 예기적 전조들로 다시 쓸 수도 있을 것이다. 마르크스 자신의 이른바 아시아적 생산 양식(또는 '동양적 전제주의')이라는 개념에서도 종교적 범주가 그렇게 재해석된다. 이 점은 아래에서 다시 보게 될 것이다.

한편, 마르크스주의(그것이 이데올로기를 단지 '허위의식'으로 파악하든, 또는 더 포괄적으로 구조적 한계로 파악하든 간에)의 역사적으로 독창적인 부정적 변증법이라는 형식이 마르크스주의 전통 속에 리쾨르의 의미 원리 또는 긍정적 해석학에 비견될 일련의 요소들이 존재했다는 사

---

4 Louis Althusser, "Ideological State Apparatuses," *Lenin and Philosophy*, trans. Ben Brewster (New York: Monthly Review, 1971), 170~177쪽 참조.
* 특히 『마르크스주의와 형식』 가운데 「마르크스주의 해석학의 몇 가지 형태들」 참조.

실을 가려서는 안 된다. 에른스트 블로흐의 희망 또는 유토피아적 충동이라는 이상, 부르주아 서사의 일차원적 텍스트를 파열시키고, 지배 문화의 헤게모니적 질서를 사육제적으로 교란시키는 대화적인 것에 대한 미하일 바흐친의 개념, 프랑크푸르트 학파가 주장한 만족의 흔적으로서의 강력한 기억, 또는 미적 텍스트 속에 가장 직접적으로 각인되어 있는 행복의 약속(promesse de bonheur)이라는 개념 등, 이 모든 정식화는 순전히 이데올로기적인 것을 넘어서서 진정으로 마르크스주의적인 의미 유형을 분절화할 수 있는 다양한 선택의 길이 있음을 암시하고 있다.

그러나 우리는 또한 1장에서 노드롭 프라이의 체계를 논의하면서, 겉으로 보기에는 종교적 구도일지라도 그 속에서 중세의 4층위 해석 체계에 따라 해석상 다양한 선택 갈래를 판정할 수 있다고 시사한 바 있다. 예의 해석 4층위는 '도덕적' 층위(개인 영혼의 층위 또는 개인적 육체의 리비도적 유토피아 층위)가 지니는 반향을 전통적으로 '신비적'이라고 불리는 궁극적이며 논리적으로는 앞서 있는 층위와 구별할 수 있게 해 주었다. 후자에서는 유토피아적 변모를 갈망하는 개인적 비전조차도 집단적인 것에 의해, 인류의 운명에 의해 다시 쓰인다. 그러한 구별은 마르크스주의 전통 속에서 사회 계급에 기초한 '긍정적 해석학'의 우선성을, 개인 주체와 개인적 경험이라는 무정부주의적인 범주들에 여전히 한정되어 있는 해석학들로부터 변별하여 설명하게 해 준다. 그러므로 계급이라는 개념은 마르크스주의적 형태의 해석학 및 문화에 대한 모종의 비도구적 개념 체계가 시험받는 공간이 된다. 특히 마르크스주의의 '부정적 해석학'(이데올로기 자체의 계급적 성격과 계급적 역할에 대한)의 강력한 형식도 바로 이 사회적 계급이라는 개념에서 유래하는 한 더욱 그러하다.

이런 점은 발터 벤야민의 위대한 언명, "문명의 기록치고 동시에 야만의 기록이 아닌 것이 없다."라는 발언을 뒤집음으로써 잘 드러낼 수 있다. 이는 나아가 "이데올로기적인 것은 또한 동시에 필연적으로 유토피아적이기도 하다."라는 명제를 효과적으로 논증할 수 있게 해 준다. 그러한 명제에 끼어든 논리적 역설은 앞에서 우리가 기회 있을 때마다 정체를 밝히려 노력했던 범주들, 이를테면 선과 악이라는 윤리적 약호 등과 같은 범주들이 우리의 사고와 언어에 부과하는 개념상의 한계를 고려함으로써, '해결할' 수는 없지만 이해할 수는 있다. 심지어 우리 자신의 '긍정적' 그리고 '부정적'이라는 용어법도 이 한계 속에 불가피하게 갇혀 있다. 우리는 고전적인 변증법적 사유의 언어가 역사적으로 이 대립의 극복에 실패해 왔고, 이 범주들을 넘나드는 반성적 유희에 의해 그 대립을 단지 중화하는 데 그치고 있다는 점을 언급하면서도, 변증법의 소명은 이 대립을 초월하여 '선과 악 너머의' 어떤 집단적 논리로 나아가는 것이라고 말해 왔다. 변증법적 사유가 아직은 존재하지 않는 어떤 집단성의 논리에 대한 예기라는 점을 고려하면 이는 그리 놀라울 일도 아니다. 이런 의미에서, 이데올로기적인 것을 어떻게든 유토피아적인 것과 동일하게, 그리고 유토피아적인 것을 이데올로기적인 것과 동일하게 파악하도록 사유에 명령하는 일은 집단적 변증법만이 유일한 해답인 하나의 질문을 정식화하는 일이다.

  그러나 더 실천적이자 하위 층위인 문화 분석에서 이 명제는 아마도 그 결과에 있어 덜 역설적인데, 무엇보다도 문화 조작론(manipulatory theory of culture)과 관련해서 우선적으로 논의될 만한 것일 듯하다. 그렇지 않으면, 현대 사회의 매체 및 대중문화 연구 영역에서 강세를 보이는 이론들은 수용자의 심리라는 유달리 설득력 없는 개념에 의존해야만 하고, 이때 수용자의 심리는 조작 과정이 작용하는 무기력하고 수동적인 재료로 간주되게 마련이다. 그러나 여기에도 일종의 보상적 교환이 개입되어 있다는 사실을 파악하는 데는 그리 긴 시간이 필요하지 않다. 그 교환 과정에서 여태껏 조작당한 수용자는 그 수동성에 동의하는 대가로 특별한 만족을 제공받는 것이다. 달리 말해, 만약 대중문화의 이데올로기적 기능이 그대로 두면 위험한 원(原)정치적 충동을 '관리하며', 그 뇌관을 제거하고, 회로를 바꾸거나 거짓 대상을 제공하는 과정으로 이해된다면, 이런 충동들 자체(앞의 과정이 작용하는 원재료)를 잠재우려는 바로 그 텍스트 속에서 애초부터 그것들이 일깨워지는 어떤 예비적 단계 역시 이론화되어야만 한다는 것이다. 설령 대중문화 텍스트의 기능이 허위의식의 생산과 이런저런 정당화 전략의 상징적 재확인으로 일단 간주된다 해도, 이 과정조차 순전한 폭력의 과정만으로 파악될 수는 없고,(헤게모니론은 야만적 힘에 의한 통제와는 명백히 구별된다.) 또한 텅 빈 석판 위에 적합한 태도를 각인시키는 과정으로만 볼 수도 없다. 오히려 그것은 필연적으로 수사적 설득의 복합적 전략을 통해 이데올로기적 지지에 대한 실질적 보상들을 제공하는 것이다. 우리는 바로 그러한 보상들이, 대중문화 텍스트에 의해 관리당하는 충동들과 더불어 필연적으로 유토피아적인 성격의 것이라고 주장하려 한다. 모든 대중문화 텍스트 중에서도 가장 저급한 형태인 광고의 슬로건(외양만의 삶과 변형된 신체, 초자연적인 성적 쾌락 등에 대한 비전들)에 작용하고 있는 유토피아적 충동을 명료하게 복구해 낸 에른스트 블로흐의 작업은 가장 조악한 문화 조작의 형식조차도 인간의 오래된 유토피아적 충동에 의존하고 있음을 분석해 내는 데 적절한 모델을 제공한다.[5] 아도르노-호르크하이머의 영향력 있는 '문화 산업' 비판에서는 이 동일한 유토피아 해석학이 체계상으로는 함축되어 있긴 하지만 모호해지고 마는데, 그들의 『계몽의 변증법』이 전투적으로 고급 문화를 지지하는 데 더욱 전념했기 때문이다. 그러나 이 유토피아 해석학이 그 책의 후속 장

---

5 Ernst Bloch, *Das Prinzip Hoffnung*(Frankfurt: Suhrkamp, 1959), 395~409쪽.

6장 결론

으로 옮겨 가 있다는 사실은 충분히 주목받지 못했다.[6] 이 장은 유사하면서도 더욱 어려운 분석을 시도하는데, 인간의 정열 중에서도 가장 추악한 것일 반유대주의가 그 성격에 있어 매우 유토피아적이라는 점이 여기에서 확인된다. 그것은 문화적 선망의 한 형태이며, 동시에 유토피아적 충동에 대한 억압된 인식이라는 것이다.

그러나 이런 분석들은 방법론상 시사하는 바가 적지 않지만 앞서 제안된 노선을 따라서 충분히 나아가지는 않는다. 특히 그들은 애초부터 수단과 목적(유토피아적 만족과 문화적 조작) 사이의 분리에 의존하고 있는데, 이 분리는 결국 증명해야 할 것과는 정반대의 내용을 증빙하는 자료로도 활용될 수 있다. 즉 문화 텍스트의 이 두 차원이 깊은 곳에서는 동일성을 유지하고 있다는 사실을 부정하는 쪽으로 활용될 수도 있는 것이다. 물론 그런 분리는 객관적으로 대중문화 텍스트 자체의 특이한 구조에서 유래한 것일 수 있으며 본연의 문화(우리는 여기에 오늘날의 '고급' 문화뿐 아니라 오래된 사회들의 '유기체적' 문화까지도 온전히 포함해 이해할 수 있을 듯하다.[7])는 그러한 동일성을 다소 다른 형식으로 구현하리라 기대하는 일도 가능하다.

그러므로 우리는 어쩔 수 없이 문제의 '강한' 형식으로 되돌아가야 하고, 우리가 그 문제를 애초에 제기하게 되었던 계급이라는 항으로 되돌아가야만 한다. 이 문제에 대한 마르크스주의의 전통적인 정식화는 다음과 같다. 내용뿐만 아니라 형식적 범주에서도 명시적으로 이데올로기적 기능을 완수하는 헤게모니적 작품으로서 이런저런 형식의 계급

---

6 Max Horkheimer·Theodor W. Adorno, *Dialectic of Enlightenment*, trans. J. Cumming(New York: Herder & Herder, 1972), 168~208쪽.

7 그러나 나는 "Reification and Utopia in Mass Culture," *Social Text*, No. 1(1979), 130~148쪽에서 오늘날의 '고급 문화'(즉 모더니즘)는 대중문화가 그 분리하기 어려운 변증법적 대척물로 자리 잡고 있는 더 큰 문화적 통일체의 한 부분으로 연구되는 것이 더 바람직하다고 제안했다.

지배에 대한 정당화를 확보하는 문화 텍스트가 있다고 할 때, 어떻게 그러한 텍스트가 진정한 유토피아적 충동을 구현하는 일이, 달리 말해 보다 직접적인 그 이데올로기적 소명에 형식을 부여하는 저 계급적 특권이라는 협소한 한계와 일치하지 않는 보편적 가치를 반향해 내는 것이 가능한가?라는 것이다. 우리 스스로가, 앞서 제기한 것처럼, 상이한 기능들의 공존이라는 해결을 부정할 때 딜레마는 더욱 강화된다. 예컨대 특정 작가의 위대성은 그의 한심한 견해들과 분리될 수 있고, 그의 위대성은 그의 견해에도 불구하고 또는 심지어 그 견해에 반하여 성취된다고 주장될 때처럼 말이다. 그러한 분리는 단지 하나의 세계관(자유주의)에서만 가능한 일이다. 이 경우 정치적이고 이데올로기적인 것은 실제 '개인적' 삶의 내용에 단지 이차적이거나 '공적인' 부가물에 지나지 않는다. 개인적 삶만이 진정하고 진실되다는 것이다. 이러한 분리는 정치를 진지하게 받아들이는 세계관이라면 그 어떤 세계관(보수적이건 급진적, 진보적이건)에서도 일어날 수 없는 일이다.

그리하여 제기된 문제에는 결과적으로 하나의 '해결책'만이 가능하다. 그것은 바로 모든 계급 의식(또는 달리 말해, 대항 계급 또는 피억압 계급들의 계급 의식뿐 아니라 가장 배타적인 형식의 지배 계급 의식까지도 포함하는, 가장 강한 의미에 있어서의 모든 이데올로기)은 그 성격에 있어 유토피아적이다라는 명제이다. 여기에서는 간략히 요약만 하겠지만[8] 이 명

8 *Marxism and Form*, 376~390쪽 참조. 그리고 *College English*, Vol. 38, No. 7 (March, 1977)에 발표되고 *Screen Education*, No. 30(Spring, 1979)에 재수록된 "Class and Allegory in Contemporary Mass Culture: *Dog Day Afternoon* as a Political Film"에서의 관련 성찰들을 볼 것. 이런 정식화는 Ralf Dahrendorf, *Class and Class Conflict in Industrial Society*(Palo Alto: Stanford Univ. Press, 1959), 280~289쪽과 E. P. Thompson, *The Making of English Working Class*(New York: Vintage, 1966)의 서문(또한 그의 논문 "Eighteenth Century English Society: Class Struggle without Class?," *Social History*, 3(May, 1978) 및 *The Poverty of Theory*(London: Merlin, 1979), 298쪽 이하도 참조) 그리고 마지막으로 Jean-Paul Sartre, *Critique of Dialectical Reason*,

제는 계급 의식의 역학에 대한 구체적 분석에 근거하고 있다. 이 분석의 내용과 형식을 이루는 생각은 계급 의식 자체의 출현을(이는 헤겔 식 용어에 의해 종종 대자적 계급의 출현으로 불리며, 경제 구조 속의 특정 사회적 집단으로서 단순히 가능태에 머물러 있는 즉자적 계급과 대비된다.) 집단들 또는 계급들 간의 투쟁 결과로 파악하는 것이다. 이 분석에 따르면 계급 의식의 선행적 계기는 피억압 계급들의(농민이건, 노예, 농노 또는 진정한 프롤레타리아이건, 그들의 구조적 통일성은 명백히 생산 양식으로부터 유래한다.) 계기이다. 그런 관점에서 보면, 남을 위해 잉여 가치를 생산해야 하는 사람들은 필연적으로 자신들 사이의 연대성(물론 처음에는 분노와 절망감, 공통의 적에 의해 희생되고 억압받는다는 느낌 등과 같은 불명료한 형식으로 출발한다.)을 파악하게 된다. 이것은 지배 계급 또는 통치 계급에게 연대에 대한 어떤 동기가 생기기 이전에 일어난다. 실로 이 육중한 저항에 직면해서야, 노동 대중의 연합 가능성이 발생 중인 정치적 위협이라는 사실을 인식하고서야 지배 집단들 (또는 생산 수단의 소유자들) 사이에 계급적 연대의 거울 이미지가 생성된다. 다시 헤겔의 정식을 활용하여 표현하면, 이 점은 지배 계급 의식의 (즉 헤게모니를 장악한 이데올로기와 문화 생산의) 진실은 노동 계급의 의식 속에서 발견된다는 사실을 알려 준다. 나아가 그것은 모든 계급 의식의 지표는 그것의 '내용' 또는 이데올로기적 동기에서 발견되는 것이 아니라 무엇보다도 특정 집단 또는 계급의 구성원들 사이에서 생겨나기 시작하는 연대 의식에서 발견된다는 사실을 더욱 강력히 시사하고 있다. 그 구성원들이 당신의 동료 지주들이건, 당신 자신의 것과 연결된 구조적 특권을 향유하는 사람들이건, 또는 정반대로 동료 노동자들과 생산자들, 노예, 농노,

---

trans. A. Sheridan-Smith(London: New Left Books, 1976), 특히 363~404쪽의 '융합 집단(fused group)'에 대한 논의 등에 근거한 것이다.

또는 농민들이건 상관없이 말이다. 우리가 앞에서 기회 있을 때마다 비판하고 해체해 왔던 윤리적 범주들과 연결된 윤리적 정치학만이 이런 계급 의식들 중 어떤 것은 좋은 것이고 긍정적인 것이며, 다른 것들은 비난할 것 또는 사악한 것이라고 '증명할' 필요성을 느낀다. 예컨대 노동 계급 의식은 지배 계급 의식보다 더 보편적일 가능성이 있다거나, 후자는 본질적으로 폭력과 억압에 결부되어 있다는 등의 근거에서 말이다. 이데올로기적 참여가 결코 도덕적 선택의 문제가 아니라 투쟁하는 집단들 사이에서 어느 편에 서기의 문제라는 너무나 정확한 명제에는 논쟁의 여지가 없다. 파편화된 사회적 삶에서 (즉 본질적으로 모든 계급 사회에서) 온갖 집단들 사이의 투쟁에 동반되는 정치적 공격은 결코 직접적으로 보편적일 수 없으며 언제나 필연적으로 적대 계급을 향해 조준될 수밖에 없다. 심지어 계급 이전의 사회에서도(부족 또는 씨족 사회, 또는 마르크스주의의 전통에서라면 원시 공산주의에서도) 집단적 의식은 이와 유사하게 집단의 생존을 위협하는 존재에 대한 인식을 중심으로 형성된다. 실로 오늘날 볼 수 있는 가장 강력한 '원시 공산주의'의 형태인 피그미 사회에 대한 콜린 턴불(Colin Turnbull)의 묘사는[9] 정치적 단계 이전 사회의 문화가 인간 아닌 것 또는 자연에 의한 외부적 위협을 중심에 두고 조직된다는 사실을 잘 보여 주고 있다. 피그미 사회의 경우 그것은 세계를 감싸고 있는 정령으로 이해된 열대 우림의 형상으로 나타난다.

이상의 분석을 통해 우리는 어떤 유형의 것이건 모든 계급 의식은 집단의 통일성을 표현하는 한 유토피아적이다라는 결론을 내릴 수 있다. 그러나 이 명제는 알레고리적인 명제라는 점을 덧붙여야만 한다. 즉 어떤 종류의 성취된 집단성 또는 유기체적 집단(피억압 집단뿐

---

9 Colin Turnbull, *The Forest People* (New York: Simon and Schuster, 1962).

만 아니라 억압 집단도 온전히)도 그 자체로 유토피아적인 것은 아니며, 단지 그 모든 집단성이 성취된 유토피아 사회 또는 무계급 사회의 궁극적이고 구체적인 집단적 삶에 대한 비유 형상들(figures)로 이해되는 한에서 유토피아적인 것이다. 이제 우리는 헤게모니적 계급 또는 지배 계급의 문화조차도, 계급적 특권과 권력을 확보하고 영속화하려는 그 도구적 기능에도 불구하고가 아니라, 오히려 그 기능 자체가 집단적 연대성을 확인해 주는 것이라는 바로 그 이유 때문에 유토피아적이라는 사실을 더 잘 이해할 수 있게 되었다.

이러한 관점은 마르크스주의 문화 분석에 확대된 시야를 제공해 준다. 이제 마르크스주의 문화 분석은 더 이상 문화적 산물이 주어진 권력 구조를 정당화하고, 그것을 재생산해 영속화하며, 특정 형식의 허위의식을 (또는 좁은 의미에서의 이데올로기를) 생성해 내기 위해 특정한 이데올로기적 사명을 수행하는 방식들을 폭로하고 드러내는 탈신비화의 소명에 만족할 수 없다. 물론 마르크스주의 문화 분석은 본질적으로 부정적 해석학인 이 기능을(마르크스주의만이 오늘날 현대 비평에서 이 역할을 자임하는 사실상 유일한 입장이다.) 실행하는 일에 간단없이 매진해야 할 것이다. 그러나 그것은 또한 주어진 문화적 대상의 도구적 기능을 드러내는 일을 통해 그리고 그 단계를 넘어서서, 그 문화적 대상이 동시에 지니고 있는, 집단적 통일성의 특정한 역사적·계급적 형식에 대한 상징적 긍정(symbolic affirmation)으로서의 유토피아적 힘을 투사해 내고자 해야 한다.[10] 이것은 결코 두 가지 선택 또는

---

10 파시즘의 본성과 역학에 대한 관심이 되살아난다는 점, 그리고 파시즘이라는 현상을 단순히 독점 자본주의의 어떤 계기에 생기는 부수적 '허위의식'으로서가 아니라 더 적절하게 파악할 방법이 절박하게 필요한 점을 보아도, 이 일이 단순히 이론적인 또는 문학비평적인 문제만이 결코 아니라는 사실을 잘 알 수 있다. 그러한 시도들은 상당수가 라이히(Wilhelm Reich)의 작업에 근거해서 파시즘에 대한 대중들의 '리비도적 투여'를 파악하려 하는데, 이를 우리의 용어로 바꾸어 표현하면 그것은 파시즘의 '이데올로기'를 분석하면서 그것의 '유

분석적 대안들의 병치가 아니라 하나의 통합된 관점이다. 양자 중 어느 것도 그 자체로는 충분하지 않다. 마르크스주의의 '부정적 해석학'이 따로 실천되었을 때, 어떤 종류의 마르크스주의 문화 분석은 '기계적'이거나 순전히 도구적인 성격을 띤다는 살린스의 불평이 충분히 나올 만하다. 한편, 프라이의 예술 집단 기원론처럼, 유사하게 독립적으로 실천된 유토피아적 또는 '긍정적 해석학'은 사회적 삶과 문화 생산이 지니게 마련인 계급 역학의 의미가 동반되지 않는 한 종교적 또는 신학적 해석학이나 교훈적이고 도덕적인 해석학으로 느슨하게 귀결되고 마는 것이다.

이런 제안에 대해 중요한 반론들이 적잖이 제기될 수 있다. 그중 하나로 이 제안이 뒤르켐의 종교 이론을 문화 생산 전반의 차원으로 일반화한 결과가 아니냐고 지적할 수 있겠다. 그리고 만약 이 지적이 옳다면(나는 옳다고 생각한다.) 본질적으로 부르주아적이고 보수적인 사회 철학의 '원용(adaptation)'을 심각히 유보해야 한다는 의견이 마르크스주의뿐만 아니라 우리가 곧 살펴보겠지만, 탈구조주의의 입장에서도 동시에 제기될 것임에 분명하다.

루소에서부터 헤겔, 그리고 포이어바흐까지 많은 흐름이 합쳐진 결과인 뒤르켐의 체계는 종교를 주어진 종족, 집단 또는 사회 구성체의 통일성에 대한 상징적 확인이라고 본다.[11] 그리하여 뒤르켐의 사회학에서 종교는 근대 사회의 해체 및 무질서(anomie)라는 분석 결과에 대한 태곳적 또는 유토피아적 반대항이 된다. 제3공화정 탄생 시기에 발전

토피아적' 힘과 원천들도 함께 규명해 내려는 시도라고 하겠다. 예컨대, Jean-Pierre Faye, *Langages totalitaires*(Paris: Hermann, 1972) 및 Maria Antoinette Macciochi, ed. *Eléments pour une analyse du fascisme*, 2 vols.(Paris: 10/18, 1976), 또한 Ernst Bloch, *Erbschaft dieser Zeit*(1935; Frankfurt: Suhrkamp, 1973) 참조.

11 Emile Durkheim, *Les Formes élémentaires de la vie religieuse*(Paris: PUF, 1968), 593~638쪽.

했고, 그 세속적 제도들 속에서 우파와 노동 계급 소요 양자에 모두 위협받은 뒤르켐의 이론은 분명히 보수적이며, 실증주의의 다른 형태들과 비슷하게 부르주아 의회 국가를 기능적으로 옹호할 방책을 마련하려 한다. 실로 종교를 사회적 분열을 중단시키고 극복하려는 '영원한' 충동으로 이론화하고, 객관적으로 보아 계급적으로 분열되어 있는 사회에서 사회적 통일성을 상징적으로 확인하기 위해 종교적이고 제의적인 행위들을 제시하는 것은 명백하게 이데올로기적 작업이며, 어떤 상위의 (그리고 상상적인) 집단적·사회적 통일성에 호소함으로써 그런 분열들을 해소하려는 시도이다. 그러나 그러한 통합이 지니는 순전히 상징적인 특성을 강조하게 되면, 뒤르켐의 이론을 종교 행위와 문화 생산(집단적이고 유토피아적인 것에 대한 향수)이 이데올로기적 목적에 매여 있다는 관점에 위치시키는 셈이 된다.

그러나 우리는 뒤르켐 식의 이론조차도 이 장을 시작할 때 개괄했던 살린스의 도구적 문화 개념에 대한 비판을 과연 비켜가는 것인지 질문해 보아야 한다. 달리 말해 여기에서도 우리는 문화와 종교에 대한 도구적 또는 기능적 관점이 여전히 존재하고 있다는 사실을 발견할 수 있는 것이다. 왜냐하면 뒤르켐의 이론에서 사회의 통일성에 대한 상징적 확인은 해당 사회 구성체의 건강과 생존 및 재생산에 결정적 역할을 하는 것처럼 보이기 때문이다. 사실, 본연의 미학 체계(종교적 영감에 기초한 것들은 별개로 하고) 중에 예술의 궁극적인 사회적 기능성에 대한 어떤 가설을 상정하지 않는 이론은 지금까지 거의 없었다. 오직 예술 작품을 존재(Being) 자체에 대한 순간적 일별로 간주하는 하이데거의 위대한 관점만을 순전히 세속적이면서도 비기능적인 문화 모델의 예로 들어볼 수 있을 것이다. 그러나 심지어 하이데거의 경우에도, 후기 텍스트들에 대해서는 신학적 읽기가 가능하며, 폴리스(신전)와 농촌 공동체(농부의 구두 한 켤레와 '숲길') 등이 본질적으로 원(原)파시즘적인 사회 질서를 찬양하기 위해서 환기된다고 보는 정치적·사회적 읽기도[12] 가능하다.

나는 기능적 또는 도구적 문화 개념에 대한 문제가 여기에서 우리가 견지하는 유토피아적 관점에 의해 기본적으로 초월되고 무화된다고 주장하려 한다. 계급 없는 사회에서는, 축제란 사회가 그 자신과 그 자신의 통일성을 찬양하는 계기라는 루소의 개념이나, 유사한 뒤르켐의 종교의 통합적 '기능', 그리고 진정한 유토피아적 또는 집단적 충동의 표현으로서의 문화라는 우리의 견해 등이 더 이상 살린스가 쓰는 의미처럼 저급하게 기능적이거나 도구적이지 않은 것이다. 원한다면, 이것을 뒤르켐의 인간관계의 상징적 확인으로서의 종교관(문화 행위 전체를 포함하도록 우리가 확장시킨)이, 인간 존재가 인간 아닌 것, 자연, 존재 등과 맺는 관계의 상징적 실현이라는 하이데거의 예술 작품 개념과 더불어, 현단계 사회에서는 모두 거짓이고 이데올로기적이라고 말하는 것으로 이해해도 무방하다. 그러나 마르크스가 인류의 전사(前史)라고 부르는 시기의 종점에 이르면 그 개념들은 그 자신의 진실을 알게 될 것이고, 본연의 모습을 띠게 될 것이다. 그 순간에는 이데올로기적인 것과 유토피아적인 것의 대립, 또는 기능적-도구적인 것과 집단적인 것 사이의 대립이 거짓 대립이 되고 말 것이다.

그러나 탈구조주의의 문제틀에서는 분명 뒤르켐의 정식화가 개인 주체의 범주에 의존하고 있다는, 다소 다른 비판의 대상이 될 것이다.[13] 실로 뒤르켐의 집단적 '의식'뿐만 아니라, 어떤 마르크스주의 전

---

12 하이데거와 나치즘의 관계에 대해서는 M. A. Palmier, ed. *Les Écrits politiques de Heidegger* (Paris: L'Herne, 1968) 참조.

13 지금이 바로 이 책의 제사(題詞) 역할을 하는 뒤르켐의 문단에서 전략적으로 생략했던, 흔히 비난의 대상이 되는 문장을 복원해야 할 순간이다. 그것은 "모든 개인 주체들을 포괄하는 한 주체만이 그러한 대상〔총체성으로서의 사회〕을 포용할 수 있다."라는 문장이다. *Formes élémentaires*, 630쪽.

통에서는 핵심적이기도 한 '계급 의식'이라는 개념도 엄밀한 검증 없이 개인 주체의 의식을 집단의 역학에 비유적으로 동화시켜 간 결과라는 사실은 명백하다. 이런 식의 그리고 또 다른 판본의 '역사의 주체'라는 개념에 대한 알튀세르주의와 탈구조주의의 비판은 기꺼이 인정되어야 할 것이다. 그러나 알튀세르주의자들이 제시한 대안, 즉 개인 주체나 사회적 계급이 '구조의 효과'라는 개념, 또는 계급들이 구조적 전체의 담지자(Träger)라는 개념[14](이는 서사에서 '인물'이라는 표면적 범주에 대비되는 그레마스의 행위항 개념과 유사한 개념적 추상이다.)은 순전히 부정적인 또는 2급의 비평적 기능만을 지니고 있고, 새로운 개념적 범주들을 전혀 제시하지 못한다. 여기에서 진정 필요한 것, 그리고 오늘날 마르크스주의 이론이 성취해야 할 가장 화급한 과제는, 개인적 경험에서 추출한 용어들을 단순히 적용하는 식의 결함을 벗어난 범주를 가진 완전히 새로운 집단적 역학의 논리이다.(그런 의미에서 실천이라는 개념조차 역시 의심의 대상이 된다.) 이 영역에 대해서는 이미 시사적인 작업이 이루어져 있다. 예컨대 아마도 궁극적으로는 만족스럽지 않더라도, 아직 충분히 논의되지 못한 사르트르의 『변증법적 이성 비판』이 제시한 논점들이 그것이다.[15] 그러나 이 문제는 아직 적절한 방식으로 논의의 대상이 되지 못했다. 이 작업이 완수될 때까지는 뒤르켐이나 루카치의 집단적 의식 또는 '지워진(under erasure)' 역사의 주체라는 용어를 계속 사용하는 것도 가능할 성싶다. 물론 그러한 어떤 논의에서도 그 논의는 그러한 용어들이 지칭하는 개념이 아니라, 오히려 아직 이론화되지 않은 대상, 그 용어들이 부정확하게만 암시하고 있는 대상인 집단적인 것과 관련되어 있다고 우리가 이해한다

---

14 예컨대 Nicos Poulantzas, *Political Power and Social Classes*, trans. T. O'Hagan (London: New Left Books, 1973), 62쪽 참조.

15 이 기제에 대한 더 충실한 예비적 논의는 *Marxism and Form*, 특히 244~257쪽 참조.

는 전제 아래에서 이루어져야 한다.

뒤르켐의 문제틀이 마르크스주의에 낯선 것이라는 견해와 관련해서는, 마르크스의 완숙기 작업에는 뒤르켐의 종교 개념에 대응되는 논의가 존재한다는 사실을 언급해야 할 것이다. 즉 『정치경제학 비판 요강(Grundrisse)』에서 정식화된 다소 헤겔적 개념인 아시아적 생산 양식 개념 같은 것이다.

> 대부분의 아시아적 토지 형태에서는 이 모든 작은 공동체들 위에 위치한 포괄적 통일체가 상위의 소유자 또는 유일한 소유자로 나타난다. ⋯⋯ 그 통일체가 진정한 소유자이며 공동 소유의 진정한 전제 조건이기 때문에 개인이 노동 및 재생산의 자연적 조건과 맺는 관계는 전체적 통일체(전제 군주 또는 여러 공동체들의 족장이라는 형태로 실현된 통일체)의 양도를 통해, 특정한 코뮌의 중재를 통해 개인에게 매개되는 것으로 드러난다.[16]

'전제 군주의 몸'으로 표현되는 사회적 통일체와 같은 개념 체계에서는 종교의 이데올로기적 기능이 마르크스주의 생산양식론의 어떤 연관에서보다도 더욱 절박하게 제기되어야만 한다. 또한 그것은 뒤르켐

---

16 Karl Marx, *Grundrisse*, trans. Martin Nicolaus(Harmondsworth: Penguin, 1973), 472~473쪽. '동양적 전제주의'란 개념을 그곳에 고유한 문화적 생산의 차원에서 다시 쓰고자 한 선구적인 노력은 Gilles Deleuze · Félix Guattari, *Anti-Oedipus*, trans. Robert Hurley · Mark Seem · Helen R. Lane(New York: Viking, 1977), 192~222쪽, 즉 3장 (원시인, 야만인, 문명인)의 '야만주의' 부분에서 찾아볼 수 있다. 이 개념을 원시 사회 연구와 연결하여 지속적으로 확장시켜 온 이는 모리스 고들리에이다. Maurice Godelier, *Horizon: trajets marxistes en anthropologie*(Paris: Maspéro, 1973) 참조. 이는 다음의 주 17에서 제시된 유형의 이론적 비평들에서 많은 참조점을 얻어 확대된 연구다. 정치적 무의식에서 '동양적 전제주의'라는 개념 주위에 들러붙는 문화적 환상들은 진정으로 자본주의적인 새로운 세계 체제에 의해 대체된 '세계 제국'이라는 낡은 계기에 조응되는 것인 듯하다. Immanuel Wallerstein, *The Modern World System*(New York: Academic, 1974), 특히 16~18, 32~33, 60~62쪽 등 참조.

의 비역사적 종교론보다 훨씬 더 구체적이고 역사적인 방식으로 제기될 수밖에 없다. 마르크스주의 본연의 개념이지만 수많은 논쟁의 대상이 되어 왔던 이 개념에 관한 문헌은 실로 방대하다.[17] 그리고 뒤르켐에 대해 가장 타당한 비판을 제기한 마르크스주의 관점의 최근 이론가들 역시 마르크스주의의 문제틀과 전통에서 아시아적 생산 양식이라는 '의사 개념(pseudoconcept)'을 삭제하고자 해 왔다.[18] 그러나, 궁극적으로 어떤 해결책이 고안될 수 있는지는 차치하고라도, 지금 시점에서는 이 정도의 언급으로도 마르크스 자신의 문제틀 속에 집단적 통일성의 상징적 실현이라는 문제가 깊이 새겨져 있다는 사실이 충분히 증명됐을 듯하다.

이상과 같은 전반적인 이론적 구도 속에서 나는 여기에서 개괄한 방법론적 명제를 논의하고 싶다. 부정적 마르크스주의 해석학, 즉 본연의 마르크스주의적 이데올로기 분석은 읽기와 해석하기의 실천적 작업 속에서는 긍정적 마르크스주의 해석학, 즉 동일한 이데올로기적 문화 텍스트들에서 유토피아적 충동을 해독해 내는 일과 동시적으로 실행되어야 한다는 명제 말이다. 이 이중적 관점(이데올로기와 유토피아)이 지닌 만하임 류의 여운이 의사소통에 방해가 되는 소음이나 개념상의 간

---

17 특히 Jean Chesneaux, ed. *Sur le "mode de production asiatique"*(Paris: Editons sociales, 1969) 및 Perry Anderson, "The Asiatic Mode of Production," *Lineages of the Absolute State*(London: New Left Books, 1974), 462~549쪽, 그리고 Barry Hindess·Paul Hirst, *Pre-Capitalist Modes of Production*(London: Routledge & Kegan Paul, 1975), 4장 참조.(두 번째와 세 번째 문건은 이 개념에 대한 강력한 비판을 개진하고 있다.)

18 오늘날 마르크스주의 인류학의 유사한 종교관을 거론하면서 힌데스와 허스트는 다음과 같이 말한 바 있다. "메이아수(Meillassoux)는 집단 사냥을 집단적 정서를 강화하는 데 기여하는 집단적 제식의 기능을 수행하는 것으로 해석한다. 그러한 입장은 제식의 형식과 사회적 응집력에 대한 뒤르켐 식의 문제틀 속에서는 한자리를 차지할지 모르지만, 마르크스주의와는 전혀 무관한 입장이다."(Hindess·Hirst, *Pre-Capitalist Modes*, 55쪽) 그러나 만약 그렇다면 누군가는 그것은 마르크스주의에 너무 안된 일이라고 덧붙이고 싶을 것이다!

섭을 발생시킬 정도로 강하게 남아 있다면, 다음과 같이 대안적인 방식으로 정식화해도 될 듯하다. 즉 도구적 분석은 집단적-연합적 또는 공동체적 문화 읽기와 조화되어야(co-ordinated) 하며, 문화 텍스트를 기술하는 기능적 방법은 예기적 방법과 더불어 접합되어야(articulated) 한다라고 말이다.

그러나 그러한 제안이 다루고자 하는 문제의식들과 딜레마들이 문학 또는 문화 비평의 좁은 영역을 훨씬 뛰어넘는 것이라는 사실을 언급해야만 결론을 마감할 수 있을 것 같다. 문화 비평의 특권적 위치를 아전인수 격으로 옹호하는 것은 망설여지는 일이다. 그럼에도 불구하고, 주로 알튀세르주의를 통해 정치학에서부터 인류학까지, 경제학에서부터 법학 및 법제도 연구에 이르기까지 여타 학문 영역 전반을 변형시킨 '구조주의적' 혁명 또는 텍스트적 혁명이 모델로 삼고 있는 종류의 해독 방식에서 문학 비평 및 텍스트 비평이 여러 가지 면에서 강력한 형식이라는 것은 역사적 사실이다. 본질적으로 반경험론적인 이 '혁명'은, '담론' 또는 '글쓰기'라는 개념을 지금까지 '현실' 또는 현실 세계의 대상들이라고 생각되어 온 대상들, 이를테면 정치권력과 사회 계급, 제도들, 그리고 사건들 자체 같은 사회 구성체의 다양한 층위와 심급들에 외삽함으로써, '텍스트'라는 개념의 쐐기를 전통적 학문들에 박아 넣는다. 적절하게 활용된다면, '텍스트'라는 개념은 오늘날 흔하디흔한 기호학적 실천들이 그러하듯이 현실을 이런저런 종류의 작고, 취급 가능한 기록물로 '환원'시키는 것이 아니라, 오히려 우리의 주의를 현실의 대상이 구성되는 방식과 그 구성물이 다른 구성물들과 맺고 있는 관계에게로 돌려줌으로써 우리를 경험적 대상(제도건, 사건이건, 또는 개별 작품이건)으로부터 해방시켜 준다.

오늘날의 문학 및 문화 해석에서 제기된 특정 문제들은 다른 사회과학들의 방법론적 문제들에도 시사적인 유비점을 제시해 줄 수 있을 것이다.(마르크스주의에서는 문학 및 문화 분석이 그 자체로 하나의 사회과학이라는 점도 이해되어야 하겠다.) 더 나아가 나는 이런 고유하게 문화적인 난제들에 대한 답으로서 결론에서 개괄한 해결책이 다른 영역들에도 커다란 연관성이 있으며, 사실 그러한 영역 어디서나 유사한 해결책이 주류를 이루고 있음을 제시하고자 한다. 나는 세 가지 영역에 대해 간단히 언급하면서 이런 유비점을 제시할 것이다. 그 영역들은 바로 국가, 급진적 법학의 구성, 그리고 민족 문제들이다. 첫 번째는 우리가 앞에서 이미 다루었는데, 오늘날의 정치학, 특히 니코스 폴란차스(Nicos Poulantzas)의 작업이[19] 국가를 계급 지배의 도구 또는 수단으로만 보는 낡은 마르크스주의적 관점으로부터 국가와 국가 권력에 대한 연구를 해방하려 해왔다. 정치적인 것에 대한 그러한 전통적인 환원은 우리가 앞서 이데올로기의 도구적-기능적 관점이라고 표현한 것과 명백하게 일치한다. 이런 전통에 저항해서 폴란차스는 반자율적 영역으로서의 국가관을 제시하며, 국가를 단일 계급의 도구가 아니라 전반적인 계급 투쟁의 공간으로 본다. 그러한 관점은 분명한 정치적 결과들을 낳는 것으로, 실업자나 주변화된 사람들이 구성한 압력 집단들과 더 전투적인 공공 부문 노동조합들의 활동 등과 같은 비헤게모니적인 세력들의 역학을 반영하고 있을 뿐만 아니라, 현대 사회 속에서 공공 부문이 엄청나게 확장된 사실 또한 잘 보여 주고 있다. 국가 또는 공공 부문을 그 고유한 집단성의 측면에서 파악하는 이런 관점은 국가라는 '텍스트'에 대한, 우리가 유토피아적 읽기 또는 독해라고 불러 온 것과 정확히 일치한다.

급진적 법학 연구의 경우는, 건강 관리와 주택 정책 등, 이와 연관된 공공 정책의 연구 영역과 더불어 '텍스트'의 문제가 더욱 생생하게 부각

---

19 예컨대 *Political Power and Social Classes*, 4장, "The Relative Autonomy of the Capitalist State."

되는 영역이다. 좌파의 입장에서 생각하고 있는 바대로라면 오늘날 법제 연구의 영역에는 이데올로기적 해석에 근거한 학파와 유토피아적 관점에서 작업하는 학파가 공공연히 대립하고 있다. 전자는 현행법을 계급 지배의 도구라고 보아 그 정체를 드러내고자 하며, 후자는 이와 달리 현존 체제에서는 성취하기 어렵거나 또는 단지 '부상하고(emergent)' 있을 뿐인, 혁명적으로 새로운 형태의 진정으로 사회주의적인 법제를 구상하고 기획해 내는 데 주력한다. 여기에서도 역시 이데올로기적인 것과 유토피아적인 것 사이의 조율 작업이 이론적인 급선무인데 이는 정치적·전략적으로도 실로 중요한 결과를 동반하는 사안이다.

마지막으로, 나는 민족 문제에 관한 톰 네언(Tom Nairn)의 선구적인 저서 『영국의 해체(*The Break-up of Britain*)』를 오늘날 세계정치학의 기초 연구 영역으로 남아 있는 분야에서, 이 책이 제안한 것과 유사한 이론적 해결을 내놓은 예로 제시하고자 한다. 네언의 적확한 표현대로 민족 문제의 연구는 '마르크스주의의 거대한 역사적 실패'가 기념비처럼 서 있는 영역이다. 즉 이 연구 영역은 바로 민족 문제를 경제적 요소의 부수 현상(epiphenomenon)에 불과한 것으로 보는 마르크스주의의 전통적인 부정적 해석학의 실행 탓으로 발전이 저지되어 온 것이다. "민족주의 이론의 과제는 …… 딜레마의 양쪽 뿔을 동시에 붙잡는 것이다. 그 현상을 전체적으로 보는 것, '긍정적인' 면과 '부정적인' 면을 뛰어넘는 어떤 방식으로 보는 것…… 〔그러한〕 구별은 두 가지 소인이 찍힌 민족주의, 즉 건강한 민족주의와 병적인 민족주의가 존재한다는 것을 의미하지 않는다. 핵심은 가장 기초적인 비교 연구가 보여 주듯이 모든 민족주의는 건강한 동시에 또한 병적이라는 것이다. 진보와 퇴행 모두가 애초부터 민족주의의 유전자 암호에 각인되어 있다."[20] 민족적 현상이

---

20 Tom Nairn, *The Break-up of Britain*(London: New Left Books, 1977), 332.

이데올로기적인 동시에 유토피아적인 성격을 지닌 것이라는 이런 주장은 단순히 이론상의 문제가 아니다. 오늘날의 세계에서 점점 더 명확해지는 사실은 (물론 지금까지 의심의 대상이 되기도 했지만) 민족주의가 지닌 거대한 유토피아적 호소력을 파악할 수 없는 좌파는 (종교나 파시즘의 유토피아적 호소력을 파악할 수 없는 좌파와 마찬가지로) 그러한 집단적 힘들을 '재전유(reappropriate)'하기를 바랄 수 없으며, 그 결과 정치적 무능에 빠질 수밖에 없다는 것이다.

그러나 우리는 바로 이 순간에 벤야민의 '문화는 곧 야만'이라는 동일시에 그 본연의 의미를 회복시켜 주어야 한다. 이는 이데올로기적 텍스트가 지니는 유토피아적 차원에 대한 긍정일 뿐만 아니라, 또한 동시에, 그리고 무엇보다도 모든 고급 문화가 지니는 이데올로기적 차원에 대한 긍정이다. 그러므로 마르크스주의 해석학(과거의 문화적 기념물과 흔적들을 사적 유물론으로 해독해 내는 작업)은 우리 시대에 다양한 박물관과 정전들, 그리고 '전통들'이라는 이름으로 살아남아 사람들에게 전수되고 있는 계급 역사의 모든 작품들이 어떤 방식으로건 깊은 차원에서는 이데올로기적이라는 확실한 사실, 또한 그 모든 것이 폭력과 착취에 기반을 둔 사회 구성체의 기득권과 관련이 있으며, 그 사회 구성체와 어떤 기능적 관계를 유지하고 있다는 확실한 사실에 직면해야 한다. 그리고 마지막으로, 위대한 문화적 기념비들의 의미를 복원하는 작업은 그 자체가 억압적이면서 특권 및 계급 지배와 공모하고 있으며, 특정 문화만이 아니라 하나의 긴 악몽으로서의 역사 자체의 죄로 얼룩져 있는 모든 것을 열정적이며 당파적으로 평가해 내는 일과 불가분의 관계에 있다는 확실한 사실에 직면해야 한다.

그러나 벤야민의 슬로건은 예술과 문학에 대해 자유주의적이고 비

347~348쪽.

정치적인 입장을 지닌 비평가들에게만 엄혹한 발언인 것이 아니다. 그들에게는 계급적 현실을 상기시키고, 겉보기에 대단히 순수하며 '삶을 고양시키는' 정전의 걸작들조차도 어두운 이면이 있다는 고통스러운 기억을 떠올리도록 한다. 또한, 고전들을 이런저런 역사적으로 '진보적인' 힘의 인간주의적 표현이라 보며 손쉽게 재전유하려는 급진주의에 대해서도 벤야민의 정식화는 견책과 경고로 다가올 것이다. 최종적으로, 그의 말은 문화적 산물의 복원된 유토피아적 의미 내부에도 이데올로기적 왜곡의 힘이 경감되지 않은 채 존속한다는 사실을 다시 강조해 주고, 예술과 문화의 상징적 힘 안에도 지배에의 의지가 고스란히 살아남아 있다는 사실을 상기시켜 줌으로써, 이 책에서 전개시켜 온 정치적 무의식의 원리에도 적절한 질정으로 다가온다. 바로 이런 대가, 즉 예술 텍스트의 이데올로기적 기능과 유토피아적 기능을 동시적으로 인식하는 일을 치르고서야 마르크스주의 문화 연구가 정치적 실천에서 그 맡은바 역할을 수행하기를 바랄 수 있을 것이다. 그리고 물론 그 정치적 실천이야말로 여전히 마르크스주의의 존재 이유이다.

옮 긴 이 의   말

    프레드릭 제임슨이 전 세계적으로 유명해진 것은 사실 그의 주저 인 『정치적 무의식』 때문이라기보다는 포스트모더니즘 및 모더니티 이론들이 대두할 당시에 쓴 「포스트모더니즘, 혹은, 후기 자본주의의 문화적 논리」(1984)라는 긴 논문 때문이다. 포스트모더니즘의 성격을 두고 모더니즘의 연속이다, 모더니즘과의 단절이다, 오히려 모더니즘 을 예비하는 것이다 등 이런저런 논쟁들이 벌어지고 있는 와중에 이 한 편의 논문은 포스트모더니즘이 자본주의 생산 양식의 후기 단계, 즉 이전 생산 양식들의 잔재들을 거의 청산하여 가장 순수하게 자본 주의적인 시대의 문화적 논리임을 설파했다. 말하자면 제임슨은 문화 내적 논리보다는 그 문화가 포함되고, 또한 그 문화를 낳는 생산 양식 의 총체적 작용을 중시했던 것이다.

    오늘날 현대 문학 및 문화 이론 어디에서나 언급되기 마련인 제임슨 은 그러나 포스트모더니즘론을 발표하기 이전 오랜 지적 과정을 거쳐 왔던 학자이다. 그는 미국의 마르크스주의 철학자이자 문화이론가로서 사르트르 연구로 박사 학위를 받았다. 미국은 1950년대 말까지만 해도 경험주의와 실증주의 그리고 매카시즘의 나라였다. 프랑스의 68 혁명

을 전후하여 미국에도 마르크스주의 연구의 토대가 마련되자 제임슨은
『마르크스주의와 형식』(1971)을 통해 아도르노, 벤야민, 마르쿠제, 블로
흐, 루카치, 사르트르 등 마르크스주의 사상가들을 소개하면서 변증법
적 사유의 중요성을 역설했다. 그 중요한 키워드는 '역사'와 '해석'으로
서 이 범주들은 주저 『정치적 무의식』에서 한층 본격적으로 전개된다.

　이후 『언어의 감옥』(1971)을 통해 러시아 형식주의와 프랑스 구조
주의 및 후기 구조주의를 비판적으로 검토했다. 이 책은 당시 비평계
에 아성으로 자리 잡고 있었던 예일 대학교의 해체파를 겨냥한 것이
기도 하다. 윈덤 루이스의 작품을 연구한 『침략의 우화』(1979)에서는
리비도 이론과 좁게는 모더니즘과 파시즘, 넓게는 문학과 정치의 관
계를, 여기 번역된 주저 『정치적 무의식: 사회적으로 상징적인 행위로
서의 서사』(1981)를 통해서는 '실재' 및 '생산 양식'과 약호 전환되는
'역사' 개념을 전개하면서 마르크스주의 문학 연구 방법론을 확립하
는 동시에 ('텍스트주의'라고 할 수 있는) 후기 구조주의 이데올로기와
포스트마르크스주의를 비판하는 이중 과제를 수행한다.

　모더니티 이론들이 대두하자, 그는 마르크스주의 생산 양식 이
론을 가지고 그 현상과 이론들을 분석해 낸다. 『포스트모더니즘, 혹
은 후기 자본주의의 문화적 논리』(1991), 『시간의 씨앗』(1994), 『문화
적 선회』(1998) 등이 그러한 작업에 속하고, 그 밖에도 『후기 마르크
스주의: 아도르노 혹은 변증법의 지속』(1990)과 『브레히트와 방법』
(1998), 『변증법의 결속력』(2009), 『헤겔 변주』(2010), 『『자본』 재현하
기』(2011) 등을 통해서 마르크스주의와 변증법의 중요성을 역설해 왔
다. 영화론 모음집으로 『가시적인 것의 징표』(1990)와 『지정학적 미
학』(1992), SF론 모음집으로 『미래의 고고학』(2005)이 있고, 에세이
모음집 『이론의 이데올로기』(합본, 2008)가 있다. 대담집으로 『제임슨
이 제임슨을 말하다: 문화 마르크스주의에 관한 대화』(2007)가 나와

있다. 그는 현재 모더니티의 단계를 거슬러 올라가며 모더니즘, 리얼리즘, 로맨스에 해당하는 연구서들을 기획 출판하고 있는데, 그중 『모더니즘 논고』(2007)(이 책은 루만의 '분화(differentiation)' 이론에 기초하여 후기 모더니즘을 다룬 『특이한 모더니티』(2002)와 짝을 이룬다.)와 『리얼리즘의 이율배반』(2013)이 출판되었다.

　'정치적 무의식'은 언제부터인가 책 제목이면서 하나의 비평 용어로 정착되었는데, 사실 그의 수많은 저서들을 관통하고 있는 가장 중요한 개념이기도 하다. '정치적'이란 개인적이고 심리적인 차원이 아닌, 계급적·집단적·역사적 차원을 말하는 것이고, '무의식'이란 레비스트로스의 '야생적 사고'처럼 모순적인 현실과 역사를 '살아 내기' 위한 무의식적이고도 필사적인 반응을 말한다. 만일 계급 모순과 민족 모순과 같은 사회적 모순을 직접적으로 해결할 수 있다면 이러한 정치적 무의식은 작동하지 않아도 좋을 것이다. 말하자면 하나의 생산 양식에 내재하는 모순들은 그 생산 양식 자체가 다른 어떤 것으로 바뀌지 않는 한 지속되게 마련인데, 모순 해결을 위한 직접적인 정치적 행위를 할 수 있다면 좋겠지만 언제나 그럴 수 있는 것은 아니며 누구나 투사가 될 수 있는 것도 아니다. 대부분의 사람들은 어쩌면 그런 모순에 눈감고 살아갈지도 모른다. 그러할 때 문학과 예술은 그 모순의 해결을 '꿈꾸기' 시작한다. 현실적인 것에 대하여 현실적으로 대응하는 것이 아니라 (프로이트적인) '꿈'의 형식으로 해결하려고 하므로 라캉의 도식에 따르면 상상적인 것이며 이데올로기적인 것이지만 또 다른 한편으로는 레비스트로스의 『슬픈 열대』에서 카두베오족의 화장법이 그러하듯이 삶을 살아 내는 하나의 방법으로서 사회적으로 인정된다는 면에서 상징적인 측면을 갖게 된다. 그리하여 자본주의 생산 양식의 모순 속에 산출된 모든 예술 작품들은 무의식으로 숨어

들어간 자본주의의 모순적 현실을 '하부 텍스트'로 갖게 되며 또한 꿈 작업과 유사한 정치적 무의식의 작용을 통해 그 모순을 이데올로기적으로 봉쇄하는 동시에 유토피아적으로 해결하는 양상을 보인다. 이것이 "사회적으로 상징적인 행위로서의 서사"라는 이 책의 부제가 의미하는 것이다.

이 책의 3분의 1을 차지하는 '해석에 대하여'라는 장은 해석을 불신 내지 폐기하는 현대 이론들의 경향에 맞서서, 이처럼 사회적 모순을 담지하되 그것을 상상적이며 상징적인 차원에서 해결하고자 하는 예술 작품을 그 모순의 차원에서 해석할 것을 주장하는 셈이다. 이때 현실적 모순은 텍스트의 형태로 접근할 수밖에 없지만, 그렇다고 실재와 역사가 텍스트로 환원되지 않음을 그는 강조한다. 포스트마르크스주의자들은 생산 양식 개념을 폐기하거나 혹은 사회 구성체라는 경험적·실증적 개념으로 교체하려고 하는 데 반하여, 그는 이데올로기적인 것(상상계)과 사회적인 것(상징계)을 규정하되 또한 그 이데올로기적인 것과 사회적인 것을 통해서만 접근할 수 있는 '실재'를 강조한다. 물론 이때 실재로서의 역사는 부재 원인(absent cause)이므로 그 존재가 증명되지 않는다. 그러므로 제임슨은 실재에 대한 이런저런 코멘트들을 실재 자체에 대한 서술이라기보다는 실재에 의해 규정된 하나의 반응 형태로 해석하는 '메타코멘터리'를 자신의 방법으로 삼는다. 또한 생산 양식의 이행에 수반되는 '문화 혁명'이라는 효과를 실재에 다가갈 수 있는 특징적인 영역으로 설정한다.

여기에서 제임슨이 '문화 혁명'이라는 말을 쓸 때는, 비록 실천적으로는 처참한 결과를 낳았지만 마오쩌둥의 '문화 혁명'에 전제되어 있는 기본 논리, 즉 혁명이 정치적이고 경제적인 것만이 아니라 전 사회적인 것이며 '삶 전체'에 미치는 것이어야 한다는 것에 동의하고 있는바, 또한 '문화는 삶 전반'이라는 레이먼드 윌리엄스의 명제와도 통하는 것이다. 그러므로 제임슨이 '문화'를 말할 때는 정치적이고 경제적인 것과 분리된 자율적인 영역으로서의 문화가 아니라 봉건제 생산 양식으로부터 자본주의 생산 양식으로의 이행이 가시화되는 총체적 영역을 말하며, 따라서 경제적·사회적·역사적인 모순이 각인되어 있는 영역이다.

그는 텔켈 그룹이 언어 혁명을 통하여 사회 혁명이 가능하다고 주장한 것이나 '문화 연구'라는 새로운 학문 경향이 때로 상부 구조적인 현상만 떼어 내 다루고 있는 데 대하여 비판적이다. 같은 맥락에서 제임슨은 오늘날 반향을 얻고 있는 아감벤(Giorgio Agamben)이나 랑시에르(Jacques Rancière)의 이론들이 정치적인 것을 전체 사회와 분리시킨 다음 자율적인 영역으로 만드는 것에서 나아가 마치 정치가 삶의 전부인 것처럼 믿게 만드는 것에 대해서도 비판적이며, 권력이라는 정치적 현상을 따로 떼어 내 고찰하는 푸코의 이론에 대해서도 우려를 표명한다. 변증법적 시각에서 보자면 어떤 것을 전체에서 분리하는 것은 전체를 매개로 하면서 다시 전체와 통합되는 것이 아니라면 그 분리된 것 자체를 전체로 만들게 되기 마련인 것이다.

제임슨에게 해석의 과정은 우선 가장 가시적인 연대기적이며 역사적·정치적 사건의 지평에서, 그다음 계급의 지평에서, 최종적으로는 생산 양식의 지평에서 이루어지게 된다. 첫 번째 지평은 모순적 하부 텍스트의 구성이 중점적이며, 두 번째 지평에서는 계급적 이데올로기소의 추출이 관건이다. 마지막 최종 지평에서는 역사와 예술 장르의 변증법이 다루어진다. 그는 이 각각의 지평에서 모순을 억압 내지 봉쇄하는 측면, 즉 이데올로기적 측면과 모순을 넘어선 새로운 사회를 꿈꾸는 유토피아적 측면 양자를 동시에 파악할 수 있는 변증법적 사유의 필요성을 강조한다. 그 양상들을 분석하는 이론적 도구들로서 해석의 네 층위들, 그레마스의 의미론적 사각형, 그리고 옐름슬레우의 표현과 내용, 형식과 실질 범주들이 사용되는데, 이들 도구를 통하여 일단 이데올로기의 기본 형식인 이항 대립에서 출발하되 각 항목의 분절항들을 다시 설정하는 동시에 그들을 서로 조합함으로써, 어떤 계급적·역사적 상황에서 발생할 수 있는 이데올로기적 제한과 유토피아 공간을 동시에 가시화하는 작업이 이루어진다.

제임슨에 의하면 이음새 없는 총체적 현실, 즉 실재는 그것을 분절하는 동시에 통합하는 이러한 알레고리적 작업이 없이는 해석이 불가능하다. 그에게 있어서 해석은 '실재'의 차원에서는 통합되어 있으되, 자본주의의 부르주아 문화 혁명이라는 사물화 과정(루카치) 내지 합리화 과정(막스 베버), 혹은 탈영토화 및 재영토화(들뢰즈·과타리) 과정을 거쳐 사적인 것과 공적인 것, 심리적인 것과 사회적인 것, 시적인 것과 정치적인 것이 서로 분리된 것처럼 '보이게' 하는 현상들을 역사화하는 작업이기도 하다.

해석의 장 다음에 이어지는 장들은 실제 비평에 해당하는 것으로서 로맨스, 리얼리즘, 자연주의, 그리고 모더니즘 문학을 각각 다루고 있다. 로맨스는 특히 생산 양식과 생산 양식 혹은 생산 양식 내 단계들 사이의 이행기에 반복하여 등장하는 지속성 내지 변주 가능성을 보여 주면서 또한 특징적인 선악 이분법이라는 이데올로기소를 내장하고 있는 점에서 그 장르적 성격이 문제가 되는 문학이다. 여기에서 제임슨은 노드롭 프라이의 장르 이론을 자세히 고찰하면서 마르크스주의 장르 이론의 확립 필요성을 강조한다. 그다음으로는 자본주의적 사물화가 아직 본격화되기 이전, 아직 부르주아적 단자화가 일어나기 이전에 산출된 발자크의 리얼리즘을 다루면서 욕망 형식의 변화를 추적한다. 그다음 장에서는 부르주아가 프롤레타리아를 누르고 권력을 장악한 뒤 계급 상승이 불가능한 시대의 분한(ressentiment)이라는 이데올로기소를 기싱의 소설에서 추출하여 분석해 내고, 마지막으로는 제국주의적 혹은 독점 자본주의 단계의 지배적인 예술 형태인 모더니즘에 대하여 조셉 콘래드의 소설들을 중심으로 하여 다루고 있다.

1960년대 말에서 오늘날까지 이어지는 다국적 자본주의 단계의 지배적 문학인 포스트모더니즘에 대해서 이 책은 암시에 그치고 있지만, 앞서 말했듯이 그 이론적인 골격은 이미 이 책에 갖추어져 있던 터에, 3년 뒤 본격적인 고찰이 이루어져 큰 반향을 일으키게 된다. 이 논문의 짝이 되는 「다국적 자본주의 시대의 제3세계 문학」(1986)도 전 세계적인 파문을 불러일으킨 문제작이다. 또한 그가 포스트-모던 시대의 전략으로서 제시한 「인식적 지도 그리기」(1988)는 사실 계급 의식과 알레고리적 사유의 다른 말로서 그 자체가 사적인 것과 공적인 것, 시적인 것과 정치적인 것을 동시에 사유할 수 있는 알레고리적 작업이되 전 지구적으로 사유를 넓히기를 요청하는 개념이기도 하다.

마지막 결론 '유토피아와 이데올로기의 변증법'은 '집단적인 것' 자체가 유토피아적인 것이라는 명제로 인하여 많은 논란을 불러일으키기도 한 장이면서, 문학 비평이 이데올로기 비판에 그치는 것이 아니라 작품 속에 담지된 새로운 사회에 대한 열망 또한 발견해 내야 함을 강조하고 있다. 이는 사실 변증법적 과정 내에서는 부정적인 것과 긍정적인 것이 언제나 동전의 양면처럼 함께 간다라고 하는 저 기본적인 원칙을 확인하고 적용한 것에 불과하다고 할 수 있지만, 변증법적 사유가 거의 실행되지 않는 오늘날, 이러한 '선악을 넘어서 역사화하는' 변증법적 도약은 여전히 낯설고 충격적인 힘을 발휘한다.

번역 원본으로는 Fredric Jameson, *The Political Unconscious: Narrative as a Socially Symbolic Act*(London & Ithaca: Cornell University Press, 1981)를 사용했다. 초역은 1장 전반부와 2, 3장을 이경덕이, 서론 및 1장 후반부와 4, 5, 6장은 서강목이 맡아 했으나 차후의 검토와 조정 작업은 두

옮긴이의 말

사람이 함께 했다. 이 과정에서 전반적으로 문장을 다듬어 준 수니 버팔로 대학에서 수학하고 있는 서정은 씨, 또 당시 듀크 대학에서 박사 논문 쓰느라 바쁜 와중에도 일일이 원문과 대조하여 오류 및 미비한 점들을 지적해 주었던 샌디에이고 대학의 김군용 교수에게 깊은 감사를 표한다.

번역을 시작한 지 십수 년이 흘렀다. 긴 세월 동안 기다려 준 민음사 관계자들에게 미안한 마음을, 그리고 매번 난삽하고 어지러운 교정지를 정리해 준 편집부에게 감사한 마음을 전하고 싶다.

2015년 5월 역자 일동

찾아보기

152~155, 157, 165, 397
레클레르크, 세르주(Leclerc, Serge) 79
렘, 스타니스와프(Lem, Stanisław) 141
로런스, D. H.(Lawrence, David Herbert)
　296, 353
로사, J. G.(Rosa, João Guimarães) 149
로시란디, 페루치오(Rossi-Landi, Ferrucio)
　53
로트만, 유리(Lotman, Yurii) 30
루세, 장(Rousset, Jean) 288, 289
루셀, 레이몽(Roussel, Raymond) 178
루소, 장 자크(Rousseau, Jean Jacques)
　169, 383, 385
루카치, 게오르그(Lukács, Georg) 14, 38,
　44, 47, 59, 60, 63~68, 77, 130, 132,
　180, 186, 207, 208, 210, 236, 245,
　251, 285, 294, 295, 303, 304, 329,
　333, 338, 347, 371, 386, 396, 400
뤼박, 앙리 드(Lubac, Henri De) 34, 37
르낭, 에르네스트(Renan, Ernest) 322
리글, 알루아(Riegl, Alois) 30
리비스, 프랭크 레이먼드(Leavis, Frank
　Raymond) 73, 268
리얼리즘(realism) 12, 18, 38, 44, 65,
　130, 131, 135, 140, 141, 163, 165,
　170, 193, 194, 197, 211, 225, 230,
　233, 234, 249, 250, 269, 276, 283,
　304, 314, 347, 348, 367, 397, 400
리오타르, 장프랑수아(Lyotard, Jean-
　François) 25, 57, 158
리쾨르, 폴(Ricoeur, Paul) 79, 89, 373,
　374

□
마르쿠제, 헤르베르트(Marcuse, Herbert)
　61, 91, 117, 396

마르크스, 카를(Marx, Karl) 26, 33, 54,
　62~64, 81, 111, 121, 122, 127, 129,
　131, 148, 178, 242, 297, 305, 306,
　325, 369, 370, 375, 387, 388
마슈레, 피에르(Macherey, Pierre) 68, 70
마시오쉬, M. A.(Macciochi, Maria
　Antoinette) 383
만초니, 알레산드로(Manzoni, Alessandro)
　167, 169, 174, 182~184, 242, 243
만하임, 카를(Mannheim, Karl) 306, 323,
　388
말라르메, 스테판(Mallarmé, Stéphane)
　133, 259
말로, 앙드레(Malraux, André) 322, 346
매개(mediation) 31, 32, 46~51, 60, 109,
　110, 132, 137, 141, 143, 162, 168,
　180, 191, 196, 221, 231, 232, 254,
　262, 293, 294, 296, 299, 310, 324,
　338, 339, 342, 366, 387, 399
맥루한, 마샬(McLuhan, Marshall) 28
메이어, 버나드(Meyer, Bernard) 270
모건, 루이스 헨리(Morgan, Lewis Henry)
　111
모르프, 귀스타브(Morf, Gustav) 321
모리스, 윌리엄(Morris, William) 129
모순(contradiction) 19, 30, 44, 48, 50,
　51, 53, 56~60, 62, 68, 69, 71,
　96~100, 103, 104, 106, 117~119,
　121~123, 127, 129, 130, 138,
　148~150, 152, 158, 163, 164, 177,
　178, 180, 182, 184, 185, 188, 202,
　203, 212~215, 230~232, 240,
　246, 247, 266, 268, 269, 293, 330,
　331~334, 340, 362, 371, 397~399
모스, 마르셀(Mauss, Marcel) 211
모어, 토머스(More, Sir Thomas) 295

윤리(ethics) 9, 10, 17, 72~74, 93, 110,
　　120, 138, 144~149, 162, 181, 220,
　　232, 241, 243, 251, 260, 271, 278,
　　290, 295, 304, 305, 322, 341~343,
　　348, 354, 376, 381
융, 카를(Jung, Carl) 73, 82
이글턴, 테리(Eagleton, Terry) 353
이데올로기(ideology) 13, 14, 18~20, 23,
　　24, 30, 33~38, 42, 44~47, 51~59,
　　63~69, 71, 73~75, 82, 84, 91, 93,
　　94~95, 98, 99, 101, 103~115, 117,
　　122~124, 137, 138, 142, 144~150,
　　158, 163, 170, 172, 177, 180, 182,
　　184, 185, 187~189, 193, 196, 197,
　　201, 202, 211, 212~214, 219~222,
　　228, 230, 232~262, 266, 267,
　　273~282, 287~289, 292, 294~296,
　　300, 301, 303, 306, 307, 309, 314,
　　315, 319, 321~323, 328~338, 343,
　　345~350, 353, 354, 369, 370~401
이데올로기소(ideologeme) 94, 94, 109,
　　110, 122, 138, 146, 148, 149, 163,
　　185, 188, 189, 193, 214, 222, 229,
　　239, 241, 244, 259~261, 400
인과성(causality) 26~31, 37~51, 68,
　　70, 126, 189; 표현적 인과성 30, 31,
　　37, 39~51; 기계적 인과성 28~30,
　　39, 49; 구조적 인과성 26, 27, 42,
　　48, 49, 68
인상주의(impressionism) 77, 135, 161,
　　270, 276, 278, 292, 293, 298, 300,
　　308, 310, 311, 314

ㅈ

정신 분석 비평(psychoanalytic criticism)
　　23, 24, 75~85, 269~271, 362, 363

정치적 무의식(the political unconscious)
　　9, 12, 13, 15, 21, 22, 39~41, 58,
　　81, 84, 87, 98, 99, 127, 182, 214,
　　221, 279, 369, 371, 372, 387, 393,
　　395~398
제노비스, 유진(Genovese, Eugene) 108
제이, 마틴(Jay, Martin) 62, 63
제임스, 헨리(James, Henry) 19, 197,
　　285~292, 300, 301, 336, 343
젤닉, 스티븐(Zelnick, Stephen) 305
조이스, 제임스(Joyce, James) 17, 19, 89,
　　133, 134, 172, 289, 355
존-레텔, 알프레드(Sohn-Rethel, Alfred)
　　180
졸라, 에밀(Zola, Émile) 246, 254
종교(religion) 22, 27, 38, 47, 73, 77,
　　85~87, 99, 106, 108, 110, 112, 132,
　　142, 167, 183, 232, 246, 274, 276,
　　320~323, 327~330, 333, 360, 374,
　　375, 383~385, 387, 388, 392
주네트, 제라르(Genette, Gérard) 206
지드, 앙드레(Gide, André) 329, 330
지라르, 르네(Girard, René) 162

ㅊ

체르니솁스키, N. G.(Chernyshevsky,
　　Nikolai Gavrilovich) 249
총체성(totality) 8, 27, 32, 33, 44, 48,
　　60~68, 113, 245, 246, 248, 250,
　　272, 274, 293, 314, 352, 372, 385
총체화(totalization) 10, 30, 31, 37, 60,
　　63~66, 69, 184, 245, 246, 314, 373

ㅋ

카뮈, 알베르(Camus, Albert) 280, 290
카우츠키, 카를(Kautsky, Karl) 31

이경덕

연세대학교 영문학과를 졸업하고 동 대학원에서 「프레드릭 제임슨의 역사주의적 상상력」이라는 논문으로 박사 학위를 받았다. 『탈식민주의: 이론과 쟁점』, 『처음 읽는 현대 영미 철학』을 함께 썼고, 테리 이글턴의 『문학 비평: 반영 이론과 생산 이론』(원제: 마르크스주의와 문학 비평), 에두아르도 갈레아노의 『사랑과 전쟁의 낮과 밤』을 우리말로 옮겼다. 그 밖에 「페미니즘의 공과, 그리고 19세기 영국 소설 읽기」, 「이글턴과 제임슨에 있어서의 해체론」, 「불교 철학과 근대 문학」 등의 논문이 있다. 현재 연세대학교 영문학과 및 비교문학과 대학원에서 강의하고 있다.

서강목

서울대학교 영문학과를 졸업하고 동 대학원에서 「윌리엄 블레이크의 역사 다시 쓰기: 『네 조아들』까지의 한 읽기」라는 논문으로 박사 학위를 받았다. 『이 현재의 순간: 게리 스나이더 시선집』, 『블레이크 시선』, 『소로와 함께한 나날들』, 『축구의 세계사』 등을 우리말로 옮겼고, 그 밖에 「문학 생산 이론에 대한 비판적 고찰: 마서레이와 이글턴을 중심으로」, 「프레드릭 제임슨의 비평 이론 연구」, 「신화와 현실의 변증법: 블레이크의 『밀턴』에 나타난 역사의 구원」 등의 논문을 썼다. 현재 한신대학교 영문학과 교수로 재직 중이다.

현대사상의 모험 31

정치적 무의식 사회적으로 상징적인 행위로서의 서사

1판 1쇄 펴냄 2015년 6월 19일
1판 4쇄 펴냄 2021년 11월 24일

지은이   프레드릭 제임슨
옮긴이   이경덕·서강목
발행인   박근섭·박상준
펴낸곳   (주)민음사

출판등록   1966. 5. 19. 제16-490호
주소   서울특별시 강남구 도산대로1길 62(신사동) 강남출판문화센터 5층 (06027)
대표전화   02-515-2000 | 팩시밀리   02-515-2007
홈페이지   www.minumsa.com

한국어판 ⓒ (주)민음사, 2015. Printed in Seoul, Korea

ISBN   978-89-374-3183-8 (94160)
          978-89-374-1600-2 (세트)

* 잘못 만들어진 책은 구입처에서 교환해 드립니다.